U0525891

企业国家
一部日本经济史

Japan as a
Stock Corporation

Economic History
of the Country

冯 玮／著

上海社会科学院出版社
SHANGHAI ACADEMY OF SOCIAL SCIENCES PRESS

序言

当我决定着手撰写本书时,我再一次深切感受到读书的意义,因为没有下列几本书给予我的启示,我不可能产生撰写本书的构想。

1955年至1956年,曾经在战时作为海军陆战队员接受过日语教育的詹姆斯·阿贝格伦(James Abegglen),对日本19家大型企业和34家小型企业进行了实地调研,于1958年出版了《日本工厂:其社会组织现象》(*The Japaneses Factory: Aspects of Its Social Organization*)。在这本书中,詹姆斯·阿贝格伦首次提出了"日本式经营"这一概念。按照他的考察,"日本式经营"既不是战后才形成的,也不是因为受到外国的影响,而是日本社会历史文化的产物。然而,当时他的这本著作并没有引起广泛关注。

1970年,詹姆斯·阿贝格伦又出版了《探讨日本式经营——株式会社日本》一书。他在书中提出了"日本式经营"的主要内容。按照他的观点,有三个体制性因素对日本经济的高速增长具有决定性意义:(一)增长资金的供给方式;(二)政府和产业界的协作体制;(三)劳动资源的编制类型。他认为,或许将日本称为"株式会社"比较合适。也就是说,整个日本就像一个"株式会社",即股份公司。"株式会社日本"一词由此产生。[①]

1979年,埃兹拉·F.傅高义(Ezra F. Vogel,曾译沃格尔)在《日本名列第一:给美国的教训》(*Japan as No. 1: Lessons for America*)一书中提出,"经过深入探究日本人的现代组织、经济团体和官僚制度等类结构后,我不得不相信,日本人之所

---

① 米商务省编:『株式会社ジャパン』,大原進、吉田豊明訳,シマル出版会1972年。

以成功，并非来自所谓传统的国民性、古已有之的美德，而是来自日本独特的组织能力、措施和精心计划"。①

1981年，曾任滋贺大学校长的经济学家宫本宪一在《现代资本主义国家》一书中提出，美国是军事国家的典型，英国是福利国家的典型，日本是企业国家的典型。日本"企业国家"的特征，涉及国家生产和生活各个方面，在20世纪80年代前后出现了许多矛盾和问题。②

"企业国家""日本式经营""株式会社日本"，这些概念无疑能显示日本"行政管理导向型市场经济体制"特征，并且是影响日本经济发展的重要乃至关键概念。但是，这些给予我启示的论著也令我感到遗憾，即作者没有对自己提出的"概念"，按经济学的要求列出具体详细数据，也没有按历史学的要求对其形成的脉络进行条分缕析的梳理。然而，这些不知有意还是无意的"留白"，恰好给了我以不逮之学力拾遗补阙的机会。于是，我先是进行了"浏览式阅读"，随后大致确定了写作提纲和概要，最后聚焦于日本企业，完成了这本《企业国家——一部日本经济史》。因为，"日本式经营"的四项特征中，无论作为"企业内部关系"的"三种神器"即终身雇佣、年功序列、企业内工会，还是反映"企业与政府关系"的"株式会社日本"；无论是体现"企业与金融业"关系的"主银行制"，还是构成"企业间关系"的"承包"和"互相持股"，企业都是枢纽。而且"株式会社日本"和"企业国家"日本，都是将日本比作一个庞大的"企业"，令人形象地感觉到日本的国家治理，无异于企业管理。

---

① 埃兹拉·F.傅高义：《日本名列第一：给美国的教训》，谷英等译，世界知识出版社1980年版。
② 宫本惠一：『現代資本主義国家』，岩波书店1981年，第四章。

然而,上述以企业为枢纽的"企业国家"四项特征,究竟是战后的产物,还是战前的产物,学术界存在不同意见。早在1977年,榊原英资、野口悠纪雄的《大藏省·日银王朝的分析——总体战经济体制的终焉》一文,就已提出"支撑日本经济高度增长的体制,基本上是战时总体战体制的延续"这一观点。①

1990年代中期,冈崎哲二、奥野正宽等也提出,"构成现代日本经济体制的大部分要素,都是在日中战争(即日本侵华战争)和太平洋战争时期,为了对国家资源进行总动员而实施'计划经济化'的战时经济的需要而实施'统制经济'时形成的"。②

另外,1999年,复旦大学举行了一次国际学术研讨会,"经过三天深入的讨论,中日两国学者就以下问题基本达成了一致的看法:战后日本经济的发展在很大程度上有赖于日本经营方式。战后形成的日本经营方式主要包括长期雇佣制、年功工资及晋升制、企业内工会及以主银行为核心的产业组织"。③

经过研究,我发现,对上述问题不能"定性",不能认为战时和战后作为"企业国家"的特征没有关联,因为一些制度在形态上战前与战后确实存在延续性,如"主银行制"。但也不能认为战时与战后作为"企业国家"的日本的历史是连续的,因为有的特征就是在战后才真正形成的,如企业间互相持股。对日本作为"企业国家"的论述必须诉诸历史,毋庸置疑,只有

---

① 榊原英資、野口悠紀雄:「大蔵省·日銀王朝の分析——総体戦経済体制の終焉」,『中央公論』1977年8月号。
② 岡崎哲二、奥野正寛編:『現代日本経済システムの源流』,日本経済新聞社1995年,274頁。
③ 《日本的经济发展与劳动问题——复旦大学日本研究中心第八届国际学术研讨会论文集》,上海财经大学出版社1999年版,第1页。

这样,才能揭示其本质和历史地位。例如,可以认为江户时代的"御家人制度"是"三种神器"的芽蘗,但三菱、三井、住友等企业集团,并不是同名财阀康采恩的翻版。基于这一认识,我以跨学科的研究方法,对以企业为枢纽、影响日本经济的四项特征进行了分析和研究,并将本书定名为《企业国家——一部日本经济史》,而作为"企业国家"日本的发展演变,实际上也是日本经济史的发展演变,二者密切关联,互为表里。

日本以企业为枢纽的"企业国家"这一特征,曾经对经济增长有过极大的推动作用,而且颇有特征。日本企业结构属于一种"双高式结构",即一种高度分工的中小企业群与高度综合的大企业集团相配套的企业结构。日本大企业控制中小企业的"企业系列",解决了将分散的中小企业纳入社会化大生产的问题;大银行和大企业集团互为依赖的"主银行制",以及政府对银行的指导和保护,使日本的跨国企业能够以最小的摩擦成本,与欧美的跨国企业抗衡。战后是贸易自由化发展时期,产品国际化是市场特征。日本奉行"贸易立国"方针,顺应自由化大势,不仅获得了发展制造业所需要的技术、原材料和能源,而且开拓了产品销售的国际市场。这是日本能够实现经济高速增长的重要原因。

既然如此,日本为何在20世纪90年代初泡沫经济破灭后,经历"失去的三十年"? 有一个重要原因毋庸置疑:由于"政府主导,出口导向"是日本经济发展的主要特征(这种特征也被称为"日本模式"),在面对不合时宜的企业和银行大量坏账时,日本政府依然采用"护航船队"模式,因而导致"当断不断,反受其乱"的结局,在新一轮技术革命中延误了产业结构调整的时机。就本书的主题而言,在20世纪80年代以前,日本企业制度和结构总体上是占有优势的。但是,历史如潮,总有起伏,时势如月,总有盈亏。世界经济大环境发生变化后,日本"企业国家"的优势逐渐转变成劣势,变成企业发展的桎梏。那么,"企业国家"曾经的优势是如何形成的？这种优势为什么会退变为劣势？通过对日本作为"企业国家"形成和演变的探究,我们或许能获得一些启示。社会的进步,离不开学术的进步,学术的进步需要我们彼此之间的交流和启发。如果这个"我们"也包括您,作为作者,我将感到不胜荣幸。

拙著共分四章,各章均以企业为原点,涉及"企业国家"的四个方面：企业内部关系,企业和政府的关系,企业和金融业的关系,企业与企业的关系。每一章根据历史的脉络,对各种关系进行系统梳理。每一章的最后一节,则结合学界较为权威的意见,做尽可能客观的评论。

冯玮　敬识

目录

1 序言

第一章 企业内部关系:"三种神器"

1 第一节 "三种神器"的渊源
"奉公人"的由来/奉公人的年功和晋升/亲方制度的经纬

11 第二节 "三种神器"的土壤
农村社会结构的变化/农民身份的转变/武士身份的转变/"三种神器"的雏形

26 第三节 "三种神器"的形成
"日本式劳资关系的原型"/雇佣趋向的稳定/终身雇佣的形成/年功序列的形成/企业内工会的雏形

40 第四节 "三种神器"的确立
终身雇佣的确立/年功序列的确立/企业内工会的确立

47 第五节 "三种神器"的光和影
独步于世的"三种神器"/"三种神器"的延续/对"三种神器"的肯定/对"三种神器"的批评

第二章 企业和政府的关系:从"政商"到"政府引导"

64 第一节 政商:财阀的雏形
政商的渊源和定义/大坂和京都的政商/江户的政商

75 第二节 财阀的产生
何为"财阀"?/"四大财阀"崭露头角/政府对财阀的扶持/康采恩的形成

95 第三节 政官财"三位一体"
"三位一体"的内涵/"大正财阀"的兴起/政府的产业保护举措/产业政策的引导

121 第四节 "二战"期间"政企关系"的演变
"自治"和"统制"/战时统制的强化/战后财界组织的原型:统制会/"行政指导体制的原型"

134 第五节 "二战"后政企关系的演变
战时体制的延续/财界团体的重组/"1952年体制"的建立/两

1

个"总理府"的互动/"1952年体制"的演变

159　第三章　企业和金融业的关系：间接金融形成经纬

160　第一节　"三货制"和"两替商"
日本货币经济的起源/三货制·两替·藩札/江户时代的信用体系

171　第二节　近代金融体制的形成
金融秩序的整顿/"双头体制"的形成/金本位制的确立/"特殊银行时代"

189　第三节　"一战"：金融体制转变期
金融业的扩张/金融困境和恐慌/金融"二重结构"的并存

203　第四节　间接金融体制的确立
金融体制的转变/主银行制的形成/战时的金融统制

216　第五节　间接金融的两面性
战时和战后金融的关联/间接金融的优势/主银行制的利弊/"泡沫经济"的祸根

234　第四章　企业与企业的关系：承包制和互相持股

235　第一节　企业间关系的土壤
农业生产的进步/商品经济的发展/城下町的形成/"町人"阶层的壮大

248　第二节　企业间关系的初建
殖产兴业和甲午战争后的产业发展政策/排斥外资和注重"自立"/"株式会社"创办热潮/财阀势力的壮大

266　第三节　企业间关系的纽带
"二重结构"的形成/财阀的组织结构/承包制的渊源和类型/承包制的扩展

287　第四节　协力体制和互相持股
协力体制的构建/协力体制的转变/承包制："协力体制"的延续/互相持股的强化

301　第五节　承包和互相持股：一柄"双刃剑"

承包的内涵及渊源/承包制在战后的延续/承包制的"生命力"/承包制的利和弊/互相持股的利和弊

325 引注文献
335 后记

第一章　企业内部关系："三种神器"

按照日本"经典中的经典"《古事记》和《日本书纪》记载，天照大神让孙子琼琼杵尊降临大八洲作为当地的统治者，并给了他镜、剑、玉"三种神器"作为权力的象征。时至今日，三种神器的授受依然是天皇登基的主要程序。同时，日本人也将终身雇佣、年功序列、企业内工会称为"三种神器"，可见其在日本社会特别是企业中的地位。之所以称之为"三种神器"，除因为"三种神器"在日本经济的发展中发挥了重要作用，是否还有希望"三种神器"能够绵延持久，千秋万代的意味？然而，正如一年六次的日本相扑赛，每次最后一场比赛都称"千秋乐"那样，"千秋"也意味"谢幕"。

作为日本企业内部关系的"三种神器"，从江户时代芽蘖初生到今天，是否也将迎来"千秋"，尚难以定论。但值得注意的是，在"泡沫经济"破灭后，日本出现了两个新的流行名词，一是リストラ（restructuring，解雇、裁员），一是非正式员工的"劳务派遣工"。显然，这两个名词和"三种神器"是不兼容的。本章试图通过对"三种神器"的历史考察，探索"三种神器"的利弊、功过，及其出现历史性嬗变的主要原因。

第一节　"三种神器"的渊源

"奉公人"的由来　"三种神器"是"日本式经营"最明确和富有特征的显示。按照《现代日本社会》的记述："'日本式经营'是现代日本经济独特的资本积累体制的实现形态，即在终身雇佣、年功序列、企业内工会（即劳资协调路线）的条件下，维持较低的劳动分配率，并在维持劳动生产率的可能范围内压低工资，获取较多企业留存资金的有效的企业经营形态。

用别的语言表述,亦可称之为'会社主义'。'日本式经营'在某种程度沿袭自前现代延续下来的习惯和惯例的基础上,保持着从业人员对企业强大的凝聚力。"①这么说似乎不无道理。不少在日本工作和生活过的外国人,对"三种神器"都有论述。新加坡开国元勋、曾任新加坡驻日本大使的李炯才在《日本:神话与现实》一书中写道:"选定职业前,他们不得不谨慎抉择。因为在日本,终身雇佣实际上非常普遍,一个日本人不能轻易抛弃自己的工作,跳槽者很少见,而且大公司经常交换跳槽者的信息,并联合起来对付他们。""在日本,很少有得宠的人比同事升迁更快这样的事。同样,因为有一个受尊敬的地位而比别的人升迁快的事也不会发生。每个毕业生在他加入公司后都受到平等对待。在第一个6至8年中,所有毕业生都一样,严格按照服务年限同时提升。"②曾经担任美国驻日本大使的艾德温·赖肖尔(Edwin Reischauer)和美国普林斯顿大学教授马里厄斯·詹森(Marius Jansen)在他们合著的《当今日本人:变化及其连续性》一书中写道:"日本经济中一个最明显的特点是终身雇佣制度。对行政管理人员来说,这是现代以前制度的延续。""同一届毕业一起进入公司的职员,在工作中的级别和工资基本一致。通常情况下不会让任何人在同辈或比自己更年轻的人的手下工作。"③毋庸赘言,上面两段引文的内容,论述的就是终身雇佣和年功序列。

  终身雇佣和年功序列,真的是"现代以前制度的延续"吗?回答这个问题,我们必须在历史的长河中逆流而上,探寻其源头。

  日本超过百年的企业有25 321家,其中超过200年的有3 937家,超过300年的有1 938家,超过500年的有147家,超过千年的有21家。④世界上最初的企业是创建于578年的"金刚组",也是日本企业。日本长寿企业如此之多,必然具有历史原因。新保博认为,"德川日本在各个方面无疑都是为近代做准备的时代"。⑤ 野口悠纪雄也认为:"日本的经济体

---

① 運営委員会:『現代日本社会』第1卷,東京大学出版会1991年,13頁。
② 李炯才:《日本:神话与现实》,张卫、傅光明译,海南出版社1999年版,第172、173页。
③ 艾德温·赖肖尔、马里厄斯·詹森:《当今日本人:变化及其连续性》,孟胜德等译,上海译文出版社1998年版,第318、319页。
④ 后藤俊夫:《工匠精神:日本家族企业的长寿基因》,王保林、周晓娜译,中国人民大学出版社2018年版,第289页。
⑤ 速水融、宫本又郎:《日本经济史》,厉以平译,生活·读书·新知三联书店1997年版,第39页。

制具有日本独特的文化背景,根植于民族特性。日本式企业和官僚体制的原型,可以追溯到江户时代的'藩'和'家'。可以认为,连带意识及平等主义的根源,早在农村共同体中就已经存在。"①浅田毅卫更是针对"日本式经营",表达了自己明确的观点:"江户时期的商家'家训'作为前期资本(享有特权的御用商人)的资本蓄积理念,以及作为明治期(1868—1912)政商资本的企业活动理念,构成了'日本式经营理念'的历史原型。"②所以分析研究"三种神器",首先必须分析研究具有独特含义的日文汉字"奉公"和"奉公人制度"。

今日金刚组

金刚组第39代堂主金刚利隆举行"手斧仪式",寓意一年工作的开始

该仪式在1191年根据镰仓幕府第一代将军源赖朝之命重建鹤岗八幡宫时首次举行。

已故金刚组第39代堂主金刚利隆

---

① 野口悠紀雄:『1940年体制——さらば、戦時経済』,東洋経済新報社2002年,18頁。
② 浅田毅衛編著:『殖産興業政策の軌跡』,白桃書房1997年,55頁。

金刚组战后重建毁于战火的日本三大名园之一"偕乐园"的"好文亭"(全部采用卯榫结构)

"奉公"一词出自《史记·廉颇蔺相如列传》:"以君之贵,奉公如法则上下平,上下平则国强。"所谓"奉公"即秉公办事,不徇私枉法。在日本,"奉公"一词最早出现于796年总管国政的机关"太政官"颁发的文件"太政官符"。该文件怒斥地方官员缴纳的木锄粗制滥造,难以使用:"此为国宰郡吏无奉公之心,出纳官人疏于检校所致。"之后,"奉公"一词不时出现于官方文件,意为为国家和朝廷效忠,在武家社会则延伸为主君和臣属的权利义务关系。

14世纪初镰仓幕府的《沙汰未练书》中,"奉公人"一词在日本法律文件中首次亮相。该法律文件写道:"所谓御内方即为相模守统领之奉公人。"[1]此时的"奉公"已基本脱离汉语原意,表示武士对主君尽忠。而"御恩"和"奉公",是镰仓时代构成主君和武士权利义务关系的关键词:主君须保障武士的生活,如赐予其领地或俸禄,此为"御恩";武士平时对主君恪尽职守,战时为主君出生入死,此为"奉公"。作为武士行为准则和处罚条例的《御成败式目》第27条明文规定:"应查奉公之深浅,纠器量(德才)之大小,依时而定,分配领地。"[2]

"奉公人"最初是侍奉武士的不同等级的仆人。1591年8月,丰臣政权为了规范和限制"奉公人"身份,颁布了由三条内容构成的《身份统制令》:第一条,禁止奉公人即侍奉武士的不同等级的仆人的"侍""中间""小者""荒子"转为町人和农民,而"町"如后文所详述,即城镇。第二条,禁止农民放弃耕作从事商贩和租赁等业。既不奉公又不耕作者,须逐出村庄。若有懈怠则唯"给人"[3]是问。町人若收留、隐匿农民,则罚其一乡、一町所有人。第三条,禁止收容未经主人许可而出走之"侍""小者"等。对逃遁者,以前的主人若提出请求,现主人当将其捕获、引渡。若纵

---

[1] 牧英正:『雇用の歴史』,弘文堂1977年,28頁。
[2] 笠松宏至校注:『日本思想大系』第21卷『中世政治思想』(上),岩波书店1972年,24頁。"成败"即处罚,"式目"即条例。《御成败式目》因制定和颁布于贞永年代,也称《贞永式目》。
[3] 接受领主分给的土地,并享有该土地纳贡等权属的家臣。

第一章 ● 企业内部关系："三种神器"

其逃遁,现主人则须砍下三人首级交给前主人。若不执行此令,官府则对现主人问罪。总之,禁止被统治者阶层的空间流动,是丰臣政权维护和巩固政权的重要手段。这一法令不仅巩固了新生的丰臣秀吉政权,而且强化了肇始于安土时代的"兵农分离"趋势,而这正是日本中世到近世最重要的社会变化之一。

江户时代,随着士农工商四民社会的形成,"奉公"作为武士精神的重要内容,渗入包括商人在内的社会各阶层,成为商家和雇员权利义务关系的表述。"奉公即将吾身奉献主公之意。吾身乃主人之物,非吾所有,故不可随意自行使用。"[1]简而言之,江户时代的"奉公人制度"就是商家的用人制度。奉公人大致分两类,一类是直接参与经营的奉公人,称丁稚(学徒)、手代(伙计)、番头(主管或领班)。另一类是单纯提供劳务的奉公人,称下男和下女。为了更好地进行管理,各商家都制定有关奉公人招募、教育培训、晋升淘汰的制度。这种制度也称"商家奉公人制度"。日本学者认为,商人社会的行为规则,极大地影响了资本主义社会的经营组织和劳务管理。近代以后"日本式经营"管理制度即源于商家"奉公人制度"。

江户时代除了零售商,还有不少经销各种商品的批发商和从事货币兑换业务的"两替商"。一些规模较大的商人,也雇佣"奉公人"帮助打理生意。江户时代的商家一般通过两个途径招募奉公人：一是通过"口入"和"世话人"等专门的职业介绍所,二是通过家族成员和信赖的雇员介绍。有些商家特别是大商家,还有由类似于"企业法人"的宗家主管招募奉公人的制度。例如,三井家在1710年规定："为了统一管理不断扩大的事业,设立大元方作为统辖三井同族全部事业的机构。由大元方从京都和松坂一次性招募和主人同心的伙计,而后将其派往江户和大坂(即今大阪)等地。各店不得随意雇用奉公人。"1730年,三井又进一步规定："江户各店一律不得录用江户出身的伙计。势州出身的伙计一经雇佣,不得马上在江户各店工作,而是须派往京都,在对人品等进行甄别后再派往江户。"[2]伊势的商人长谷川家也规定："由松坂本家统一招募和录用奉公

---
[1] 宫本又次：『近世商業経営の研究』,大八洲出版株式会社1948年,112页。
[2] 三井文库编：『三井事業史』本编第1卷,同社1973年,243页。

人。"① 其他大商家不管有无明文规定,也大都采取由本家统一招募的雇佣方式。新招募的奉公人大都是城市小商人、手工业者和农户的次子或三子,且大都在主家所在地被招募。例如,1821 年前后,伊势商人长谷川在江户和松坂开设了 5 个店,招募了 114 名奉公人,其中 107 人来自伊势,占 94%。近江的外村宇兵卫在江户、大阪的两个店于 1856 年后共招募了 239 人,其中籍贯为近江的 220 人,占 92%。很多商家习惯于招募分家(有血缘关系)或别家(无血缘关系)的弟子,或招募与自家有业务往来的商家的子弟。据《大阪商业习惯录》记载:"鸿池欲招募年龄为 13 岁的丁稚时,若分号的子弟中有年龄相仿者,其父兄定然会将雇佣文书交给总店的管家,管家收到文书后将其交给主人。若条件符合,经主人同意后方能雇佣。如果从其他地方雇佣奉公人,则必须由其亲属具结担保。不过,自古以来很少有从其他地方雇佣丁稚。"② 仿效在幕府政治中世袭的谱代大名所扮演的重要角色,从分家和别家中招募的奉公人被称为谱代奉公人,他们代代侍奉同样是世袭的主人。③ 除了籍贯和家世,为了自小培养忠诚意识,商家在雇佣奉公人时大都偏向于年龄较低者。据鸿池家 1979 年编辑的《万流账》记载,其自 1691 年至 1736 年 45 年间共雇佣 80 人,其中 45 人在 10 岁到 15 岁时被雇佣,21 人 20 到 30 岁时被雇佣。④ 自小招募的奉公人被称为"子饲奉公人",视同准家族成员。所以,江户时代的奉公人制度,又称"丁稚制度"。无论通过哪种途径被雇佣为奉公人,都需要奉公人递交"奉公人请状",即由奉公人父母和担保人签署的保证书,写明奉公人的姓名、年龄、家庭状况、籍贯、信仰,以及奉公年限、义务、薪酬等,同时写明担保人所需承担的责任,如奉公人万一挪用了公款或携款潜逃,担保人须负责将其找回并赔偿损失。奉公人和主家解除雇佣关系后,不得经营和主家相同的商品业务,等等。

奉公人的年功和晋升 奉公人制度对奉公人的晋升强调年功主义原则,即工作年限是晋升的主要依据,但也并非无视能力。一般奉公人的职级是丁稚—手代—支配人(负责人)。有些大商家的职务体系则分得更

---

① 北岛正元:『江戸商業と伊勢店』,吉川弘文馆 1962 年,571 页。
② 足立正男:「老舗と家業経営」,広池学園事業部 1974 年,446 页。
③ 江户幕府将大名分为三种类型:与德川家有血缘关系的为亲藩大名、1600 年关原会战前追随德川家康的为谱代大名、关原会战后归顺德川家康的为外样大名。
④ 安冈重明:『近世の商家の経営理念・制度・雇用』,晃洋書房 1998 年,215 页。

第一章 ● 企业内部关系:"三种神器"

细,如三井吴服店分组头格—组头役—支配人格—支配人—通勤支配人—名代役—元方挂名代—加判名代—元缔—大元缔。丁稚作为学徒,要打理店铺和店主家里的杂役,其衣食住行均由店主负责,没有工钱,但在一些节日,如年初的新年和年中的中元节,店主会给丁稚一些零花钱,以及衣物、鞋子。京都有些店家规定丁稚只能穿木屐,不能穿鞋,不能吸烟喝酒。平时,店家还要对丁稚进行经商基本技能的培训,如识字、打算盘等。丁稚10年后晋升为手代,可以参与正式经营,如记账、进货和卖货,并有工钱。商家均重视对丁稚的教育和培养,如《店家常用问心得之事》规定:"每晚应教授丁稚习字和打算盘。"手代10年后即奉公期满,有机会晋升为番头或支配人,即正式参与商家的经营管理,此时,除了工钱,他们还可获得奖金,并可结婚成家,可以离开主家另立门户,即开设别家。各商家平时也有考勤。例如,有些商家规定,奉公人每请假一次,"夜判形账"上就将被标注一个红星,每病休一次则被标注一个黑星。对销售绩效当然也有相应考核,一般每半年综合评价一次作为奖惩和晋升依据。很多商家对手代行为规范有明确规定,如禁止夜间外出,禁止工作时间下棋。同时,对何年享有何种权利亦有明确规定。据《京都府:老铺和家训》记载,奉公人"16岁入角(剃除鬓角),17岁元服(成年),回乡省亲,19岁后可吸烟喝酒;手代20岁回乡省亲,21岁后可从事店里各项工作;25岁回乡省亲,26岁后可在店里的账房工作;28岁回乡省亲。29岁或30岁可建立别家"[①]。必须强调的是,由奉公人制度支撑的商家,能力比血缘重要。忠诚能干者能够获得"别家"待遇,成为本家的旁系,而具有血缘关系者却未必能获得这种待遇。简而言之,在近20年的奉公期满后,主家会授予其中的优秀者印有商号的"暖帘",意味着他们可以作为"别家",和主家建立相互依存的同族经营模式。当然,本家和别家地位并不对等。即便奉公人"另立门户"成为别家,主家对别家的婚姻、经营规模、商铺选址等事项,仍拥有强大话语权,别家也必须继续履行忠诚义务,服从本家的要求。另外,本家成员在举行婚礼、葬仪、祭祀以及遭遇灾害时,别家也需要提供经济支持和其他服务。

所谓"回乡省亲"并不仅是给予探亲的权利,还是一种定期筛选的制度,这种定期筛选的制度叫"登制度"。大商家的"登制度"的规定,规范而

---

① 足立正男:『老舗と家訓』,日本写真印刷株式会社1970年,218—219页。

明确。例如,三井家有"初登""二登""三登"。"回乡省亲"的时间一到两个月不等。如果奉公人能过"登制度",在省亲期结束后能继续任职或升职,否则即被辞退。设立"登制度"主要为了淘汰违反店规者和偷懒怠惰者,解雇偷盗商家财物和工作失责造成重大损失者。按照规定:"对不勤勉劳作且自行其是,经再三警告而不悔改者,应予辞退。"[①]同时,各商家还根据幕府《禁奢令》的要求,着力培养奉公人勤劳俭朴的作风。例如,住友《总手代勤方心得》规定:"俭约乃一贯提倡之德目,今后须继续强调。"京都外与商店也规定:"俭约乃守家之根本。"[②]有的商家还强调狎妓和赌博之害,告诫奉公人"古今世上鲜有无湿病之妓女,近世无湿病之妓女更为稀少。年轻人不计后果而与娼妓交媾,难免染病,重者将成废人","博弈乃天下禁止之事,参与者无异于盗贼无赖"。[③]

由于当时没有教授商业知识的学校,长年的工作实践是掌握营销知识和经验的主要途径,因此明显可以量化的年功,在商家的家训和店柜中有具体规定。但是,这并非忽视能力,而只是在能力相当时注重年功。例如,住友家训《总手代勤方心得》规定:"应对自幼就开始奉公的手代委以重任,但不可对不堪重用者委以重任。"[④]

奉公人制度在晋升方面强调年功主义,很少越级提拔。但是,同级奉公人的晋升是存在竞争的,是注重能力等各方面条件的。由于奉公人的晋升呈金字塔结构,因此能够晋升为支配人的少之又少。以三井家为例,1696年到1730年,三井京都总店共雇佣了239名奉公人,其中13人晋升为支配人,仅占5%。其他奉公者,30人为奉公期限结束离职,28人亡故,19人病退,7人被解雇,7人主动退职,65人情况不明。[⑤]

"奉公人制度"也存在选用、甄别、淘汰机制,因此被"终身雇佣"者,人数非常有限。例如,近江商家有"考评制度",即分布在全国各地的分店店员,每数年须前往"本家"(总部)所在的近江接受勤务考评。通过考评,既出现了因此受到激励和提拔者,也有受到批评和被迫离职者。史料记载,在能够判明工龄的176人中,有约半数是不满5年中途离职的。与之相

---

① 安冈重明:『近世の商家の経営理念・制度・雇用』,晃洋书房1998年,16页。
② 足立正男:『老舗と家訓』,日本写真印刷株式会社1970年,203页。
③ 足立正男:『老舗と家訓』,日本写真印刷株式会社1970年,211、148页。
④ 吉田豊:『商家の家訓』,德间书店1973年,79页。
⑤ 安冈重明:『近世の商家の経営理念・制度・雇用』,晃洋书房1998年,116页。

比,连续工作20年以上者仅占7%。但值得注意的是,就丁稚以上的员工而言,虽没有明确规定雇佣期限,但晋升番头既是主人的期待,也是自己必须为之努力的目标。正是这种期待和努力,使我们看到了日本企业"三种神器"的萌芽。

除了年功和能力,忠诚是另一项必须具备的素质。在整个奉公期间,奉公人始终接受对商家忠诚的思想灌输。例如,住友家明确规定:"对主人尽忠乃奉公人必须履行的义务。尽忠能使主人家繁荣,同时也能使自身获得发展和进步。"①各商家不仅要求奉公人对商家忠诚,而且强调必须对幕府忠诚,尤其强调必须遵纪守法。大部分商家的店规家训,都将"严守御公仪御法度"列在首位,规定不得经营幕府明令禁止的物品。例如,住友"长崎店家法"规定:"不仅不得购入幕府禁止的商品,而且任何可疑的商品均不得购入。"②和睦也是对奉公人的基本要求。如"伊藤家家宪"强调:"一家人当保持和睦,忍则家和,家不和乃贫困之源。"外与家的店规也明文规定:"朋辈之间须和睦相处,不得发生口角。"③

总之,奉公人制度的长期雇佣、年功序列、内部培训等,虽然还难以被视为"日本式经营三种神器",但称之为芽蘖初生,绝非言过其实。因为,奉公人制度不是以血缘亲属关系,而是以年功和能力以及对商家的忠诚,作为聘用和晋升的依据,已具有"日本式经营三种神器"的核心要素。毋庸赘言,强调奉公守法和忠诚以及节俭的规定,对企业存续和发展而言,是不可或缺的重要因素。这些因素对于日本百年老店的数量居世界第一位,有着重要意义。

亲方制度的经纬 在江户时代的手工业领域,有着和商业领域"御家人制度"类似的"亲方制度"。"亲方"即传承技艺的师傅或工匠,也是占有一定生产资料、独立进行生产经营的老板。他的手下,有被招募担任帮手的"手传",以及跟着他学习技艺的"徒弟"。认识和了解亲方制度,同样需要追溯历史。

亲方制度的历史,可以追溯到公元5世纪形成的部民制。当时,大和政权将分别从事农业和手工业的劳动者编入各个部,如田部(耕作)、服部

---

① 吉田豊:『商家の家訓』,德間書店1973年,124頁。
② 吉田豊:『商家の家訓』,德間書店1973年,100頁。
③ 吉田豊:『商家の家訓』,德間書店1973年,239頁。

(纺织)、赤染部(染色)、玉造部(装饰)、陶部(土器)、锻冶部(工具、农具)、矢作部(武器)、工部(工具)，等等。约公元7世纪日本律令制建立后，部民制被公地公民制取代，一些有技艺的劳动者被编入品部，他们的身份介于可获得口分田(与永代田不同,不可世袭)并承担租佣调(地租、劳役、纺织品等实物税)的公民和贱民之间。"贱民"分官有贱民和私有贱民，主要是一些奴婢。农业和手工业也因此进一步分离。13世纪，庄园领主和佛寺神社建立了手工业同业行会组织——"座"。每个座由"座头"和"座众""座人""座子"等不同等级的成员组成。"座头"负责承包工程或承接业务。自镰仓时代，手工业者的技艺传承，从存在血缘关系的父子传承，转变为没有血缘关系的师徒传承。16世纪进入战国时代、大名领国制形成后，"座头"基本摆脱了佛寺神社的控制，开始面向社会大众从事生产并雇佣帮工和招收徒弟，亲方制度因此产生。

亲方阶层有"株仲间"即同业行会组织。株仲间由作为管理者的年寄、肝煎、组头等构成。株仲间负责制定行业规则，如规定生产和销售方式、渠道，规定亲方招收手传和徒弟的基本要求及程序。

亲方制度和御家人制度一样，徒弟也大都出生在当地，在年少时跟随亲方学习，也要提交"奉公人请状"即担保书，写明徒弟姓名、奉公年限、待遇，也需要有人具结担保。徒弟跟随亲方学习的最初两三年，每天都要做家务。远藤元男在《日本职人史序说》中记述了他们的辛苦："徒弟的生活实在辛苦。他们白天要工作一天，晚上要烧洗澡水，做晚饭，有时要加夜班。第二天起床后要扫地做饭，然后正式开始工作。"① 徒弟必须忠诚于亲方，绝对服从亲方的命令。奉公期间徒弟请假不仅必须获得亲方同意，而且担保人还要付出一定经济赔偿。

学徒的奉公年限最初一般为10年。19世纪后半期逐渐缩短到5—6年。在此期间，亲方要负责徒弟的衣食住行并给予一些工钱。17世纪初，江户幕府在京都的行政长官京都奉行颁布法令："弟子即使学艺期满，也应继续奉公一两年以谢师恩。"② 这一时段的奉公叫"礼奉公"。而亲方则要负责学徒的日常生活和引导徒弟通过自身观察、用心领悟、动手实践来传授技艺。同时，按《德川禁令考》的记述："职业自然无须赘言，但弟子

---

① 遠藤元男：『日本職人史序説』，雄山閣1985年，239頁。
② 司法省：『德川禁制考』第6卷，創文社1981年，19頁。

的言行举止,即便是细微之处,也应给予指教,不能任其所为。"①亲方还要对徒弟进行职业伦理的培养和为人处世的教育,如告诉徒弟:"奢侈之人执业必不长久,天道乃第一要务,酒、弈、色不可沾染。不会书写和算术,难以安身立命。"②

奉公期满后,学徒即成为"手传",正式从事手工业。为了增长见识和提高技艺水平,他们往往要到各地游历,在其他地方的亲方那里工作几年。对此,横山源之助在《日本的下层社会》一书中写道:"德川时代的手工业者,除在亲方手下长期奉公提高技艺水平外,还要游历诸(藩)国以体验颠沛之苦。"③

亲方制度和御家人制度不同的是,亲方不会让手传建立自己的分支机构即别家,尽管徒弟在奉公期满成为手传后,会穿上印有亲方家徽的和服。手传和亲方虽然是主从关系,不是人身依附关系,但在一定程度上亲方对手传有予夺之权。例如,亲方为了抑制竞争,可通过株仲间限制亲方即独立经营者的人数,使手传难以晋阶。如果手传是亲方的儿子,那么他获得独立经营许可证从而成为亲方则相对其他手传容易很多。正是出于这个原因,江户幕府的法令规定:"师匠对于不肖之弟子,可以禁止其营业和就业"④,该法令赋予亲方这方面的权利。不能成为亲方的手传,只能继续受雇于亲方。

第二节 "三种神器"的土壤

农村社会结构的变化 资本主义的形成和发展需要大批"自由劳动者"。现代西方"新经济史"代表人物道格拉斯·C.诺斯(Douglass C. North)和罗伯特·托马斯(Robert Thomas)在他们合撰的《西方世界的兴起》一书中指出:"导致制度创新这一西方社会兴起原因的主要参数变动乃是人口增长。"⑤马克思在《资本论》中指出,过剩的工人人口形成一

---

① 司法省:『德川禁制考』第5卷,創文社1981年,227頁。
② 若林喜三郎:「輪島漆器の生産組織」,『金沢大学教育学部紀要』1952年第1期,74頁。
③ 横山源之助:『日本の下層社会』,岩波書店1995年,97頁。
④ 大蔵省编:『日本財政経済史料』第6卷,財政経済学会1925年,30頁。
⑤ 道格拉斯·C.诺斯、罗伯特·托马斯:《西方世界的兴起》,厉以平、蔡磊译,华夏出版社1988年版,第9页。

支可供支配的产业后备军,为不断变化的资本主义增殖创造出随时可供剥削的人身材料,即"人口的增长是积累或资本主义基础上财富发展的必然产物,但是这种过剩人口反过来成为资本主义积累的杠杆,甚至成为资本主义生产方式存在的一个条件"。①

明治维新之前,即日本进入资本主义社会之前,日本人口状况如何?是否有明显增长?据记载,1721年,幕府下令全国的大名、代官对其领地内的居住人口进行调查。自1726年,各地每6年上报1次调查结果,至1846年共举行了18次人口调查。由于这一调查并非按照统一标准、在同一时间开展,同时被调查对象仅限于庶民,不包括武士,并不严谨和科学,不过它仍具有参考价值。根据调查,在此期间日本人口变化不大,最大值的1828年为2 720万人,最小值的1792年为2 489万人。据推算,没有被统计在内的武士等人口为400万至700万人。对此现象,历史学家称之为"人口增长停滞",经济学家称之为"马尔萨斯循环"或"马尔萨斯陷阱"。② 之所以呈现这种"停滞"和"循环"状态,主要有下述人为和自然即主观和客观两大原因:

就主观原因而言,地租率的提高导致生活成本增加。幕藩政府的财政收入主要是"年贡"。江户初期,租种土地的农民须根据定额,上缴40%收获,此种地租率被称为"四公六民"。18世纪后,幕藩政府加强了征租比率,上缴50%即"五公五民"渐趋普遍。至1830年以后,如松平定信在《国本论》中所言:"今已有五公五民、六公四民乃至七公三民之地租。"地租率大幅提高,导致养育新生人口的成本加大,从而导致人口自然出生率下降,因为土地收益率是人口变化和社会经济发展的关键因素。由于地租率的大幅度提高和收益率相对骤减,迫使农民采取种种方式,缓解价格相对变化产生的生活压力,于是控制人口出生成为重要而无奈的选择。

在江户时代,日本民间流行"间引"——农民自发控制人口的一种方式。"间引"是日语汉字,原是农业生产专用名词。"间"意为"间隔","引"意为"去除"。所谓"间引",即为了使农作物较充分地获得养分,及有较好

---

① 马克思:《资本论》第1卷,人民出版社1975年版,第701页。
② "马尔萨斯循环"或"马尔萨斯陷阱"指人口变动与实际收入变动呈反向变动,在土地供给相对固定的条件下,土地收益呈递减趋势,即人口的增长引起劳动生产率的下降,从而引起实际收入下降。

的透光、透气性,将间隔过小即密度过大的幼苗铲除。日本人将这一农业技术"移植"到人口控制,即采用器物压迫窒息、绳索勒杀、活埋及用水溺死等手段,极其残忍地将婴儿杀死。江户时代日本各地究竟"间引"了多少幼小生灵,因没有准确统计资料,无法证实,只能通过一些记述,间接了解相关情况。据佐藤信渊于1827年发表的《经济要录》记述:"如今之世,仅陆奥、出羽两国(日本东北地区),每年阴杀婴儿当不下六七万人。"德川时代共有260余藩,以总人口3 200万计,平均每藩10多万人。陆奥、出羽人口不会超过40万人。若依此推算,"间引"率当占全国人口的20%左右。佐藤信渊所述或有夸张,但日本史学家普遍认为,至幕末,"间引"当属全国性社会现象,尤其是在增征贡租、遭遇灾荒的农村,更是司空见惯。可以认为,这是导致江户时代人口增长停滞的主要原因之一。

如果说地租上升为出现"马尔萨斯循环"的主观原因,那么灾荒、瘟疫等外生变量则是作用于人口增长停滞乃至负增长的客观原因。据统计,在江户时代260多年间,地震、台风、水灾、旱灾、虫灾等自然灾害几乎年年光顾日本列岛,由自然灾害而引起的"饥馑"则多达130多次,包括著名的"宝历大饥馑""天明大饥馑"。根据保存着长期人口资料的米泽藩(山形县米泽市)和会津藩(福岛县境内)的人口统计数据,当地人口增长至1700—1720年达到峰值,以后呈下降趋势,经过上述两次大饥馑后,至18世纪末降至谷底。据此我们可大致可以了解自然灾害对人口增长的影响。

江户时代日本人口增长的停滞,在时间和空间上并不均衡。例如,就时间而言,主要发生于18世纪。就空间而言,同期人口调查显示,冈山、广岛等日本的中国地区,高知、爱媛等四国地区人口增长了20%,而关东、东北人口则减少了11%。但是在幕末时期,日本全国人口有明显增长。1872年,明治政府编制了户籍,史称"壬申户籍",记录在册的全国人口为3 311万人。这一统计显然有诸多疏漏,因此人口学者以各种方法对此数据进行了修正,推算出当时日本的全国人口约为3 600万人。[①]也就是说,明治初年,日本人口状况有所改变。

当然,人口的增长并不意味着能够出卖自身劳动力的"自由劳动者"的增加。将农民牢牢地束缚在土地上,是幕藩政府制定法律和政策性规

[①] 正田健一郎、作道洋太郎:『概説日本経済史』,有斐閣1978年,140—141页。

定的基本思路。事实上在江户时代,离开土地往往属于"违法"和"违规"行为。在幕藩体制"士农工商"等级结构制约下,任何破坏"重农抑商"国策的经营活动,都在取缔的范围之内。1790年,幕府3次颁布"旧里归农令",将浮游在外的"游民"强制遣回农村。这就是明证。在连"游民"都不能容忍的体制下,认为雇佣劳动力已经商品化,显然与史实不符。

另外,农民不愿意也无法摆脱土地的束缚。地租率的变动和自然灾害的影响,迫使农民采取包括"间引"在内的方式自发控制人口。这种控制同时也是农民与土地保持天然联系、维持原有生产方式的自发调整。在江户时代基本属于自给自足的自然经济的条件下,农民对土地的依恋,决定了他们不可能去创造一种新的经济制度。这种不可能,从根本上阻断了建立明晰的契约关系、使劳动力成为自由商品的可能。近代以后,当资本主义生产方式及商品经济制度确立时,近代工业化生产和商品交换、货币经济的发展日益取代农业和自给自足经济,农民才逐渐获得自由。

尽管幕藩政府禁止农民离土离乡,但在江户时代,使劳动力成为自由商品的通路并未被彻底阻断。幕末思想家横井小楠如是写道:"百口之民,其中七十人以农为业,其余三十人,或老幼贫民,难操农业,徒空余力,皆为游民。今日本全国十之有三乃为游民。"[①]值得注意的是,在江户幕藩锁国体制下,诸多农家始终是以种植稻米为主、从事"农间余业"为辅的"农业经营者",并非按照传统概念理解的终年"面朝黄土背朝天"的农民。至江户时代后期,随着农业生产力和商品经济的发展,整个日本的社会经济结构已经发生明显变化,商业和手工业已经占有较大比重。

据史料记载,在江户时代末期,农村人口不断向城市流入,特别是"三都"即江户、大坂、京都,已形成了一种时代潮流。有一项数据颇能说明问题:"幕末,幕府进行江户居民出生地调查时,有25%乃至33%的居民答称非江户当地出生。事实显示,这一时期的都市人口仅靠都市内部无法维持,因此必须不断从农村获得补充。"[②]这一事实,也说明当时已产生大量潜在的"自由劳动者"。

农民身份的转变 幕末"开国"后,西方国家视日本为商品市场和原料产地,廉价工业品大批涌入日本市场;煤、铜等工业能源和原料则大量

---

① 横井小楠:《国是三论》,汤重南校译,中国物资出版社2000年版,第141页。
② 正田健一郎、作道洋太郎:『概説日本経済史』,有斐閣1978年,150页。

出口。日本农村被迅速卷入商品经济的大潮,传统的经济结构遭到急剧破坏,其必然结果就是加剧上述时代变化和人口流动趋势。大批农民虽然在土在乡,但种植"商品化"、生活"货币化"、迁徙"规模化"、择业"工业化"逐渐成为社会潮流。传统农村经济结构的迅速破坏,预示着一种新的经济结构即将建立。对"三种神器"的形成而言,19世纪末日本资本主义的急速发展,生产经济结构的急剧变化,需要社会迅速为其提供大量新型劳动力。因此,在以明治时代形成的"资本家阶级"的另一端,"工薪阶级"也迅速形成。

毋庸置疑,工薪阶级的主要来源是农民,其中占最大比重的是农民的女儿和无法继承家业的次男、三男等。他们为了谋求生计,或赚取养家糊口钱而成为"自由劳动者",其中前者大都成为缫丝女工和纺织女工,后者大都成为矿山、铁道、建筑工地的重体力劳动者。

必须强调,明治时代"产业劳动大军"即工薪阶级的形成,不是江户时代末期已经形成的时代潮流的自然延续——后者是一个比较缓慢的过程,而前者是明治政府的政策性推动,其中最根本的一项政策是地税改革。

1868年9月,即维新伊始,日本最高行政机构太政官便颁发布告,表明了行将开始地税改革的目的和决心。同年,太政官又下令各藩领主和社寺交出产量册,并令各藩撤销"关所",允许农民自由迁徙和居住。

1869年3月,以萨摩(鹿儿岛县)、长州(山口县)、土佐(高知县)、肥前(佐贺县)为首的诸藩奏请"版籍奉还"获准,领主的领地权被明治政府收回。明治政府的这一举措使土地所有权发生了根本性变革,并向建立真正的统一国家和资本主义发展所需要的统一市场,迈出了关键一步。

1870年6月,集议院副议长神田孝平提出了《田租改革建议》,主张尽快改革旧税制,废除土地买卖禁令,颁发"地券"(土地执照)、地价按买卖成交价确定、货币租税根据地价按比率征收等具体可行的改革方案。这一"建议"后来成为地税改革的最初草案。

1870年8月,民部省提出了统一全国地税、施行税制改革的建议。同年,大藏省发布了水田以实物(米)交税,旱田以货币交税的通告,之后又废除了禁止"农转非"的规定。

1871年7月14日,和大久保利通、西乡隆盛被并称为"维新三杰"的木户孝允,以明治天皇的名义,将当时在东京的56名"知藩事"(藩最高行政长官)招至宫中,由太政大臣三条实美向他们宣读了《废藩置县诏书》,将全国重新划分为3府72县,府县知事由中央重新任命。也就是说,以往的地方诸侯变成了中央派至地方的长官。"废藩置县"彻底扫除了封建割据势力,完成了中央集权任务。

1872年初,根据神田孝平建议,大藏省先在东京府内颁发地券,将地税定为地券金额的2%。3月,太政官明令解除土地买卖的禁令,允许一切人自由买卖土地。这项改革以法律形式确定了土地私有权,废除了封建领主土地制。之后,地券发行在全国普及,"一地一主"原则因此得以确立。

1872年5月,神奈川县知事陆奥宗光提出《田税改革建议》,提出根据土地肥瘠程度和水利条件差别确定法定地价,然后按法定地价征税,即地价不再按成交价,而是按收益测算确定。神田孝平的"地契方式"和陆奥宗光的"收益地价方式",构建了地税改革的基本框架。

同年8月,明治政府在大藏省租税寮内建立了地租改正局,由内务卿大久保利通任总裁、大隈重信任"御用挂",陆奥宗光和松方正义分别任"租税头"和"租税权头",主持地税改革。

1873年4月至7月间,大藏省就地税改革事宜召开了全国地方官会议。7月28日,明治政府颁布了地税改革法令。地税改革遂正式拉开帷幕。

地税改革法令由5个文件组成:上谕;太政官布告(亦称地税改革布告);地税改革条例;大藏省布告(地税改革施行规则);大藏省下达的《地方官须知书》。

"上谕"是根据大藏省上书颁布的,称地税改革将"一扫皇国数百年来之旧习",新税法"公平划一",以最高权威表明了地税改革的性质和意义。

"太政官布告"是地税改革的纲领。"布告"宣布"此次改订地税,原有田地贡纳之法悉皆废除","地税可按地价3%规定之","以往因官厅及郡村所需经费等而课于土地之份额,一律改按地价征课,但其金额不得超过本税金三分之一"。

《地税改革条例》《地税改革施行规则》《地方官须知书》均是地税改革实施细则,其内容可概括为四点:(1)地税标准。课税的基准不按石高(收获量),"石"是容器,"高"指数量,一石约合稻米30千克,而按土地价格(地价)。(2)地税税率。税率与丰收、歉收无关,以地价的3%为定率。(3)地税形态。不是纳物(米),而是纳货币(钱)。(4)征税对象。纳税者不是土地耕作者,而是土地所有者。

1881年6月30日,明治政府撤销了地税改革事务局。但是,地税改革并未真正结束。1881年11月,明治政府制定了《有关争议土地地税征收内规》;1883年11月,大藏卿松方正义提出了《地税法案》草案。翌年3月,明治政府颁布了《地税条例》,原《地税改革条例》被废止。1889年12月,明治政府颁布了《地税改革条例施行细则》,地税改革自此宣告彻底结束。地税改革之所以绵延持久,一个重要原因是引起了利益集团特别是农民的反抗。地税改革后,土地私有权获得认可的自耕农阶层在西南战争爆发后,虽因通货膨胀推高米价而曾经获利一时,但也因此被深深卷入商品经济的旋涡。之后,在松方正义的主导下,明治政府推行了史称"松方财政"的通货紧缩政策。自耕农受到米价暴跌和税收负担加重的双重夹击,生活日益窘迫。据统计,地价为200元至400元的中间阶层在1881年至1889年减少了30%。与之形成鲜明对比的是,全日本国营、私营工厂和矿工人数则迅速递增:1883年为9.2万人,1885年为13.8万人,1893年为44.4万人,1894年为144.1万人,1895年为159.8万人。[①]

地税改革实现了从实物地租向货币地租的转变,确立了日本现代土地所有制,保证了国家固定的财政收入。同时,地税改革也给地主加大剥削量和兼并土地提供了有利条件,而农民则因租税负担有增无减而在各地大规模"蜂起"。据史料记载,当时和歌山、茨城、三重、爱知、岐阜等县均发生农民起义,迫使政府最终将土地税标准从地价的3%降为2.5%。使"竹枪一挑,挑出个二分五厘"成为流传坊间的"名言"。

武士身份的转变 骤增的工人,农民无疑是其主要来源。史料记载,很多自耕农在剧烈的社会变革中成为"小作人",农闲期间去土木建筑、铁道建设、矿山开采工地打工。他们的子女也大都背井离乡去城市谋生。因此在这一时期,农民举家进城成为一股潮流。而他们的到来,也使各城市社会底层的人数急剧增加。根据梅村又次的研究,大批农业部门的劳动力流入非农业部门,在非农业部门新增加的劳动力中占有很高比率。据他推测,这一比率在1875年至1880年间约为91.8%;1895至1900年约为81.7%。[②] 以个案为例,大阪名护町自江户时代一直是著名的贫民

[①] 石井寛治:『日本経済史』,東京大学出版会1991年,153頁。

[②] 梅村又次:『賃金・雇用・農業』,大明堂1961年,第8章。

窟。1889年,那里的居民有大约40%是1886年后从农村流入的贫民。①随着兴办企业热潮的出现,贫民窟中很多人转变成出卖劳动力的"自由劳动者"——工人。对此,1889年2月21日的《大阪每日新闻》曾刊载了如下报道:"自去年(1888)底至今年春季,纺织、铁道、火柴制造等相当兴隆,其他地方对人手的需求也大为增加,互相竞争,招工者在名护町四处招人。一万多贫民中有两三千人被招走。他们的生活和去年春天的时候相比,似有改善。"

原士族阶层中的下级武士,是"自由劳动者"的又一重要来源,其人数仅次于农民,而使他们沦落至此的政策性因素,则是"秩禄处分"。"秩禄处分"有广义和狭义之分,广义的"秩禄处分"包括削减德川家族以及幕臣俸禄,减少佐幕诸藩要员俸禄,狭义的"秩禄处分"则指自"家禄奉还"至"金禄处分"的各项法令、政令及措施。用今天的话说,即减少薪俸。

废藩置县后,原各藩武士的俸禄改由明治政府支出。对原本财政拮据的明治政府来说,这无异于"雪上加霜"。因此,如何对此进行改革,在废藩置县后即被摆上维新领袖的案头。1870年8月,右大臣岩仓具视提出《十五条意见书》,明确表示:"应变革华、士族及卒家禄之制。"②同年9月,大藏大辅大隈重信也在《举国一致论》中提出:"改革旧政,去除弊端,削减无用不急之秩禄,以绝旷土浮民。"③同年10月,木户孝允提出的《决定士族前途意见书》写道:"当务之急在于裁减天下士族之旧禄以养新兵。"虽然统治阶层均感改革迫切,并分别代表了不同利益集团,具体方案莫衷一是,但有一个共通点,即均主张削减可截留的支出,并以发放"禄券"(公债)作为权宜之策,待政府财政状况好转后将"禄券"赎回。这一"共通点"就是"秩禄处分"的基本指导思想及政策的核心内容。于是,政府首先对德川家族成员及旧幕臣和佐幕诸藩的俸禄进行削减。据统计,共削减了相当于幕末武士家禄总额的60%。④

之后,明治政府主要以"太政官布告"的形式推行"秩禄处分"。1870年底至翌年1月,明治政府先后向东京府⑤的卒族和士族宣布,凡愿意

---

① 西田长寿编:『明治前期の都市下層社会』,光生馆1970年,108页。
② 多田好问编:『岩仓公实记』(下),原书房1979年,831—832页。
③ 早稻田大学社会科学研究所编:『大隈文书』第1、第3卷,同所1958年,2页。
④ 楫西光速等:《日本资本主义的发展》,阎静先译,商务印书馆1963年版,第28页。
⑤ 1868年,江户改称东京府。1943年东京府合并下辖的东京市,改称东京都。

"解甲归田"或经商者,若提出申请,将一次性支付相当于5年俸禄的资金作为生产资本。之后,这一政策拓展至各府县。

1873年12月27日,太政官颁布第425号布告和426号布告。前者宣布接受100石家禄以下者奉还家禄,由政府发给相应补偿金,后者提出了实施细则:以现金和利息为8%的公债证书各一半的金额,一次性发给家禄奉还者,其中永世禄者,即世代享有"俸禄"的家族,可一次获得相当于6年家禄的资金,仅限于一代的终身禄者,可一次性获得相当于4年家禄的资金。

1874年11月5日,太政官颁布第118号布告和第119号布告,前者允许享有百石以上家禄的士族奉还家禄,后者颁布实施细则。和百石家禄以下的士族不同,这些人奉还家禄后所获得的现金,仅限于50石禄量之内,其余一律支付面额为25元至200元的"秩禄公债",自发放后第3年开始抽签偿还。①

然而,"家禄处分"的实施结果,不但未能使政府财政负担明显减轻,而且使很多原先不事生产、没有生产技能的武士迅速陷入贫困。当时内务省官员给大久保利通内务卿的报告称:"迅速陷入贫困者十之七八。"为此,维新政府于1875年7月停止了"家禄奉还",于同年9月改为施行"金禄制"。所谓"金禄","金"是货币,"禄"是俸禄,以通俗语言解释,即以货币取代实物(稻米)。按太政官138号布告中的原话,即"华、士族平民之家禄,自今日起全部废除米额称呼,改为按明治五、六、七年各地贡租米市场行情之平均价格支付金禄"。但是,如此做法必然在短期内加重财政负担,因此1876年8月5日,明治政府颁布了作为太政官108号布告的《金禄公债证书发行条例》,宣布:"家禄、赏典禄之授予,前有永世、终生、年限之分,今改其制,自明治十年起一律赐予金禄公债证书。"具体实施办法是:禄额为1 000日元以上者,一次发给6至7年禄量的公债证书,年利5分;禄额为100至1 000日元者,一次发给7至10年禄量的公债证书,年利6分;禄额为20至100日元者,一次发给10至13年禄量的公债证书,年利7分。公债本金自发放后第6年开始通过抽签顺序偿还,在30年内还清。②

---

① 大藏省编:『明治大正财政史』第11卷,东京财政经济学会1936年,587—588页。
② 早稻田大学社会科学研究所编:『大隈文書』第3卷,同所1960年,170—173页。

明治时代的吴服店

"秩禄处分"有点类似于"买断工龄",造就了一批无产者,并使之成为可自由出卖劳动力的"工薪阶层",因为"名副其实在有偿交出特权后享有补偿的,仅仅是大名一级,即俸禄1万石以上的武士。对于大部分武士来说,名为有偿,实则近乎无偿。逾1.7亿日元金禄公债分配给了31.3万名旧武士,具体分配方案是:金禄年额为1 000日元以上的旧武士519人获得的公债总额逾3 141万日元,每人获得6万余日元;金禄100日元至不到1 000日元的旧武士15 376人获得总额为2 500万日元,每人分得0.16万余日元,占旧武士总数94.7%;金禄不到100日元的旧武士297 368人,虽获得公债总额高达1.174 2亿日元,但是每个人仅分到不足400日元,且由此获得的利息因通货膨胀,实际上微不足道。大部分武士很快陷入不得不将公债本金售出的穷困境地"。[①]

不过,同时,明治政府鼓励原华族和上层士族将公债投资于兴办工商企业、设立银行、兴办铁路和购买土地,转变为工商业资本家,因此推进了

---

① 正田健一郎、作道洋太郎:『概说日本经济史』,有斐阁1978年,218页。

第一章 ● 企业内部关系："三种神器"

资本原始积累的进程。当时政府所采取的鼓励措施，就是与"秩禄处分"同时推行的"士族授产"，即为失去原有特权和俸禄的华族和士族提供补偿。

具体而言，"士族授产"主要采取三种方式：

设立银行，让士族参与。如当时设立的诸多"国立银行"（National Bank）被称为"士族银行"，这是因为这些银行虽然名为"国立银行"，实为华族和士族集资凑股成立的私立银行。但是，由于很多士族仅靠红利无法维持生活，因此很多原下层武士转化为"自由劳动者"。

奖励开垦。1873年，维新政府实施"家禄奉还"时，制定了将国有山林田野等廉价出售给士族的方针，促进没落士族的"自耕农化"，包括奖励其前往北海道当"屯田兵"。但是，此种尝试几乎都以失败告终，上层士族仍不断流向城市，有的"沦为工薪阶层"。

借贷资金。至1890年，维新政府设立了无息和年息仅3%的"起业基金""劝业委托金""劝业资本金"等，以府县为中介向士族出贷创业基金，帮助这些没有资金的武士开展各种经营，但是除了个别成功实例，大都以失败告终。根据有关方面1889年度中期的统计，出贷金额80%以上成为"坏账"。而失败者很多加入产业劳动大军。①

除农民和武士外，"自由劳动者"另一不可忽略的来源是传统的"职人"阶层。幕藩体制下作为手工业者的职人阶层，是应聚居于城下町的领主阶层和豪商阶层的需要而形成、壮大的。在明治维新的巨大变革中，对外贸易的展开和资本主义生产力的迅速发展，使大量比手工制作价格低廉的商品充斥市场，使职人的客户日益减少乃至无异于被夺走饭碗，最终要求他们使自己的身份随经济结构的变化而改变。

另外，虽然横须贺海军工厂等军需工厂利用高工资和员工可推迟应征入伍等特权，成功地招募了一批原为器械、锻冶、炼铁职人的工人。但是，这种措施仅持续了不长时间，至19世纪80年代末，所有对这些技术工人的优厚待遇全部被废除。也就是说，"随着明治维新的变革，其赖以生存的基础产生了动摇。从事锻冶和铸造的职人，以及造船的木工，虽有转变为西洋式造船所的铁匠和木匠者，但此类人非常罕见"。② 他们中的

---

① 浅田毅衞编著：『殖産興業政策の軌跡』，白桃書房1997年，220頁。
② 老川慶喜、仁木良和、渡辺恵一：『日本経済史—太閤検地から戦後復興まで』，税務経理協会2002年，85頁。

大多数人，以后成为普通的、靠出卖劳动力为生的"自由劳动者"。"可以认为，作为在第二次世界大战后正式形成的'从业员'制度原始形态的这种对熟练工的优待（准职员待遇），进入了 80 年的蛰伏期。他们和不熟练工一样被称为'菜叶'（其工作服因为是廉价购得的军服，原先是蓝色的，但是褪色后变成菜色，令人想起'菜叶'）遭到冷遇，从而形成了战前型劳资关系。"[1]

农民、中下层武士、职人，曾经是江户时代经济和政治的基础，但在进入明治时代后却作为"供品"，被维新政府摆放在祈求近代化的祭坛上。虽然对他们而言，如此待遇确实冷酷无情，但历史发展的辩证规律，要求他们必须做出这一牺牲，这也是他们的宿命。作为社会整体，愚昧的农民和封建的武士必须消亡，因为日本需要新生。技术工人沦落为"菜叶"虽然可悲，但正如马克思在《政治经济学批判导言》中指出的，一种机器的发明夺走无数工人的饭碗并引起生产方式的变革，这是一个"世界历史性事件"。

必须强调，明治维新引起了日本历史上前所未有的风云激荡。但是，过去的传统和习惯并没有在风云激荡中被彻底荡涤。按照 J. 赫修迈（J. Hirschmeier）的观点，"明治时期日本的近代化，不仅不认为必须全面否定日本原有的思想和价值观，而且对其中有些方面还予以加强，使之为实现现代化目标服务"；"明治时代的变化在于各人能够选择自己的将来，即可以自由选择隶属哪个集团。若得到能力和机会的惠顾，则谁都可出人头地。因此明治时代的人，不是零零散散的个人，而是分属于藩阀、乡党、学校、家等某一个横向集团，或与之建立某种联系的人"。[2] 可以为这一观点提供证明的是，几乎所有明治时代诞生的现代企业，其内部体制均是对江户商家体制的仿效。换言之，江户商家体制并没有在开国的激荡中瓦解和消灭，而是穿上现代的外衣登上了时代的舞台。如公司职员（"白领"）仍称"手代"，雇佣和升迁亦一如江户时代。另外，在明治时代也出现了一些前所未有的问题。例如，在"殖产兴业""富国强兵"的口号声中，造船、铁道、矿业、武器等重工业迅速发展，劳资纠纷亦因此呈现出前所未有

---

[1] 浅田毅樹：「明治前期海軍工廠労働者統合原理の変遷」,『大元社研雑誌』(360),1988 年。

[2] J. ハーシュマイ、Hirschmeier, Johannes、由井常彦：『日本の経営発展：近代化と企業経営』,東洋経済新報社 1977 年,177 頁。

的规模,并随之催生了按企业而不是行业组建的"企业内工会"。所谓的"日本式经营"的"三种神器",就是在新与旧的交错融合中逐渐铸就的。

"三种神器"的雏形　"终身雇佣、年功序列、企业内工会",是"日本式经营"的"三种神器"。但是在"殖产兴业"时代即19世纪90年代之前,企业劳动者流动性极大。以19世纪80年代由官营转为三菱所属的企业长崎造船所为例,"经营管理者和现场作业'职工'之间的关系最具有特征的,首先是两者之间的疏远。极端地说,'职工'阶层并不被认为是造船所的组成部分"。能够说明这种疏远关系最典型的例子,就是自1884年7月以后,即三菱会社从工部省购得长崎造船所以后,庄田平五郎从官营长崎造船所的"管事",摇身一变,成了三菱旗下的长崎造船所的"支配人"。令人不可思议的是,"直至庄田平五郎使经营管理体制一新的1897年6月,在长达13年半的时间里,长崎造船所居然没有编定的《职工名册》。有关职工的信息,仅记载于造船所定期向三菱总社呈交的《工业报告》或《工业略报》的'本月使用的职工'(人数)——明治三十年一月(1897年1月)后递交'常备人夫''临时人夫'。""也就是说,至19世纪末,三菱企业甚至连多少职工'在籍'都不予关心",因为,"以造船、机械工业为核心的'铁工业'领域技术熟练工的流动,是相当频繁的"。[①]

就"年功序列"而言,从业员的待遇由各人的实际工作情况和一种制度性的指标统一决定,是现代"能力主义"的分配原则和方式。早在19世纪末的三菱,这种分配方式即已出现。换言之,当时并不存在"年功序列"。例如,三菱首任社长岩崎弥太郎即一手掌握对社员的"褒贬黜陟"之权,"根据其能与不能,施行赏能抑拙,奖勤罚懒之典"。费心于"拔擢登庸"的传统,在岩崎弥之助、岩崎久弥掌控三菱的时代基本上依然得以维持。根据对三菱长崎造船所工资状况的实例考察可以发现,"在确定工资和是否'增给'时,虽然对员工相互之间的平衡不乏考虑,但显然是在考察各人的工作情况以后决定的"。[②] 但是,岩崎弥之助等的依据不是西方式的评价标准,即主要注重教育背景、知识水准和工作实绩,而是重视"信用、德义",具有典型的东方"选贤任能"特征。

---

① 中西洋:『日本近代化の基礎過程——長崎造船所とその労使関係(1855—1903年)』(下),東京大学出版会2003年,556頁、759頁。
② 中西洋:『日本近代化の基礎過程——長崎造船所とその労使関係(1855—1903年)』(下),東京大学出版会2003年,468頁、469頁。

甲午战争后的产业发展政策(在日本被称为"日清战后经营",日本称甲午战争为"日清战争"。)开展以后,上述情况开始发生变化。中日甲午战争后,生产、消费、军需三个部门的并行发展,在日本从农业社会转变为工业社会的过程中具有决定性的意义,使各产业工薪劳动者形成明显区分。西成田丰将这些工薪劳动者大致划分为5类:(1)以缫丝、纺织业为中心的纤维工厂劳动者;(2)以官营工厂为中心的机械工厂劳动者;(3)矿山劳动者;(4)交通劳动者;(5)"问屋制"家庭工业劳动者。① 更重要的是,工薪劳动者人数在甲午战争后有显著增加。据统计,1886年日本工薪劳动者人数为13.8793万人,经"会社兴办热"后,1900年增加至74.6636万人,1909年更增加至141.1709万人。②

但是,甲午战争后的产业发展政策的意义不止于此。据中西洋研究,"自这一年(1897年),'勤续'(连续工作)、'年功'(工资随工龄增长)这两个词开始被频繁使用,与这种情况相对应。在当时开始制作的《年报》的各项统计中,出现了'解佣职工在职年数'和'在籍职工连续工作年数'两项统计。我们不能认为这一变化仅仅是措辞的变化,而应该认识到,这一变化意味着管理层欲使以往疏远的劳资关系的距离拉近,意味着管理层试图将'劳'包容于'资'的秩序中的一种新观念的产生"。③

作为"三种神器"之一的"企业内工会",虽然并非始自甲午战争后的产业发展政策,但是甲午战争为工会的建立提供了"催化剂",则是不争的事实。回望历史,甲午战争的胜利在再度燃起"创办企业热"的同时,也酝酿了通货膨胀,使物价迅速上涨。生活成本的提高和生活质量的下降,成为工人示威游行和罢工的主要原因。据《东京经济新报》1896年11月15日报道:"在近一个月内,东京有七处发生示威游行,这实在堪称一种显著的新现象。究其原因,则多因物价迅速上涨导致工人生计困难,因而要求增加工资。"④需要强调的是,这里所谓"显著的新现象",不是早已有之的劳资争议本身,而是工人独自"结社",即建立"劳动组合"(工会)。当

---

① 西成田豊:『近代日本労使関係史研究』,東京大学出版会1988年,第1章。
② 大石嘉一郎編:『日本産業革命の研究』(上),東京大学出版会1975年,542頁。
③ 中西洋:『日本近代化の基礎過程——長崎造船所とその労使関係(1855—1903年)』(下),東京大学出版会2003年,800頁。
④ 『東洋経済新報』第37号,明治二十九年(1896年)11月15日。

时,"以熟练工为中心的劳动组合开始形成(1897年铁工组合)"。① 尤其需要强调的是,1897年4月6日,"数百名工人"在东京神田锦辉馆举行了"以宣传劳动运动为唯一目的的日本最初的公开集会",并以组织这次集会的"职工义友会"的名义,散发了题为《致职工诸君》的公开信。这封公开信是一篇檄文,号召工人根据地区和职业建立"同业组合",并在此基础上建立统一的"大日本职工团",依靠工人自身的力量开拓自己的道路。这封公开信写道:"我辈劝告诸君,通过同业相集同气相求,建立奠基于人类至情之上的同业组合,通过全国联合共同一致,实现我们的愿望。"②

关于企业内工会的形成,小松隆二在他的论著《企业内工会的形成:日本工会运动史》中,有一段很好的概括性叙述:

"在考察战前和战后工会时,首先不可忽略其外在形态的不同。当然,这并不意味着我国工会的组织或功能的展开不存在一贯性。即便通过组织形态考察工会,我们也可以发现即使在战前,工会也存在一种连贯性。简而言之,首先是铁工工会(1897年创立)和活字印刷工会(1899年创立)之类具有横向即跨企业性质的组织,在大正时代(1912—1926)以后并入了友爱会、总同盟、评议会,以及其他联合体。同时,也有工会继续作为根据职业和产业建立的工会而单独存在。另外,还有如日铁矫正会(1898年创立)那种虽然是根据特定的行业种类建立的工会,但却是一个企业或一个工厂的职工组织。这类工会组织在大正时代以后陆续出现,如限于一个企业内的芝浦技友会(芝浦制作所即后来'东芝'一部分)、汽车制造株式会社作业手组合、向上会(大阪炮兵工厂)、电业员组合(大阪电灯会社)、新进会(住友伸铜所)、向上会(住友伸铜所)等。这类工会最初多数是为了配合会社组合及协调劳资关系而建立的,之后形成了对一个企业或一个事业所内的全体职工具有影响力的自主性企业工会。进入昭和时代(1926—1989)以后,上述企业内工会同工厂委员会和会社组合性的企业单位组织,也建立了直接联系。由此可以认为,就组织形态而言,第二次世界大战(简称'二战')前的企业内工会在19世纪末已经构建

---

① 山本義彦:『近代日本経済史——国家と経済』,ミネルヴァ書房1992年,59頁。
② 中西洋:『日本近代化の基礎過程——長崎造船所とその労使関係(1855—1903年)』(下),東京大学出版会2003年,802頁。

起了原型。虽然之后曾一度消失,但是在大正时代以后又重新获得了新生。"①

第三节 "三种神器"的形成

"日本式劳资关系的原型" "日本式经营"的核心是日本独具特征的劳资关系。庄田平五郎和武藤山治是"日本式经营"的先驱。正因为此,杉原四郎等编纂的《日本的经济思想四百年》,以"日本式劳资关系的原型"为标题,对这两人的经营认识和实践,给予了重点介绍。②

庄田平五郎(1847—1922)出生于丰后国臼杵(今大分县臼杵市),父亲庄田允命是位儒学者,妻子藤冈田鹤是三菱创始人岩崎弥太郎的妹妹岩崎佐几的长女。庄田平五郎少年时入藩校即武士子弟学校学谷馆。23岁时,庄田平五郎进入福泽谕吉创办的庆应义塾(今庆应义塾大学)深造,因得到福泽谕吉的赏识,后被委任为庆应义塾的教师。不久,庄田平五郎被派赴大阪、京都设立庆应义塾分校,并在那里充分发挥了"学问和算盘同时并举"的作用。1875年2月,因得到福泽谕吉的推荐,庄田平五郎进入了三菱。在三菱,庄田平五郎长期担任"管事",成为历经岩崎弥太郎、岩崎弥之助、岩崎久弥三代总裁的"三朝元老",为三菱的发展做出了重要贡献。

进入三菱后,庄田平五郎最初的工作是制定《三菱汽船会社规则》。其后,这一规则正式颁布。《三菱汽船会社规则》具有奉企业主为"当主"的浓厚封建色彩,尊奉"忠君尊义"的武士道传统和行为规范。庄田平五郎还编纂了《邮政汽船三菱会社账册法》,使三菱由此脱离了"流水账经营",开了日本"复式簿记"的先河。"复式簿记"即分解所有交易的出账要素和入账要素,通过对各项要素连续、系统的记录,有目的地制成借贷对照表和损益计算书,从而确立现代企业经营的重要准则。

有两件事有助于我们了解庄田平五郎其人其事。第一件事,他是1888年开始发售的如今位居日本啤酒销量第一的"麒麟"啤酒的商标命

---

① 小松隆二:『企業内労働組合の形成:日本労働組合運動史』,御茶ノ水書房1971年,13—14頁。

② 杉原四郎ら編:『日本の経済思想四百年』,日本経済評論社1990年,274頁。

名者。当时,从西方输入日本的啤酒商标多使用狼、猫等动物名称,为了使日本的啤酒具有东方特征,庄田平五郎建议以幻想世界的动物"麒麟"作为日本啤酒商标。第二件事,庄田平五郎是东京车站旁"丸之内"办公街区的首创者。1889年,庄田平五郎赴英国伦敦考察。一天,他无意间在报纸的专题栏目里看到了一则报道,题为《日本政府为建设陆军现代兵营欲出售丸之内练兵场,但尚未找到买家》。庄田平五郎即刻想到:"日本也应该建设像伦敦中央商务区(简称CBD)那样的办公街区,位于皇居附近的'丸之内'非常适合作为这样的区域。"于是,他当即打电话给岩崎弥之助,建议购买"丸之内"。接到电话后,岩崎弥之助即刻前往大藏省与大藏大臣松方正义商议,最后以相当于当时东京年度预算3倍的128万日元,买下了"丸之内"。这两件事说明,庄田平五郎具有将东西方特色兼收并蓄的理念和思维。

自明治后半期,随着现代化的推进,工资待遇、劳动强度、职工健康等方面的矛盾日益突出。与之相关,各企业对技术员工的争夺日趋激烈。为此,日本政府试图通过立法,应对和解决由此产生的矛盾。早在19世纪80年代,日本政府已着手组织起草"工厂法",但最初的立法思路主要是对职工进行限制和管束。关注工人保护并将其作为立法时重点考虑的问题,则是在1898年第三届"农商工高等会议"设立以后的事情。"农商工高等会议"是一个咨询机构,成员由政府有关省厅的官僚和实业界代表组成。1911年,日本政府颁布了《工厂法》。以此为契机,日本企业雇佣制度被注入了法律元素。对此,日本法学家吾妻光俊曾给予高度评价,称《工厂法》是"我国(日本)劳动立法史上的纪念塔"[①]。但是,有些企业经营者不希望依靠政府立法,而希望采取自己的方式处理劳资矛盾。三菱合资会社监事、三菱长崎造船所所长庄田平五郎,就是"反对者"中的代表人物。他说:"多年来因为工作关系,我一直在思考职工问题,今天更自然想到这个问题。事实上,我的身份也使我必须考虑这个问题。经过反复考虑,我认为制定《工厂法》不仅对职工不利,而且对日本的工业也不利。因此,我不能不表示反对。"庄田平五郎提出,工人为追求高工资而"跳槽",与其通过法律加以限制,不如交由供需关系决定。他强调:"职工趋利是好事,无可厚非,因为那是人类之天性。企业主在治理和经营工厂

---

① 吾妻光俊:『注釈労働基準法』,青林書院1960年,13頁。

时,应该明确拥有并珍惜这种意识和觉悟。"①实际上,庄田平五郎反对《工厂法》最根本的原因,按照他的话说是公平竞争至关重要,政府若随意介入企业间的竞争,必生弊端。

虽然技术员工的不足和流动性大,是庄田平五郎在长崎造船所面临的最大问题。但他认为解决这个问题,与其通过"工资竞争",不如通过加强职工培训并长期雇佣,那样做对员工更有吸引力。为此,他创办了"三菱工业预备学校"。也就是说,庄田平五郎在接受欧美企业经营思想和理念的同时,也注意沿袭日本传统的家族式的经营理念和方法。对此,杉原四郎评论道:"过去,人们认为职工之技术进步,应该通过让其在各种工厂流转获得。但是庄田平五郎认为,应该通过各企业自己对职工进行培养,通过在一个企业长期工作,使员工技术不断进步。换言之,他提出了技术熟练程度和连续工作年限应该并行。工作时间越长经验越丰富的新的认识。除了设立'三菱工业预备学校',他还同时附以在《职工救护法》中所规定的福利政策,以及年功(工作年限)作为有利因素的各种规定和措施,在20世纪20年代终于提高了劳动者的稳定率,确立了终身雇佣制。"②

继庄田平五郎之后,武藤山治使"日本式经营"的理论和实践进一步趋于完善。武藤山治(1867—1934)出生于爱知县海部郡弥富町,父亲佐久间国三郎虽然是众议院议员,性格却比较内向,喜欢读书,家里除了书斋,甚至后院也设了"图书室",是个十足的"拜书主义者"。武藤山治自小受到父亲影响。他曾在《谈谈我的身世》中写道:"我父亲非常喜欢读书,是个名副其实'读书破万卷'的人。他最初常读儒家的书,后读了获世间好评的福泽谕吉先生的《西洋事情》,并因此而崇拜福泽先生。"③武藤山治小时候的梦想,是"长大后去英国剑桥大学留学,成为一名文学家"。但因受到父亲经常在家里举办评论政治的演讲会的影响,同时也顺从父亲的意愿,他最终选择进入庆应义塾学习。

1884年7月,武藤山治从庆应毕业后,作为"勤工俭学学生"去了美国。回国后,武藤山治进了三井银行。在三井银行工作没有多久,28岁

---

① 庄田平五郎:「工場法制定のこと」,『明治文化資料叢書』第1卷,風間書房1961年,117—119頁、148頁。
② 杉原四郎ら編:『日本の経済思想四百年』,日本経済評論社1990年,281頁。
③ 武藤山治:『私の身の上話』,国民会館1988年,79頁。

的武藤山治转入了同样属于三井系的"钟渊纺织"(简称"钟纺")兵库工厂,开始投身于纺织业。"钟纺"的前身是1886年成立的东京棉商社,自1889年开始棉纺织生产业务更名为钟渊纺织会社。从28岁进入"钟纺"、33岁担任"钟纺"的"支配人",至64岁离职,武藤山治为"钟纺"的发展殚精竭虑,将"钟纺"发展成"国宝级"企业。"钟纺"的雇佣管理制度被称为"日本式劳务管理的典型"①,武藤山治则被称为"日本式经营的先驱"。②

武藤山治之所以被称为"日本式经营的先驱",主要因为他特别注重以日本独特的大家族主义为基础,以温情主义管理企业。武藤山治在《实业读本》中写道:"商店的主人和工厂主等必须将店员和职工视为受他人寄托的孩子,必须像对待亲属一样悉心照料。若能如此,则会在雇主和雇员之间自然产生一种感情,工作业绩也自然良好。为此支付的费用是不可能遭受损失的。"③武藤山治积极为员工提供福利保障。例如,他为哺乳女工设立"乳儿哺育所";他仿效美国现金出纳机公司为员工建言献策设立"注意箱";他为赈济有病遭灾的职工而组建了"钟纺共济会";他还为退休职工设立了"年金制度"(养老金制度),这一制度正是当今日本"年金制度"的原型。1916年,"钟纺"兵库工厂还设立了男工养成所,对新入厂的男员工进行在岗培训。

1919年,第一次国际劳工大会在华盛顿召开。欧美与会者提出,各国应加强沟通合作,均衡国际竞争条件,要求日本在处理劳资关系方面与欧美采取同样行动。但作为日本企业界代表出席这次会议的武藤山治,却明确予以拒绝。他表示,日本将积极建立符合日本文化传统、具有日本特色的劳资关系。为此,武藤山治在会上散发了介绍立足于"家族主义"思想基础、贯彻"温情主义"经营理念,以及推行各项福利保障措施的资料。

雇佣趋向的稳定 在第一次世界大战(简称"一战")期间及战后初期,"由于经济景气的持续,劳动力不断从农业流向第二、第三产业,从农村流入城市。因大战所产生的变化,无论在政治还是在社会层面均相当

---

① 間弘:『日本労務管理史研究』,ダイヤモンド社1964年版,308頁。
② 植松忠博:『武藤山治の思想と実践』,国民会館1994年,52頁。
③ 武藤山治:『武藤山治全集』第2巻,新樹社1963年,752頁。

急激"。① 随着工业的迅速发展,大批农民涌向矿山、土木建筑、商业等非农业部门。据"中央职业介绍事务局"的《外出务工者调查》提供的数据,1915年,首先是外出务工人中制造业领域人数最多,其次是土木建筑领域,最后是商业领域。值得关注的是,这些外出务工者既有"一时离村"者,亦有"长期离村"者。② 以下是当年有关统计数据:

表1-1 农村劳动力移动情况　　　　　　　　　单位:人

离村状况	男　性	女　性	合　计
一时离村	294 849	195 004	489 853
长期离村	238 633	175 450	414 083
合　计	533 482	370 454	903 936

资料来源:中村隆英:『明治大正期の経済』,東京大学出版会1985年,116頁。

表1-2 离村和回村比率　　　　　　　　　　　单位:人

职业/性别	离　村	回　村	比率(%)
农业	601 000	194 000	32.3
渔业	105 000	71 000	67.6
男	533 000	206 000	38.6
女	370 000	126 500	34.2

资料来源:栗原源太:『日本資本主義の二重構造』,御茶ノ水書房1989年,26頁、28頁。

以上统计数据显示,当时劳动力的流动性还是相当大的。但是同时,"一战"时期也是重工业领域的大企业劳动力管理方式的转换时期,这种转换使从业劳动者趋向稳定。因此,需要强调的是,使"三大神器"在"一

---

① 中村隆英:『明治大正期の経済』,東京大学出版会1985年,116頁。
② 栗原源太:『日本資本主義の二重構造』,御茶ノ水書房1989年,26頁、28頁。"一时离村"和"长期离村"以1个月为界。

战"以后逐渐形成的原因,主要不是工人人数的增多,而是工业结构的变化。"一战"前,由于纺织业、缫丝业等是日本的主要产业,女性,特别是短期雇佣的未婚年轻女性是主要劳动力。同样,当时日本男性劳动力的流动性也很大,工人离职和转职相当频繁。现场劳动者的雇佣,基本上采取"亲方请负制"(工头承包制),即由"亲方"(师傅)带领数名至数百名劳动者在各企业流动,现场承包工作。在整个明治时代,即使技术工人也几乎在各地或各企业流动,很少固定在一处。大正时代,这种情况仍得以继续。大正年间大阪市的《劳动调查报告》曾这样写道:"不管怎么说,我国劳动用工制的最大缺点,就是在同一个企业里工作的时间太短。这种状况无疑使我国工业不断蒙受极大损失。"①由于劳动者流动频繁,因此当时对劳动力的管理主要采取"亲方"管"弟子"(师傅管徒弟)的方式,经营者对劳动者的管理,属于"间接管理"。

"一战"以后,日本财阀系统的重工业企业和军队系统的陆海军工厂,资本积累迅速增加,近代设备、技术不断引进,分工和重视技术趋向普遍化,原先经营者对劳动力的间接管理方式逐渐被直接管理方式取代。另外,随着工人的组织化,以要求增加工资为主要内容的工人罢工在重工业的大企业频繁发生,并且向纺织业的企业蔓延。以此为背景,不少企业开始着力于使职工稳定化,并制定了一系列制度,包括雇佣员工时从业员子弟优先、企业内教育、骨干职工培养、年终奖励、长期工作奖励、年功工资、退职津贴、发放退休养老金,等等。总之,以财阀系重工业大企业为中心,不少大企业建立了新的劳务管理制度。大企业特有的用工制度和工资体系也随之建立。同时,大企业和小企业在各方面均有很大差异的日本经济"二重结构",也逐渐形成。

"一战"后,由于重工业和化学工业取得了显著发展,一方面男性开始迅速、正式地成为工业生产的主要劳动力,另一方面对男性劳动力的争夺也日趋激烈。以吴海军工厂为例,因其待遇较优且工作较稳定,很有吸引力,当时报纸这样报道,由于吴海军工厂大量招募员工,因此大部分人均被卷入招工旋涡。连电车售票员、驾驶员、电工等,每次在工厂招募职工

---

① 中馬宏之:「「日本的」雇用慣行の経済的合理性論再検討」,『経済研究』第38巻第4号、1987年10月,79頁。

时都接二连三辞职,以至最后迫使吴的电车不得不减少班次。① 为了应付和避免陷入类似困境,企业开始采取各种对策避免员工"跳槽",其最基本的思路和目的无非是诱使员工与企业同心协力,不"另攀高枝"。以此为背景,各企业受长期雇佣的员工日益增多。虽然自明治中期,技术员工长期雇佣制在一些大企业已开始实施。但是"一战"后,一般操作工人也开始被长期雇佣。正如中村隆英所指出的:"日本企业用工趋向长期化的雇佣方式的调整始于20世纪20年代,已成为日本学术界的常识。"②

终身雇佣的形成 终身雇佣之所以跟随"大企业时代"出现,是因为生产规模的扩大,使日本企业对劳动力的需求日益呈现两种基本走势:一方面,因为大量的简单劳动被机械取代,所以企业对简单劳动的需求日趋弱化。而且这方面劳动力的优劣较容易判定,也较容易从外部劳动市场获得,因此没有长期雇佣的必要。另一方面,随着生产规模的扩大、生产力水平的提高和技术复杂程度的加深,企业对涉及自身生产体系的维持、产品研究和开发等方面的专门技术工人的需求日趋强化。由于这方面的专业人员需要相应的知识和技术积累,也需要工作经验乃至人际关系网络的维持,难以在外部劳动市场上轻易获得,因此尽可能长期雇佣这类员工,成为企业经营者必须采取的措施。

终身雇佣趋向的强化,还由于刚进入"大企业时代"的日本,相对于欧美国家而言工业技术水平不高,许多工业技术需要从国外引进。企业员工不仅需要假以时日学习和掌握这些"舶来技术",而且需要根据日本企业的具体情况进行改良、调整。这种改良和调整,有的需要长期的现场操作才能逐渐熟悉、掌握,有的则需要接受专门培训。毋庸赘言,无论出于哪方面原因,为企业发展计,企业经营者均必然倾向于长期雇佣员工,以减少人力资本损耗,降低产品成本。

必须强调,除上述技术和管理方面的需要外,自大正末期至昭和初期,即20世纪20年代,工人运动的频繁展开,也是促使企业倾向于对员工"长期雇佣"的一大要因。1919年春,日本工人发起了以争取"生存权、

---

① 『芸備日日新聞』,1920年8月20日。
② 中村隆英:『日本経済:その成長と構造』,東京大学出版会1993年,119頁。

团结权、争议权、参政权"为主要目标的大规模运动。半年后,东京16家报社、东京炮兵工厂、"足尾铜山"、"东京电力"和"川崎造船"等企业的工人,也发起了各种争取自身权利的运动。由于各企业经营者拒绝了工人们的要求,因此在全国各地,以争取团结权、团体交涉权为主题的工人运动频频发生,各地的工会也相继成立。接连发生的工人运动,在1921年6月至8月川崎造船所和三菱神户造船所的劳资争议中达到顶点。"分别拥有3万多名拥护者的两个争议团,在劳动总同盟中也堪称最先进的工会组织。'川崎造船争议团'在要求被拒绝后,甚至当即宣布接管工厂,而企业经营者认为,'争议团'此举是对企业财产权的侵害,并关闭了工厂。在警察和军队的支持下,企业经营者的强硬措施最终奏效。争议以工会方面的惨败告终。"①虽然工会惨遭败绩,但是劳资争议的多发和蔓延,使企业经营者颇为震惊,使他们对员工的雇佣更加谨慎。在录用新员工时,不仅进行健康检查,而且对性格、品行等也进行调查,从而增加了录用成本。为了降低成本,减少离职和转职率,鼓励员工长期为企业效力也就成了一种必然的选择。而离职和转职率的减少,又使企业为培养和提高职工的特殊技能增加投资,从而使"终身雇佣"的趋向日益增强。值得关注的是,在20世纪20年代,这种现象在各大企业几乎同时出现。据粗略统计,1925年前后,虽然在全国范围内企业员工整体上依然呈现出较高的离职和转职率,但是大企业的这一比率却呈急剧减少的态势。②

年功序列的形成 "年功序列"的形成和"终身雇佣"密切相关。回望历史,"作为决定劳动报酬原则的年功(工作年限),并不是那么新鲜的事物。根据统计资料判断,名牌公司被称为'正社员'即正式员工的工资,至迟在大正时期已经导入年功原理。事实上,在这些人中间有不少人意识到自己将来能进入管理层,因此他们和至大正末期依然流动频繁的生产第一线工人之间存在明显区别。他们进入公司后的稳定性比后者高得多"。③

年功序列制的形成,无疑与企业培养员工的成本密切相关。在明治时代,虽然"终身雇佣"已经存在,但当时是以"经营家族主义"控制为主,

---

① 池田信:『日本の協調主義の形成——社会政策思想史研究』,啓文社1982年,4—6頁。
② 尾高煌之助:『労働市場分析——二重構造の日本的展開』,岩波書店1984年,208頁。
③ 岡崎哲二、奥野正寛編:『現代日本経済システムの源流』,日本経済新聞社1995年,156頁。

即在思想层面留有江户时代"奉公人制度"和"亲方制度"的残余,依存于传统的雇佣方式。随着包括重工业和化学工业在内的工业化的发展,技术工人供不应求的矛盾日益突出。因此,一些大企业特别以家境经济拮据、受教育程度不高但比较机敏的员工为对象,进行重点培养,逐渐形成技术员工培养机制。相对于"技师"而言,这些一般被称为"技手",即被视为企业内部"精英"的技术员工,构成了对企业最忠实的核心阶层。当时很多企业培养技术员工的举措是,"在工厂矿山区域内建立适当的学校、教室。工人在下班后,或在不管白天还是晚上的工作时间内,接受1小时至3小时的培训"。① 建有这种培训制度的企业,包括"钟纺""东洋纺""东洋人造丝""三菱造船""蒲贺船渠""日本陶器""东洋电机""芝浦制作所""三菱电机""三井矿山""三好矿业""三池煤矿"等著名民营企业,以及一些官营企业。甚至曾相当具有诱惑力的吴海军工厂,也因"造船技手受外部优厚条件诱惑,相继去职,留下来的技手屈指可数而陷入窘境",于1919年重新恢复了一度停办的技工培训机构,取名"海军技手养成所"。在这种背景下,员工雇佣逐渐趋于长期化。同时,企业在普通操作工人中也引入了月薪制。终身雇佣制因此逐渐渗透在用工制度中。与之相应,在支付和增加薪酬,以及职位升迁时考虑连续工龄的年功序列制的形成,也就成了题中应有之义。根据冈本秀昭的研究,"一战"前,大企业为了培养高级员工,通常都对员工进行企业内培训。"培训对象的选拔和提拔一般不根据工龄,而根据技术和能力。不过,培训期限有统一规定。企业提拔员工时,也是在有资格的员工中进行挑选。因此职务和工龄显示出一定的相关性。"② 迟至1933年,"三菱造船"的工人也和职员一样,工资随工龄的增加而递增。③

"一战"以后,许多企业不仅对技术人员,而且对一般工人也开始施行年功序列制。一些企业在考核员工业绩并依此作为给付员工工资的凭据时,除能力、工作业绩等因素外,也考虑工作年限,乃至将工资和工作年限挂钩。例如,1919年"三菱造船"确定职员工资时,已经明确地使按工龄加薪制度化。另外,如前面所述,1925年后,由于日本大企业员工的离职

---

① 三好豊太郎:『新勞務管理』,森山書店1938年,279頁。
② 岡本秀昭:『日本の経営、その展開と特質』,日本経営学校1960年,67頁。
③ 神谷荘一:『三菱造船所の賃上げ制度について』,日本経営者団体連合事務局1958年,6頁。

和转职率急剧减少,在大企业工人的工资曲线中,已经能够观察到年功的要素。如"八幡制铁"和"三菱重工"工人的平均工资,显然和平均工龄同步增长。①

不过,必须强调的是,当时企业无论对行政还是工人,均不是同时、定时地按工龄给予加薪。换言之,当时工资随工龄增长,和第二次世界大战后的年功工资及晋升制,有显著差异。甚至在20世纪20年代,有不少企业经营者认为,将工资直接和能力挂钩,不符合日本的传统。在决定工资方式时,应该考虑保障生活的要素。这些企业还专门就这一问题进行了研究。这种情况从一个侧面说明,当时企业员工的工资,基本上还是"能力本位"。事实上,当时在包括造船等行业在内的机械工业,工人的工资水平主要依然由技术水平决定,并且按日计算。不仅如此,为了提高工人的工作效率,企业还设有"加给金"(奖金),即根据工人给企业创造效益的数额,按比例给予经济奖励的制度。按照冈崎哲二、奥野正宽等人的观点:"就这个意义而言,战前的年功工资,与其说是作为一种原则或规定,倒毋宁说是事后的(或者说是事实上的)现象。"②

同样必须强调的是,虽然在企业员工的工资中,年功工资的要素日益得到加强,但是反对这种工资决定方式的声音也相当强烈。特别自1929年开始,日本企业开展了"产业合理化运动",一些企业经营者和有关政府机构提出,应该将员工的工资从固定工资改为岗位工资,并参考其他因素。例如,日本临时产业合理局生产管理委员会在1932年发表的《工资制度》中提出:"(1) 由于生产效率实际上是高工资、利润、廉价劳动力之母,所以应该采取以能力为依据的工资决定方式。不过,采取这种方式必须满足员工的最低生活标准。(2) 奖励制度应该采取根据员工给企业增加收益的多少,按比例提成的方式,并且除设备改善、作业方法变更等情况外,比例一经规定,不得下调。(3) 固定工资有使收入和技能背离的缺陷,所以应根据岗位决定工资。"③

---

① 尾高煌之助编:『旧三菱重工業の労働統計:明治十七年—昭和三十八年』,一橋大学経済研究所1964年,118—119頁。
② 岡崎哲二、奥野正寛編:『現代日本経済システムの源流』,日本経済新聞社1995年,156—157頁。
③ 堀川三夫:「日本の賃金体系の特質:今後の賃金体系方法論の検討」,『労務研究』1960年1月号,20—21頁。

企业内工会的雏形　　企业内工会和终身雇佣制、年功序列制并称"三种神器",不同的是,企业内工会的雏形,是在"一战"以后出现的。

追溯历史,日本工会在19世纪末已有发端。1897年初,旅美记者高野房太郎等在美国旧金山建立了"职工义友会"。回国后。他们发布《告各位职工书》,呼吁建立同业工会,并于7月份组建了日本最早的工会"劳动组合期成会"("劳动组合"即"工会")。12月,他们又协助东京炮兵工厂的工人建立了"铁工劳动组合"。翌年4月,日本铁道机务人员建立了"日本铁道纠正会"。1899年11月,印刷工人的工会组织"活版工劳动组合"也宣告成立。随着英国工联主义、法国工团主义思想的传入,日本工会数量迅速增加,从1918年的107个增加到1919年的187个、1920年的273个。与之相应,工人罢工也此起彼伏。根据日本内务省调查统计的日本工人罢工次数和人数,1916年为108次8 413人;1917年为390次57 309人;1918年为471次66 457人;1919年为497次63 137人。[①]为了缓和劳资矛盾,企业经营者采取了各种措施,主要有完善企业福利制度、设立相关机构协调劳资纠纷,等等。这么做的根本目的是改善雇主和工人的关系,防止出现其他国家那样的雇主与工人各自组建同业公会,形成彼此对立的局面。

在"一战"之前,虽然日本产业界已经建有一些企业内工会,如博文馆印刷所的"大进会"、芝浦制作所的"芝浦技友会"、大阪炮兵工厂的"向上会"、东京瓦斯(煤气)会社的"东京瓦斯工组合"、住友伸铜所的"新进会"、大阪电灯会社的"电业员组合"、八幡制铁所的"职工同志会",等等,但是,正如小松隆二所指出的:"第二次世界大战前,企业内工会作为一种潮流的形成,是在1921年以后。"[②]因为,考察这一问题首先必须关注的,不是组织形式何时出现,而是工会的职能和作用是否真正发挥,以及工会在工人中的影响。

大正初年即20世纪10年代,在严厉的控制下,工会虽有其名,但未有其实,即几乎均只能称为共济团体和互助团,未能充分发挥工会协调劳资关系这一主要功能。按照当年《日本劳动年鉴》的表述,自20世纪20

[①]　労働運動史料刊行委員会編:『日本労働運動史料』第1卷,東京大学出版会1959年,97頁。

[②]　小松隆二:『企業内労働組合の形成——日本労働組合運動史』,御茶ノ水書房1971年,13、14頁。

年代初,"劳动者团结的倾向逐渐普及,工会脱离少数人的指导,开始形成将基本要求建立在多数人意志基础上的趋势"。①

20世纪20年代后,随着"景气"的远去,与衰退程度呈正比,劳资争议的案例开始增多。统计显示,劳资争议主要发生于"战后景气"最先远去的造船业等重工业领域。以此为背景,毕业于东京帝国大学法学部的《朝日新闻》社会部记者、基督教人道主义者铃木文治,于1912年8月发起建立了以提高工人地位为目的的"友爱会",并逐渐向具有全国规模的现代工会转变。友爱会以改善劳动者地位为宗旨,宣扬"资本家是丈夫,劳动者是妻子"的工联主义理论,得到工人的广泛支持。1915年,友爱会的总人数达到了10 110人。② 1921年10月,"友爱会"改名为"日本劳动总同盟"(简称"总同盟")。随后,工人开始强烈要求公开承认工会的合法性即团体交涉权。另外,劳资争议的激化,迫使企业经营者在劳务管理方面采取新的对策。随着企业方新的用工制度和劳务管理方法的采用,"日本劳动总同盟"发生分裂。1925年5月,"日本劳动总同盟"的左派建立了"日本劳动组合评议会"。

必须强调,之所以认为"企业内工会作为一种潮流形成,是在1921年以后",是因为这和工人运动的兴起密切相关。纵观历史,日本的工人运动曾经出现过三次高潮。第一次是1918年至1921年,第二次是1945年到1946年,第三次是1959年到1973年。有史可证,当时面对高涨的工人运动,日本政府一方面着手制定"健康保险法"和修订"工厂法",另一方面开始探讨工会的社会乃至法律地位问题。

正如佐口和郎所指出的:"第一次世界大战后,如何确定急剧增加的、作为一个社会集团的雇佣劳动者的地位,成了一个必须解决的问题。明确地说,就是否应该承认工会的社会乃至法律地位这一相当普遍的问题,在日本也开始出现。作为解决这一问题的措施,有关当局决定,在工会成为拥有强大影响力的主体之前,应首先建立劳资协调制度。"③根据这一精神,1919年,内务省首脑会议提出:"在阶级对立产生

---

① 『日本労働年鑑』,法政大学大原社会問題研究所1922年,3頁。
② 森喜一:『日本労働者階級状態史』,三一書房1974年,272頁。
③ 佐口和郎:『産業報国会の歴史的地位——全体戦体制と日本の労使関係』,山之内靖、J.ビクター・コヒマン(J. Victor Koschmann)、成田龍一編:『総力戦と近代化』,柏書房2000年,289頁。

之前，有必要在企业内确立协调性的劳资关系。为此，应该把在企业内普及劳资协调机构和设置协调主义研究、宣传机构，作为当前的一项重要课题。"会议还提出："虽然对横向的工会应采取不欢迎态度，但是鉴于制约工会的法律尚未订立，故目前应听任其自然发展。"①为此，日本当局一方面在内务省内设立了"社会局"，作为处理劳资纠纷的专门机构。另一方面鼓励各企业仿效美国的工厂委员会（factory committee），建立解决劳资纠纷的劳资协议制度。建立这种制度"虽然未必以否定工会本身作为出发点"，但"毫无疑问是制约工会的一项对策"，并且"使企业干预协调委员会委员选举制度化"。② 随后，这种协调劳资关系的委员会在各企业相继建立。

但是，无论是对一些企业主还是对工人而言，工会跨企业的"横向"性与同一企业职工利益的"纵向"性的矛盾，是劳资协调的障碍。因此，当时的工会运动一方面出现了建立全国同一行业的工会即行业工会的动向，另一方面也出现了以企业为单位，建立企业内工会的动向。前者如"友爱会"（总同盟）的扩大，"工会总联合会""评议会""组合同盟"等的建立和发展，是超越各产业系统的联合。后者即企业内工会的发展，则呈现两种倾向，朝两个方向发展：一种是自主性的企业内工会；另外一种则是以"总同盟"和"评议会"旗下的工会为中心的行业工会。特别自大正末年至昭和时期，建立企业内工会不断成为工人运动的一个显著动向。因此，在这一时期，虽然跨企业的行业工会的发展构成了工会运动的主流，但同时，以大企业为单位的企业内工会也不断增多。简而言之，"合纵"，即大企业内部工会组织机构的建立和健全，以及"连横"即跨企业的行业工会的建立和扩大，成为"一战"后日本工会运动的两大特征。

20 世纪 20 年代后，以官营和民营大企业为中心，企业工厂委员会和会社组合不断建立。与之相对应，总体而言，自主性的企业内工会不仅数量有所增多，而且始终保持一定比率。以下数据反映了当时两种工会并存的情况：

---

① 池田信：『日本協調主義の形成——社会政策思想史研究』，『社会政策学会年報』第 27 巻，9 頁。
② 岡本秀昭：『日本の経営、その展開と特質』，日本経営学校 1960 年，84 頁、85 頁。

表1-3 企业内工会或跨企业工会数及所占百分比

年　份	企业内工会	跨企业工会	合计(100%)
1923	84(19.4%)	348(80.6%)	432
1924	85(18.1%)	384(81.9%)	469
1925	66(14.4%)	391(85.6%)	457
1926	85(17.4%)	403(82.6%)	488
1927	77(15.2%)	428(84.8%)	505
1928	88(17.6%)	413(82.4%)	501
1929	101(16.0%)	529(84.0%)	630
1930	116(16.3%)	596(83.7%)	712

资料来源：調整会1933年『労働組合及び労働争議統計』。

企业内工会之所以在当时迅速增加，除主要因为协调劳资纠纷的需求外，还有三个不可忽略的因素：

第一，虽然"一战"前的日本工会在组织形态上超越了企业范畴，但是其基层组织却是立足于特定企业内部的支部和分会。"一战"后，随着工业化的进展和垄断资本的形成、确立，机械化和大批量生产方式的引进，作为生产机构的企业为资方掌握，劳动者必须通过与资方交涉，方能维持或改善劳动条件。因此，企业内工会日益成为协调本企业劳资关系的组织，工人日益认识到以企业、事业所为单位的支部活动，非常必要。

第二，日本的行业工会不像欧美的工会那样，以师徒制度和共济制度为杠杆，独占劳动力供给，自主地调节劳动市场。日本的行业工会具有包容性，具有可作为以后建立企业内工会先行形态的特征。

第三，工会组织和功能的一体化（即采取企业内工会的形式协调企业内部的劳资纠纷），与日本的工业化进程，以及当时日本国内外政治背景相关。正如小松隆二所指出的："我国的劳动团体从主要具有自我陶冶性，或者说共济团体性特征的组织，成长为名副其实的工会组织，是在第一次世界大战时期男性劳动者增加的基础上,经历了米骚动和俄国革命的1919年前后。"①

第四节 "三种神器"的确立

终身雇佣的确立 日本存在大量和大企业并存的中小企业,两者在各方面均存在明显差异。在劳动市场,大企业和中小企业几乎是分隔的。作为"日本式经营三种神器"之一的终身雇佣,事实上仅存在于大企业,而且这一惯例从萌芽到确立,大致经历了三个阶段:从"一战"爆发至20世纪20年代;从日本全面侵华至20世纪40年代总体战体制的建立;20世纪60年代至20世纪70年代初经济高速增长时期。也就是说,都是在经济景气、企业需要劳动力特别是技术劳动力时期。

"二战"前的统计资料显示,当时日本职工的离职率相当高,与劳动市场呈流动状态的美国并无显著差异,更别想终身受雇者的比率在企业员工中占据多数了。例如,内务省社会局及警保局的《职工移动调查》显示,20世纪20年代前半期,日本企业职工的平均离职率为70%—80%,20世纪20年代后半期为50%,20世纪30年代中期为40%,而且职工平均每2年"跳槽"1次。②

历史上,日本劳动人口的流动性也较大,离职和转职相当频繁。在整个明治时代,熟练的机械工人几乎在全国到处流动。直至大正时代,这种情况仍然继续。如前面所述,大正年间,大阪市的《劳动调查报告》这样写道:"不管怎么说,我国劳动者的最大缺点,就是在同一个企业里工作的时间太短。这种状况无疑使我国工业不断蒙受极大损失。"③

"一战"期间,日本开始迎来"大企业时代"。"大企业时代"到来的历史性标志,就是此前在非农业的附加值生产额中占有较大比重的矿业开始弱化,制造业所占的比重则开始强化。尤其是在非纤维部门,机械工业

---

① 小松隆二:『企業内労働組合の形成―日本労働組合運動史』,御茶ノ水書房1971年,115頁。米骚动是因为米价不断上涨,引起民众强烈不满,由富山县渔民妻女的"抢米"为发端并迅速蔓延到全国的社会骚动。
② 猪木武德、樋口美雄编:『日本の雇用体制と労働市場』,日本経済新聞社1995年,23頁。
③ 中馬宏之:「『日本的』雇用慣行の経済的合理性論再検討」,『経済研究』第38巻第4号,1987年10月,79頁。

的地位逐渐上升,与大规模生产密切相关的大企业群开始出现。在大企业,许多原先在中小企业和作坊式工场中不必要的事务管理部门,如劳务管理、雇佣管理、考勤管理、工资管理等职能部门相继设立,白领员工的比率开始增加,高学历者被大批聘用,专门的经营管理方法和技术被不断引进。同时,在大企业,各方面的专业人员开始得到重视和培养。总之,随着"大企业时代"的到来,新的劳动秩序和经营管理体制,在大企业中逐渐形成,显示劳动力准固定性的各种现象开始出现。与之相关,"一战"后,不是取决于岗位,而是取决于工龄的劳动报酬,在员工收入中所占的比重日益增加。顺应上述变化,作为上述变化中心环节的终身雇佣,如雨后春笋,迅速生长。

学术界曾普遍认为,日本企业用工趋向长期化雇佣方式的调整,始于20世纪20年代。① 但是有证据显示,直至20世纪30年代前半期,日本企业员工的平均离职和转职率依然较高。终身雇佣作为一种用工惯例的真正形成,是在1937年日本全面侵华以后。卢沟桥事变后,日本当局对经济实行了战时统制,并颁布了一系列法令。其中对形成终身雇佣产生重要影响的法令,是1939年3月颁布的《从业者雇入制限令》和1940年11月颁布的《从业者移动防止令》。这两项法令禁止企业随意招募员工,禁止企业员工随意离职和转职。两项法令颁布后,企业员工离职和转职率急剧减少乃至几近为零。1941年3月,日本当局又制定了《国民劳动手册法》,规定企业员工有义务保存和上交政府发给的记载有身份、经历、技能和工资的劳动手册,使离职和转职受到进一步限制。毋庸赘言,正是上述战时法令和法律,对作为"日本式经营"一大特征的"终身雇佣"的形成,产生了不可忽略的影响,并使这一特征延续至战后。根据小野旭的调查研究,"除战后初期因大量解雇员工使离职率急剧增加外,1965年至1976年,日本企业的年均离职率保持在2%至2.5%。这一比率比英美企业的离职率低很多"。② 另外,1977年进行的一项对比调查统计显示,50岁至54岁年龄段的日本和美国企业职工工作过的企业,前者平均为2.26家,而后者则为6.90家。③ 需要强调的是,战后初期企业员工的大

---

① 中村隆英:『日本経済:その成長と構造』,東京大学出版会1993年,119頁。
② 小野旭:『日本の労働市場』,東洋経済新聞社1981年,203頁。
③ Aoki M., *Information, Incentives, and Bargaining in the Japanese Economy*, Cambridge University Press, 1988, Cambridge, p. 79.

量离职,是非常态现象。"终身雇佣"作为"日本式经营"的一种"神器",形成于战时,延续至战后,则是常态现象。

年功序列的确立 "年功序列"和"终身雇佣"密切相关。日本大企业在招募员工时,较多招募应届毕业生,不青睐有工作经验的"社会人"。他们一旦进入大企业,原则上均被终身雇佣。他们的工资也随着工龄逐渐增长。但是中小企业的员工由于流动性相对较大,因此年功序列并不同时存在于"两个劳动市场"。同时,大企业中强有力的"企业内工会",在两个劳动市场之间筑起了一道壁障,阻断了两者之间工资平均化的通道。资料显示,大企业和中小企业新进社员的工资差别不大。但是,随着工作年限的增加,两者的差异日趋明显。在坐标上,大企业员工的工资曲线如同险峻的"山峰",而中小企业员工的工资则似比较平缓的"陡坡"。①

年功序列也是在"总体战体制"的形成过程中产生的。追溯历史可以认为,"年功序列"在明治时代几乎是不存在的。根据大河内一男的研究,在明治时代,劳动力的移动"事实上是在特定企业内,通过当地有资历的熟练工和技术人员的介绍展开的……企业不是根据自身的责任和计划筹集'劳务',而是始终在帷幕后面驱使和操纵上述那种老资格的'劳务老板'(劳务经纪人)或'颜役'(有声望的人)……那些老资格的'劳务老板'受到会社委托后,根据要求从其他企业'挖掘'相应人数的工人,或根据自己的'门路'集合起相应数量的工人。……然后根据自行确定的标准和计算方式,将会社给他的一定数额的资金,多少不等地分发给这些工人。因为这也是'劳务老板'的工作。也就是说,这些'劳务老板'还以非常原始的方式代表经营者进行工资管理。当会社决意进行人员调整时,负责实施的也是他们"。②

自大正时代末年即 20 世纪 20 年代中期,随着产业"合理化运动"的展开,各大企业感到有必要对业务进行合理、科学的管理,并设立了劳务课、人事课、工资课、厚生课等相应的实施机构。合理的、科学的劳务管理方式取代以温情主义、伙伴主义、身份等级制为杠杆的劳务管理方式,登上了历史舞台。按大河内一男的说法,师傅长期向徒弟传授技能的劳务

---

① 篠原三代平:『日本経済の構造と政策』,筑摩書房 1987 年,18 頁。
② 大河内一男編:『日本の経営と労働』第 1 巻,有斐閣 1961 年,12—13 頁。

第一章 ● 企业内部关系:"三种神器"

培养方式自此开始退场,取而代之的是各企业有计划地对具有小学和中学文化水平的青年进行培训。随着现代企业的发展,如何培训日益感到不足的技术工人这一问题,最终通过终身雇佣和年功序列的配套组合而得以解决。按照亨利·罗索夫斯基(Henry Rosovsky)的评价,终身雇佣和年功序列为中心的日本型劳务管理,是非常廉价地形成现代工业劳动力的一种巧妙方法。① 如果这一评价是正确的,那么通过这种劳务管理方式,使廉价的现代工业劳动力和舶来的先进技术相结合的观点,当然也能够成立。这种观点对解释日本何以能够迅速实现现代化,或许具有一定说服力。但是我们同时必须注意到,一方面相对较低的成本和现代化技术的结合,能够保障产品价格低廉,增加产品产量;另一方面如果引进的现代技术需要大量投资,则可能导致大企业和中小企业的两极分化,从而加速"双重结构"的形成。

需要强调的是,仅仅依据大企业员工的工资随工作年限递增这一事实,得出20世纪20年代前后年功序列这一"日本式经营"的"神器"已经被锻造而成的结论,显然过于武断或失之偏颇。因为,即便企业支付员工的工资以岗位差异作为依据,并不考虑工作年限这一因素,工资和工作年限在显示两者函数关系的坐标上,也会呈正态分布。事实上,早在"一战"前后,一些企业在考核员工业绩,并依此作为工资凭据时,除能力、工作业绩等因素外,也考虑工作年限,乃至将工资和工作年限挂钩。例如,1919年三菱造船所确定员工工资时,已经明确地将按工龄增加工资制度化。1925年后,日本大企业员工的离职和转职率急剧减少,在大企业工人工资曲线中,已经能够观察到年功序列的要素。例如,八幡制铁所和三菱重工的工人平均工资,显然和平均工龄同步增长。② 根据冈本秀昭的研究,"二战"前,大企业为了培养高级员工,通常对员工进行企业内培训。"在培训对象的选拔和晋升职务时,一般不是根据工龄,而是根据技术和能力。但是培训期限有统一规定。企业在晋升员工职务时,也是在有资格的员工中进行挑选。因此,职务和工龄显示出一定的相关性。"③至少在

---

① Henry Rosovsky, *Capital Formation in Japan, 1868–1940*, 1961.
② 尾高煌之助编:『旧三菱重工業の労働統計:明治十七年—昭和三十八年』,一桥大学经济研究所1964年,118—119页。
③ 冈本秀昭:『日本の経営、その展開と特質』,日本経営学校1960年,67頁。

1933年后,三菱造船所的工人也和职员一样,工资随工龄的增加而递增。①

但是此后不久,随着战争的日益临近,日本当局开始竭力宣扬"皇国勤劳观"。"皇国勤劳观"以建立"举国一致"的战时体制为目的,反复强调,日本人的劳动和报酬不是欧美那种"give and take"(付出和获得),而是为皇国奉献,应该具有家族般的亲和与协调的氛围。企业员工不应该采取交涉和契约的形式计较劳动条件及报酬,而应该以"灭私奉公"的精神从事工作,致力于"勤劳报国"。企业经营者则应该以家族主义的温情,对员工的福利给予充分考虑。按照这种观念,工资的支付应该和岗位及生产效率分离,和工龄或年龄挂钩,应该充分考虑劳动报酬是否能够维持劳动者及其家属生活。在这种时代背景和意识形态氛围下,"能力主义"的趋势被有意和有力遏制。

1937年日本全面侵华战争后,工资中的能力主义成分被进一步淡化。如前所述,战争爆发后,作为建立"总体战体制"的重要一环,1939年3月,日本政府颁布了《从业者雇入制限令》。作为施行上述法令的具体措施,日本政府又规定了"初任给"(初入职员工的工资)数额。对刚参加工作的员工的工资根据地域、年龄、性别施行统一规定。1939年9月,日本当局又施行"工资冻结",即对企业员工的工资实施统一管制,一律不准擅自加薪。1940年10月,日本当局又颁布了《工资统制令》。这项法令不仅扩大了工资中的定额部分,而且使基本工资定期"自动"晋升成为一种惯例。当然"工资冻结"是施行战时经济统制的一项措施,不同于"禁止加薪"。因此1942年,日本政府又颁布了《重要事业所劳务管理令》,规定在特定条件下,如果获得厚生大臣的许可,企业可以不施行"工资冻结"。所谓"特定条件"就是制定加薪规则,规定"一年一次以所有从业人员为对象,按照最高、基本、最低基准额进行加薪"。② 正如尾高煌之助和中村隆英所指出的:"正是因为经历了这一过程,年功序列工资和根据工作年限升职制度,在全国得以普及。"③

---

① 神谷莊一:『三菱造船所の賃上げ制度について』,日本経営者団体連合事務局1958年,6頁。
② 奥田健二:『人と経営、日本経営管理史研究』,経営社1985年,480頁。
③ 野口悠紀雄:『1940年体制——さらば、戦時経済』,東洋経済新報社2002年,28頁。

第一章 企业内部关系:"三种神器"

需要说明的是,所谓年功序列,其含义并不是指工资性收入完全由工龄决定。1943年5月,日本中央物价协力会议颁布了《关于工资支付形态合理化的意见》,提出基本工资(基础工资、岗位工资、工龄工资、家庭情况的总和),应占员工收入的70%—80%,其余部分由奖励、津贴等构成。可以认为,具有上述多重因素的年功序列,和当今日本企业的年功序列有着传承关系。

企业内工会的确立　和终身雇佣、年功序列一样,"企业内工会"同样是"大企业时代"的衍生物,同样初具雏形于"二战"前,形成于"二战"时,延续至"二战"后。兵藤剑在《"日本式经营"与劳资关系——过去、现在、将来》一文中写道,日本工会史的开篇之作、成立于1912年8月1日的友爱会的最初宗旨,是形成跨企业的工人联合体。但是由于日本缺乏行会传统,因此这一努力并未奏效。第一次世界大战后,企业经营者为阻遏行业工会向自己的企业内渗透,即避免工人运动高扬,采取了支持建立企业内工会的立场。"第一次世界大战后,因担忧行业工会渗透到自己企业内,有些企业经营者对建立企业内工会予以支持,由此形成了一些以事业所为单位的内部工会和企业一级的工会联合体。"[①]作为"日本式经营"之"神器"的企业内工会,自此初具雏形。

不可否认,企业经营者的立场对企业内工会的初具雏形,具有"触媒"即加速和催化作用。这种作用不可忽略。而日本政府的政策对企业内工会的形成,更具有加速和催化作用。

以企业为单位的企业内工会之所以很快建立并发挥作用,主要是因为日本劳动市场存在大企业和中小企业并立的"二重结构"。另外,20世纪20年代前半期的工会,表面上是跨企业的横向组织,"实际上是以工厂、事业所为单位开展活动的","虽然从表面上看跨企业的行业工会占有优势,但实际上当时已经形成了战后占压倒多数的企业内工会的基础"。"事实上,企业内工会的起点,是1921年前后。"[②]据樱林诚提供的统计数据,即使到1926年至1930年,日本各企业的企业内工会,在整个工会中

[①] 《日本的经济发展与劳动问题——复旦大学日本研究中心第八届国际学术研讨会论文集》,第6—7页。
[②] 小松隆二:『企業内労働組合の形成——日本労働組合運動史』,御茶ノ水書房1971年,2頁、5頁。

所占的比率为17%,会员人数占全部工会会员总人数的38%。① 不难发现,作为"日本式经营"之"神器"的企业内工会,虽然在当时已经形成,但尚未构成多数。

  1937年日本全面侵华战争开始后,日本劳资纠纷骤然增至前一年的7倍。劳资矛盾的激化,对正着力构建"总体战体制"的日本政府,是一个极大冲击。因此,协调劳资关系的必要性显著增强。以此为背景,官僚、经营者团体、工会代表,开始了构建新的劳资关系制度的协商。作为构建新型劳资关系的一项重要举措,1938年7月,日本政府策划建立了"产业报国会"。产业报国会由企业的劳资双方共同参加,以鼓吹"劳资一体"为指导思想,以组织劳资双方恳谈和增进工人福利为目的。当然,毋庸赘言,建立这种组织的真正目的是缓和劳资矛盾,避免工潮兴起。在日本内务省和厚生省指导下,产业报国会以每月新增200个单位团体的速度发展,极大地推动了工人的组织化进程。自1938年7月,上述以企业为单位的"产业报国会",又结成了"产业报国联盟"。据统计,"'产业报国联盟'在昭和十三年(1938年)末有1 158个团体(会员人数不详),至昭和十四年(1939年)急剧发展为19 670个团体,拥有约300万名成员"。②1940年11月23日,"产业报国联盟"又发展为由厚生大臣担任总裁的"大日本产业报国会",成为日本政府实行战时劳务统制的机构。

  产业报国会和工会在性质上显然是不一致的。但是,正如大河内一男所指出的,虽然"总体战"的建立过程,本身是一个特异的、非合理的历史过程,但在这一过程中,也应关注"合理化和近代化的契机"是如何因此得以形成的。按照他的观点,应该重视产业报国会作为每个企业或事业所"全员加入"的组织而积淀的历史经验。他强调指出,脱离了这一点,我们将难以理解战后企业内工会,为什么能如此急速地得到发展。③ 确实,就对战后在各企业急速铺展开的企业内工会的影响而言,不可忽视"产业报国会"兼具"破坏"和"建设"两项功能:一方面,它导致了业已形成的工人运动的分裂和行业工会的瓦解。另一方面,它极大地增强了以企业为

---

① 桜林誠:『産業報国会の組織と機能』,御茶ノ水書房1985年,72頁。
② 有泽广巳主编:《日本的崛起——昭和经济史》,鲍显铭等译,黑龙江人民出版社1987年版,第322页。
③ 大河内一男:「『産業報国会』の前後」,载長幸男等编:『近代日本経済思想史』,有斐閣1971年,79頁。

单位的工人的组织化。1940年2月,日本政府公开声明:"产业报国会和工会势不两立,希望工会自动解散。"根据这一旨意,当时较有势力和影响的工会纷纷解散并归入产业报国会。1940年7月7日,具有悠久传统的东京交通工会宣布解散。受此打击,翌日,日本劳动总同盟也宣告"自动解散"。但是,正如中村隆英所指出的:"战后按照占领军的指令迅速组成的许多工会,均以该组织(产业报国会)作为母胎","按企业形成并存续至今的日本企业内工会,事实上只不过是战时产业报国会等组织变换了一下名称。"①

第五节 "三种神器"的光和影

独步于世的"三种神器" 必须强调,所谓"独步于世",并非指"三种神器"仅存在于日本,而是指其作为在世界上被很多专家学者探讨的用工现象,具有独特性。

如前所述,"日本式经营"一词,最初出现于1958年。当时,美国经营学家詹姆斯·阿贝格伦花费两年时间,对日本企业进行了广泛深入的考察,于1958年出版了《日本工厂:其社会组织现象》一书,首次提出了"日本式经营"这一概念,同时指出了其内在要素,②该书的日译本即为《日本式经营》。他认为,先进的工业技术和管理虽然影响了日本的经营环境,但并没有使日本独特的经营手段和方法发生质的变化。按照他的观点,"日本式经营"既不是形成于战后,也不是因为受到外国的影响而问世,而是日本社会历史文化的产物。阿贝格伦认为,在日本企业,雇佣关系的特征是长期雇佣(permanent employment)或终身承诺(lifetime commitment)。美国商务部《对日劳动报告书》则指出,理解"日本式经营"是理解日本经济何以高速增长的关键。由于这一观点出自精通海外情况的美国专业研究者和美国官方机构,也由于这一观点与日本人自身的实际感受吻合,因此这一观点长期以来不仅在没有详细数据佐证、没有经过国际比较的情况下被接受,而且成了一个褒义词。③

---

① 中村隆英:『日本経済:その成長と構造』,東京大学出版会1993年,98頁、99頁。
② James Abegglen, *The Japanese Factory: Aspects of Its Social Organization*, Harvard University Press, 1958.
③ 米商務省編:『株式会社ジャパン』,大原進、吉田豊明訳,シマル出版会1972年,35頁。

上述学者及《对日劳动报告书》的观点,指出了一个获得广泛关注的问题,即所谓"日本奇迹"。按照他们的观点,使日本经济在战后重建、复兴、高速增长的主要原因,就是日本企业独具特色的"日本式经营"。他们力图通过对"日本式经营"特殊性的探讨,研究和分析日本人的国民性特征。结果,"作为研究对象的日本式经营,特别是作为其劳资关系制度之支柱的'年功序列''终身雇佣''企业内工会',不仅没有被作为批判对象审视,而且获得了国际社会高度评价"。[1] 正如吉田和男所言,"在对日本经济的议论中,日本式经营体制特别受到关注。这方面的议论一般关注企业内部的雇佣方式、管理方式。所谓'三种神器',即终身雇佣、年功序列工资、企业内工会,通常被视为日本式经营体制的特征"。不仅如此,"迄今为止,对日本式经营体制的议论,是视之为支撑日本经济的支柱并予以赞赏,视之为在企业内部关系方面体现日本企业之特征的雇佣、管理方式。作为日本式经营体制的特征通常得到列举的,就是阿贝格伦等所提出的所谓'三种神器',即终身雇佣、年功序列、企业内工会"。[2]

有些日本学者对是否存在含有上述三个要素的"日本式经营"表示质疑。例如,面对外国媒体喋喋不休的"日本企业的终身雇佣制是否会被废除"之类的提问,岛田晴雄明确表示:"日本并不存在严格意义上的终身雇佣制",因为"日本的企业并没有终身雇佣制契约。而且从法律上说,日本企业只要有正当的理由,可以比较自由地解雇员工。至少很难说这是一项制度,很难说存在终身雇佣。"[3] 橘木俊诏也写道:"人们常说,我国劳动市场有三项特征,即终身雇佣、年功序列、企业内工会。事实上,满足三个特征的企业员工,都是在大企业工作的男员工,充其量只占 15%—20%,大多数企业均不存在这三项特征。我本人认为,与其将这三个特征视为显示企业实际状态的词语,不如将其理解为显示劳资关系理想状态的词语,即如果可能,应当建立这样的劳资关系。"[4]

---

[1] 杉岡碩夫:「『日本的経営』を讃える時代は終わった」,载日本効率研究会編:『日本的経営の進む道』,同会 1983 年,16 頁。
[2] 吉田和男:『日本型経営体制の功罪』,東洋経済新報社 1993 年,24 頁、27 頁。
[3] 島田晴雄:『日本の雇用』,筑摩書房 1994 年,16—17 頁。
[4] 小宮隆太郎、奥野正寛編:『日本経済——21 世紀に向けた課題』,東洋経済新報社 1998 年,220 頁。

第一章 ● 企业内部关系:"三种神器"

值得注意的是,美国和欧洲企业同样存在长期雇佣,也不会或不能轻易解雇员工。例如,德国、法国企业对解雇员工很慎重,并且受到限制,若要解雇员工,需要向政府职能部门提出申请,必须获得工会的理解。美国企业若需要解雇员工,则需要向政府职能部门提出申请和通报工会。欧美企业也存在年龄和工资呈正态分布的劳动报酬,同样存在企业内工会。一些学者认为,"日本式经营"的特征并不是日本企业独有的特征,日本企业和欧美企业在这方面的差异,仅是程度上的差异。按照他们的意见,不进行严格的比较而评论日本式经营的做法,是不严谨的。

毋庸置疑,"三种神器"并非存在于所有日本企业。更明确地说,"三种神器"仅存在于大企业。但我们应该明确,第一,作为一种现象,美国和欧洲企业虽然也确实存在终身雇佣,以及年龄和工资挂钩、类似于年功序列工资的现象,但是远不如日本普遍,而且解雇员工比日本容易。日本大企业的经营方若要解雇员工,一般均要经过劳资交涉、调动岗位、离职动员等中间阶段,在无计可施时才予以解雇。第二,必须强调,日本的终身雇佣、年功序列是作为一种惯例而确定的,虽无法律约束力,但有惯例即社会文化约束力。劳资双方在招聘和应聘时,是以这一惯例为前提的。基于上述理由,似可以认为"日本式经营"的"三种神器",是存在的。

同样毋庸置疑,仅仅依靠上述理由是不够的。笔者认为,对"日本式经营"是否独具与欧美企业不同的特征,必须予以实证性分析。只有这样,对"日本式经营"之利与弊、优与劣的评析才能有的放矢,才有意义。

"三种神器"的延续 战后日本经济迅速恢复、发展和劳资关系、劳务管理密切相关。作为"日本式经营"重要组成部分的终身雇佣和年功序列工资,作为一种惯例而非由契约规定的制度,战时在部分大企业中已经基本形成并在战后延续。但是必须强调,在战后初期,劳动力大量过剩,大部分企业并不存在终身雇佣和年功序列工资。大量裁员在企业中也并不鲜见并引发过大量劳动纠纷。终身雇佣在战后之所以成为"神器",并不是因为企业经营方单方面的恩赐,而是和工人运动的展开以及因此形成的劳资关系的构建相关,并在20世纪60年代以后才逐渐确立。也就是说,是劳资双方相互协调的结果。因为,工人运动的最终目的,无非是雇佣的稳定和收入及福利的增加,而企业方面则希望通过稳定工人队伍达到不断提高生产力、获取更多利润的目的。要达到这一目的,企业内工会的作用不容忽略。在这方面,双方的利益是趋同的。"可以说,劳资双方在战后混乱时期的劳资对立中汲取了不少教训,双方都认识到实现雇佣稳定的重要性,因而开始实施终身雇佣制,同时为了维持终身雇佣制,劳资双方都付出了各种努力。这是一个基本事实。"[1]这也是我们认识日本企业"三种神器"的基本前提。

许多学生从学校毕业后进入企业直至退休,因此严格地说,所谓"终身雇佣"实质上是以退休年龄为界的长期雇佣。更重要的是,一旦就职,可以期待在同一企业工作至退休。实际上,基于文化传统的差异,日本企业和欧美企业不同,即便真的终身雇佣,也极少如欧美企业那样通过契约维系。不过,确实并非所有日本企业的员工都在同一企业工作至退休。据统计,在日本企业,年度离职率为16%,并不算低,特别是年轻人的离职率较高。另外,考虑到企业人事结构是呈"金字塔形"的,事实上让所有人工作到退休是不可能的。因此,对所谓终身雇佣,我们应当作如下理解:对员工而言,这是一种一就职就可以指望不会出于企业方面的原因而被解雇的,可以根据本人的意愿决定去留的惯例。对企业而言,经营者在追求利润时,这种惯例的存在使作为最大变数的劳动投入量的调整受到严格限制,使劳动成本成为固定成本。特别是在经营不景气时,企业将不得不因为这一固定成本的存在而出现财务赤字。数据显示,和欧美各国同类情况相比,日本企业员工在同一企业连续工作的平均年限明显较长。具体而言,这种惯例的要点可概括如下:

一是解雇员工这一企业调整经营政策之手段的运用,受到较严格限制。经营者即便企业出现赤字也尽可能避免解雇员工,或采取"奖励"等方式让员工自行提出"辞职请求",以降低成本,减少赤字,改善经营。

二是员工一旦入职,既可以期待被企业终身雇佣,也可以根据自己本人的意愿决定去留。当然,因为年功序列工资的存在,主动离职将遭受损失。

三是员工即便成为本企业的剩余劳动力,也可以指望通过经营者的斡旋如外派、通过介绍前往其他企业就职等,获得新的工作机会。

---

[1] 下川浩一:『日本の企業発展史』,講談社1990年,225頁。

表1-4　日、美、德企业雇用量和劳动投入量调整率　　单位：%

	雇用量调整		劳动投入量调整	
	1960—1973年	1974年以后	1960—1973年	1974年以后
日本	13	7	15	20
美国	32	43	53	69
德国	21	14	14	30

资料来源：平成四年(1992年)『经济白书』。

不可否认，也有日本企业通过转移资产等手段制造"经营陷入困境"的假象，以达到裁员的目的。但是这种情况若被发现，必然遭到严厉抨击和制裁。这也从反面印证了企业解雇权的运用受到严格限制。因此日本企业不得不采取各种方式维持终身雇佣制：

第一，通过使用临时工和钟点工，对劳动力需求进行调整。由于人才派遣等新的用工形态的产生，以这种方式进行调整相对变得容易。但是，由此也产生了另一个问题，即如何确保有足够的劳动力。在"平成景气"时期，使用钟点工很盛行，因为很多女性和年轻人不喜欢被长期、长时间雇佣。外国劳动者的雇佣也在一定程度上弥补了劳动力需求。但是，当"平成景气"成为明日黄花时，很多人被企业"リストラ"（裁员、解雇）。大量失业者的存在和大学生就业进入"超冰河时期"，成为严峻的社会问题。

第二，实行弹性工资制，即把企业内的劳动供需，同企业外的劳动市场分开，形成企业内部的劳动市场。具体而言，就是在一定时期内保障劳动供给的同时，通过不改变劳动需求量，而改变工资性开支，来降低企业成本。以这种方式调节劳动供需关系最常用的方式，就是放缓工资增长率。这在当今日本表现得非常明显。许多学者的研究显示，日本经济正从凯恩斯主义所主张的、以刚性的工资制为前提因而容易产生失业的经济，转变为货币主义主张的、以工资的弹性为前提的完全雇佣经济。员工如果不接受这种做法，则企业将因赤字的不断累积而导致破产。因此，员工为了终身受雇，只能面对现实。同时，因经营状况不同而数额不等的奖金的存在，在提高工资弹性的同时，也维持了雇佣的稳定。总之，弹性工资制是维持终身雇佣制的重要支柱。

第三,通过劳动时间进行调节。劳动时间作为调节劳动供需的一种手段,非常重要。在欧美,劳资双方在签署合同时,首先确定劳动时间,即规定工资率和工作量。但是在日本,虽然存在法定的劳动时间,但实际上劳动时间是弹性的,企业对超时劳动付给加班费作为报酬。加班费不是由市场价格决定的,因而也是弹性的。员工的加班和企业雇佣的稳定相辅相成,被视为彼此的义务。通过劳动时间调整劳动力供需的变化,有利于雇佣安全,也有利于企业降低经营成本,因此能够为劳资双方共同接受,使劳资双方成为利益共同体,从而成为维系劳资关系的一根重要纽带。同时,劳动者同意加班,被视为对企业忠诚的一种表现。虽然很多人认为,这种让员工为了企业而牺牲生活的做法是不合理的,甚至是不符合人性的,但是这种劳资协调相互依存的形态,恰恰是日本式经营体制之根本,难以被舍弃。

第四,在经济结构发生较大变化时,企业的主要对应策略,就是为了确保雇佣稳定而实施多种经营战略,从而使前述扩大企业内部劳动市场,成为确保长期雇佣的经营政策。在20世纪70年代初石油危机以后,许多大企业推行的多种经营战略,与其说是为了实现利润最大化,毋宁说是为了维持巩固终身雇佣这根日本式经营的支柱。

第五,将员工派往系列企业。特别在石油危机以后经济不景气时,大量"母企业"的员工被派往"子企业"。因企业要求而转职转岗,在当时的日本企业中占很大比重。另外,这也是削减工资的一种手段。

第六,未雨绸缪,将部分企业利润用作不景气时的蓄积,以备不时之需。与欧美企业不同,日本企业不是将很多利润派发给股东作为红利,而是将部分利润作为企业内的蓄积,作为一旦遭受经济不景气冲击时的缓冲,即一旦经济不景气、对企业的业务需求减少并导致企业出现赤字时,以此进行填补。因此,利润首先被用于维持企业生存,其次才考虑其他需求。例如,与年功序列相关,日本企业在经营状况良好时,除了奖金,不会大幅度给员工涨工资。如果长期处在劳动力不足状态,虽然会涨工资,但涨幅也不大。

第七,通过调节给外包企业的业务量,维持企业的劳动人数。由于日本企业间关系普遍存在承包和转包,因此也会采取这种"大河没水小河干"的转移方式,即减少外包业务,将裁员压力转移给外包公司。虽然这么做并不为人称道,但对企业来说也属无奈之举。因为,日本企业大多只在事关企业存亡的时候,才不得不大批裁员,很少像一些欧美企业那样,为了确保利润而裁员。

年功序列工资与终身雇佣密切相关。由于年功序列工资使跳槽者必然蒙受较大损失,包括机会成本,因此应届毕业生一旦走出校门进入企业,往往希望成为该会社(企业)的"会社人"。这种心理对终身雇佣的稳固是一个有力支撑。许多日本企业存在事先约定的定期加薪制度。同时,年功序列还与晋级(升职)关联密切,即年龄不仅与工资,而且与职务或职级挂钩。

今天的日本,无论什么专业和工种,大学毕业后作为"会社人"进入企业的起薪几乎相同。之后薪水随着工作年限的增加而增长。这和欧美企业明显不同。在欧美企业,虽然也同样存在年龄和工资的关联性,但情况不同。例如,法国一些企业也存在定期的加薪规定,但一般没有明确的、作为一项制度的定期加薪。在欧美企业,"白领"的工资存在年功序列,"蓝领"则不存在这种序列。在日本企业,"白领"和"蓝领"之间、不同学历之间虽然也存在工资差异,但是这种差异和欧美企业相比要小得多。日本年功序列工资是定期加薪+定期晋级的,工作年限和工作能力呈分散状态,其特征是:工作年限比岗位、能力、工作业绩具有更大的意义。也就是说,所有员工都可以期待"定期加薪"。由于"年功"占很大比重,因此同样工作年限的员工工资差距较小,与管理层、经营层人员的差距并不过于悬殊。

更重要的是,如前所述,日本年功序列是在战时确立并延续至战后的。《工资统制令》《从业者移动防止令》和《国民劳动手册法》使离职和转职受到限制,并且使"年功型工资"通过战时立法正式得以确立。野口悠纪雄写道:"正是经历了这一过程,年功序列工资和根据工作年限升职制度,在全国得以普及。"[1]

"企业内工会"是日本战败的衍生物。企业内工会虽然在"一战"后已经滥觞,但正式形成则是在战后。按照下川浩一的论述:"战后日本的工会运动,沿着经济民主化政策和社会改革的发展,得到公认。当时工会运动标榜的组织原理是产业工会而不是企业内工会。但是,工会的组织形式却以职场为基础。一方面,这是因为会社掌握着主导权;另一方面,战

---

[1] 野口悠纪雄:『1940年体制——さらば、戦時経済』,東洋経済新報社2002年,28頁。

时国家主义的统一劳动团体'产业报国会'支部虽然表面上按照不同产业建立,事实上却是以企业为单位组织起来的。"①

战后,以麦克阿瑟为首的驻日盟军总部,主导了日本的"战后经济民主化"改革,这项改革主要包括三项内容:解散财阀、农地改革、劳动改革。1945年10月11日,麦克阿瑟指令日本币原喜重郎内阁进行"五大改革",其中第二项即劳动改革,重点是建立工会。盟总的文件写道:"促进工会的组织化。促进工会组织化之目的,是保护工人,使之免受剥削和压迫,提高生活水准,使工会具有能发表有效意见之权威。"②之后,美国政府颁发了题为《关于如何对待日本工人组织问题》的文件,明确要求日本政府采取保障工会发展的措施。根据盟总和美国政府的旨意,日本国会审议通过了《工会组织法》,于12月22日正式颁布,翌年3月1日实施,基本内容是:1. 保障工人的团结权和争议权;2. 资方不得歧视工会会员和阻止工人加入工会;3. 工人正当的争议行为不承担刑事和民事责任。《工会组织法》以法律形式承认工人享有"劳动三权",即团结权、团体交涉权、团体争议权。1946年9月,日本国会又通过了《劳资关系调整法》,规定劳资双方出现争议时,不能使用国家权力自上而下地实行镇压,而要实行由争议双方自主解决的原则。

获得法律保障后,日本工会纷纷建立,迅速发展。1945年9月,日本只有两个工会,会员1 077人。③ 1946年8月2日和8月3日,日本两大工会组织"全日本产业别劳动组合会议"(简称"产别")和"日本劳动组合总同盟"(简称"总同盟")先后宣告成立。"产别"会员有155.9万人,约占全国工会会员数的41%;"总同盟"会员总数为85.5万人,约占全国工会会员总数的22%。1947年4月7日,与《工会组织法》和《劳资关系调整法》一起被统称为"劳动三法"的《劳动基准法》颁布实施。至此,战后日本劳动法规基本完善。1949年5月,日本内阁通过了《工会组织法修正案》和《劳资关系调整法修正案》,强调工会的基本原则是"劳资平等",规定企业的经营权与工会分离,并对工人及工会的活动加以各种限制。1950年7月,"劳动组合总评议会"(简称"总评")成立后,"总同盟"并入"总评",

---

① 下川浩一:『日本の企業発展史』,講談社1990年,220—221頁。
② 大蔵省財政史室編:『昭和財政史——終戦から講和まで』第17巻資料(一),東洋経済新報社1981年,26頁。
③ 坂野潤治編:『戦後改革と現代社会の形成』,岩波書店1994年,67頁。

形成"产别"和"总评"两大工人团体。

"1947年8月,东京大学社会科学研究所对工会进行了大规模调查,结果发现,大多数调查对象都是以企业或事业机关为单位组建的工会,而且80.7％是工人和职员共同构成的混合型工会。"①朝鲜战争爆发后,美国推行"逆反路线",改变了对日政策,进行了所谓"赤色清洗",试图重新武装日本。大批工人对此表示强烈反对并举行罢工和游行。为了限制工人运动的形式和规模,日本当局阻挠了建立跨企业的行业工会的动向,因此,企业内部工会林立,最终成为"日本式经营三种神器"之一。

日本企业内工会实际上具有两个特点:第一,按照规定,原则上只有企业正式员工才能成为工会会员,计时工和派遣工等非正式员工不能加入工会。由于只要是正式员工,不管白领还是蓝领均可加入,因此日本白领的工会参与率高于欧美先进国家,工资交涉也基本上是职能混合型的各企业工会各自进行、由各企业决定是否增加基本工资。第二,由于许多企业内工会均加盟地方或产业(行业)工会等工会团体,有的还通过产业工会加入全国性工会,因此,在要求增加工资时,表面上似乎是各企业分别和资方进行交涉,实际上也是各产业在进行交涉。最初工会同经营方的交涉,主要是寻求雇佣的稳定、工资奖金的增加以及福利的保障,斗争方式主要依靠工长、组长等少数干部和经营方通过"密室交涉"解决问题,而且主要发生在影响力相对比较大的大企业。之后,工会斗争从"密室交涉"转变为"职场斗争",而且是同产业工人的统一斗争。1955年,根据日本合成化学工人联合会委员长太田薫的提议,工会在春季展开了统一斗争。以此为发端,此后日本每年由各大工会联合组成"春斗共斗委员会",展开要求增加工资的交涉,形成延续至今的传统即"春斗",由具备涨工资优惠条件的特定产业的工会率先提出增加比率,随后其他工会也将此作为大致基准,和资方进行交涉。毋庸赘言,同一产业内的工会之间的横向协调,在增加工资和改善劳动条件等方面,发挥了重要作用。

据统计,近几十年,日本企业员工加入工会的比率有明显变化。在1955年至1972年,即日本经济高速增长期,这一比率为32％至35％;1975年后逐步减少,至1983年降至不到30％,1992年更降至24.4％。另外,各行业员工加入工会的比率很不均衡。以1992年为例,水、电、煤

---

① 大河内一男编:『労働組合の生成と組織』,東京大学出版会1956年,92頁。

气业为 68.1%;金融、保险、不动产业为 48.8%;运输、通信业为 46.7%;制造业为 29.6%;建设业为 18.1%;服务业为 13.7%;批发、零售业为 9.0%。从人数上看,制造业的工会会员最多,约有 400 万人,占全部工会会员总数的 1/3。从企业规模上看,1 000 人以上的企业,员工加入工会的比率为 57.2%,100 人以上 1 000 人以下企业的比率为 22.5%,100 人以下企业的为 2.1%。从性别上看,男子为 28.5%,女子为 17.6%。[1]

按照都留康和林大树的分析,工会组织率下降主要有两大原因:一是经济环境的变化,特别是随着员工从工会组织率高的行业流向工会组织率低的行业,雇佣结构发生了变化;二是企业对成立工会的支持度产生变化。问卷调查数据显示,在没有工会组织的企业,经营者对组织工会很不关心,甚少支持。因此,企业员工对组织工会也缺乏热情。这种关心和支持在日本企业并非可有可无。[2]

对"三种神器"的肯定 对"三种神器"的评价,因年代不同而存在很大差异。自西方的文明进步史观被导入日本以后,日本应当以西方为楷模,走西方人走过的道路,曾经是一种具有普遍性的社会认识。与之对应,日本的"独特性"曾经是"落后"的代名词。但是自 20 世纪 50 年代末开始,日本实现经济高速增长后,经济成就被欧美学者视为"日本奇迹",日本的独特性遂转变为"先进"的代名词。自 20 世纪 70 年代开始,关于欧美的雇佣体制先进、日本的雇佣体制落后的认识,再度出现变化。引起这一变化的直接契机,是在第一次石油冲击下日本经济的出色表现。当时,欧美物价持续快速上涨,失业率不断攀升,经济呈"滞胀"状态,但是日本经济仍维持着平稳增长。于是,不少西方人认为,造成这种日本和西方表现差异的根本原因,在于日本独特的经营管理方式,有些学者甚至称赞日本企业的经营管理方式有助于提高生产率,认为日本企业的经营管理方式优于欧美雇佣方式,支持这种见解的论著相继发表。在第一次石油危机期间,美国学者多尔(Dore)在日本和英国的四家工厂,就企业内劳资关系问题进行了认真、缜密的访谈调查,于 1973 年发表了调查结果《英国的工厂·日本的工厂》,对以往的"日本雇佣习惯落后论"作了全面否

---

[1] 倉沢資成ら編著:『構造変化と企業行動』,日本評論社 1995 年,42 頁。
[2] 都留康、林大樹:「労働組合の組織率低下の決定的要因」,『日本労働研究機構調査報告書』第 43 巻,1993 年,79 頁。

定。他指出,或许更应该认为日本的社会平等化革命已经完成,已经融入了从重视市场机制向重视组织机制转型的世界潮流。他认为,就这个意义而言,日本的雇佣习惯比之欧洲更为优越。①

美国哈佛大学教授傅高义于1979年发表的《日本名列第一:给美国的教训》,是这方面引起广泛关注的代表性著作。傅高义在该论著中对日本战后的政治、经济、科学、教育、社会生活等方面进行了深入考察和分析,并同美国的社会现状进行了对比。该书共分十章三个部分,其中第二部分"日本的成功"中的第六章是"大企业——鉴定与功绩"。他在"日本式企业经营的起源""集体思想与鼓励激励""'伙伴'——拼命干与自尊心"的标题下,论述了日本企业经营的沿革和日本企业成功的根本原因。按照傅高义的观点,日本之所以能取得成功,最根本的原因就是日本企业拥有一大批愿意为企业尽心尽力的职工,是因为采取终身雇佣、终身培训、论资排辈的晋级分配方式,采取自下而上的决策方式和"对企业忠诚,对工作热爱,为企业献身"的激励机制,采取了后辈对前辈特别尊重、亲热,前辈对后辈像母亲对待子女一般关心、照顾的温情主义。按照傅高义的分析和论述,在日本,即使企业经营不善,也不会放弃终身雇佣制,而是采取调整奖金、让职工短期休假、缩短工作时间、削减工资(且越是上层削减幅度越大)、控制或停止录用新职工等方式降低成本。如果经营状况严重恶化,采取以上措施仍不解决问题,则通过设置新的部门、增设特别补助金动员员工自愿退休等方式渡过难关。总之,按照傅高义的观点:使自己雇来的职工免于失业,是日本企业的日本式思考方法。②

终身雇佣有利于终身培训,而培训的内容不仅有基础业务知识,也有公司的历史及经营哲学,以培养热爱企业的精神。同时,这种培训也可努力使员工成为"全局主义者"和"万能博士"式的多面手,以应对企业各方面的需求。另外,"日本职工由于知道自己将永久待在同一企业内,在这里接受训练,所以他们不会反对引进新技术,也不会由于技术革新而感到头疼,害怕自己落后于时代","对于职工来说,干各种各样的工作,比起只死抱住一种工作的美国工人,在工作上可以避免乏味单调,使工作成为一

---

① 贝塚启明编:『再訪日本型経済体制』,日本经济新报社1975年,147页。
② 埃兹拉·F.傅高义:《日本名列第一:给美国的教训》,谷英等译,世界知识出版社1980年版,第137页。

种乐趣"。

此外,按照傅高义的观点,终身雇佣和论资排辈的晋级和年功序列工资密切相关。由于终身雇佣,职工担任的职务可不断上升,一般不会撤换或降级,也不太可能在后辈的领导下工作,从而避免了人际关系的紧张和不满情绪的产生。终身雇佣和论资排辈既有利于使业务骨干转遍企业各个部门,积累广泛、丰富的经验,使之在就任更高职位时善于做出正确的经营决策,也有利于同辈的沟通和协调,最终有利于企业发展。傅高义认为:"这种关系给这些日本企业的成功做出了巨大贡献。"而年功序列则"防止了由于工资差距所造成的职工间的离心离德","不至于产生嫉妒"。

傅高义感慨道,号称"世界第一"的美国,实际上在许多方面已落后于日本。他写这本书的目的就是告诫美国人不能再骄傲自满,应拜日本人为师,奋起直追。因此此书的副标题为"给美国的教训"。

美国驻日本前大使艾德温·赖肖尔和美国普林斯顿大学教授马里厄斯·詹森在合著的《当今日本人——变化及其连续性》一书中写道,日本的雇佣制度有某些缺点,但也有一些重大的优点,就算不是消除,也至少是有利于减少不同年龄和地位者之间带有消极性的竞争和摩擦。因为下属不可能超越能力不强的上级,所以上级对能干的,甚至有野心的下级也不用担心。[1] 他们强调:终身雇佣制度在日本发挥着良好作用,年功序列制度,也为经济发展起了促进作用,日本的雇佣制度和工资制度显然对该国的工会发展产生影响。[2]

日裔美国人威廉·大内(William Ouchi)于 1981 年出版的《Z 理论——美国企业界如何迎接日本的挑战》一书中,对日本和美国企业的管理方式进行了比较分析,提出了不同于 X 理论和 Y 理论的"Z 理论"。X 理论和 Y 理论是美国行为科学家道格拉斯·麦格雷尔(Douglas McGregor)于 1957 年在《企业中人的方面》(*The Human Side of Enterprise*)一书中提出的,主要论述工作原动力。X 理论认为,人们有消极的工作原动力,而 Y 理论则认为,人们有积极的工作原动力。也就是说,那是一对完全基于相反假设的理论。按照麦格雷尔的观点,人的行

---

[1] 艾德温·赖肖尔、马里厄斯·詹森:《当今日本人——变化及其连续性》,孟胜德等译,上海译文出版社 1998 年版,第 318 页。
[2] 艾德温·赖肖尔、马里厄斯·詹森:《当今日本人——变化及其连续性》,孟胜德等译,上海译文出版社 1998 年版,第 322、323 页。

为表现并不是固有的,而是由企业管理实践造成的。人们之所以产生消极、敌对和拒绝承担责任的态度,是因为他们被剥夺了社会需要和实现自我的需要。麦格雷尔强调,员工是企业生产主体,管理者必须激发员工的潜能。威廉·大内提出的Z理论,就是主张企业建立长期雇佣制;对员工进行长期全面考核和评价,给予稳步晋升;鼓励员工参与企业管理,形成上下结合的管理机制。不难发现,Z理论的主张,恰是"日本式经营""三种神器"的实践。

日本本土学者也对"日本式经营"给予了较充分的肯定。例如,小池和男基于详细的访谈调查和统计分析,逐一指出了日本和外国在雇佣习惯方面的异同。他在《职业场所的工会及加入工会》中指出:"不能不承认,我国的劳资关系在现代或许是最'先进的'。"[1]

日本官方也对"日本式经营"给予了高度评价。日本1990年《经济白皮书》对终身雇佣和年功序列、内部晋级等"日本式经营"的核心内容,给予了高度评价。[2] "白皮书"写道:"我国的雇佣习惯同企业技术革新和技术开发能力有着密切关系。之所以这么认为,有如下理由:(1)由于长期雇佣得到保障,因此员工对引进新技术较少抵触。(2)由于雇佣得到保障,分配、转岗等较容易进行,因此企业较容易开发和进入新的领域。(3)以长期雇佣和雇员掌握一般的通用技术为前提,员工在特定企业,即其工作场所掌握实用技术的欲望得以增强。另外,作为雇主,由于大多不是录用熟练工,而是刚刚走出校门的学生,因此教育培训的需求被强化。加上长期雇佣使雇主没有收不回培训成本的顾虑,从而强化了企业即便承担培训费用也要进行这项工作的意愿。结果,劳资双方对有利于企业研究开发新领域、新产品的培训,均有一致的欲望。(4)由于员工在企业内大幅度流动,从而使培养具有广泛能力的员工成为可能。(5)由于雇员和企业的关系是长期关系……因此有利于对短期内无法获得回报的研究开发进行投资。特别是内部晋级制,成为好的诱发因素,使包括管理者和经营者在内的全体从业人员能够立足于企业长远利益思考问题。"

对"三种神器"的批评 早在20世纪60年代,"三种神器"的合理性

---

[1] 小池和男:『職場の労働組合と参加——労資関係の日米比較』,東洋経済新報社,1977年,240頁。

[2] 日本内閣府:『経済白書』,1990年,173頁。

就已遭到来自政府方面的质疑和批评。1960年的《国民收入倍增计划》写道,企业的劳务管理应"超越招聘企业的封闭性,贯彻同工同酬的原则,促进劳动力的顺畅流动,工会以行业或区域为单位划分","修正年功序列工资制度"。[1] 1963年政府颁布的《经济发展中人力资源开发的课题与对策》也提出,应构建跨企业的横向流动的劳动力市场,并对年功序列工资提出了明确批评:"长期以来,年功序列工资制度不仅阻碍了劳动力流动,而且在调动、利用企业内人力资源方面也带来了各种问题。"[2]

20世纪90年代初泡沫经济崩溃后,日本式雇佣制的优劣再次引起热议。和20世纪70年代初经历石油冲击后迅速复兴不同,泡沫经济崩溃后,日本经济陷入了持续低迷。因此,和20世纪70年代获得普遍赞扬形成鲜明对比的是,这次日本企业的雇佣制遭受激烈批评。特别是许多年轻人指出,在经济高速增长时期,日本式经营迎合了社会和经济的需求。但是在出生率下降、老龄化严重,产业结构和技术急速发展和变化的今天,终身雇佣制和年功序列制,显然已落后于时代,应予革除。他们认为,在当今时代,与其重视个别企业的雇佣保障,毋宁致力于构建流动的劳动力市场,使"无失业、劳动力得到平稳移动"成为可能。不可否认,日本企业的雇佣体制必须进行改革的声音日益强烈。

泡沫经济崩溃后日本经济所面临的问题,是否和"日本式经营"有关?是否需要变革?回答这个问题,首先必须进行分析。

对员工而言,终身雇佣,没有被"炒鱿鱼"的担忧,无疑是值得庆幸的。对企业而言,长期雇佣有利于建立劳资双方的协调关系,有利于提高员工对企业的忠诚度,有利于提高生产率。同时,终身雇佣有利于在企业内部积累技术,避免企业内的教育和培训成果、研究开发成果和生产技术工艺外流,从而使企业的投入能获得切实回报,并进一步刺激企业加强教育培训和技术研发。对社会而言,终身雇佣有利于减少失业率,进而有利于社会稳定。何况失业本身也是一种劳动资源的浪费。

不过,终身雇佣也存在一些弊端。对个人而言,长期在一个注重资历

---

[1] 経済審議会編:『国民所得倍増計画』,大蔵省印刷局1960年,33页、37页。
[2] 経済審議会編:『経済発展における人の能力開発の課題と対策』,大蔵省印刷局1963年,50页。

甚于能力的企业工作,有可能导致能力无法充分发挥。若想通过"跳槽"等方式改变这种状况,又必须承受较大损失。对企业而言,由于无法自由解雇员工,因此在经济不景气或企业经营不善时,往往产生财务赤字,从而既损害股东利益,又难以明确经营责任,因为经营者难以通过大批裁员降低成本。对社会而言,在经济不景气、需要进行产业结构调整时,企业劳动力的固化,很可能成为发展新兴产业的障碍。因为,只要已有产业不释放包括劳动力在内的资源,新兴产业就难以充分获取开发新产业的资源。

必须指出,终身雇佣制的维持是以牺牲股东权益为代价的。正如许多人所指出的,不追求"株主"(股东)利益的"株式会社",犹如不抓老鼠的猫,徒有虚名。但若重视股东利益,则必然触动日本式经营的根本,进而影响整个日本经济体制的稳定。

按照人力资本原理,随着工龄的增加,企业员工所接受的训练、教育,以及所积累的经验、知识,所掌握的技能、手法,也相应增加、成熟。由不同工作年限形成的不同的人力资本,是构成年功序列的要素。但事实上,由此形成的人力资本必然因人而异。因为个人能力未必和工作年限完全成正比,所以人力资本原理难以解释年功序列的合理性。那么,年功序列为什么能够长期得到维持呢?不少人认为,这或许是因为日本企业的工资体系源于"生活保障型工资体系",所以在日本人看来,按照温情主义原理支付工资是非常自然的。但仅此尚不足以为年功序列的长期延续提供有力说明。

终身雇佣和年功序列之所以能够长期维持,主要是因为对劳资双方均存在诱惑因素。对企业经营者而言,在终身雇佣和年功序列条件下,如果企业规模不断迅速扩大,则青年员工在全体员工中所占的比率必然相应上升,平均工资即劳动力成本必然相应下降,生产成本也必然随之下降。也就是说,随着企业规模的扩大,其竞争力也将相应增强,两者呈良性循环。在终身雇佣、年功序列的条件下,企业欲立于不败之地,必须不断扩大规模,因为这与生产成本和市场竞争力密切相关。由于年功序列的特征是年轻时"干得多,拿得少",年长时是"干得少,拿得多",因此就整体而言,对企业相对做出较大贡献的青年员工招募得越多,那么新老员工的比率只要恰当,则"日本式经营"的运作将比较容易。也就是说,在青年员工看来,企业规模的增长速度越快,自己将来成为中老年员工后所获得的收入就愈益能够获得保障。这是年功序列能够获得拥护、获得人心支撑的重要因素。更重要的是,由于采用终身雇佣制,因此企业与按照劳动力的供需关系决定工资水平的外部市场关联度较低,企业没有必要为了最大限度提高生产力而支付工资。对员工而言,年功序列工资,犹如企业将应该即时支付给员工的一部分报酬存储起来,等到他们随着工作年限的增加而年老力衰时再行支付。为了能够取回这笔"存储"在企业内的钱,除非万不得已,否则员工不会轻易"跳槽"。同时,终身雇佣和年功序列使员工能够预测工资的最大期待值,并使之成为决定是否进该企业就职的重要条件。由于这种期待值在很大程度上受企业成长率影响,对应聘者来说,企业是否能够获得发展,即企业的前景如何,便成为择业的关键要素。这种对企业命运的关心,在他们就职以后依然是一种动力,这对激发他们与企业休戚与共,使劳资双方成为命运共同体,无疑是一种积极因素。

然而,终身雇佣和年功序列的弊端也显而易见。薪酬原本应成为激发工作能量的要素,但是年功序列较难取得这一效果,因为员工个人工作绩效和薪酬若不完全对应,必然影响员工工作热情的发挥。换言之,年功序列的薪酬制,难以激励员工为企业做出更大贡献。日本企业当然也会大致采取三种方式解决这一问题:一是使工资有一定的伸缩性或弹性,二是修改企业福利,三是在待遇方面引进能力主义和实力主义,三者往往互为关联。例如,通过奖金和晋级增加收入,它们对应能力和实绩的评价。但是在日本企业,就整体而言,这种评价指标往往是不明确的。一般而言,这种评价往往是包含人格、人品在内的整体评价,较侧重于"定性"而非"定量"。在日本企业,激励员工工作热情的主要是其所在的工作现场的评判。必须强调,重视他人的评判是日本传统社会文化的重要特征。这也是日本文化被称为"耻感文化"的基本理由。

企业内工会之所以和终身雇佣、年功序列并列为"三大神器",主要是因为三者密切关联,彼此依托。因为,在终身雇佣条件下,企业内部劳动市场和外部劳动市场是彼此分隔的,两者较少流动。员工愿意终身受雇的基本前提是企业能够获得持续发展。同样,在年功序列条件下,作为劳动报酬的工资,主要不是由以市场供需为基础的劳动力价格决定的,也不是由工种、能力等因素决定的,而是由企业的社会地位决定的。也因此对员工而言,企业的生存、发展最为关键,所以企业内工会难以将为员工争

第一章 ● 企业内部关系:"三种神器"

取尽可能多的劳动报酬和尽可能好的劳动条件,作为基本目标或存在价值,而是将协调劳资关系,追求企业长远发展作为工作重心。值得注意的是,成为企业内工会干部,是在企业内获得升迁乃至进入企业管理阶层的路径。对企业经营者而言,使工会干部的升迁获得保障,既激励了优秀员工走这条路,也使作为员工代表的工会干部始终具有经营者的胎记。

必须强调,1955年由"总评"确定的,以提高劳动生产率、增加工资为目的的"春斗",获得了政府的许可。但是此后,"春斗"逐渐成为一种"惯例"而失去了实质性意义。不仅如此,每当发生急进的工人运动时,企业均被"右倾化"改组。20世纪80年代后,"企业主义"在日本被进一步巩固,而所谓的"企业主义",事实上就是在牺牲员工团结权、罢工权的基础上建立的。毋庸置疑,20世纪90年代后,日本企业员工"过劳死"频繁发生、企业裁员时工人只能逆来顺受,企业内工会均难辞其咎。

1993年12月16日,日本首相细川护熙的私人咨询机构——以经团联会长平岩外四为座长的"经济改革研究会",提出了一份题为《关于经济改革》的报告。报告写道,"在应对由于长期经济不景气而产生的严峻的雇佣问题的同时,为了缓和政府制约、调整产业结构、应对经济全球化趋势,当形成容易就职、转职的劳动市场","显示出了从正面对终身雇佣制进行批判的姿态"。"根据这一报告,日经联在永野健会长的领导下,组织了重新审视以往雇佣习惯的研究会。该研究会在1995年5月发表的题为《新时代的日本式经营》的报告,作为否定'终身雇佣制''年功工资制'的报告而广为人知。"①之后,リストラ(裁员、解雇)成为社会热词。同工不同酬的"派遣员工",在日本企业生产中扮演的角色日益凸显,其不公平性在日本国会遭到公开质疑。劳动经济学家神林龙对1982年至2007年的数据进行了持续追踪和分析。根据他的研究,在这一时间段,18岁至54岁得到长期聘用的正式员工比例基本维持在46%。②

---

① 菊池信辉:『財界とは何か?』,平凡社2005年,233頁。
② 神林龍:『正規の世界・非正規の世界』,慶應義塾大学出版会2017年,179頁。

第二章 企业和政府的关系：
从"政商"到"政府引导"

日本江户时代的人分为四个等级：士、农、工、商。商人社会地位最低，但是同样属于商人阶级的"政商"，即和当权者关系密切并享有特权的商人，则显然属于例外。日本最初的财阀即明治时代的"四大财阀"，就是由政商脱胎而成的。在"一战"前后，日本又出现了一批新财阀即"大正财阀"。

财阀并非仅见于日本，但提起"财阀"，人们必然首先想到日本。可以毫不夸张地说，不了解日本财阀，我们将无法了解日本近代化何以迅速取得成功。同样，不了解财阀，我们也将无法了解日本为何在"二战"期间能大肆殖民扩张，甚至挑战当年已经是世界头号霸主的美国。

日本财阀迄今并无达成共识的定义，但日本财阀的特质是相当明显的，即不仅和政府密切联结，而且具有明显的"工业化"指向和专业化管理。具体而言，就是在日本核心产业中拥有处于垄断地位的大型企业，以家族经营为中心、触角伸向多个领域的企业形态。

"二战"后，由政商变身的财阀又被改造成企业集团。二者有何异同？被视为"日本模式"重要内容之一的"政府引导"，和此前的政商模式，又有什么异同？总之，从江户时代的政商到今天的企业集团，经历了哪些历史性转折？这正是本章试图回答的问题。

第一节 政商：财阀的雏形

政商的渊源和定义 江户商业的繁荣，和此前安土・桃山时代的执

第二章 ● 企业和政府的关系：从"政商"到"政府引导"

政者织田信长和丰臣秀吉颁布的促进商品流通和繁荣工商业的政策，有重要关联。织田信长和丰臣秀吉为了繁荣工商业，曾推行三项重要政策：颁布"乐市乐座"令、减少"关所"、稳定通货。正是这些政策，为江户时代的工商业发展奠定了不可忽略的基础。

在日本中世的商业流通领域，各种行业性的"座"曾扮演重要角色。所谓"座"，其实是一种封建行会，起源于以公家（朝廷）、寺社为"本所"的同业特权团体，基本运作方式是："本所"向"座"征收"座役""座钱"并提供相应保护，具有较强烈的垄断性和平均主义倾向，同时在生产和交换领域的各个环节对成员的经济活动进行控制，排斥竞争。12世纪初即平安时代末期，由于律令制衰落，各种"座"逐渐民间化、营利化。

1467年爆发的"应仁之乱"，使"座"遭受重创。在这场大规模内乱平息后，许多新兴工商业者无所归属。于是，领主便将他们集中到"城下町"。领主此举一是为了使领国商业运作更流畅和有效，二是为了削弱乃至剥夺"座"对市场的统治权，堪称"一石二鸟"。对自由工商业者而言，一方面随着其势力的壮大，与"座"因生产和交易权产生的矛盾冲突，日益激化，脱离"座"独立经营的需求日益强烈。另一方面，他们也希望获得领主保护。正是在这种背景下，领主的所谓"乐市乐座"政策应运而生。必须强调，"乐市乐座"政策是权力对经济活动的明确干预，也为权力寻租、权钱结合这一构成"政商"的重要前提，留下伏笔。

严格地说，所谓的"乐市乐座"是两个独立概念。"市"即市场，"乐市"是免除城下町的市场税和商业税，废除"座"的商人特权；"座"即行会，"乐座"则是进一步废除"座"本身。也就是说，在"乐市"政策下，"座"仍然被允许存在，只是失去了特权，而在"乐座"政策下，则连已被剥夺特权的"座"本身也不允许存在。

最初的"乐市"，于1549年在近江国大名六角定赖建立的"城下町"石寺新市推行。"乐座"则最早于1576年在柴田胜家统治下的越前北庄城推行。但是，真正将"乐市乐座"政策"发扬光大"的，是在织田信长和丰臣秀吉称雄日本的安土•桃山时代。其中最著名的，是1577年5月织田信长发布的由13条法令构成的《乐市乐座令》。该法令的基本内容是否定"座"的特权，奖励商人前往城内定居，一切商人可以自由贸易，免除商人土木工程等徭役负担，消除商人对"德政"的不安，保障经商的治安环境，免除房屋税，等等。

"乐市乐座"政策为丰臣秀吉所继承。1585年,丰臣秀吉下令京都诸"座"废止"座头职"等中间剥削环节。1587年,丰臣秀吉又下令废止奈良、大和部分"座"的特权。当然,和织田信长的"乐市乐座"仅限于尾张(爱知县西部)、美浓(岐阜县南部)、近江(滋贺县)等织田旧领,并非鼓励自由竞争和鼓励自由交易一样,丰臣秀吉所提倡的"乐市乐座",也并非为商人提供完全的交易自由,而是为了使工商业者处于丰臣政权的控制下,确保获得作为统治资源的商业利益。

减少"关所"是上述织丰政权推行的另一项政策。1568年,织田信长撤销了其势力范围内的"关所"(关卡),禁征"关钱"。此举目的,是打击关卡的设立者寺社和庄园领主势力,便于商人自由往来,促进工商业发展。丰臣秀吉继承了这一政策。他在1582年6月底举行的"清州会议"上获得山城国(京都)后,当年10月即撤销了当地的"关所",1585年7月丰臣秀吉担任"关白"[1]后,更是采取了禁止向商人和商品征收"役钱"(税)的政策,并对违令者严惩不贷。9月18日,丰臣秀吉致函毛利、小早川、吉川,命令他们:"薄姓公家向诸国的牛征收役钱,恣意妄为,实不能容忍。凡征收役钱者,无论是公家还是世族,皆应予以拘捕。"被"通缉"的薄诸光因此被捕,死于非命。同年10月,丰臣秀吉的御用文人大村由己写道:"公家、武家、地下商人因诸役被废止、'座'被取缔,而悦者众,悲者寡。"[2]

织丰政权为促进商品流通采取的第三项政策是稳定通货。1569年,织田信长颁布了《择钱令》,规定"善钱"(良币)和"恶钱"(劣币)的兑换比率。丰臣秀吉则更是开发石见、佐野、生野等金银矿,改铸统一货币,使通货趋于稳定。

德川政权延续了织丰政权的政策方向,使工商业继续获得发展。如果说撤除关卡是织丰政权促进商品流通的重要手段,那么江户时代交通运输业的发展,则是促进商业流通的前提条件。江户时代的交通分为陆上交通和河川、海上交通。以"五街道"[3]为中心的陆上交通由于军事防卫需要,在有河川之处往往没有桥梁,而且道路狭窄,主要用于"参觐交

---

[1] "关白"出自中国古籍《汉书》,为"陈述、禀告"之意,在日本成为实际统治者。当天皇年幼时,太政大臣主持政事称摄政,天皇成年亲政后摄政改称关白。
[2] 池上裕子:『織豊政権と江戸幕府』,講談社2002年,250—251頁。
[3] 江户时代以江户为起点的五条陆上交通要道,即东海道、中山道、奥州街道、日光街道、甲州街道。

第二章 ● 企业和政府的关系：从"政商"到"政府引导"

德川家康故居（爱知县冈崎市）

代"和"飞脚"（快递），以及高档用品的运输，不适合日常货物运输。与之相比，以海上运输为主的水上运输则由于运量大且价格便宜，因此是主要运输通道。1619年，"桧垣回船"被首次投入使用于大坂和江户之间的南海路。所谓"桧垣回船"，"桧"是桧木薄板，"垣"是木板交叉组成菱形孔、呈矮墙状的结构，即船的两舷栏板下部呈垣状，"回船"是在沿岸航路往来定期运输旅客、货物的船只。"桧垣回船"也称"菱垣回船"，是定期往来于江户、大坂之间的百石以上的货船，专门运输与两地"问屋"有关的商品，以及幕府、诸藩的货物，受官方保护。1624年前后，大坂北浜的泉屋平右卫门创办了"桧垣回船问屋"，专门从事运输业务。①

江户时代，生产技术的发展和交通状况的改善，使商品经济日益成熟，而商品经济的发展在对自给自足的自然经济构成了持续不断的冲击的同时，也为商人资本的扩充创造了有利条件。由于经营内容和服务对象的差异，至江户时代后期，日本形成了四类商人。第一类是同行业享有特权的商人。他们通过向幕府缴纳"冥加金"（税金）取得"株"即垄断经营特权。享受特权的商人组成的行业组织即"株仲间"。据统计，1833年，大坂有"株仲间"98个。1839年，江户有"株仲间"68个。② 因为拥有经营特权即价格垄断权，这部分商人积累了巨额财富。第二类是服务于大名领主和武士的御用商人，以富商和"两替商"（货币兑换商）为主，他们通

---

① 问屋是直接从生产者处得到货源或业务，负责将其销售或承办，或者转给二级批发商的商家，类似于一级批发商。
② 野村兼太郎：『日本経済史』，有斐閣1954年，177页。

过为领主武士经营管理"藏屋敷"(仓库),买卖作为俸禄领来的稻米,累积了大量财富。第三类是农村商人,主要是农村经济作物、家庭作坊产品和城市大批发商之间的中间商。第四类是为普通消费者服务的中小商人,他们大都资本有限,但作为江户时代社会商品经济的重要组成部分,发挥着不可替代的作用。四类商人中,第一类及第二类商人中有一部分和政权存在着各种联系,因此形成了被称为"政商"的特殊商人群体。

"政商"一词最初多见于媒体,专指与权力关系较为紧密并因此获取利益的商人,通常含有贬义,初见于明治时代的史学家、评论家山路爱山的《现代金权史》。山路爱山在1908年发表的该书中写道:"政府为发展民营工业、亲自进行干涉,于是在人民中自发产生的一个阶层,我等姑且称之为政商。政商一词既不载于中国的辞典,亦不见于《日本节用集》(室町时代问世的国语辞典)。政商最初是明治初期,即由时代创造的、特别的时世中产生的一个特别的阶层。"[1]

战后,一些学者对"政商"进行了研究,并分别给出了自己的"定义"。森川英正在《日本财阀史》中对"政商"下了如此定义:"政商与政治权力勾结,受其御用,从事各项经营,以不多的成本获取高额利润。"[2] 栂西光速不仅对"政商"下了定义,而且对"政商"作了归类。他指出,所谓"政商",一般是指与政党、官僚勾结以获取利益的商人。政商是资本主义社会的必然产物和赋予资本主义初期阶段以特征的产物。他根据"政商"这一词语的含义,将其分为三种类型[3]:第一种类型是沿袭自江户时代的特权商人,维新后仍在明治政府的保护下不断发展,如三井、住友、鸿池即属此类。第二种类型是出身林林总总的地位相对卑微的,乘维新混乱期最大限度地利用维新政府、官僚和政治家一举暴富者,是最典型的政商。岩崎弥次郎、安田善次郎,以及藤田传三郎、大仓喜八郎、浅野总一郎、古河市兵卫等属于此类。第三种类型是"指导者型政商",如涩泽荣一、五代友厚等从明治政府的官僚转入实业界,成为财界领袖的重要人物。高村直助直截了当地对"政商"作了如下定义:"作为原始积累政策的承担者,享有种种特权并急剧蓄积了资本的一群资本家。"[4]

---

[1] 山路愛山:『現代金権史』,ダイヤモンド社1908年,雄松堂1978年復刻,34頁。
[2] 森川英正:『日本財閥史』,教育社1978年,24—25頁。
[3] 栂西光速:『政商』,筑摩書房1963年,11—12頁。
[4] 高村直助:『企業勃興——日本資本主義の形成』,ミネルヴァ書房1992年,4頁。

第 二 章 ● 企业和政府的关系：从"政商"到"政府引导"

在日本近代化过程中,政商的作用非常关键。按照武田晴人的评价,他们在明治初期政府所主导的殖产兴业、富国强兵等国策中,为推进日本经济社会整体的近代化及中央集权国家体制建设发挥了关键性作用。在这一特殊的时代背景下,一批被称为政商的企业家走上了历史舞台。那么,他们是如何成为政商、如何走上历史舞台的呢？回答这个问题,必须探究政商得以形成的历史大背景。

大坂和京都的政商 江户时代,关西地区的大坂是日本商品集散中心。大坂之所以不仅是全国中央市场,而且能不断为江户提供物资,和17世纪70年代开通的两条新航路直接相关：一条是1671年开发的、沿日本列岛东岸的太平洋航路；另一条是1672年开发的、沿日本列岛西岸的日本海航路。随着这两条航路的开发,此前与幕府和藩府有着密切经济联系的旧的特权商人开始没落,新的"长者"（意为"富豪"）开始兴起。也就是说,政商开始取代旧富豪登上历史舞台。

在新航路开发之前,有的富豪,如敦贺的道川三郎左卫门和高岛屋传右卫门等,依靠自己拥有的船和物流仓库,从加贺藩（石川县）等处当局者那里垄断性地承包了年贡米等货物的贩运。由于交通条件限

大阪市立海洋博物馆展示的三桅帆船"浪华丸",江户时代的海运主要靠三桅帆船

制,商品的地区差价比较明显,因此他们利用地域和时间形成的价格差,获得了很大利润。但是,随着水上交通的发达和运输量的增加,地区差价逐渐缩小,早期的豪商日趋没落。

随着大坂和江户之间的海上运输的发展,因海难事故所造成的自然损害,以及"船头"和水手为私吞货物故意将船沉没的人为损害也渐次增多。为了规避风险和通过连带责任分散风险,减少损失,1694年,江户的"问屋"商人组成了"十组问屋"。所谓"十组"即十个行业,分别是：涂物店组（漆器）、内店组（绢布、皮棉等）、通町组（零星杂货、棉麻织物、笠

帚、簸箕等生活用品)、药种店组(药材)、钉店组(钉、铁等五金类用品)、表店组("榻榻米"等)、川岸组(头油)、纸店组(纸、蜡烛)、棉店组、酒店组。与之呼应，大坂也成立了"大阪十组问屋"，进而发展为"大坂二十四组问屋"。

这些"问屋组"的建立，还有一个很重要的原因：自元禄时期即17世纪末18世纪初，商业活动趋向活跃，"荷受问屋"(销售各处寄售的货物)趋向没落，"仕入问屋"(向"仲买"即俗称"掮客"的中介商销售以自有资金购取的货物的批发商)开始兴起。货物在出大坂的时候，其所有权往往已归"仕入问屋"，因此若遭受海难将直接蒙受损失。

1730年，"酒问屋"脱离了"十组问屋"，并采用"樽回船"进行贩运。"樽"是盛放酿造品及其流动物的木制容器。"樽回船"原是江户时代在江户、大坂之间专一运送酒类货物的回船，即最初仅被用于运酒。但是，其他客商因其速度快而予以青睐，使之改变了原先"酒类御用船"的身份，和"桧垣回船"争流，进一步推动了商品经济的发达。

随着商品货币经济的发达，大坂成了"天下厨房"，其全国市场中心的地位也日趋巩固。以堂岛、中之岛为中心，诸领国的"藏屋敷"鳞次栉比，各领国的问屋，如萨摩问屋、土佐问屋、北国问屋等纷纷在大坂设立，问屋、中介制度得以完备、充实。"两替商"形成的信用制得以显著发展。据统计，大坂的"藏屋敷"在元禄期的1688年至1704年为95邸，文化期的1804年至1818年为92邸，天保期的1830年至1844年为111邸。

17世纪70年代前后，在日本近世即江户时代商业经营史上，是一个重要转折时期。在这一时期，商业社会开始形成，与以往特权商人不同的新兴"町人"(居住在城下町的商人、工匠、艺伎等)势力开始抬头。据井原西鹤在《日本永代藏》中的描述，自1661年，新兴"町人"开始登上历史舞台。"金银是町人的氏系图"的思想开始出现，新兴富商开始崭露头角，而取代初期豪商在江户时代的经济舞台上扮演主角的，是大坂和京都的新兴商人。

17世纪末，与都市周边地区商业性农业的发展相对应，大坂市场的流通机构得以扩充，并从最初的从事采购批发的"领国问屋"，向专业"问屋"发展。"领国问屋"属"藏屋敷"，除储藏和销售粮食等外，也受托贩卖各领国的物产。据《大阪商业史资料》第十卷所收"正德年间(1711—1716)的大坂问屋"提供的资料，当时这方面情况显示出两个特征：一是

第二章 ● 企业和政府的关系：从"政商"到"政府引导"

西日本诸领国设立的问屋居多；二是"专业问屋"居多，达2 355家，而同时期的"领国问屋"则是1 727家。

三井高房发表于1728年的《町人考见录》，记载了京都50家商人的经营和生活实态，清晰地描述了当时京都的商业经济逐渐下滑的状况，特别是近世初期被称为"京都长者"(京都富商)的角仓了以和他的儿子角仓与一，以及茶屋四郎等在"锁国"之前通过海外贸易日进斗金的富商，此时已风光不再的颓势。与之形成鲜明对比的是，原先在京都的三井"总本家"的第三代掌门人三井高房，则"转移阵地"将经营重点移往大坂，与鸿池、住友被并称为"三大富商"。

鸿池世系是原姓山中的战国武士的后代，同越前丸冈小城主的后裔住友家族，以及祖上是战国时代武将的三井家族类似。以发家史计，鸿池家族第一代是鸿池新六(原名山中幸光)。在父亲山中幸盛去世后，山中幸光从别处移居摄津国川边郡鸿池村(兵库县伊丹市鸿池)，1578年以酿酒业开始发家，因发明了日本"清酒"而著名，遂因"鸿池屋"的兴盛而改姓鸿池。1598年，鸿池氏成功地在江户打开了市场。1615年，鸿池家族又挺进大坂，同时开拓了海运业，将"藏米"运往大坂，并确立了大坂和江户之间的运输体系。1656年，鸿池家族的第二代鸿池新六的第八个儿子鸿池善右卫门(正成)在大坂开始经营"两替"即货币兑换业务，成为鸿池"两替店"的始祖。鸿池家族的事业在第三代鸿池宗利(1667—1736)时极为兴盛繁荣，其金融业务的重点从以町人为对象转为以大名为对象。据统计，有31个藩的大名与鸿池宗利建立了借贷关系。另外，鸿池宗利在1705年斥巨资于河内国若江郡(今大阪府八尾市)，开垦了实际由町人承包开垦的新田"鸿池新田"。鸿池家族在第四代鸿池宗贞(宗羽)掌权时，于1716年开始着手制定"家训"。[①] 当时，鸿池的"分家"为5家，"别家"为22家，共计27家，均奉此家训为圭臬。为了发挥以本家为中心的鸿池同族经营的能量，维持同族经营体制，"家训"愈益成为必需之物。1723年，鸿池宗家制定了鸿池家训的集大成之作《家定记录觉》。

今天以银行、商事、化学、金属为中心的住友集团，是以冶炼铜奠立家业基础，然后开展铜贸易、铜矿经营，进而开展"两替"等金融业务，逐渐发

---

① 家训在日本又作家宪、家摭、家慎、家禁，是宗族长辈为宗族成员、父祖长辈为后代子孙规定的有关立身处世、居家治生的训诫和教条，是家族成员必须遵守的准则。

展成企业航母的。以发家史论,住友集团的祖先可分为"家祖"住友政友与"业祖"苏我理右卫门。1596年,住友"家祖"住友政友(1585—1652)从越前(福井县)前往京都闯荡,在京都创办了一个经营书籍和药品的商店"富士屋",住友发家的历史因此迈开了第一步。大致在同一时期,住友政友的姐夫苏我理右卫门(1572—1636)在京都创办了一家铜精炼和铜加工企业——"泉屋"。住友以后成为经济"巨型航母"的历程自此正式起航。关于为何取名"泉屋",一说是苏我理右卫门曾经受教于一位名叫"白水"的中国人,习得脱银法之故,因为"泉"是"白水"两字的竖读;一说是因为苏我理右卫门出生于和泉国,故以出生地作为店号。当时,日本的冶炼技术还比较落后,多半以木炭将铜矿石加热而析出铜,无法将铜矿石内所含的银析出。含银的铜直接输出海外,损失甚大。苏我理右卫门寻找到了一种"析银"技术,即把水银与铜一起加热,然后析出熔点较低的银,日本人称之为"南蛮绞"。葡萄牙的旧公文书中关于自此从日本进口的铜不再含有银的成分的记载,可以作为当时日本已经掌握析银技术的佐证。随后,苏我理右卫门将铜精炼所迁移至京都二条的孙桥,事业日渐隆盛。

　　此后,住友政友的长子住友家族的第二代住友友以,在大坂经营了一个"泉屋"分店。随着大坂取代长崎成为日本的主要商业中心,住友友以的"泉屋"最终兼并了住友政友创办的"富士屋"和苏我理右卫门创建、其次子经营的京都"泉屋"。在父亲住友政友去世后,住友友以于1652年成为住友家族的首脑,并将住友和苏我两家的产业合为一家,成为住友企业集团的真正创始人。住友友以在大坂建立的炼铜厂,在整个江户时代一直保持着日本铜冶炼业中心的地位。不过,明治以后使住友发展为与三井、三菱、安田并驾齐驱的"四大财阀"之一的最主要原因,是第四代住友有芳(1670—1719)在1691年获得了位于伊予(爱媛县)的日本第一大铜矿"别子铜矿"的开采权,挖掘出了灿灿"黄金"。进入明治时代后,住友家积极开展多种经营,并因明治政府的护佑而在经营方面获得了诸多便利和特权,从豪商逐渐变为"政商"。1721年,住友家制定了"家训"——《家法书》,使家业的管理、运营和继承"有章可循"。

　　江户的政商　　与大坂的政商代表鸿池家族、住友家族"东西呼应"的,是江户政商的代表三井家族。三井家族的"家祖"三井高利(1622—1694)出生于伊势的松坂(三重县境内),1673年,他在京都的室町开了家吴服店,由长子三井高平管理,即"京都店"。同年,三井高利又在江户本町开

第二章 ● 企业和政府的关系：从"政商"到"政府引导"

了家名为"越后屋"的吴服店，即"江户店"，由次子三井高富管理。之后，三井高利又于1683年和1686年，先后在江户和京都开设了两家"两替屋"。1691年，三井家族又在大坂高丽桥开设了大坂"两替店"，并在当年成为幕府"公金为替"（公用金银兑换）的"御用达"（指定经营商），通过运用无须付息的幕府巨额存放资金取得了巨大利益，在"三都"建立了商品货币流通网，使金融业超越吴服业成为三井的主业，为三井的迅速发展奠定了基础。

在不断发展金融业务的同时，三井高利于1683将江户本町（东京都中央区日本桥本町）的吴服店迁至江户的骏河町（东京都中央区日本桥室町），并制定了名为《现银销售实价》的新"商法"，取得了货真价实、薄利多销的效果。当时，三井同族主要有"总领家"1家、"本家"5家、"连家"3家，共9家。1710年，三井家族在京都设立了统辖三井旗下所有两替店、吴服店的中枢机关"大元方"。

在第一代三井高利时，三井家制定了《三井家法》，第一条即强调"一根树枝易折，一捆树枝难断。汝等必须和睦相处，巩固家运"，"严禁奢侈，厉行节约"，"强将手下无弱兵，必须重视选贤任能"。1722年，三井家族制定了作为管理机构组成和营业准则等家业运营基本方针的"家训"——《宗竺遗训》，其中写道："次子以下分家时，不得使用三井之家名。"据此，三井家族不能继承家业者不得沿用三井之姓，只能改称别姓。因此事实上，也是三井家族后裔的，有的姓了"越后"，如越后屋（根据商号得姓），有的姓了"泉"（日语中"泉"的读音为Izumi，是三井的读音Mizuyi的倒读）。1730年和1740年，三井家先后创立和追加了"家原"家（一本松町家）和"长井"家（木村町家），确立了三井同族11家体制。

值得关注的是，以三井、住友、鸿池为代表的江户、大坂、京都三都豪商的演变轨迹，和日本资本原始积累的推移过程基本一致。首先，作为三都的新型商人，三者都创业于17世纪前半叶幕藩体制形成期，确立了资本原始积累的基础；其次，三者在17世纪后半叶至18世纪前半叶，即元禄时期至享保时期，随商品、货币经济的发展而发展，成为享有特权的、早期的"资本家"，事业取得了飞速发展；最后，三者在18世纪后半叶即江户时代末期、明治时代初期，因幕藩体制崩溃、维新政策展开而经历了危机和身份的转变，并从政商演变为财阀。

在江户时代中期的享保年间，即1716年至1736年间，豪商的"家训"

得以体系化。这些"家训"构成了"日本式经营理念"的基础。1721年,住友家制定了《家法书》;翌年,三井家制定了《宗竺遗训》;1723年,鸿池家制定了《家定记录觉》。这些为使"家业"的管理、运营、继承得以永续和良性展开而制定的"家训",具有一些共通点。这些共通点被经济史家作道洋太郎称为"家训五原则":第一,构建"本家"(三井称"大元方"或"元方")为中心、有血缘关系的"分家"和无血缘关系的"别家"共同协力的体制,由"本家"统辖家业(财产)和同族;第二,重视同族经营的合议制,守住"家业";第三,劝诫同族不要"改行"和展开多种经营;第四,在同族经营中导入"奉公人制度"(丁稚、手代、番头)和终身雇佣、年功序列、温情主义等"经营家族主义"思想;第五,尊奉"始末"(花费)、"才觉"(筹措)、"算用"(计算)等商法精神。

对第三条"原则",作道洋太郎专门进行了说明:"在享保期(18世纪初期)普遍制定的家训,反映了时代精神,强调为了克服不景气,与其使经营的事业扩大和开展多种经营,毋宁将重点完全置于一业,专心经营,即将经营战略的重点从以往的'进攻型经营',转为'防守型经营'。"①

值得关注的是,在"重农轻商"的幕藩体制中,使享有特权的御用商人即豪商阶层得以成立的,是"家业"制。这种"家业制"和武家社会的"世袭制"存在某种共通性,如武家的"袭名制"和商家的"暖帘制"(暖帘即写有店名的门帘),武家的"家督单一长子传承制"和商家的"总有财产传承制""本家管理支配制",各家形式虽有不同,但基本精神是一致的。冈本幸雄指出:"'家业'传承的实体是'家督'(家长)传承,而'家督'传承最根本的本质在于'财产'传承。"因此,"'家业'的永续和繁荣,同'家产'的维持、扩大直接相关,并与'家'的永久的存续和繁荣相关"。浅田毅卫认为:"可以说这种江户时期的商家'家训'作为前期资本(享有特权的御用商人)的资本蓄积理念,以及作为明治时期政商资本的企业活动理念,构成了'日本式经营理念'的历史原型。"②

需要提及的是,和三井、住友并称日本"四大财阀"的三菱和安田,在江户时代尚未发迹,这两个财阀的发迹是在明治时代。

---

① 作道洋太郎:『江戸時代の上方町人』,教育社 1978 年,180 頁。
② 浅田毅衞编著:『殖産興業政策の軌跡』,白桃書房 1997 年,55 頁。

第二章 ● 企业和政府的关系：从"政商"到"政府引导"

第二节 财阀的产生

何为"财阀"？ "政商"这一称谓在资本主义初级阶段，是一个具有时代特征的称谓，是日本作为后发资本主义国家的特质，自江户时代就已开始形成，在明治维新就被进一步强化。不过，日本的政商不同于西欧早期资本主义阶段的特权商人。在西欧，特权商人自身几乎不直接参与经营，而是利用由国王赋予的特权聚敛财富，而日本的政商则以直接参与经营的方式，在日本资本主义化的历史活剧中扮演重要角色，发挥重要作用。因此，日本的政商，应该被理解为响应日本政府的政策，在经济领域配合国家战略发展需要的"战略部门"。

明治时代的财阀和江户时代的政商存在明显区别。按照"财阀史研究第一人"森川英正的观点："政商通过附着于政治权力，根据政治权力的需要开展业务，以较低的成本获取较高的收益。三井、三菱、安田、大仓、藤田，就是通过政商活动积累的财富奠定自身基础的。但是，不能仅仅着眼于政商探寻财阀的起源。住友、古河就不是作为政商，而是以矿山业起家成为财阀的。另外，即便在政商型财阀中，三井、三菱、藤田是先作为政商积累资本，进而将这些资本投入矿山（三井的三池煤矿、三菱的高岛煤矿、藤田的小坂矿山），然后成为财阀的。可以认为，政商活动和矿山经营是产生财阀的资本源泉。也就是说，财阀有两个源头。"[1] 木村隆俊也指出："必须将政商资本和幕藩体制下的特权商人作严格区分。明治初期的政商是顺应殖产兴业政策，作为新兴资本的操盘手，通过独自的活动完成作为财阀的原始积累的，是日本资本主义原始积累时期占支配地位的资本存在形态。"[2]

根据拇井义雄的考证，"财阀"一词"是在明治20年代末至30年代初被创造出来的"，原是指"集团"的媒体用语，不是具有科学规定的学术用语。[3] 须江国雄也写道，战后作为占领政策重要内容的"解散财阀"这一举措，是在盟军总部的指导下实施的。当时对何谓"财阀"并没有严格的

---

[1] 森川英正：『日本財閥史』，教育社1978年，73頁。
[2] 木村隆俊：『日本経済史論』，学文社1996年，150頁。
[3] 拇井義雄：「財閥とは」，中川敬一郎、森川英正、由井常彦編：『近代日本経営史基礎知識』（増補版），有斐閣1979年，126頁。

规定,而是由"持股会社整理委员会"在1947年3月13日发布的文件认定,三井、三菱、住友、安田、日产、大仓、古河、浅野、中岛、野村计10个企业集群的56人为"财阀",须剥夺其一切企业高级管理职位。之后,有关当局在1948年1月7日颁布了《财阀同族支配力排除法》。"持股会社整理委员会"根据这一法律,将上述56人定义为"财阀家族"。如此"指定"在前,"定义"在后,不仅时间顺序颠倒,而且将财阀家族等同于财阀,造成内涵混淆不清。①

确实,何谓"财阀",迄今并无统一定义。但是,这并不意味着我们无法把握"财阀"的特征。中村隆英认为,对"财阀"可以作如下定义:(财阀是在)明治维新后,由原先受政府保护和扶持的政商转变而成。家族通过封闭性出资而控制企业并开展多种经营,与国家权力相结合,而且购得了此前由官方经营的产业。1893年以"会社法"的实施为契机,这种家族具备了作为财阀的条件,并在以甲午战争、日俄战争为契机的产业资本确立期,采取了和国家资本联系的资本积累方式。财阀的巨大化,也是日本资本主义进入垄断资本主义阶段时期,即自1909年三井合名会社建立,至1921年住友合资会社建立。在这一时期,主要财阀的组织结构是通过控股形成康采恩式的金融资本。②"森川英正将财阀定义为'在富豪的家族或同族的排他性支配下成立的多元事业经营体'。作为对财阀的定义,他强调了'排他性支配'和'多元事业经营体'。"③安冈重明则认为:"财阀是以家族或同族出资的母公司(控股公司)为核心,且母公司下属的子公司涉及多领域经营的企业集团。同时这些子公司在各自所属的产业部门中居于寡占地位。"④

"二战"后,有关财阀的资料被陆续公开。以此为契机,财阀研究日趋活跃。随着研究的展开,"财阀"的外延几乎被无限扩大,出现了"大正财阀""新兴财阀""军需财阀""阪神财阀""地方财阀",等等。

战后财阀虽然被"解散",其康采恩式形态和金融垄断资本一时遭受

---

① 須江国雄:「財閥研究に関する考察」,『佐野女子短期大学研究紀要』創刊号,1991年,80頁。
② 木村隆俊:『日本経済史論』,学文社1996年,147—148頁。康采恩是德语 konzern 的音译,以母公司为核心的多种企业联合体。
③ 武田晴人:《财阀的时代》,王广涛译,社会科学文献出版社2021年版,第6页。
④ 安岡重明:『財閥の経営史:人物像と戦略』,社会思想社1990年,53頁。

第二章 ● 企业和政府的关系：从"政商"到"政府引导"

打击,但并没有消失。旧财阀系的企业以朝鲜战争的"特需景气"为契机,重新聚合,并以银行资本为核心建立企业集团,取代了以往的控股公司,同时通过互相持股、系列融资、干部派遣等方式,形成了六大企业集团和其他独立企业集团,成为战后日本经济的实际支配者。也就是说,战前财阀和国家资本的联系,被战后企业集团通过和政府财政、金融政策所形成的紧密关联所取代,并因此形成政、官、财三位一体的"官民协调体制"。企业集团和政府的关系之紧密,甚于战前财阀和政府的关系,按照美国商务部报告的说法,形成了"株式会社日本",即整个日本宛如一个"股份公司"。

日本对财阀的研究,主要集中于经济史和经营史领域。在经济史领域,学者的聚焦点是:财阀涉及日本主要经济部门,掌握极大支配权,具有家族封闭、资本垄断、操控金融、多种经营、企业众多的"康采恩"模式,并且和国家权力和国家资本有着密切关联。在经营史研究领域,学者的聚焦点是:企业形态、家族企业研究、经营方针的确定程序、经营战略、经营组织、企业家的活动、家族出资的封闭性、以多样化经营为表象的内部经营要素。但是,财阀是不是日本独有的?其他国家的康采恩是否和日本财阀存在重要区别?对这个问题,无论在经济史还是在经营史领域,学者的意见均存在分歧。

不管如何定义"财阀",不管如何限定财阀的内涵和外延,不管对财阀的研究聚焦于哪些领域,有一点毋庸置疑,即财阀是考察作为"日本式经营"重要特征之一的"政府引导"的主要视角。因为,财阀是近代日本经济发展的主体,在日本式企业类型中占据中心地位。日本资本主义的发展和财阀的形成、确立密切相关。不了解财阀的形成和确立,将无法解析战前日本资本主义的发展。换言之,只有对财阀的经营特质和资本积累结构进行解析,对日本财阀和战前日本资本主义内在关联进行解析,才能深入认识"日本式经营"的形成。虽然财阀在战后经济民主化改革中被解体,但战后以银行和商社为枢纽的企业集团,与财阀确实存在千丝万缕的联系。在日本资本主义原始积累阶段扮演重要角色的政商,大都是随着日本资本主义的确立而转化为财阀,并占据日本资本主义的重要地位。

必须强调,日本财阀的壮大直接得益于日本对外扩张的国家战略。以财阀为主体的日本重工业和化学工业,就是因为战争而迅速发展的。例如,住友住钢所的扩容,釜石制铁、神户制钢的建立,三菱重工和住友金属工业等重工业托拉斯等建立,都和甲午战争、日俄战争直接相关。

在海运领域,财阀积极地顺应政府需求。因为财阀非常清楚,日本资源贫乏、国土狭窄,海洋是日本赖以生存的"血液",政府对提高岛国的海运能力、提高国际竞争力非常期待,何况一旦发生战争,海运对实现军事目的具有不可忽略的意义,因此这一领域也更容易获得政府资助。事实上,财阀直接承接了制造军舰的业务,成为军工产业的重要组成部分。

在金融领域,政府给予财阀的诸多扶持和优惠,包括对银行的清理整顿,以及日本银行和大藏省存款部的信用保障,使财阀系银行的功能得到明显加强。同时,政府在资金面上为其他民营企业的发展创造了条件。三井、住友、安田财阀地位的确立,与之尤其相关。

在贸易领域,财阀系商社通过武器和军工产业设备等交易,成为官营产业因流通部门不足等原因而欠发达的重要补充;而财阀向海外扩张业务所需要的信息,也因为和政府的"共享"而各有所获。这也是财阀开展多种经营不可或缺的条件。

财阀家族和政要存在密切关系。三井家通过井上馨向长州藩阀和自由党、政友会提供政治资金,岩崎家通过大隈重信等人的关系向进步党、宪政会提供政治资金。特别是岩崎弥太郎的长女婿加藤高明作为宪政会总裁出任首相后,两者的关系更加紧密。除此之外,唯一不是出身于萨(摩)长(州)而出身于公家的九个元老之一、曾任首相的西园寺公望和住友,曾任首相的原敬和古河,也存在特殊关系。在日本经济中,财阀系企业是最近代化的经营体,同时也是最依存于天皇制国家权力的经济实体。虽然在明治时代产业革命阶段居于中心地位的棉纺织业领域,几乎没有财阀参与,但财阀系银行业的发展,产业投资的扩大,铁道、海运、造船、流通业的发展,为日本走向侵略扩张提供了重要物质基础。

基于上述理解和认识,本节着重分析和论述三井、三菱、住友、安田"四大财阀"在明治时代的形成和发展轨迹。

"四大财阀"崭露头角 自江户元禄时代起,三井家就是以经营金融业和吴服业为主的豪商和幕府的御用商人。江户末期,三井家与"亲幕派"和"倒幕派"均有联系。但是,由于在"讨幕派"取得决定性胜利的鸟羽伏见之战前夜,三井向倒幕重镇萨摩藩捐献了军费,因而在明治元年(1868年),即和小野、岛田两家一起,被新政府任命为"金谷出纳所为替方",协助管理国库货币收支、"太政官札"(纸币)发行、通商、筹建"为替会

第二章 ● 企业和政府的关系：从"政商"到"政府引导"

社"等，依靠其资金和信用，帮助政府财政筹措资金，克服财政困难，因此获得了运营政府资金的特权，成为名副其实的"政商"，并获得了巨大利益。

但是，在三井家资本形成方面更具有重要意义的事件，是其在1871年6月被维新政府任命为"新货币御用为替方"（新货币发行管理机构）。为此，三井专门设立了"为替座三井组"（货币兑换金融机构）。另外，随着地租改正而承包的征税，也是使其财源广进的重要财路。明治政府为了重建财政，必须重建税收体系，必须将税收从实物改为货币。在进行秩禄处分的同时，明治政府于1873年颁布了《地租改正条例》，其目的是为封建性秩禄转化为资本，提供基础性保障。随着条例的实施，稻米日趋商品化。三井在这方面表现活跃并扮演了重要角色，也因此确立和巩固了其作为政商的地位。

必须指出的是，政府和政商的关系，并非始终"沆瀣一气"，二者也时有矛盾发生。1868年即明治元年，明治新政府颁布了废除江户时代的银币称量单位"银目"的"银目废止令"，从而导致大坂的"十人两替"有多家倒闭。为了平息社会对三菱会社专横跋扈的强烈反应，明治政府积极援助建立了"共同运输会社"，欲使之与三菱分庭抗礼。但是，为了应对各种"危机"和对外扩张的需要，两者始终"难舍难分"。1874年10月日本出兵侵犯中国台湾地区后，与清朝关系极度紧张，战争一触即发。为了筹措军费，明治政府颁发了《抵当增额令》，让各资金运营机构拿出与其运作的政府资金等额的资金作为抵当，小野、岛田因不堪承受而倒闭。三井却因事先获得情报未雨绸缪，不仅躲过一劫，而且在小野、岛田倒闭后，与政府的财政经济政策关系更加紧密，在金融界确立了其垄断地位，使之政商的地位愈发不可撼动。作为明治政府现代化政策之基础的资本积累，是通过国家财政完成的。明治初年向旧封建家臣团支付俸禄对政府财政构成了极大压力。为此，明治政府采取了家禄削减和发行秩禄公债，将家禄米改为金禄的措施。1876年通过发放金禄公债，完成了禄制的处分。1876年7月，三井成立了日本最早的私立银行三井银行（资本金200万日元），继续享有经营政府资金出纳业务的特权，这项业务在三井银行的业务中占相当大比重。

1877年，明治政府支付金禄公债的利息，占租税收入的28%。运营这些公债的是发迹于江户时代的豪商三井等政商，他们获得了纸币发行权和政府资金出纳权,因此蓄积了巨额财富。三井由于从原先的三井金融机构承袭下来的大坂、京都、横滨、神户4家分店和26个"出张所"(派出机构)基本上覆盖了整个日本,因此在当时陆续设立的诸银行中可谓"鹤立鸡群",占据了银行业的中心位置,对日本资本主义的展开起了积极推动作用。由于三井积极配合明治维新政府推行"新政",为之做出了很大贡献,因此也相应获得了各种利益。特别是三井银行接受国库金存储,不仅是其所享有的一大特权,同时也是其进一步开展业务的"利器"。就在设立三井银行的同时,三井兼并了由井上馨、益田孝等创立的"先收会社",将其改组为主要从事贸易的"三井物产",使三井的势力范围在流通领域大肆扩张,业务量逐年扩大。详见表2-1。

表2-1 三井物产国内外商业贸易情况构成

单位:千万日元

年份	出口	进口	国际贸易	国内贸易	合计
1879	57(10%)	239(44%)	0(0%)	249(46%)	545(100%)
1897	10 432(19%)	33 540(62%)	179(1%)	9 579(18%)	53 730(100%)
1898	13 404(22%)	38 788(62%)	761(1%)	9 610(15%)	62 563(100%)
1899	25 439(33%)	40 016(53%)	731(1%)	10 034(13%)	76 220(100%)

资料来源:柴垣和夫『日本金融資本分析』,東京大学出版会1965年,118頁。

在明治初期和中期,排斥外商参与、开展"直接贸易",是日本"官商一体"的要求,因此日本官商联手,竭力抑制和排斥外商插手贸易,其专横达到令人切齿难以忍受的程度。例如,三井物产开业后即获得了官营的三池煤炭的贩卖权。不过,与其说这意味着三井物产"取得"了特权,毋宁说由政府授予了它这一特权,当然,前提是其自身有足够的能力和实力承担这项特权。因为,随着亚洲航路的发达,新加坡、上海、香港等地对三池煤炭的需求量也不断增加。如果煤炭输出由外商承担,则必然导致"肥水外流",日本可获得的利益必然减半。政府将三池煤矿的贩卖权授予三井物产,主要就是基于不容外商插手的考虑。受让三池煤矿,是三井转变为财阀的主要标志。

第二章 ● 企业和政府的关系：从"政商"到"政府引导"

明治时代街景

三菱没有像三井和住友那样具有悠久的历史，因此三菱的"发家"更主要归因于当时日本发展资本主义所面临的环境。

三菱的创业者岩崎弥太郎(1834—1885)出生于土佐藩(高知县)安艺郡井口村，其父亲岩崎弥次郎是最下级的、居住乡下的"地下浪人"，后因家境中落甚至连乡居武士资格也不再具备，在当时严格的等级制度下备受歧视和冷遇。穷困的家境，使岩崎弥太郎从小养成了不屈不挠的性格。1854年，岩崎弥太郎的父亲不惜卖掉祖传山林作为盘缠，送20岁的弥太郎赴江户闯荡。弥太郎为此深受感动，临行前在家乡星神社的门上写道："日后若不能扬名天下，誓不再登上此山。"

1867年，岩崎弥太郎因获土佐藩藩士后藤象二郎赏识，担任了土佐藩为殖产兴业和贩卖物产枪支而设立的"开成馆"的"长崎商会主任"。1869年1月，弥太郎由长崎迁移至"土佐藩开成馆大坂商会"。1869年10月，由于藩营事业被禁，因此开成馆大坂商会以私营商社"九十九商会"的名义开展经营，岩崎弥太郎以土佐藩少参事的身份参与经营，主营航运业，且充任诸藩、国内商人同外国商馆之间的贸易和金融业务的中介。

1871年7月，明治政府实施了"废藩置县"政策，土佐藩变成高知县。

岩崎弥太郎以替代偿还原土佐藩亏欠外商的4万银两债务为条件,收购了包括2艘汽船在内的"九十九商会",开始成为独立的海运业主。翌年1月,"九十九商会"因其主要经营者是旧土佐藩士石川七财、川田小一郎、中川龟之助,他们的姓名中都带有一个"川"字,而更名为"三川商会"。1873年3月,岩崎弥太郎成为商会负责人,将其更名为"三菱商会",以后发展成为日本企业界规模最大的航母"三菱",自此正式启航。

需要说明的是,明治维新之前,日本的对外贸易主要由外商控制。这一局面的形成同日本周边的海上运输由外国海运公司支配,具有直接关联性。进入明治时代后,不再让外商充任"中介",实现"直接贸易",提高自身海上运输能力,取得海上运输支配权,日益成为日本必须解决的紧迫课题。三菱就是顺应这一要求而以海上运输业为起点,不断发展并逐渐后来居上的,最终,它与三井并驾齐驱。

1874年,三菱商会将本店从大阪迁移至东京,并在同年9月改称"三菱蒸汽船会社"。同月,日本出兵侵犯中国台湾地区,已在沿海航路的运输方面不断取得发展的三菱会社,依靠政府租给的13艘汽船(131万吨)承担了军事运输任务,以此为契机,三菱正式开始作为政商获得政府保护并享有特权。后来日本和清朝政府议和后,翌年即1875年1月,明治政府命令三菱开辟通往上海的航路。5月,内务卿大久保利通提出了著名的放任、补助、官营"海运三策",正式确定了保护三菱的政策。9月,三菱会社无偿获得了上述13艘汽船,三菱蒸汽船会社也更名为"三菱邮便汽船会社"。在政府的保护和援助下,三菱在横滨和上海之间的航路上,同美国太平洋轮船公司、英国太古轮船公司展开了激烈竞争,并在竞争中胜出。1875年9月15日,明治政府曾经向三菱发出《第一命令书》,给予三菱邮便汽船会社25万日元补助金,"命令"三菱邮便汽船会社同美国太平洋轮船公司展开竞争,努力控制横滨和上海之间的航线。1876年9月15日,明治政府又向三菱发出了《第二命令书》,承诺将连续14年为三菱提供资助,并先后共拨付1.5万日元,用以培养三菱船员。但是,大隈重信的下野意味着三菱失去了一位重要保护者,三菱掌门人岩崎弥太郎因被视为反萨(摩)长(州)派阀的大隈重信的盟友,而遭到由萨长派阀主导的明治政府的敌视。明治政府认为,如果岩崎弥太郎的财力和大隈重信的鼓动结合在一起,将成为颠覆政府的巨大威胁。涩泽荣一也指使心腹田口卯吉在《东京经济杂志》发表了一篇题为《论三菱公司的补助金》的文

第二章 ● 企业和政府的关系：从"政商"到"政府引导"

章,对三菱展开攻击。三菱可谓腹背受敌。1877年,日本最后一场内战西南战争爆发后,三菱以政府借贷的80万美元购置了一批船舶,承担政府军和军需品的运输,不仅为政府军的胜利立下汗马功劳,而且因此获得了300万日元的收入,堪称"名利双收"。

1881年2月,明治政府对三菱下达了共有14个条款的《第三命令书》,规定三菱邮便汽船会社只能经营海运业务,不得从事商品买卖,不得随意出售和抵押船舶,对不合理的航运费用进行调整,等等。但是,如以后所见,明治政府对官营企业的出售及扶持,以及有利于财阀的法律和政策,仍使三菱迅速发展壮大。

住友家的历史比三井家还要悠久。如前所述,以发家史论,住友集团"泉屋"。之后,住友家族在铜的开采、冶炼、加工、贸易,以及金融业方面不断发展。在第四代住友友劳执掌家业的1691年,住友开始经营别子铜山,这是住友发家的重要契机。但是,别子铜山的产铜量曾一度严重下滑,从17世纪末的1 500吨左右,跌至19世纪40年代的400吨左右。在戊辰战争(1868年)爆发后,由于别子铜山地处幕府领,更是差点被"充公"。之后,在全权掌握住友家事业经营权的"总理事"(相当于社长即总经理)广濑宰平的领导下,住友开始复兴采铜业并开展多种经营。1870年,住友在别子铜山进行了采矿技术革新,使用火药进行开采,产量逐年攀升:从1873年的482吨,增长至1882年的1 057吨。① 另一方面,1871年住友在神户设立了铜直销所,并陆续购买了一些船只,不仅运铜,而且向流通领域挺进。1873年,住友在大阪开始经营仓储业。两年后,即1875年,住友又在大阪建立了以米、杂谷类等商品作担保的金融"并合"(收购)业,成为1895年创立的住友本店银行部的母胎。

住友之所以能够如此伸张势力,获得作为"政商"的特权无疑是重要的原因。1870年,住友购得了大藏省造币寮。另外,住友还通过免税、低价收购官有树林、利用囚犯劳动等政商享有的特权,以低成本获得了高收益,并通过多种经营,从政商转变为财阀。直到今天,住友集团的核心仍是"三足鼎立"的住友银行、住友金属工业和住友化学工业,大阪仍是住友集团的"大本营","三足鼎立"的"立足点"都在大阪。

安田的创业者安田善次郎(1838—1921)出生于越中富山藩(富山县

---

① 畠山秀樹:「住友別子銅山の近代化過程」,『大阪大学経済学』第26巻,第1号。

富山市),其父亲安田善悦是半农半士的下级武士"足轻"。1858年,即安政五国通商条约签署的同一年,安田善次郎只身赴江户闯荡,最初经营玩具店,后在日本桥小舟町开了一家兼营海产品和"两替"(货币兑换)的商店。1864年3月,安田善次郎将该店迁往江户人形町,以25两银子的纯资产,开设了经营海产品和砂糖、兼营"两替"的商店"安田屋"。翌年即1865年,安田善次郎被选为"两替商组合"的"肝煎"(召集人)。1866年,安田将该店迁回小舟町,改为"两替"专门店,店名亦改为"安田商店",不久他就成为江户屈指可数的金融业者。明治维新后,安田事业发展更加迅速。1867年,"安田商店"的纯资产、储蓄资金、借贷资金分别为659两、534两、883两。至1872年(明治五年),已分别达到23 426两、21 586两、34 063两。货币单位从"两"改为"元"后,这三项指标亦一路走高,表2-2可以作为印证。

表2-2 安田商店资产及储贷资金表

公元年(明治年)月	纯资产(日元)	储蓄(日元)	贷出(日元)
1873(6).1	23 794	21 101	34 547
1874(7).1	23 770	60 710	65 667
1875(8).1	25 734	204 646	118 284
1876(9).1	39 263	305 948	147 308

资料来源:『安田银行六十年志』,同行出版,1940年,13页,19页,24页,28页。

安田之所以能够取得如此迅速的发展,同样与其"政商"身份密切相关。明治维新前夕的1867年,安田善次郎接手了幕府金银座的旧金银收购业务,获得了巨额利润。明治维新后,安田善次郎积极协助明治政府推行"太政官札"(纸币),并借贷黄金给明治政府,获得了政府庇佑和惠顾。由于"太政官札"缺乏信用,在流通中的实际价值低于票面价值,而安田善次郎作为两替商"肝煎",早早获得了政府将发令禁止此种做法的有关信息,因此大量收购"太政官札"。1869年,明治政府颁发了《正金金札等价通用布告》,安田因此大赚了一把。

1874年和翌年,安田善次郎先后担任了司法省负责货币兑换的"为

第二章 ● 企业和政府的关系：从"政商"到"政府引导"

替方"和栃木县"为替方",之后又担任了多家官衙的御用"为替方",负责"官金"的运营,这无异于获得大量"无息贷款",使安田的事业迅速拓展。1876年,安田善次郎和川崎八右卫门等创办了第三国立银行(资本金共计20万日元,安田出资8万日元),他自任了"头取"(行长)。另外,安田善次郎还援助设立了第14国立银行等多家国立银行。1877年,安田参与创立了"择善会"(东京银行集会所前身),翌年又参与创立了东京商法会议所(东京商工会议所前身)。1879年横滨正金银行设立时,安田也发挥了重要作用。

1880年,"安田商店"改组为资本金为20万日元的"安田银行"(1948年更名为富士银行,即瑞穗银行前身)。安田善次郎因此确立了日本屈指可数的大银行家的地位。1882年日本银行设立时,安田作为"御用挂心得"(管理者)参与,后担任了日本银行理事,直接参与了日本金融政策的制定,其作为"政商"的地位当然更加稳固。1887年,安田成立了运作银行资金的机构"保善社",向保险业渗透,并逐步向纺织、建筑、铁路交通等领域不断且迅速地拓展。

政府对财阀的扶持　1880年9月,大藏卿大隈重信提出了《出让为劝业而设置的工厂之议》,建议出售官营企业,获得内阁支持。根据大隈重信的建议,明治政府于1880年11月颁布了《工厂出售概则》,将官方产业分为三大类：第一类是军工业、造币局；第二类是矿山、印刷局、邮政、电信；第三类是纺织、造船、化学、精糖。为了"劝奖工业,作出示范",首先出售属于第三类的14家工厂。这一政策分三个阶段实施。第一阶段,出于财政优先的理由,为了回收国库资金,明治政府规定购买者须10年付清款项,即时缴纳营业费,购买者寥寥无几,而希望购买不属于出售范围的矿山的买家却非常多。第二阶段,通过松方财政,纸币清理取得成效,明治政府不再考虑"财政优先",因此以指定的方式,按原先投资额1/3—1/5的价格,付款期限25—55年,出售官方企业。第三阶段,由于军事预算的扩大,明治政府将三池煤矿和佐渡、生野两座出产金银的矿山等产业,出售给三井和三菱。因为,根据1873年明治政府制定的《日本矿法》,即便土地归私人所有,地下矿产物也皆为国家所有,私人不得擅自开采。因此,足尾、神冈、日立、阿仁、松尾、佐渡等矿,全部是官营矿。其中三池煤矿的煤可用作船舶燃料,在国际上得到好评。这种煤通过三井物产输出到中国上海、香港以及新加坡,为以后贸易业的发展奠定了基础。官营企业优良资源和生产技术设备的获得,对财阀迅速发展具有不可忽略的作用。例如,政府投资超过 113 万日元的长崎造船所,以 45.9 万日元的价格转让给了三菱,最初决定 50 年分期付款,最终三菱以一次付清 9.1 万日元的方式购得;政府投资超过 81.6 万日元的兵库造船厂,原初售价 18.802 9 万日元,50 年分期付款,最终以 5.9 万日元一次付清的方式,出售给了川崎。

表 2-3 "官营企业转让"一览表

出售年月	物 件	投资(日元)	售价(日元)	购 者	现所属企业
1874.12	高岛煤矿	393 848	550 000	后藤象二郎	三菱矿业
1882.6	广岛纺织所	50 000	12 570	广岛棉纱纺织会社	—
1884.1	油户煤矿	48 608	27 943	白势成熙	—
1884.7	中小坂铁山	85 507	28 575	坂本弥八等	—
1884.7	深川水泥	—	61 741	浅野总一郎	日本水泥
1884.7	梨本村白炼化石	3 家 101 559	101	稻叶来藏	—
1884.7	深川白炼化石	—	12 121	西村胜山	品川白炼瓦
1884.9	小坂银山	547 476	273 659	久原庄三郎	同和矿业
1884.12	院内银山	703 093	108 977	古河市兵卫	古河矿业
1885.3	阿仁铜山	1 673 211	337 766	古河市兵卫	—
1885.5	品川玻璃	294 168	79 950	西村胜三等	—
1885.6	大葛金山	149 546	117 142	阿部潜	三菱金属矿业
1886.11	爱知纺织所	58 000	—	筱田直方	—
1886.12	札幌酿造所	—	27 672	大仓喜八郎	札幌啤酒
1887.3	文鳌制糖所	258 492	994	伊达邦成	1896 年解散
1887.6	新町纺织所	130 000	150 000	三井	钟渊纺织

第二章 ● 企业和政府的关系：从"政商"到"政府引导"

续　表

出售年月	物　件	投资（日元）	售价（日元）	购　者	现所属企业
1887.6	长崎造船所	1 130 949	459 000	三菱	三菱重工
1887.7	兵库造船所	816 139	188 029	川崎正藏	川崎重工
1887.12	釜石铁山	2 376 625	12 600	田中长兵卫	新日本制铁
1888.1	三田农具制作所	—	33 795	岩崎由次郎	东京机械制造所
1888.3	播州葡萄园	8 000	5 377	前田正名	—
1888.8	三池煤矿	757 060	439 039	佐佐木八郎	三井矿山
1889.12	幌内煤矿·铁道	2 291 500	352 318	北海道煤铁	北海道煤矿汽船
1893.9	富冈制丝所	310 000	121 460	三井	片仓工业
1896.9	佐渡金山	1 419 244	1 730 000	三菱	—
1896.9	生野银山	1 760 866	—		三菱金属矿业

资料来源：小林正彬『近代産業の形成へル官企業売却』，東京大学出版会1965年，324—332頁。"—"为情况不明。

明治政府出售官企既是为了消除官营企业赤字，又是施行福泽谕吉"官不可与民争利"的主张。不过这一举措对壮大财阀的意义不能被过于夸大。至少，有三方面情况需要考虑。首先，有不少财阀在"官营企业转让"之前已经奠定了坚实的实力。其发展壮大和"官营企业转让"政策基本没有关联，如和三井、三菱并称"四大财阀"的住友、安田，即属此类财阀。大仓、古河也属此类财阀。其次，有些财阀虽然得益于"官营企业转让"，但其原有的基础和对购得的官营企业的改造，是使之强大的重要原因。例如，三菱和川崎在购得两个造船所后，投入了巨额资金，并在包括运营管理在内的各方面进行了全面改造。最后，财阀虽然收购了原官营企业，但绝非全部廉价获得。例如，三井购得的三池煤矿虽然以后成为三井的"金库"，但其收购价格却是相当于原先政府投资额3.5倍的455.5

万日元。在收购后，三井还投入了巨额资金，如仅为建设运煤所需的三池港，就投入了400万日元。

福泽谕吉和他创办的庆应义塾大学

1881年发生的"明治十四年政变"，对三菱有重要影响。这场政变是在自由民权运动高涨时期，围绕开设国会问题，以伊藤博文、岩仓具视为中心的"渐进论"者，和主张尽早开设国会的"急进论"者大隈重信之间发生的矛盾冲突。最终，掌握实权的伊藤博文和岩仓具视通过谋划将大隈重信等逐出了内阁。这对和大隈重信关系密切的三菱，不啻是重大"利空"消息。

1882年底，三井银行的存款有55%是官方存款，但贷出的资金有40%成为呆账、坏账，而且当年日本银行建立后，政府委托日本银行运营其资金，同时要求三井银行即时返还资金。三井通过井上馨和伊藤博文提出了延期要求，但未获允许，加上因大隈重信的继任者松方正义进行纸币清理引发通缩，更使三井银行的经营状况持续恶化。为了摆脱危机，三井不得不摆脱对政府特权的依赖，不再继续走政商路线，而是走商业化路线。

萨摩藩和长州藩势力占主导地位的明治政府对三菱不再青睐。同时，为了避免三菱邮便汽船会社一家独大，1882年7月，由涩泽荣一、井上馨、农商务省官僚品川弥次郎等谋划，三井、大仓等参与运作，东京帆船会社、北海道运输会社、越中帆船会社等合并组建了"共同运输会社"，资本金总额600万日元，其中政府出资260万日元，占43%。共同运输会社成立后，即与三菱邮便汽船会社展开激烈竞争。按照当时《东京日报》的报道："两家公司一起由神户出航之后，为了抢先到达目的地，船员与船长都绑上头巾，不计成本，拼命将煤炭铲入火炉中，双方都不肯认输，在海上进行马拉松赛跑。到达纪州藩时，火炉内的火力强到烟囱烧得赤红，船员却不因烟囱可取代火炉的暖气而高兴，因为，当时船内已达灼热难耐的

第二章 ● 企业和政府的关系：从"政商"到"政府引导"

高温,由陆地遥遥望去,好像看到两只火龙在竞速一般,情况十分可怕。"虽然三菱邮便汽船会社在竞争中并不落于下风,但赤字也不断增加。

发生"明治十四年政变"的同一年,三菱从后藤象二郎处以97万日元的价格购得了当时日本最大的煤矿高岛煤矿,并在1884年租用了长崎造船所(几年后收购了该造船所),从原来单一经营海运转为同时向矿山、造船业挺进,并发行了大量债券和股票,开始以非海运业为经营中心。表2-4反映了三菱船舶数即运力。

表2-4 三菱所有船舶数

年 份	汽 船	帆 船	仓储船	小蒸汽船	合 计
1882	37	5	9	10	61
1883	30	9	9	9	57
1884	30	6	8	11(5)	51
1885	28	5	6	13(3)	55

资料来源：旗手勲「三菱生成期資本蓄積と土地所有」(上),『歴史学研究』325号,1967年。括号中为租用船。

上述表格显示,三菱在这几年不仅没有扩张,其船舶数量甚至有所下降。之所以出现这种情况,是因为：1885年,三菱始祖岩崎弥太郎因胃癌去世,三菱事业由其弟弟岩崎弥之助接掌。岩崎弥之助指挥三菱邮轮不惜成本,和对手共同运输会社展开更激烈竞争。为了表示对政府的不满,岩崎弥之助不仅退还了3 200万日元政府补助金,而且扬言要将三菱所有船只在品川外海引爆。如此"孤注一掷"的狠劲,使明治政府未免担忧。因为,那样必然将明治政府推向舆论的风口浪尖,于是政府不得不更换共同运输会社的社长。"鸽派"新社长森冈昌纯上任后,即与岩崎弥之助秘密会晤,商谈以"合二为一"的方式停止恶性竞争,最终达成协议。1885年10月1日,两社合并组建了"日本邮船会社",资本金1 100万日元,三菱出资500万日元。由于共同运输会社股权分散,很多股票此前被三菱秘密收购,而且多数高管出自三菱,因此岩崎弥之助成了"日本邮船会社"的"船长"。这一过程意味着三菱脱离了以往依附于政府的政商路线,开始成为以财力称霸一方,甚至可以左右政府决策的财阀。

三菱会社和共同运输会社经过激烈竞争后合并组建的巨型企业日本邮船会社,对日本资本主义的发展具有重要意义。毋庸置疑,明治时代在日本产业革命中扮演了重要角色的纺织业,就是在日本邮船会社确保了日本与亚洲各国通航的顺畅、三井物产确保了亚洲市场这些前提条件下发展起来的。如果仅仅依靠纺织产业"单打独斗",很难想象日本的纺织业当年能够和欧美资本主义相关产业抗衡。事实上,日本纺织业的发展是因为依靠了一种"合力",即依靠与具有出色的国际竞争力的三井物产和日本邮船的"协同努力",才取得了能够和欧美相关产业并驾齐驱的业绩。另外不可忽略的是,凡是在贸易商社设有海外支店的地方,都设有横滨正金银行支店。商社正是因为获得了金融贸易方面的便利,才能顺利开展业务活动并取得成效,而其背后则离不开政府及三井、三菱等巨头的支持。而三井和三菱也因此在国内经济领域获得了无与伦比的竞争力,并陆续向其他产业部门挺进,不断创建具有支配地位的企业,不断扩张垄断势力范围,使日本模式官商一体的特征成型。

1886年3月,"三菱商社"更名为"三菱社",其经营路线也开始"从海上转向陆上",此后的收益亦主要来自陆地而非海上,通过收购官营企业转变为财阀。在岩崎弥次郎去世的1885年,三菱制定了自己的"家宪"《岩崎家家宪》,提出"勤俭持身,慈惠待人"。《岩崎家家宪》对三菱的发展非常重要。

随着财阀势力的不断扩张,对作为"日本式经营"四大特征之一的"政府和企业的关系"而言,明治年代的一个重要动向,是中小企业的联合及其与政府建立了一定联系。1878年,企业经营者在东京、大阪、神户建立了日本最初的经济团体"商法会议所"。之后,商法会议所于1890年根据"商业会议所条例"改名为"商业会议所"。1892年,商业会议所形成了作为全国性联合组织的"全国商业会议所联合会",该联合会就是今日三大经营者团体之一"日本商工会议所"的前身,是欲与大企业并驾齐驱的组织。按菊池信辉的观点:"该商业会议所,第一就其是明治政府为了便于推行产业政策而自上而下建立的官制组织这个意义而言,第二就其是名副其实的工商业者,而且只是中小企业的团体而言,它大致属于汇总整个经济界的意愿以促动政府、与政府保持一定距离的组织。之所以如此,是因为随着日本经济的发展,大工业经营者日趋独立,'财阀'势力已经增强。"[1]

---

[1] 菊池信辉:『財界とは何か?』,平凡社2005年,90—91页。

第二章 ● 企业和政府的关系：从"政商"到"政府引导"

康采恩的形成 日本资本主义初始阶段的发展模式是：对差距相对较小、国际竞争相对不是非常激烈的领域，采取由民间自行推进、让其自然发展的方式。对差距明显、国际竞争激烈的领域，则采取集中投入资本和各方面能力资源的倾斜方式。换言之，在一些必须与欧美资本主义展开正面冲突和交锋的领域，企业不是通过分散的、互相竞争的方式，即按照弱肉强食的"丛林法则"形成的，而是集中地、垄断性地形成的。与欧美资本主义反差最明显、竞争最激烈的领域，主要是重工业、对外贸易、海上运输，因此在采取"倾斜方式"时，重工业由政府直接推进，对外贸易和海上运输则由政商全权"承包"。这种方式是日本资本主义发展模式的特点，是"政府引导，出口导向"这"企业国家"基本特征的原始特点，也是财阀得以形成的重要条件。19世纪90年代，财阀和政府这种相互依存关系最终形成。财阀的"历史地位"也因此最终确立。

日本的资本主义是在经历了地租改正和殖产兴业后完成原始积累的，日本的产业革命是在完成这一原始积累后，以棉纺织、铁道建设、矿山开采、现代银行的建立为中心，以最初的企业勃兴期为起点而展开的。随着产业革命的开始和资本主义经济的发展，日本政府制定、颁布了与企业制度建设相关的各项法律，其中对财阀影响最大的，是1893年7月颁布的《商法》"会社篇"。早在明治元年即1868年，明治新政府就设立了商法司并颁布了《商法大意五条》，现代意义的商法此时已开始萌芽。之后，为了规范通商秩序，强化法制建设，1881年明治政府决定制定商法。鉴于本国缺乏这方面专家，日本便聘请政府顾问、德国法学家赫尔曼·洛艾斯勒（Herrmann Roesler）负责这项任务。1890年，《商法》制定完成并获得通过。后经多次修改，其中部分内容于1893年得以实施。全部实施则迟至1898年，史称"旧商法"。翌年，"旧商法"被史称"明治商法"的《商法典》取代。《商法》分总则、海商法、破产法三编，共1 064条。根据《商法》，合名、合资、株式会社（意为股份公司）三种会社得以制度化。此后，"株式会社"成为主要企业形态。财阀虽然也受制于《商法》，但当时并没有采取株式会社的形态。因为，财阀担忧股份公司因股票的流动而存在家族以外的人成为股东的危险。但是，《商法》的颁布对三井显然有重要影响。1891年，三井在经营三井物产、三越吴服店的同时，以三池煤矿为中心，将属于三井组、三井物产的矿山归并到一起，成立了三井矿山会社，然后成立了"三井家临时评议会"，统辖三井银行、三井物产、三越吴服店、三井矿山会社四项产业。

1891年7月，三井银行京都支店遭到挤兑。8月，福泽谕吉的外甥中上川彦次郎从山阳铁道"空降"到三井银行并担任理事，第二年担任了副行长，全权负责银行经营。随后，中上川彦次郎开始了大刀阔斧的改革。他否定了三井银行传统的政商路线，转而采取投资矿山和工业企业的多种经营战略。但是，这些改革尚未取得满意成效，中上川便黯然下台。

同年11月，"大元方寄合"同"三井家临时评议会"合并为统辖三井11个家族企业的"三井家同族会"，即后来作为控股会社中枢机构三井总社的母体。与此同时，作为同族财产管理机构的"三井组"，改称"三井元方"。翌年，新设立的地所部和工业部，也归三井元方管理。不难发现，统辖各项事业、以"三井家同族会"和三井元方为核心的三井集团，已经具有了康采恩的形态。

1893年随着《商法》的颁布，四大企业建立了合名会社。之所以选择"合名"的方式，是因为具有无限责任的合名会社，更容易取得社会信用，并能避免账务公开，而且三井将同族分为四个集团，使之都作为合名会社成员，有利于风险共担。同时，三井银行自19世纪90年代开始，很大程度上依靠日本银行的资金，而且三井物产的经营也对巨额的国家和社会资金有很大依赖，外务省和陆海军省的业务，不管平时还是战时，都要提取巨额利益。因此，三井财阀的资本蓄积，只有依靠天皇制国家的各种保护方能开展，可以说其以新的形式维持着政商的特质，尽管也有变化。

1895年，三井家事业组织已经形成了以三井家同族会、三井(大)元方为中心的康采恩形态的原型。1896年，三井设置了三井商店理事会。1900年，三井制定了《三井家宪》，强化了同族结合趋向。按照松元宏的观点，在这一过程中，三井完成了从政商资本向财阀资本的转化。[①] 1902年4月，三井家同族会事务局设立了管理部，以利于将财阀本部各事业部门蓄积的资金用于扩大投资。与此同时，管理部推进了对整个集团的控股。翌年1月，三井家同族会事务局管理部进行了组织化改革，进一步强化对各产业部门的统辖，使三井继形成康采恩以后，成为规模巨大的财阀。

[①] 松元宏：「日本帝国主義成立期における財閥資本の形成」，歴史学研究別冊『歴史における民族と民族主義』，1973年11月。

第二章 ● 企业和政府的关系：从"政商"到"政府引导"

1887年,三菱购得了长崎造船所。翌年,三菱社发挥了作为多种化经营统辖机构的功能。三菱煤矿业在获得筑丰煤田后有了进一步发展,1890年12月,三菱在福冈县直方市设立了三菱炭坑事务所,统辖整个九州地区的煤炭业。三菱造船所则直属总社,强化了承接军舰制造的业务,金属矿山则隶属总社矿山课管理。1891年,三菱在岩手县首府盛冈市郊外购入4 000公顷土地,创办了小岩井农场。《商法》颁布的同一年即1893年12月,三菱社改组为三菱合资会社,资本金500万日元,由岩崎弥太郎弟弟岩崎弥之助和长子岩崎久弥各出资250万日元,当时他俩都是有限责任人。1896年2月,根据甲午战争后煤炭市场扩大的行情,三菱设置了作为进入"商事"领域之端绪的煤炭销售部。1899年《商法典》修订后,三菱一部分改为无限责任会社,一部分改为有限责任会社,而1899年以前设立的合资会社,依然是有限责任会社并改组为"五部制",由银行、营业、矿山、庶务、检查五个部门构成,由岩崎久弥任社长,岩崎弥之助任监务。按照石井宽治的说法:"这一时期,同国家权力的结合,对三菱财阀的发展具有不可或缺的重要性。"①

1906年,产业革命的完成和机械工业的国产化方向得以确立,加速了财阀的资本积累过程。当年7月,三菱的营业、矿山两部合并为矿山部。1907年3月,三菱设立了造船部。1908年,三菱再次进行机构改革,使各部实行独立经济核算,并规定了各产业的资本金:矿山部1 500万日元,造船部1 000万日元,银行部100万日元。庶务部和检查部自然不在其列。这一改革,也是确立三菱财阀地位的重要举措。

当时,岩崎家所有的有价证券和三菱合资会社是分开的。以铁道、海运股为主的岩崎家所有股票,是除皇室和第十五银行的股票外的所有股票中市值最高的,远超三井家的股票,而且岩崎家是仅次于皇室的日本邮船第二大股东,不仅掌握着日本邮船运营的实权,而且得到政府的各方惠顾,三菱造船所也获得了令其他财阀垂涎的资金奖励。总之,这一时期三菱财阀的发展和政府的扶持有极大关联。

进入明治时代后,住友的发展也非常迅猛。1882年,广濑宰平制定了《住友家法》,告诫后辈勿忘勤俭,不得损公肥私,强调"不得借职务之便谋求私利","不得只顾眼前利益,投机冒险","不得有损害名誉和破坏信

---

① 石井寬治:『日本経済史』,東京大学出版会1991年,250頁。

用之行为"。宫本又次在论述前住友总理事伊庭贞刚时写道:"伊庭贞刚不偏向极端的精神主义,而是顾及物心两面。他十分喜好《无尽灯录》中'君子爱财,取之有道'这句语录,经常挥毫书写。通过他,我们可以了解到住友精神。"①

　　1885年,"泉屋"的标志成为住友的注册商标("泉屋"至今仍被住友集团及其核心企业用作标志。今日住友企业集团"白水会",即得名于"泉"字的分拆)。住友通过推进位于四国岛的别子铜矿的近代化,并主要以此为基础积累资本展开多种经营。1893年和1894年其将触角伸向煤矿业,1895年在大阪设立了住友银行。

　　1895年,住友在原来金融"并合业"(收购业)的基础上设立了住友银行。1897年,住友收购了日本制铜安治川工厂,将其改为住友伸铜所,向铜加工业挺进,兼并了日本铸钢所,设立了作为住友金属工业母体的住友铸钢厂,开展包括从铜精炼到金属加工的多种经营,还因金属工业和军工厂、铁路建设关系密切而同政府建立起了密切关系,将多种经营范围从铜精炼,扩展到包括金属加工在内的金属工业,并通过和军工业的紧密联系不断发展自身,在日俄战争后巩固了基础。铸钢厂和日本铁道主管机构的联系也日趋紧密,通过生产车轮、轮轴等铁道用品迅速发展,成为行业巨头。1906年,住友在已拥有7 055町步(1町步近1公顷)山林、584町步土地的基础上,又收购了8 694町步山林和552町步土地,成为寄生地主和山林经营者。最后,住友通过以银行为中心的多种经营,确立了自身的财阀地位。

　　以大阪为据点的住友银行发展迅速,至20世纪初叶,和三井、第一、三菱、安田并称五大银行。住友以银行业和矿山业作为两大支柱产业,同时以银行为枢纽展开多种经营,形成了康采恩。

　　安田一族在1887年将10家企业定为"一类"即同族企业,设立了管理同族资产的保善社。1893年,随着《商法》的颁布,安田银行改组为合资会社。其他一些中等规模的财阀也有相应变化。大仓于1892年解散"日本土木",翌年建立了大仓土木组,延续此前业务。同年11月,大仓组商会和内外用达会社合并,改为合名会社"大仓组",资本金100万日元。藤田组也在1893年改为合名会社。总之,《商法》的颁布实施,是财阀发

---

① 宫本又次:『住友家の家訓と金融史の研究』,同文館1988年,81頁。

第二章 ● 企业和政府的关系：从"政商"到"政府引导"

展壮大的重要动因。

安田是以银行经营为中心发展起来的。1887年,安田为了加强对以安田银行资本金为主的管理,成立了"保善社"。1893年《商法》颁布实施后,安田银行变更为合资会社。日本银行建立后,安田来自官方的存款减少,但由民间存款的增加得以弥补,因此安田银行和由安田银行经营的第三银行的实力,超过第一国立银行,仅次于三井银行,位居第二席。同时,安田银行积极参与创设系列银行,1895年和1896年先后创办了日本商业银行和明治商业银行,并且通过"救助"陷入经营困境的地方银行,不断扩大在银行业的势力范围,使安田系银行成为店铺遍布全国各地的最大的银行集团。

安田系银行的特色是借助巨额存款和向日本银行的同业拆借,投资于海运、水泥、铁道领域,并且和缺乏金融业的浅野财阀互相补充,展开多种经营。安田于1894年设立了共济生命保险(会社)和安田搬运事务所,1897年创办了深川制钉所(后更名为安田制钉所),1900年收购了天满铁工所。为了统辖各项事业,1899年,安田设立了安田商事合名会社(资本金100万日元)。1910年,安田和第三银行的存款额在全国普通银行中位列第4位和第6位,加上安田系列的13家银行,存款额达到1.2072亿日元,超过三井银行。1912年,"保善社"被改组为资本金1000万日元的"保善合名会社",使作为康采恩的安田和三井、三菱、住友并称为"四大财阀"。

第三节　政官财"三位一体"

"三位一体"的内涵　藤井光南、丸山惠也认为："日本式企业社会的现代特质,是作为其历史素质的官民协调的结构,愈益广泛而深入地生根舒蔓。日本资本主义发展至今天的高度,企业的扩大化和生产的社会化已得到了极大发展。但是,大企业的经济实力,实际上就是以称为'官民协调体制'或'政(党)、官(僚)、财(界)一体结构'的国家和企业的'密切关系'为平台而形成的。"他们进而指出,这种"三位一体结构"之所以形成,与三方面因素有关："第一,在日本,国家和企业的'密切关系'以及彼此协调,是由明治以来资本主义化的特质所规定,并且作为一种历史素质不断发展而得以形成的。第二,日本资本主义所产生的经济结构特质,与早熟的垄断化特质一起,共同强化了两者的'密切关系'。政府和企业的'密切关系'即使在战败后也趋于深化。第三,自20世纪70年代结构性不景气以后至现在,这种'密切关系'更加结构化,并创建出强大的现代企业社会。其影响所及甚至直达国民大众。"①

回望历史,"一战"是形成"政、官、财"三位一体结构的重要转折时期。

"政"即政党。日本最早的政党,是1874年1月板垣退助、江藤新平、后藤象二郎组建的"爱国公党"。而政党真正在日本政坛上扮演重要角色,则是在"一战"前夕。1913年2月11日,日本元老会议推荐山本权兵卫继任首相。山本权兵卫在获知将出任下届首相后,即着手拉拢1900年由伊藤博文创建的立宪政友会(简称"政友会"),许诺让政友会成员入阁,使政友会完全改变了立场。2月19日,以原敬和松田正久为首的政友会议员大会,确定了与山本权兵卫内阁协作的方针。2月20日,第一届山本权兵卫内阁宣告成立。除新入阁的外相牧野伸显、留任的陆相木越安纲、海相斋藤实之外,其他内阁成员均是政友会成员。虽然山本内阁历时不到一年即宣布解散,但是这不到一年的时间,对日本政治的影响,在以后的岁月里得到了充分证明。在这段时期,有大批官僚加入政党,其中有不少成为日本政坛上的风云人物,如加藤高明、若槻礼次郎、滨口雄幸、高桥是清,都曾担任首相。他们在使政党日益走向政治中心的同时,着力构建地方政治基础,使代议制的产生获得了必要条件。

山本权兵卫内阁总辞职后,大隈重信奉天皇"大命"组阁。大隈重信曾于1898年6月30日组建了"日本政治史上第一个政党内阁"即宪政党内阁。1907年,因宪政党分裂,大隈重信辞去了党首和首相职务。大隈重信是个能巧妙利用支持内阁的各独立、对立派系的老练政治家。但是,再老练的政治家,也往往难以依自己的意志左右政治。由于内部分裂,1916年10月,大隈重信内阁被寺内正毅内阁所取代。寺内正毅的构想是"以自己为中心,通过结集藩阀势力获取政党协助,实现举国一致"。②但是,由于各政治势力各怀鬼胎,1917年9月21日,寺内正毅也不得不提出辞呈。同年9月29日,经过一番明争暗斗,日本宪政史上出现了由原敬担任首相的第一个"真正"的政党内阁。

---

① 藤井光南、丸山惠也:『現代日本経営史:日本の経営と企業社会』,ミネルヴァ書房1991年,4頁。
② 『田健治郎日記』,寺内正毅関係文書研究会編:『寺内正毅関係文書』第1巻に収録,東京大学出版会2019年,117頁。

第二章 ● 企业和政府的关系：从"政商"到"政府引导"

"官"即官僚。1893年日本天皇颁布的两个敕令，即《文官录用令》和《文官考试规则》，是日本文官制的雏形。两个敕令颁布后，帝国大学（东京大学前身）成了官僚培养机构的象征，日本的官僚机构不断得到充实，官僚制为集权性制度提供了重要组织保障。也就是说，明治时代的官僚制，是作为绝对主义天皇制的支配机构而确立的。这一官僚制最初以长州藩（山口县）和萨摩藩（鹿儿岛县）出身的藩阀官僚为支柱。日本现代意义的官僚制，形成于"一战"后"真正"的政党内阁的产生，采取了由学阀官僚支撑的现代组织形式。在这种官僚制下，就外部关系而言，其官僚直接隶属天皇，事实上并不受议会制约，并有稳固的身份保障和强大的权力。就内部关系而言，官僚通过敕任官、奏任官、判任官的等级制，由少数精英官僚统领一般官僚。另外，这一官僚制的整合原理以封建性家长制（以天皇为中心）支配为基础，以对国家的忠诚为诉求。因此，不仅难以形成对自由权力的憧憬，而且阻断了近代化所催生的"市民的自觉意识"。也就是说，"一战"后形成的天皇制下的官僚制，发挥了维护由江户时代的政商脱胎而成的财阀利益的重要功能。

所谓"财"即财界。具有特定含义的"财界"一词的流行，也是在"一战"以后。继1880年银行业界团体"东京银行集会所"成立、1892年"全国商业会议所联合会"成立之后，1917年，以重工业企业为主的经济团体"日本工业俱乐部"宣告成立。该组织也是"一战"期间日本经济取得显著发展的产物。因为，正是经历了"一战"，日本产业结构的重心才开始从以纤维等轻工业为中心，向以钢铁工业等重工业为中心的转化。重工业企业因此具有了与其地位相应的影响力。按菊池信辉的说法："在日本工业俱乐部建立后，'经济团体'有三种类型，即中小工商业者团体、金融业界团体、工业经营者团体。这种三足鼎立的格局使经济界难以顺利协调……于是，在1922年，为了统一和强化经济界的意志，有关各方建立了'日本经济联盟会'。日本经济联盟会的设立书宣称，如此，'可以随着我国各种经济团体和重要法人企业的联合，使我国有力的实业家参与经济政策规划'，它显示出超越个别企业和业界的利害关系，追求整个经济界利益的意图。实际上，在'日本经济联盟会'设立以后，'财界'一词才开始流行。"[①]

---

① 菊池信辉：『財界とは何か？』，平凡社2005年，92—93頁。

1912年6月15日，京都民众集会，纪念自来水接通、道路拓宽、电气火车轨道铺设"三大事业"竣工

  除日本经济联盟会，审议会是联结政企关系的又一根纽带，同时也是影响经济政策的重要咨询组织。山之内靖、成田龙一等主编的《总体战和现代化》，在分析日本"二战"前的政企关系时指出，在第二次世界大战前，日本政府和企业的关系主要通过各种"审议会"协调。审议会是体现当时日本政府和企业关系的一大特征。他们还详细论证了审议会的基本历史：最早成立的审议会是1896年挂牌的"农工商高等会议"。"一战"结束后，为了顺应日本经济规模和结构的巨大变化，各种审议会相继成立，几乎涉及所有产业。"审议会扮演着为资本市场提供信息，引导和帮助资本对需要投资的产业和企业进行选择的角色。战前日本政府的产业政策，主要通过资本市场实现。换言之，各种审议会是政府和企业之间的纽带。"[1]

---

[1] 山之内靖、成田龍一、J. ヴィクター コシュマン：『総力戦と現代化』，柏書房 2000 年，268 頁。

第二章 ● 企业和政府的关系：从"政商"到"政府引导"

日本政府除通过各种审议会同企业进行沟通和联系、对产业发展进行协调外，还通过颁布政策和法律对企业进行引导。也就是说，政策和法律引导，是当时政府对企业进行"引导"而不是"控制"的主要手段。正如野口悠纪雄所指出的："在战前的日本，政府并不直接、全面地介入民间的经济活动。政府机构对民间的掌控权并不大，指导力也不强。在后发资本主义国家日本，国家在经济生活中所扮演的角色虽然非常重要，但是除第一次世界大战时制定一系列统制立法外，日本政府所扮演的主要角色是保护、扶持乃至救助民间企业。营业自由的体制，基本上占支配地位。"在四大财阀中，安田基本集中于金融业，其他三大财阀则在各领域不断扩张。

在"一战"期间，政界和财界关系日趋紧密。在同族资本的支配下开展多种经营的财阀，在"大战景气"中不断扩张。各路财阀一方面推进旗下各行业公司实施股份化，另一方面通过持有这些公司的股票，对旗下公司实施统辖，从而形成了控股公司即"康采恩形态"的企业。在这方面，三井和三菱是最具有代表性的两个集团，两家财阀本社在大战时期的主要利润来源可大致划分如下，三井是商事、矿山、银行，三菱是造船、矿山、银行，即各有"三根支柱"。自日俄战争至"一战"，三井和三菱的事业范围进一步扩大，特别是在发展重工业和化学工业方面，动向十分明显：三菱主要发展包括内燃机、电机在内的造船业，三井也在这方面进行发展，但是发展化学的动向更明显。至"一战"末期，三井和三菱两大财阀旗下的企业资本占全国总资本的12%，名副其实成为日本企业中的"巨型航母"。

"大正财阀"的兴起　　了解日本财界，首先必须了解财阀，因为财阀是日本财界的核心，是"三位一体"结构中财界的代表。

进入20世纪20年代后，三井、三菱、住友、安田四大财阀，开始将部分原先独占的股票上市交易。虽然在"一战"爆发后，三井、三菱由于承担军需产品的生产，重新趋于活跃，但这种活跃明显受到政府控制。换言之，政府和财阀的"勾结"形式以"一战"为界开始发生变化。之所以这么认为，是因为财阀此前可以仅考虑自己的利益，可以自主地开展各项事业。但是在日本建立准战时经济体制后，财阀必须遵从政府的命令进行兵器、飞机生产。另外，此前财阀可以将利润作为自己的资金积累，并用以扩大自身的各项事业。但是在根据政府指令发展重工业后，仅仅依靠

表2-5　三大财阀的投资领域及投资额

单位：千日元

	1896年			1914年			1919年		
	三井	三菱	住友	三井	三菱	住友	三井	三菱	住友
矿业	8 129	6 638	6 222	57 692	13 719	11 017	132 562	67 980	20 748
金属	—	—	357	—	—	5 138	—	—	28 836
钢铁	—	—	—	29 125	—	—	41 057	46 942	11 033
运输机械	—	2 056	—	—	11 255	—	—	167 752	—
电气机械	—	—	—	5 147	—	—	22 134	—	—
化学	295	—	—	3 808	—	—	24 831	—	—
陶瓷	1 230	—	—	13 968	—	—	7 954	—	—
纸浆	3 284	—	—	40 285	—	—	46 673	11 261	—
纤维	—	—	—	30 152	3 066	—	84 316	—	—
食品水产	—	—	6 579	—	—	—	53 519	8 783	—
合计	12 938	8 694	6 579	180 177	28 040	16 155	413 046	302 718	60 617
海运前50	18 330	—	3 865	172 555	73 189	34 694	232 134	—	132 658
商事	5 447	—	348	172 555	7 026	—	516 754	44 843	—
银行	34 257	11 114	2 133	131 777	66 798	83 461	477 269	292 927	554 086

资料来源：武田晴人：『日本経済の発展と財閥本社：持株会社と内部資本市場』，東京大学出版会2020年，57頁。"—"表数据不可得或情况不明。全书同。

第二章 ● 企业和政府的关系：从"政商"到"政府引导"

1914年12月18日东京车站启用仪式

自己的资金已难以为继。更重要的是，这些财阀已难以维持封闭的、坚固的阵营，而必须服从国家意志。

除了四大财阀，日本还有六个和四大财阀一起被称为"十大财阀"的"二流财阀"，即鲇川（日产）、中岛、浅野、古河、大仓、野村。这些"大正财阀"大都在"一战"后得益于政府的扶持而或扩张势力，或崭露头角，构成"一战"后产业发展的显著特色。

论述鲇川（日产）财阀，要从久原财阀说起。久原财阀以矿业起家，创业者是久原房之助。久原房之助（1869—1965）出身于经商世家，就读于福泽谕吉创办的庆应义塾，毕业后在叔父的藤田组就职。1905年，久原房之助离开藤田组独立创业。他用离开藤田组获得的资金收购了茨城县赤泽矿山，将其命名为"日立矿山"，开始挖掘"第一桶金"并取得巨大成功。1909年，鲇川义介创办了主要生产汽车零部件的"户田铸物株式会社"。之后，他又接手了妹夫久原房之助的久原矿业并成立了"日本产业"

（简称"日产"），以及以"日立矿山"和"日立制作所"为中心的企业。1912年，久原房之助创办了资本金为1 000万日元的"久原矿业株式会社"，并在"一战"期间开展多种经营。1918年，久原房之助将久原矿业销售部独立为资本金为1 000万日元的"久原商事"。1920年，久原房之助创办了资本金为1 000万日元的合名会社"久原本店"，其直系企业有久原矿业、日本汽船、久原商事、共保生命保险。另外，大阪铁工所是日本汽船株式会社的子公司，日立制作所是久原矿业的子公司。也就是说，此时的久原财阀已形成同族康采恩。1928年，久原房之助将产业出售给妻子的兄长鲇川义介，加入了立宪政友会，开始步入政界并成为田中义一的"金主"，历任田中义一内阁递信大臣和政友会干事长、政友会总裁。久原财阀也因此成为鲇川财阀。鲇川义介和政界有"裙带关系"，因为，鲇川义介的母亲是明治维新的元老——曾任外务卿的井上馨的侄女。之后，日产和户田铸物合资建立了汽车制造企业，并于1934年控股了"日产汽车株式会社"，以此为中心形成了日产财阀。但是，和三井等旧财阀不同，日产财阀除了自身持有的20%至30%的股票，其余的股票都公开上市。

　　日产的发展在很大程度上受惠于政策。进入由藏相高桥是清主导的"高桥财政"时期后，在低利率、高股价的背景下，日产由于业绩良好，股价一路走高，取得了良好收益。例如，当时日产面值50元的股票，市价为300日元左右，日产以增资的名义，将50日元面值的股票以250日元的价格配发。虽然面值和售价相差5倍，但仍低于当时300日元市价，因此认购者踊跃。日产转手之间即每股获利200日元。日产将这笔资金用于收购因经营不振、股价低迷的企业的股票，取得了对这些企业的支配权，随后将有经营能力的人派往这些企业，对其进行改组和重建，从而使日产的势力不断扩张。与此同时，鲇川义介不仅创办了前文所说的"日产汽车株式会社"，还进军化学工业。在1937年日本税制修改后，为了避免日产总社和麾下的企业被双重课税，日产将总社迁移到伪满洲国，美其名曰"发展当地的重工业"。当时的日产如"日"之刚刚出"产"，辉煌灿烂，但也如日军的旭日旗一样，成为侵略扩张的象征。

　　同样得益于日本政府金融政策扶持的，有很多新兴企业。中岛知久平在"一战"时期创建的"中岛飞机"，就是在政府的扶持下跻身"十大财阀"的。中岛知久平出生于群马县，是农民的儿子，毕业于海军大学。1916年，中岛知久平因公赴欧洲考察，翌年退伍后为了实现飞机国产化，

第二章 ● 企业和政府的关系：从"政商"到"政府引导"

在群马县尾岛市（太田市）创办了"飞行机研究所"，1918年更名为"日本飞行机制作所"，1919年又更名为"中岛飞行机制作所"，并获得了陆军20驾飞机的订单。几年后，中岛知久平作为立宪政友会候选人成功当选众议院议员，具有了政客和商人"一身二任"的身份。除了飞机，中岛知久平也是日本"斯巴鲁"汽车的创始人。迄今仍口碑不错的"斯巴鲁"汽车的成功，首先得益于中岛知久平对四驱技术的独到应用。

浅野财阀也是在"一战"期间跻身于"十大财阀"的。浅野财阀由浅野总一郎起家。浅野总一郎（1848—1930）出生于富山县，家境贫寒。1871年，23岁的浅野总一郎衣衫褴褛，只身前往东京，最初靠在路边摆摊卖水为生，后经营煤炭，因得到涩泽荣一的提携而发迹，同时也获得了安田财阀的鼎力支持。浅野总一郎和安田财阀创始人安田善次郎是富山县老乡，在后者帮助下涉足造船、钢铁业等领域。1914年，浅野总一郎创办了"浅野合资会社"，1916年以375万日元收购了横滨造船所，并将其改名为"浅野造船所"，同年又创办了日本最早的24小时营业的银行"日本昼夜银行"。1918年，"浅野合资会社制铁部"（1917年成立）独立为"浅野制铁所"，资本金600万日元。同年，浅野总一郎收购了东京制钢小仓工厂，将其改造为"浅野小仓制钢所"，资本金1 500万日元。同年，浅野财阀通过新建和分离各产业部门，建立了资本金3 500万日元的全部由浅野家出资的"浅野同族株式会社"。也是在1918年，浅野成立了资本金100万日元的"浅野物产"。在"一战"后的5年内，浅野成立了20多家新公司，使同组支配的财阀结构迅速壮大。浅野财阀的同族康采恩体系由此形成。

古河财阀的始祖是古河市兵卫。古河市兵卫1832年出生于京都，年轻时先受雇于豆腐店，后来又为高利贷者打工，得到老板赏识，被推荐到经营"两替"（货币兑换）的豪商古河太郎左卫门的小野组工作。几年后，古河市兵卫被古河太郎左卫门提拔为"大番头"。1858年，日本和美国等五国签署通商贸易条约，古河市兵卫在横滨经营丝绸出口生意，获得了巨额利润，掘得第一桶金。但所谓"成也萧何，败也萧何"，小野组因遭到萨长藩阀的"讨伐"而破产。古河市兵卫也为清偿小野组债务而变得一文不名。之后，因获涩泽荣一赏识并予以扶持，古河市兵卫才得以东山再起。

古河东山再起始于1877年经营矿产。他先是筹集资金收购了幸生铜矿，后又购入了栃木县日本出产生铜量第一的足尾铜矿。1885年，古河又取得了阿仁、院内银矿的转让。1903年古河士兵卫去世后,他的儿子古河虎之助继承产业,于1905年成立了"古河矿业株式会社"。1911年,"古河矿业株式会社"改组为"古河合名会社",开始进行多种经营,先后创建了"古河电气""旭电化""大正冶炼""横滨橡胶""日本制铝""帝国生命(人寿保险)"等株式会社。1917年,"古河合名会社"又更名为"古河矿业合名会社",专事矿业经营,而另外成立了资本金为2 000万日元的作为古河财阀本社的"古河合名会社",统辖直系会社并实施控股,同时设立了资本金500万日元的"东京古河银行",由"古河合名商事部"改组的"古河商事株式会社"(资本金1 000万日元)。翌年,"古河矿业合名会社"的矿业部门,单独成为"古河矿业株式会社",资本金2 000万日元。通过一系列改组,古河财阀形成了以"古河合名会社"为中心,涉及金融、商事、电气的同族康采恩体系。不过,古河虽然也有"古河银行",但金融实力较弱,主要依仗涩泽荣一主导的"第一国立银行"。在古河财阀的遗产中,最著名的就是当今日本IT厂商排名第一的"富士通"。富士通的前身就是1875年成立的"古河电气"。

　　大仓财阀的创建者是大仓喜八郎。他出身于新发田一个俸禄不高的武士家庭。1854年,18岁的大仓只身前往江户,先是作为住家学徒打工,1857年创办了干货店"大仓屋",开始独立经营。几年后转行创办了"大仓铺枪炮店",主要做进口枪支买卖。1868年明治新政府和德川幕府残余势力之间爆发戊辰战争后,大仓喜八郎承办了明治政府军即"官军"的军需物资,后成为承办军需品的御用商人。1872年,大仓喜八郎游历欧美,结识了岩仓使节团的岩仓具视和大久保利通这两位政府实权派人物。1873年,大仓喜八郎成立了"大仓组商会"。此后,日本出兵侵犯中国台湾地区和爆发西南战争,都使大仓获得商机。大仓因承包了兵员运输、后勤补给和弹药的运输等业务,赚取了巨额利润。1886年大仓喜八郎创办了"东京电灯会社",1893年,又创建了"大仓土木组"。中日甲午战争和日俄战争后,大仓组又成立了"大仓商事",不仅和"三井物产"一起成为对华贸易的两大商社,而且在中国有大量投资。1911年,资本金1 000万日元的"株式会社大仓组"成立。"一战"期间,大仓又建立了"大仓土木"和"大仓矿业"两家株式会社。1917年,"株式会社大仓组"分离出了资本金2 000万日元的"大仓矿业株式会社"、资本金200万日元的"大仓木工组株式会社",而作为财阀本社的"合名会社大仓组",则主要从事控股、统辖、不动产管理,从而形成大仓同族康采恩体系。1918年,"合名会社大仓组"为资本金增资1 000万日元,而"株式会社大仓组"则改称"大仓商事"。1920年,"合名会社大仓组"的资本金增至5 000万日元,同族康采恩体系因此进一步扩大,最终成为有15个直系会社和17个旁系会社的财阀。

野村财阀起家于大坂的"两替商"。野村家族的第一代野村德七(幼名德松),出生于中河内郡久宝寺町(今大阪府八尾市久宝寺町),11岁前往大坂,在大坂屋弥兵卫经营的"大弥两替店"当"丁稚",1872年在大阪农人桥创办了属于自己的"野村德七商店",也经营"两替"。同一年,野村德七的儿子野村信之助出生。多年后,甲午战争爆发,日本证券业大肆发展。野村信之助决定继承父业,不再继续学业,并怀着勃勃野心使野村迅速发展,野村信之助也因此被视为"野村财阀"实际创始人。两年后,野村信之助在大阪东区的本町购买了一块地,在那里新建了店铺。1917年5月,"野村德七商店"改名为"野村商店",同时转型为"株式会社",设置了"野村南洋事业部",开始向海外拓展。1918年,野村设立了"大阪野村银行",经营普通银行业务。1920年,野村成立了"荷属婆罗洲橡胶工业株式会社"(后更名为"东印度殖产株式会社")。1924年成立了"新加坡野村商店"。1925年,野村银行的证券部脱离银行单独成立了"野村证券"。之后,野村证券逐渐发展成为日本证券业龙头老大。

"一战"后,日本进入了"重工业和化学工业时代"。除了"十大财阀",还有五个财阀,它们分别是"日本窒素"、"日本曹达"、涩泽财阀、"理研"、"神户川崎",和"十大财阀"并称为"十五大财阀"。

"日本窒素"的创建者是野口遵。"日本窒素"略称"日窒","窒素"是日文,中文意译为"氮"。"日窒"在朝鲜半岛北部通过大规模水力发电,大大降低了用电对水进行分解的生产成本,从而实现了硫胺的大批量生产,成为当时日本首屈一指的化工企业。随后,野口遵不仅在九州东部延冈的"旭化成"进行人造绢生产,而且着手开发人造石油和其他新的工业技术。

"日本曹达"的创建者是中野友礼。"曹达"是soda的日文音译,中文意为"碳酸钠"。"日本曹达"以"碳酸钠"为中心,生产多种化工产品。

"理研"是"理化研究所"的简称,创建者是大河内正敏。大河内正敏在进行实用性发明试验成功后,即把新开发的技术转化为产品,实现产业化。"理研"既制作维生素剂,也制作被称为"理研酒"的合成酒,甚至制作活塞环,成为当时开展多种经营的成功范例。

涩泽财阀以涩泽荣一为始祖,川崎财阀以男爵川崎正藏为始祖。前者以第一银行为核心,后者以造船业为核心。在"二战"之前,两者虽然影响不容小觑,但和其他财阀相比均已式微。

除了"十五大财阀",不可不提藤田财阀。藤田财阀的元祖是藤田传三郎(1941—1912),他出身长州萩藩(今山口县萩市)一个酿酒商家庭,曾参与推翻幕府的运动。明治政府建立后,藤田传三郎的很多同志成了新政府官员,而他1869年却在大坂开店走实业道路。但因他"倒幕"有功,经长州藩阀井上馨引荐,藤田传三郎享有了制造和经销军需品的特权,成为政商。他从制造和经销军靴入手,迅速积累了巨额财富,随即进入土木建筑业。1881年,藤田传三郎和兄长藤田鹿太郎、久原庄三郎合资创建了名为"藤田组"的企业。1884年,藤田组购入了政府出售的官产小坂矿山,开始经营采矿业,随后拥有了大森、松岗、大荒泽、田子内等矿山。除了土木建筑和采矿业,藤田组还经营电力开发、电车、金融、纺织、农林开拓、传媒等公司。

1893年"藤田组"改制为合名会社。1895年不平等条约《马关条约》签署后,和军方关系密切的"藤田组"进入中国台湾地区,在1896年《台湾矿业规则》实施后,取得了瑞芳矿区的开采权。1912年藤田传三郎去世后,他的长子藤田平太郎继承了家业。1917年大战"景气"期间,"藤田组"设立了资本金1 000万日元的"藤田银行",之后将"合名会社藤田组"的矿业部独立出来,成立了资本金3 000万日元的"藤田矿业株式会社",而合名会社藤田本社在作为银行矿业持股和统辖机关的同时,从事濑户内海的儿岛湾开拓,并经营农场、林业、制材业,还在菲律宾经营麻、椰子栽培等各种产业,形成了颇具规模的同族康采恩体系。但是,受20世纪20年代后期"金融恐慌"影响,藤田被置于日本银行监管之下,名存实亡。

当时的新兴企业具有一些共通点:向各领域扩张,开展多种经营;以技术为中心开发新领域;核心人物本身就是技术人员,如鲇川义介、野口遵、大河内正敏等。但是,其最显著的共通点,则是均蒙惠于政府的"金融政策"。因为,这些企业大都是新兴企业,资金并不充分,资金筹措能力也非常有限。在"金解禁"(解除黄金出口禁令)之前,即金融形势严峻、资金筹措困难的年代,这些产业难以发展。但是在"金解禁"之后,特别是在进

第二章 ● 企业和政府的关系：从"政商"到"政府引导"

入20世纪30年代后,以金融形势缓解、日本兴业银行等国立银行的资金亦有增加为背景,在银行的资金援助下,这些新兴企业才取得了急速发展的条件,其与政界的关系也日趋密切。

政府的产业保护举措 如前面所述,如何维持和发展在"一战"期间兴起和扩大的产业,早在大战正在进行时已成为日本政府的一项重要课题。1916年4月,日本政府设立了"经济调查会",着重研讨这一课题。之后,这一政策课题由1919年7月设立的"临时财政经济调查会"和1924年4月设立的"帝国经济会议"继续探讨,由其提供咨询。日本政府在制定产业政策时,不得不注意下列两个因素或事实:

第一,日本国内产业是"分断的",保护的提供很可能导致相关产业国际竞争力的降低,并可能使不同产业之间的利益对立更加深化。

第二,20世纪20年代国际垄断企业开始重返亚洲市场,经营战略从扩大输入转为直接投资。例如,国际电机垄断企业从扩大出口,转为和出口对象国的实力企业进行资本合作,或通过签署市场分割协议稳定自己的市场占有率;在中、低档产品方面,让日本企业去占有市场,并通过提供技术和输出高端产品扩大利润。日本20世纪20年代初设立的5家重型电机企业中,"芝浦制作所""三菱电机""富士电机制造"3家企业有国际垄断资本参与。另外2家,即"日立制作所"和"明电舍",也与海外企业进行了技术合作。这种"合作"对日本产业"自立",显然是不利的。

基于包括上述因素在内的多种考虑,日本政府认识到:毫无疑问,将所有在战时扩大的产业均纳入保护范围是不现实和不明智的。因此,日本政府经过反复研究,决定实施重点发展战略,特别是对事关"国防"的产业通过立法进行扶持,以防止外国势力"登堂入室"。

石油产业首先得到立法扶持。在"一战"前进入日本的外国资本企业,通过向日本输出石油制品和原油,确立了在日本石油市场的支配地位。同时,自大正年代中期,日本石油产业因国产原油"油罐见底"而在太平洋沿岸建立了石油精炼所,将进口的原油精炼成汽油、煤油、重油等。其中有的系引进外国资本建立的合资企业。当时,日本主要从美国、苏门答腊等地输入石油。由于石油是作为飞机燃料的航空汽油、作为军舰燃料的重油等非常重要的军需物资,因此日本政府在1934年颁布了对这一产业进行特别保护,并对其实施特别控制的《石油业法》,给予石油产业纳税、金融以及其他方面的优惠待遇。同时规定,石油产业必须承担储油义务,即必须始终储存一定量的石油。财阀虽然在日本各产业势力庞大,但在石油领域几乎没有影响。

表2-6 财阀企业在排名前100企业中的占比　　单位:%

年份 所在行业	1896年	1914年	1919年	1929年
矿业	90.7	64.4	59.1	48.6
金属	31.0	30.7	51.3	43.2
钢铁	—	83.4	43.7	51.4
运输机械	69.7	15.5	38.7	28.2
电气机械	—	58.5	28.4	40.4
石油	0.0	0.0	0.0	0.0
化学	0.0	0.0	20.5	13.7
陶瓷	14.3	21.5	16.6	32.0
纸浆	38.0	40.4	41.0	35.8
纤维	8.1	17.3	13.8	14.6
食品水产		20.3	17.5	25.6
合计	35.1	28.1	30.5	27.8
海运	87.4	43.9	37.8	38.5

资料来源:武田晴人,『日本経済の発展と財閥本社:持株会社と内部資本市場』,東京大学出版会2020年,57頁。

当时日本使用的汽车,主要进口美国通用汽车公司和福特汽车公司的产品,或以对全部进口的零配件进行组装后再出口的方式生产汽车,几乎没有真正的国产汽车和独立的汽车工业。虽然在当时,日本的重工业和化学工业已比较发达,但是汽车工业还很落后,特别是其国产汽车的零部件不过关,用其制造的军用汽车在未经铺设的道路上疾速行驶,经常发

第二章 ● 企业和政府的关系:从"政商"到"政府引导"

生机轴断裂等故障。于是,在"一战"结束的 1918 年,日本政府为了鼓励生产军用汽车,颁布了《军用汽车助成法》,对生产 1.5 吨以上卡车的企业进行补助,并赋予这类汽车的制造者和企业所有者法人资格。"东京瓦斯电器工业""东京石川岛造船所""快进社"等,就是根据这一法律成为"资格会社",并在陆军的指导下开始汽车生产的。钢铁工业领域同样得到政府的扶持和统制。20 世纪 20 年代后,由于战争的结束,钢铁工业一度"不景气"。为此,日本政府策划将许多经营艰难的制铁公司与官营的"八幡制铁所"合并,于 1934 年建立了以当年成立的"日本制铁"为中心的钢铁托拉斯。当时,除"日本钢管"因已出现"景气"恢复征兆便对此予以拒绝外,其余钢铁企业基本被悉数网罗。结果,拥有高炉(熔矿炉)的企业除"日本钢管"以外,均服从了"一元化领导",即服从"日本制铁"的支配。这一行为,构成了 1938 年日本全面侵华战争期间,日本当局颁布《制铁事业法》,进一步强化对钢铁工业统制的重要基础。

总之,正如宫岛英昭明确指出的:"在 20 世纪 20 年代前半期,原先基本上对产业发展采取放任态度的政府,自 1924 年前后开始重新探讨产业保护政策,并形成了关税优惠和提供补助金配套的明确的政策。提供补助金强化了政府对企业的监督和产业发展的战略性,而在重视贸易利益的同时,制定能取得产业保护之实效的'最适当'关税的方针,则与'一战'以前的产业政策形成了对比。这是 20 年代中期开始施行的产业政策之特征。"[①]

武田晴人认为,"一战"后,"日本政府通过对市场经济原理进行部分修正,增强了经济的组织性,因此出现了日本资本主义体制的结构性变化。市场和企业组织在经济活动中一边高速发展,一边互相渗透,完成了向现代社会的转型"。[②] 日本"向现代社会的转型",即向以"政府主导"为主要特征的现代经济体制转型,和"一战"前后日本经济状况的变化密切相关。

由于受 1904 年至 1905 年日俄战争的影响,17 亿日元战争经费没有得到些许赔偿,当时日本经济局势相当严峻,为战争发行的外债超过了平

[①] 宫岛英昭:『産業政策と企業統治の経済史——日本経済発展のミクロ分析』,有斐閣 2004 年,43 頁。
[②] 武田晴人:『重工業及び化学工業化経済政策』,『日本近現代史』第 3 卷,岩波書店 1993 年,112 頁。

时预算的两倍,达到 10 亿日元。为了偿付外债,政府不得不继续举债,即借新债还旧债。1905 年底,日本外债总额为 14.1 亿日元,至 1914 年底达到 19.8 亿日元。1911 年 8 月,时任大藏次官的若槻礼次郎向山县有朋汇报:(1) 财政收入日益减退,即便不实施任何新计划或开展任何新工程,至 1915 年仍将会产生超过 2 800 万日元的财政收支缺口;(2) 如果对现状听之任之,至 1915 年日本的现有正货(黄金)将消耗殆尽;(3) 维持正货的根本政策虽然能繁荣产业,能减少进口和增加进口,但难以迅速取得成效。时下当即刻采取应急措施。山县有朋也忧心忡忡地表示,日本正陷于出乎预料的困难境地。①

就在此时,欧洲爆发了被井上馨称为"日本之天佑"的"一战"。由于欧洲各国忙于战事,无暇东顾,历时 4 年的"一战",为日本创造了前所未有的发展机遇,使日本经济出现了"战时和战后景气",主要表现在以下几个方面:

第一,贸易额显著增长,贸易结构发生变化。由于进口压力显著减弱而出口大幅增长,战前始终入超的日本对外贸易自 1915 年转变为巨额出超。据统计,1914 年至 1919 年,日本外贸黑字合计达 13 亿日元。同时由于世界船舶运力不足,日本海运业获得显著增长,使作为贸易外的运费收入等在此 6 年间达到 15 亿元,甚至超过贸易黑字。以巨额贸易出超和海运收入为前提,日本外汇储备显著增加,从而刺激了海外投资。1913 年,日本出口总额约 8 亿日元,1918 年达到 30 亿日元,而同年的入口总额约为 20 亿日元,国际收支从赤字转为黑字。债务和债权关系也发生极大变化。1914 年日本对外债务为 19 亿日元,1920 年减为 16 亿日元;同一时期,对外债权则从 8.1 亿日元增加到 43.7 亿日元。② 日本从债务国变成了债权国。由于大战的爆发,日本的经常收支自明治初年后首次出现持续黑字。1911 年至 1914 年,日本的正币从 3.64 亿日元减为 3.41 亿日元。但是,由于"大战景气",日本正币在 1919 年达 20.45 亿日元,1920 年达 21.78 亿日元,较大战爆发时增加了 6 倍多。在"一战"期间,日本经济扩张规模约相当于此前 20 年,日本的国民总收入增长了 3 倍,

---

① 中村隆英:『日本経済:その成長と構造』,東京大学出版会 1993 年,94 頁。
② 井上準之助論叢編纂会:『井上準之助論叢』第 1 卷,『井上準之助論叢』刊行会 1933 年,272 頁、273 頁。

第二章 ● 企业和政府的关系：从"政商"到"政府引导"

达到约 150 亿日元。同时，外汇储备急剧增长，至 1919 年达到 20 亿日元。[①]"一战"期间对外贸易结构之所以发生显著变化，这和外贸对象国的变化直接相关。由于日本战时对盟国英国和法国出口了大量蒸汽船、铜等军需物资，而剧减乃至中止从德国和其他交战国进口铁、机械、燃料等重工业和化学工业产品，因此大战前始终处于入超状态的对欧洲贸易，在战后转为大幅出超。其次，对欧洲贸易的比重在日本整个外贸比重中的比率降低。与之形成鲜明对比的是，日本对美国的贸易不仅数量显著增加，而且改变了以往对美国出口生丝的单方面贸易结构，在继续保持将美国作为生丝出口国的同时，使美国取代欧洲成为日本重工业和化学工业品的主要进口国。在对亚洲贸易方面，趁以英国为首的欧洲产品出口减少之机，日本扩大了棉纱、棉布向中国市场的出口，同时增加了原材料从中国的进口，以及向印度出口棉布、向中国香港地区出口棉纱。

第二，金融特殊银行取得显著发展。随着出口的猛增，"横滨正金银行"的外汇业务量迅速放大，所谓的"台湾银行"以及"朝鲜银行"的亚洲贸易业务也不断增长；战前的住友、三井、三菱、第一银行等也纷纷开展外汇业务。在寺内正毅内阁时期，日本政府已对对外金融机构进行了整顿。1916 年底，除"横滨正金银行"承担的相关业务外，承担"对华经济借款"的特殊银行由日本"兴业银行"、"台湾银行"、"朝鲜银行"三行加以组织。在战后贸易、收支转为入超后，原敬内阁的藏相高桥是清和日本银行总裁井上准之助积极倡导扩充经济、应对战后国际经济变化的"积极整理"的金融政策，压抑利息增长，使国内的存贷款额达到可以和国外存贷款额匹敌的程度，刺激了经济繁荣。同时，都市大银行也出现协调态势。随着输出的跃进，普通银行的存贷款业务急速增长，并向东京、大阪集中。为了缓和在争取储户方面的竞争，1918 年后，以财阀系统的第一、三井、住友、三菱等居前四位的大银行为中心，各主要银行缔结了利息协议。各银行形成的信用银行团彼此协调，不断扩充业务，尤其是积极开展对外投资。

第三，物价、利润、投资额同步增长。1918 年，日本平均物价超过战前的两倍，1920 年超过战前的三倍。另外，企业利润也大幅度增长，利润超过 100% 的行业相继出现。首先是海运业在 1916 年下半期利润率超过 100%，其次是和海运业密切相关的造船业在 1917 年下半期利润率也

[①] 日本銀行調査局：『明治以降の本邦主要経済統計』，日本評論社 1960 年，325 頁。

超过100%。另外还有依靠大量出口的纺织业和无法从德国获得进口的化工业。同时,为了刺激产业发展,银行货币放贷施行低利息,从而使股票市场趋向活跃,使公司的新建和扩大呈现盛况。从大战爆发至1919年的5年里,这方面的投资增加了2.9倍。[①] 但是,由于材料、设备的进口受到欧美各国的制约,因此"供不应求",物价不断推高。然而,农产品价格和劳动价格(工资)增长缓慢,使老企业的利润显著增加。

第四,军备在经济中扮演了重要角色。在长期维持紧缩财政的情况下,大隈重信内阁实现了陆海军扩充。紧随其后的寺内正毅内阁,以战后财税状况趋于好转为背景,开始转向"积极方针",提出了"充实国防""经济立国主义"等方针,军备始终在经济中扮演着重要角色。特别是汽车和航空工业,由于得到军方的奖励而正式步入发展阶段。根据1918年制定的《军用汽车补助法》,作为得到政府保护的"快进社""东京瓦斯电气工业""东京石川岛造船所",当年即获得了100万日元奖励金。同时,奉陆军方面的命令试制汽车的"三菱造船"等会社也获得大额资助。航空工业同样受到军队的大力支持。海军工厂的技术人员在"一战"后大量转入三菱造船所、川崎造船所、中岛飞行机制作所等民间企业,推动了这些企业的技术进步和企业发展。军方曾经感叹:"作为工业品制造之根本的制作机械还需主要仰仗国外供给。换言之,我国的工业堪称没有基础的工业。"但是在"一战"以后,机械设备生产取得了急速发展,落后状况有了明显改变。

第五,对外金融渗透、掠夺和侵略不断强化。以拥有大量外汇储备为前提,寺内内阁积极推进资本输出。1916年至1918年,日本政府和银行团认购了英、法、俄政府为向日本购买军需物品和套取外汇等发行的一批公债(债权、股票),并用政府资金开展对外投资。同时,寺内内阁积极实施对华"投资"政策,在对华"借款"方面构建了一个作业体制,使各经济机构各司其职:政治"借款"主要由横滨正金银行承担;经济"借款"主要由特殊银行团(日本兴业银行、"台湾银行"、"朝鲜银行")承担;经济"借款"的窗口为中华汇业银行(1918年1月"中日合资"设立);为购买武器而"借款"的窗口为泰来组合(三井物产、大仓组、高田商会)。寺内内阁通过西原龟三具体推进的所谓"西原借款",就是通过这一体制运作的。除官

[①] 內閣統計局:『日本帝國統計年鑑』,東洋書林1999年,239—241頁。

第二章 ● 企业和政府的关系：从"政商"到"政府引导"

方资本外,日本民间资本也大量"投向"中国。特别是居留青岛的日本人数显著增加,超过了上海。据统计,当时日本的对华"投资",1914年为4.39亿日元,1919年为9.50亿日元,超出1倍。①

第六,"一战"后日本进入"重工业和化学工业化时代"。除了丝绸、纺织业继续获得发展,棉纺织业形成了东洋纺织、大日本纺织、钟渊纺织三大纺织垄断企业,同样是传统产业的航运业也获得显著发展。以世界海运供不应求、运费和租船费大幅上涨为契机,日本航运业乘虚而入,获取了空前利润。海运的盛况使轮船制造供不应求,形成"卖方市场"。以川崎造船所为例,原本该造船所采取"按需制造"经营模式,即根据客户订货和要求制造船舶。"一战"后,川崎造船所开始推行制造标准型船舶投放市场的经营模式。据统计,日本具有1 000吨以上船舶建造能力的造船企业,1913年为5家,至1918年增加至52家。船台数从17台增加至157台。职工人数从约26 000人增加至107 000人。"造船热"的出现直接刺激了为其提供原料的钢铁工业的发展。除官营的八幡制铁所进行了第3次扩建外,以日本政府1917年3月颁布《制铁业奖励法》为契机,新的制铁所开始出现,民间的钢铁生产能力达到了和官营制铁所的同等水平。与此同时,由于合成燃料、硫胺、药品等化工产品在大战时期无法输入,其自给率急速增加,化工产业急速发展。日本由此进入了"重工业和化学工业时代"。

产业政策的引导 "一战"期间日本政企关系的强化,和各项法律政策的相继颁布,显然不无关系。1916年4月22日,日本天皇颁布敕令,建立"经济调查会"。"经济调查会官制"第一条即阐明了该会的隶属关系、设置目的:"隶属内阁总理大臣,调查审议随着欧洲战争而应该设定的经济方面的必要事项。""经济调查会"由内阁总理大臣任会长,大藏大臣和农商务大臣任副会长,由有关省厅主要官僚和日本银行总裁和三菱、三井等大财团首脑为基本成员。大隈重信在经济调查会第1次全体会议上发表演说时,对设立这一调查会的目的作了如下表述:"我认为,以个别的、小规模的形式对各种问题进行调查难以取得充分效果,必须以大规模的、汇集各路人才的形式,通过联合、综合性的共同研究,才能取得效果。我希望通过与诸君的共同研究,尽可能寻找到在

---

① 内閣統計局：『日本帝国統計年鑑』,東洋書林1999年,211頁。

和平恢复以后仍能使各项产业维持并继续扩大利益,并尽早摆脱因战争所遭受的伤害。"①之后,该经济调查会就发展和振兴通商、交通,以及各项产业,提出了一系列政策构想。概括而言主要有以下几个方面。

一是通商政策。

首先是出口政策。该经济调查会提出的贸易第1号提案表示:"我重要输出品由大规模工厂组织制造的产品较少,由家内工业或小工场生产的产品较多。因此不仅品质往往不一,难以接受大批量订货,而且在保持商品信誉、永远拥有市场方面亦有遗憾。重要的是,这一情况不独存在于工业产品,农产品、水产品、林产品亦缺乏作为商品的统一性。"②随之,该提案提出了四项相应对策:根据《重要物产同业组合法》,通过组合活用检查制度;对同样的重要出口商品,由同业组合统一检查标准;通过政府法令,对重要输出商品的品质统一进行管理和规定,而不是仅仅依靠产业自治团体;探讨除了已经确定的商品,是否还有必须经由政府或产业自治团体检查的重要出口商品。之后,调查会就有关问题进行了深入探讨并制定了一系列具体政策。

其次是关税政策。该调查会提出的租税第1号提案建议为特别应对下述产业制定保护方案:铁、造船材料、机械、无机化工工业、稻米。提案还表示,虽然上述产业在战时状态下情况良好,但在战后,其状况将有变化。因此"对此等产业不可自由放任,宜以国家的力量予以维持助长。虽维持助长有种种方法,但通过关税政策手段予以保护,不失为一大要件。特别是在战后,列强之商战将愈演愈烈,各国将竞相采取保护主义和奖励本国产业的政策。因此,本邦将来的关税政策亦有必要进一步采取保护主义政策"。不过,提案强调,考虑到采取保护主义将影响产业的健全发展和对国内消费者产生不利影响,因此对应予保护的产业种类、保护的程度与方法,应加以仔细研究。③ 根据上述方针,调查会对粮食、食品和轻工业品、重工业和化学工业品的关税问题进行了详细研究。这些研究为战后日本相关政策的制定,提供了重要依据。

---

① 原田三喜雄编:『第一次大戦期通商・産業政策資料集』第2卷,柏書房1987年,65頁。
② 原田三喜雄编:『第一次大戦期通商・産業政策資料集』第2卷,柏書房1987年,100頁。
③ 原田三喜雄编:『第一次大戦期通商・産業政策資料集』第2卷,柏書房1987年,138頁。

第二章 ● 企业和政府的关系:从"政商"到"政府引导"

二是交通政策。

首先是船舶运力调节政策。1916年5月颁布的交通第1号提案以"当前船舶运力调节方法"为题,分析了战时世界海运供不应求的状况和日本当采取的对策,强调了在既难以依赖进口,又难以由国内造船所满足需求的现状下,寻求相应对策的紧迫性。7月21日,提案拟定者、递信省管船局局长若宫贞夫汇总了多次研究审议意见,撰写了"决议报告案",提出了6项对策:"1. 增加船舶以提高船舶运力。(1)购入外国船舶;(2)建造本国船舶。2. 增加运费。3. 整理航线。4. 禁止在规定航线定期行驶的船只从外国诸港搭载货物,或令其大量减少搭载货物。5. 对社外船的航运进行限制。6. 调节船舶用途。"[①] 该决议案最后获得了大会一致通过,并呈送经济调查会会长大隈重信首相。

其次是战后海运发展方针政策。与上述交通第1号提案一起提出的交通第2号提案,以"战后可期待我邦海运健全发达之方法"为题,提出日本海运业虽然近年(战时)取得了发展,但大战结束后世界海运业的国际竞争将会激化,因此必须予以扶持、强化,并提出了五项方针政策:第一,探讨是否应该扩张航线;第二,探讨顺遂海事金融之方法;第三,整顿海上保险机构;第四,研究奖励造船之方法;第五,寻求培养和保护海员之方法。[②] 之后,以这一提案为蓝本,调查会制定了上述每项内容的具体方针政策,为日本战后海运业的发展提供了指南。

三是工业政策。

经济调查会产业部会共提出了几项提案。从这些提案的标题即不难窥见,其所涉范围相当广泛,重要产业均得到关注(以下顺序标号即提案号):1.《增加肥料之国内供给的方法》;2.《战后维持、继续战时发达和新兴工业之方法》;3.《顺利融通工业资金之方法》;4.《探讨创立以工业资本证券的发行和承兑保证为专业的工业金融中心机构之可否》;5.《探讨为开发"满蒙"设立拓殖机构之可否及其方法》;6.《为奖励原料农产品生产,对棉花、羊毛、麻类、造纸用纸浆及漆予以保护之方针政策》。这些提案特别就属于新兴工业保护奖励政策范畴内的化学工业,特别是燃料

---

① 原田三喜雄编:『第一次大戦期通商・産業政策資料集』第3卷,柏書房1987年,35—36頁。
② 原田三喜雄编:『第一次大戦期通商・産業政策資料集』第3卷,柏書房1987年,50頁。

工业、无机化工工业,属于传统工业的纤维工业、蚕丝业,属于重工业范畴的采矿业、机械工业的现状和发展趋势等,进行了深入研究,提出了相应对策。这些政策和对策,对战后日本进入"重工业和化学工业时代",无疑起了重要的推动作用。

另外,经济调查会对农业问题也进行了深入探讨,并提出了几项农业基本政策方针:"第一,对农家自给肥料之生产实施奖励";"第二,普及有关肥料之知识";"第三,整顿关于水利之习惯,推动化肥制造业的发展";"第四,厉行肥料检查,鼓励共同采购肥料";"第五,加强磷矿等调查研究,努力提高其供应量";"第六,强化有关肥料的调查研究"。

1918年9月29日,即"一战"即将结束时,"日本宪政史上第一个真正的政党内阁"原敬内阁正式宣告成立。正是以上述因"一战"引起的深刻变化为背景,以上述方针政策为蓝本并予以聚焦和"浓缩",原敬上台后即采取强有力的措施,推进"积极政策"。按照中村隆英的评述:"政友会总裁原敬对大战后半期担当政权的长州藩阀寺内正毅内阁,采取了友好的中立立场,并且接近元老山县有朋。他在推进接任政权各项工作的同时,提出了以曾经推行过的积极主义为基础的'四大政纲',即'充实国防;振兴教育;整顿交通设施;奖励产业'。"

1918年10月11日,即组阁后约两个星期,原敬在东京商业会议所举行的午餐会上,首次公开发表了他的施政演说,显示了他施政方针的大致框架。这些方针随即在第41届帝国议会上获得通过。于是,原敬以勉励前行的姿态,正式着手推行"四大政纲"①:

一是充实国防。原敬内阁按照1918年6月修订的《帝国国防方针》推进国防建设。陆军方面根据"一战"的经验,加强机枪、火炮、战车、飞机、通信机构、汽车等武器装备的现代化,并顺从包括山县有朋在内的元老和陆海军官僚的意向,将陆军增至25个师团(原先是19个师团,1个师团平时为一万数千人);海军方面针对美国海军实力的增强,提出了扩大"8·8舰队"的构想,即将原来各由8艘舰龄在8年以内的战舰或装甲巡洋舰为主力编成的两支舰队,扩大为同种军舰的3支舰队;②1918年6月的《政友》杂志得意扬扬地称,1911年以来军舰制造费一直是10.35亿

---

① 大藏省财政史室编:『明治大正财政史』1卷,经济往来社1955年复刻,358页、397页。
② 野村实:『歴史の中の日本海軍』,原书房1980年,31—35页。

第二章 ● 企业和政府的关系：从"政商"到"政府引导"

日元,这次一举增加了8亿日元。

二是振兴教育,特别是充实高等教育和实业教育。明治以后,日本初等和中等教育获得了很大发展,但是高等教育相对滞后。例如,1917年文部省直属学校的入学率仅为18%。原敬内阁登台伊始,即在立法、行政等多方面采取措施,包括制定鼓励私立学校发展的法规,使高等教育入学率不断上升。同时,原敬提出了1919年至1924年充实官立高等教育机构的6年计划,具体内容是：创设5所医科大学(新潟、冈山、千叶、金泽、长崎医科大学),建立1所商科大学(东京商科大学,即以后的一桥大学),创设帝国大学4个学部、扩充6个学部。另外,积极认可庆应义塾、早稻田、明治、法政、中央、日本、同志社等专门学校升格为大学。同时,创设10所高级中学(弘前、松江、东京、大阪等)、17所实业专门学校(横滨高等工业专门学校、金泽高等工业专门学校等)、2所专门学校(富山医药专门学校、大阪外语专门学校),扩充2所实业专门学校。不难发现,原敬"振兴教育"的政纲,具有划时代意义,今日日本高等教育之基本构架,就是因此形成的。

三是整顿交通设施,特别是发展和改善铁道交通事业。"整顿交通设施"是原敬的一贯主张和抱负,也是政友会的政策核心。在1919年至1921年2年间,原敬的这一抱负基本得以实现。在此之前,日本铁道因1892年制定的、以"兵商二途"为主要目的的《铁道铺设法》,以及1906年制定、大量收购"私铁"的《铁道国有法》而得以发展。原敬内阁时期,铁道发展面临两种选择：一是将一部分主干线改成"宽轨"增强运力,二是维持"窄轨"原状,主要构建全国铁路网络。换言之,即面临"抓重点"还是"抓普及"的选择。铁道官僚和后藤新平等主张前者,政友会主张后者。最后,以"速成普及"为旗帜的政友会的主张取得了胜利,决定首先致力于构建全国铁道网。在大选获胜后的5月15日,铁道院升格为铁道省,元田肇出任第一任铁道大臣,领导铁道建设。他在当时提出的主要规划是：除抓紧建设12处主干线和轻轨外,还要新增7条总长为917公里的主干线和533公里轻轨线,同时加强复线建设,计划10年建成。为此,日本政府决定将1923年以后6个年度的铁道建设费用,提前用于1919年以后的4年。

四是奖励产业,即振兴开发产业及通商贸易。自明治末年即1912年,日本政府持续施行紧缩财政。"一战"时由于欧洲列强忙于战事,日本对外经济活跃,居留海外的日本人自1913年至1920年的7年间增加了

7倍。以此为背景,原敬内阁着力振兴开发产业和通商贸易。其所采取的政策举措,对日本进入战后重工业和化学工业现代化时期产生了重要影响,同时也对日本对外经济扩张产生了重要影响。

原田三喜雄在评述日本政府战时和战后方针政策时指出:"当时我国政府拥有和能够行使的、使上述构想成为现实的各种政策手段,在财政、金融、产业方面受到相当大的制约。另外,由于我国面临因战争的结束早于预期而产生的不景气,政府不得不着手解决很多已经发生的国内社会经济问题,加之'一战'后凡尔赛体系的形成,以及美国主导的、将我国卷入其中的华盛顿体系的形成,我国的政治外交方向和通商产业政策方针,受到很大限制。"[1]杉山伸也则认为:"日本经济在第一次世界大战后发生了很大的结构性变化。日本的有识之士,无论持什么政治立场,均有一个共通的认识,即均深刻认识到必须重建日本经济,感到日本经济存在危机。对20世纪20年代建立的以凡尔赛—华盛顿体系为象征、以欧美为中心的国际秩序,是协调还是挑战这一政治选择问题,究其根本,就是如何重建日本经济,同时也是关系到如何认识日本经济现状的问题。"[2]

"战后景气"是"特需景气"。随着战争结束,"景气"即出现停滞现象,战时喧嚣的出口自大战停止后的1919年开始出现沉寂征兆,尤其是与"特需"关系最密切的海洋运输业、造船工业、钢铁工业,最早受到影响。同时,随着输入的急剧增加,日本对外贸易收支从出超转为入超:据统计,1918年输出为2.032亿日元,输入为1.745亿日元;1919年输出为2.222亿日元,输入为2.336亿日元;1920年输出为2.078亿日元,输入为2.503亿日元。[3] 1920年,前所未有的"大战景气"以被称为"反动恐慌"的"1920年恐慌"为界,急转直下。之后,由于1922年华盛顿体系建立后日本被迫裁军、1923年9月"关东大震灾"、1927年"金融恐慌",以及随后的"昭和恐慌"等事件接踵而至,整个日本经济陷入了极其困难的境地。特别是大战期间得以急速发展的重工业和化学工业,因此遭受沉重打击。

1920年3月15日,以东京股票市场的横滨生丝股暴跌为开端,此前

---

[1] 原田三喜雄:『近代日本と経済発展政策』,東洋経済新報社2000年,307頁。
[2] 杉山伸也編:『「帝国」日本の学知』第2巻『「帝国」の経済学』,岩波書店2006年,7頁。
[3] 山沢逸平、山本有造:『長期経済統計』14巻『貿易と国際収支』,東洋経済新報社1979年,234頁。

第二章 ● 企业和政府的关系：从"政商"到"政府引导"

作为投机对象的棉线价格从每股 686 日元急剧下滑至 345 日元,稻米价格也急剧下挫,潜藏于"股市热"中的经济泡沫终于破裂。1920 年 3 月 16 日,《国内外商业新报》曾刊登报道,称:"股市热随处蔓延,由于得到投机资金的润泽,因此多方市场难以衰落。"但是,盛极必衰。由于"股市热"是投资资金和投机资金竞相推动的结果,也是引发"战后景气"的重要因素,因此这一堪称"大正泡沫经济"的崩溃,首先导致了自幕末开港后,以拥有"传统"自傲的横滨生丝商社"茂木商店"的倒闭。随后,和"茂木商店"有着经常交易关系的作为"茂木商店机关银行"的"第 74 银行"也被迫歇业。泡沫经济崩溃的影响迅速波及日本各个领域。4 月 7 日,以"增田地产中介银行"陷入经营困境为导火索,大阪股市也急剧下跌,影响广及棉纱、生丝、稻米等日用商品行情。

为了救市,日本政府通过日本银行,发放了总额为 2.6 亿日元的救济融资,其中包括通过有关银行,给大战后因投机而蒙受损失的商社的"特别融资",使原本应被市场经济淘汰的企业苟延残喘。由于政府采取措施等诸方面原因,这场"恐慌"在 1920 年底趋于平息。但是,所谓"一波未平,一波又起",以 1922 年 2 月石井定七商店陷入经营困境、同年 11 月西日本中小银行陷入"恐慌"、1923 年名古屋银行陷入"恐慌"等散发性恐慌为导火索,日本经济再次被笼罩于"慢性不景气"的颓败氛围中。

面对不景气和陷于恐慌的经济,原敬的继任者高桥是清上台伊始,即着手实践他的改革构想。其构想大致可分为四个方面:其一,行政、财政整理;其二,裁军;其三,与中国合作;其四,实施普选。具体而言,第一项改革除履行 1920 年大选时立宪政友会公开做出的承诺,即削减或推迟公共事业外,一个不可回避的问题是金本位制的复归,即解决所谓"金解禁问题"。在"一战"期间的 1917 年 9 月,日本追随美国脱离了国际金本位制。战后,美国于 1919 年恢复了金本位制,但当时担任藏相的高桥是清出于对华政策和"积极政策"考虑,没有施行"金解禁"、复归金本位制。第二项改革则主要根据华盛顿会议签署的《五国海军协定》,废弃 14 艘旧式战舰,将建造中的巡洋舰和驱逐舰改建为航空母舰。另外 6 艘建造中的战舰则中止或解约。与此同时,陆军也进行裁军,由陆相山梨半造领导,史称"山梨裁军"。这项改革的主要内容是精简军官,减少 4 个师团;延期实施陆军军备扩充计划。第三项改革主要是实践高桥是清在担任藏相时已提倡的"中日经济联携论"。高桥是清此举出于两种考虑,一是随着中国民族主义的高扬,中国的统一已指日可待;二是能够据此奠定同英美展开经济竞争的基础。第四项改革实施普选,因为普选更有助于奠定立宪政友会的政治基础。但是,高桥是清上述构想的实现并不顺遂。之所以如此,一个主要原因是内务官僚出身的床次竹二郎等保守派反对积极财政和即行普选。在这种情况下,高桥是清于1922年5月2日对内阁进行了改组,试图强行推进改革路线。孰料此举引起保守派更激烈的反抗并导致内阁分裂。最终,高桥是清被迫于同年6月6日宣布内阁总辞职。

仅存在了7个月的高桥是清内阁倒台后,继任首相、日本海战英雄加藤友三郎大将以"早晚实行论"排斥了"普选尚早论",并设定了施行普选的日期,同时比高桥是清内阁更坚决地推行了财政紧缩政策,将各项费用缩减了15%至25%。立宪政友会作为"准执政党"给予了积极配合。然而,正当改革排除阻力不断展开时,所谓"出师未捷身先死",被日本人视为日本海战英雄的加藤友三郎未等到取得这场经济改革战的胜利,便于1923年8月24日患胃癌去世。

在高桥是清和加藤友三郎执政期间,虽然"慢性不景气"侵袭日本经济,但是重工业和化学工业则因为政府政策的强力推动,以及大量资金的投入,依然呈现增长势头。同时,"一战"期间人口向城市的集中和电气化的不断展开,郊外轨道交通取得了迅速发展。在大阪近郊,"阪神急行电铁""阪神电气铁道"进一步扩张了线路,并在铁道沿线建立了游乐园、百货店等,开展多种经营。在东京近郊,"池上电气铁道""目黑蒲田电铁""东京横滨电铁""小田原急行铁道"等,自1922年后相继开业,并且模仿关西地区私营铁道会社的做法,也在沿线开展了多种经营。作为蒸汽机铁道会社起步的"南海铁道""东武铁道""武藏野铁道"等,也加速了电气化步伐。在20世纪20年代前半期,日本的微观经济指标,例如企业利润率,在这一时期明显下降。特别是因裁军而失去军需市场的钢铁工业和造船工业,经营状况明显恶化。

经济状况的恶化使日本一些扩张主义分子的野心进一步膨胀。"九一八事变"主要策划者石原莞尔之所以力主吞并中国东北地区,第一条理由就是缓和"昭和恐慌"即经济危机。"九一八事变"后,日本扶持建立了伪满洲国并因此和西方列强产生矛盾,继而退出国际联盟,破坏"一战"后形成的国际秩序,最终走向"二战"。"二战"期间,日本政府通过对经济的全面统制,使政企关系进一步强化。

第二章 ● 企业和政府的关系：从"政商"到"政府引导"

第四节 "二战"期间"政企关系"的演变

"自治"和"统制" 1937年7月7日，以卢沟桥事变为开端，日本发动全面侵华战争。这对于中国人民而言是反侵略战争，而对于日本而言则是所谓的"总体战"，即"为了对作为军事实力之基础的物资进行生产、补给、支配，必须进行机构整顿，人力资源动员等，必须倾举国之力进行战争"。① 1937年10月，日本当局在内阁设立了作为"国家总动员中枢机关"的"企划院"，成员主要由所谓"革新官僚"和军部中坚分子构成。按照中村隆英的评论："企划院的工作是为紧急的战时经济政策制定方案。企划院完成的最重要的一项任务就是制订了《物资动员计划》，略称'物动计划'。"②日本政府和企业关系因战争而全面强化。

野口悠纪雄指出："在战前的日本，政府并不直接、全面地介入民间的经济活动。政府机构在左右民间经济活动方面的权限原本不大，指导力也不强。在后发资本主义国家日本，国家在经济生活中所扮演的角色虽然非常重要，但除'一战'时期制定一系列统制立法外，日本政府所扮演的主要角色是保护、扶持乃至救助民间企业。营业自由的体制，基本上占支配地位。"他进一步指出，在20世纪20年代末30年代初"昭和恐慌"发生后，日本当局虽然实施了"经济统制"，但这和日本全面侵华战争以后的经济统制有很大区别。野口悠纪雄认为，当时，"虽然以国家立法为手段，日本当局对产业的统制和组织化取得了显著进展，但统制主体基本上依然由民间资本之手掌控"。③

进入20世纪30年代以后，由于发生"昭和恐慌"，日本当局开始了对经济的统一管制：1931年颁布了以扶植私营卡特尔④为目的、为期5年的时限立法《重要产业统制法》，同年颁布了《工业组合法》，对按照区域、产业组织起来的工业组合的产品，确定统一的质量、规格。但即便如此，通过产业自治进行的民间统一管理形态，依然得以维

---

① 小林英夫：『帝国日本と総力戦体制』，吉川弘文館2004年，100頁。
② 中村隆英：『明治大正期の経済』，東京大学出版会1985年，109頁。
③ 野口悠紀雄：『1940年体制——さらば、戦時経済』，東洋経済新報社2002年，40頁、41頁。
④ 卡特尔是英语cartel的音译，即一些企业通过协议等形式，通过对原料、价格等生产和流通要素的控制，实施垄断。

持,这与战时以国家立法为手段开展强制性产业统制,具有明显差异。

此外,在20世纪30年代,日本当局还制定了一系列"事业法"。这些立法也是以民间个别产业为对象,通过审批制或赋予政府颁布行政命令的权力,对特定产业实施统一管制,有别于作为"总体战体制"重要支柱的"统制法"。1934年,日本当局通过了最初的"事业法"——《石油业法》。但颁布这一法律的主要目的,是阻遏外来石油大亨深入日本市场,即保护日本本国的石油企业。随后,日本政府又制定了几个"事业法",如1936年制定的《汽车制造事业法》;1937年1月通过并在同年4月修订的《外汇管理法》。但即便如此,在战前,"自治统制"依然是基本原则。

"自治"和"统制"原本是对立的,这对矛盾能够"合二为一",同当时军部势力的抬头和财界对"资本主义"的捍卫密切相关。

1932年2月26日发生的军队哗变,即"二二六事变",使军部成为最大的政治势力,同时也使军备扩充计划的实现获得了良机。于是,由军部和政府机构部分人士构想的国家总动员、计划经济化的运作动向骤然明显。不过,即便如此,1936年5月召开的第69届帝国议会,依然呈现"围绕自由还是统制的争论炙烈沸扬"的场景。1937年2月,藏相结城丰太郎提出:"今后军队和财界必须紧紧拥抱。""军财紧紧拥抱"(日语为"军财抱合")遂成一时名言。但是,"结城财政下的所谓'军财紧紧拥抱',其含义是指在认可财界扩充生产力的同时,政府保障企业活动自由"。[①]

日本财界即通常所说的经济界。在日本经济界,主要有作为股份公司的"株式会社"与"合名会社"。合名会社由多人组成,也叫合资会社,但与株式会社不同,每个成员对企业债务负有无限责任。按照时任"三井合名会社"总理事池田成彬的说法:"不可破坏经济之根本。如果遵从军部中坚层(少壮派军官)的意愿,那么现在的经济结构将被搞得支离破碎。"这一屡被引用的观点,代表了当时大企业团体"日本经济联盟会"的主流观点,即代表财界主流派的基本看法。必须强调的是,"现在的经济结构"

---

① 宫岛英昭:『産業政策と企業統治の経済史——日本経済発展のミクロ分析』,有斐閣2004年,321頁。

第二章 ● 企业和政府的关系：从"政商"到"政府引导"

并不等于"现有的市场结构"。事实上，财界当时已非常清楚，国家实施统制计划经济已不可避免，所以财界在政策方面的基本主张，是要求确保企业在投资、资金、利润处理等方面的自由。而支撑这种主张的思想意识，就是所谓的"自主统制论"。"自主统制论"并非系统的理论，概括而言，其内容主要有三点：

一是资本所有和企业经营有着不可分割的联系，以追求利润为目的的企业行动（私益）会自发导向产业发展（公益）。

二是自主统制可抑制破坏协调或设定垄断价格等企业行为，因此自主统制的强化、扩大，有助于经济统制的实施、推进。

三是设立新的、被称为"卡特尔的卡特尔"的、具有极大包容性的经济团体，排除政府统制，通过民间力量主导调整各产业部门的利益关系，进而形成经济界的统一意志并使之在政策中得以体现。

战时统制的强化　1937年7月日本发动全面侵华战争，是使日本政府强化经济统制的界标。在此之前，日本政府对企业主和股东的关系、经营者和股东的关系、财务选择、利润安排等，基本上采取"中立场"。在此以后，为了构建服务于战争的企业体制，日本政府，特别是企划院和商工省，试图通过制度改革改变企业行为。结果，此前各决策主体对立的焦点，从如何形成卡特尔，转向如何对企业实施统制。

为了构建战时体制，日本政府亟欲改变财界和政府之间的"不和谐"状况。1937年9月，日本政府先后颁布了"统制三法"，即《临时资金调整法》《进出口产品等临时措置法》《适用于中国事变之军需工业动员法》。在第73届帝国议会上，自20世纪30年代由资源局、企划院开始拟定的《国家总动员法》，被正式付诸表决并获得通过。1938年4月，《国家总动员法》正式颁布。这部法律是赋予政府极大权力的无限制委任立法。按照《国家总动员法》，只要战争需要，政府可以不经由议会同意而施行任何政策。也就是说，行政权力可凌驾于法律之上。

必须强调，将动员全国人力和资源的权力完全授予政府的《国家总动员法》，是1933年纳粹德国授权法的翻版，其中第一条对"国家总动员"做了如下定义："在战时（包括对应战争的事变，下同），为国防目的之达成，使举国之力得以最有效发挥，统制运用人和物的资源。"《国家总动员法》有诸多条款涉及政府与企业的关系，规定政府对企业的下述行为享有命令权：生产、配给等行为（第8条）；设立会社、增资、利润处理（第11条）；

123

合并、转让(第 11 条和第 13 条);设施使用(第 13 条);设备新增、扩充(第 16 条);统制协定的缔结、变更、取消(第 17 条和第 18 条)。日本当局制定这一法律的根本目的,是通过强制手段和发布行政指令的方式,使企业服从政府的意志。

此后,日本当局陆续颁布了一系列与《国家总动员法》相关的法令和政令,如《物资统制令》《价格等统制令》等。

表 2-7 统制法令一览表

人力资源统制	物 资 统 制	资 金 统 制
1939 年 3 月 从业者雇入制限令	1939 年 10 月 价格等统制令	1939 年 4 月 会社利益分配及资金统制令
1940 年 11 月 从业者移动防止令	1939 年 12 月 小作料统制令	1940 年 10 月 银行等资金运用令
1940 年 10 月 工资统制令	1940 年 10 月 地租房租统制令	1940 年 10 月 会社经理统制令
1941 年 8 月 重要产业团体令	1941 年 12 月 物资统制令	1941 年 12 月 新闻统制令
1942 年 4 月 金融统制团体令		

1938 年 4 月,即颁布《国家总动员法》当月,企划院制定了《生产力扩充计划大纲》,同年 10 月制订了当年开始实施的《1938 年至 1941 年生产力扩充 4 年计划》,12 月制订了《重要产业扩充 4 年计划》。1939 年后,日本当局又制订了一系列战时经济计划以迎合"总体战"的需要,主要有《贸易统制计划》《劳务动员计划》《交通电力动员计划》《资金统制计划》,等等。1940 年 11 月,日本当局建立了"大日本产业报国会",并在各基层单位建立了作为其分支机构的"产业报国会"(简称"产报"),将劳动者置于"为国奉献"的"勤劳新体制"之下。1940 年 12 月,日本当局颁布了《经济新体制确立纲要》,翌年 8 月,颁布了《重要产业团体令》,并依此建立了各种"统制会",由各产业部门垄断性大企业的社长担任会长。这一系列举措,使"总体战体制"逐渐确立,日本政府开始全面介入日本民间经济活

第二章 ● 企业和政府的关系：从"政商"到"政府引导"

动，左右日本社会经济发展。

随着总体战体制的建立，日本企业行为被置于国家监控之下。1938年1月，日本当局根据《适用于中国事变之军需工业动员法》，向民间主要军需工厂派遣了监督官，监督生产计划的实施。同年5月，日本当局颁布了《工厂企业管理令》，进一步扩大和强化对企业的监控。而另一方面，第一届近卫内阁为了消除财界主流派的不满和不安情绪，于1938年5月进行了内阁改组，通过任用池田成彬出任执掌经济大权的藏相兼商工相，实现了"军财再抱合"。

日本政府还颁布了一系列"事业法"和"计划"。除了战前已经制定的事业法，即《石油业法》《汽车制造事业法》《外汇管理法》，还制定了《人造石油事业法》《制铁事业法》《工作机械事业法》《航空机制造事业法》《有机合成事业法》《重要机械制造事业法》。也就是说，"各重要产业的企业统制由事业法规定和制约，原料使用、消费等方面的限制日趋强化，企业活动被束缚于特定框架"。[1] 如前面所述，战争爆发前日本政府也颁布了一些"事业法"，但战前和战后的"事业法"的内涵及目的，有着明显差异。

日本当局制订的一系列战时经济计划被统称为"国家总动员计划"。这一系列计划，使企业必须服从国家意志。

但是，日本当局"统制"和"计划"的推进，并非"顺风满帆"，而是历经波折。日本发动全面侵华战争后，军部和部分革新官僚认为，股东对企业的实际支配，很可能成为企业为战争目的服务的障碍。因此，由他们主导的建立新经济体制的一个重要课题，就是通过使生产责任人（经营者）从股东的束缚中解放出来，达到转换企业体制之目的。1940年6月至10月，日本当局拟定的《经济新体制确立纲要草案》，试图通过修改商法，限制股东的权利。但是最终由内阁议决成为定案的《经济新体制确立纲要》，并没有使这一构想成为具体化的内容。在有关条文中唯一体现这一构想的，是赋予统制会会长解除加盟企业董事资格的权力。但是，因行使这一权力有附加条件，所以迄今未能发现这一权力得到切实行使的具体例证。可以认为，就这个意义而言，为建立"经济新体制"而进行的"改革"，是一场并未真正完成的"改革"。不过，在此前后，企业的主导结构还

---

[1] 下谷政弘、長島修編著：『戦時日本経済の研究』，晃洋書房1992年，7頁。

是渐渐发生了两个值得关注的变化,尽管这两个变化并非政策转变的直接结果:一是在建立"经济新体制"的过程中,由于财界内部的主流发生了变化,企业内专门经营者的地位进一步上升。二是与政府关系较为密切的企业,如政府控股率较高的"日本制铁",人事安排是按照革新官僚的意愿完成的。

当时日本当局"统制"和"计划"未能顺利推进,和政府同财界的矛盾、财界内部的矛盾不无关系。为了获取规模效应,提高生产率,自1940年7月,日本当局开始推行以集中生产为目的的"一业一社主义",对经营非关联性业务的多种经营企业进行分割。革新官僚头脑里装着"正向各领域渗透的三大财阀"这一印象,因此他们提出的方针一是根据企业性质,遵循一定标准,以生产计划和技术要求为出发点,进行分割、合并;二是在统制会的领导下促进企业合并。[1] 但是,这一涉及所有权并且没有提出明确解决措施的构想,遭到了财界的强烈反对。最终,这一方针未能实施。

尽管如此,1942年以后,企业集中化依然得以加速。1943年6月,《为增强战斗力整顿企业基本纲要》被内阁会议通过,日本当局开始对企业实施强制整顿。结果,在以纺织企业为主的纤维产业,企业集中化获得显著进展,最终有10个会社被合并。化学产业也因原材料不足等原因,导致许多企业被合并。至战争末期,虽然在亟须增产的船舶、飞机制造和作业机械等领域,通过企业合并实现生产集中化的程度相对较低,但在资源配置方面这些领域获得了重点倾斜。在其他产业部门,由于企业被整顿及合并,生产集约化程度急剧上升。

表2-8 战时各行业通过合并、收购资产增加一览表

单位:千日元

产业部门(年度)	1937	1940	1941	1942	1943	1944	1945
矿业 (12社)	14 484	7 402	127 887	2 105	128 663	54 719	27 909
石油 (5社)	0	37	19 849	168 250	8 020	207 961	2 490

---

[1] 宫岛英昭:「戦時統制経済への転換と産業の組織化」,近代日本研究会编:『年報近代日本研究』(9)『戦時経済』,山川出版社1987年,97頁。

第二章 ● 企业和政府的关系：从"政商"到"政府引导"

续　表

产业部门（年度）	1937	1940	1941	1942	1943	1944	1945
金属　　（13 社）	1 110	38 845	20 355	25 514	23 024	18 387	0
电器机械（10 社）	28 688	2 453	11 543	19 836	74 300	63 413	13 089
造船　　（5 社）	0	0	0	3 946	3 703	28 403	17 196
飞机　　（5 社）	0	3 490	805	17 009	53 158	61 819	4 498
一般机械（20 社）	11 903	181	13 328	9 570	15 966	31 192	1 367
化学　　（17 社）	17 623	9 000	9 649	66 058	46 176	109 924	11 200
其他　　（14 社）	1 218	14 620	59 457	29 652	32 094	25 405	11 300
合计　　（101 社）	75 026	76 028	262 873	341 940	385 104	601 223	89 049

资料来源：宫岛英昭『産業政策と企業統治の経済史』,有斐閣 2004 年,285 頁。

表 2-9　三大财阀在战时经济中的占比　　　（单位 %）

行　业	年　份	三　井	三　菱	住　友	合　计
金融业	1937	4.3	7.7	3.6	15.6
金融业	1941	4.5	8.0	3.7	16.2
金融业	1945	13.9	13.1	5.4	32.4
重工业	1937	5.9	5.2	3.4	14.5
重工业	1941	7.8	6.0	3.6	17.4
重工业	1945	12.7	10.0	8.3	31.0
合计 （下属企业）	1937	3.5	3.3	2.1	8.9
合计 （下属企业）	1941	4.4	4.3	2.1	10.8
合计 （下属企业）	1945	9.5	8.4	5.2	23.1

续 表

行　业	年　份	三　井	三　菱	住　友	合　计
合　计 （包含总部）	1937	5.2	3.9	3.0	12.1
	1941	5.3	5.0	2.6	12.9
	1945	10.7	9.1	5.8	25.6

资料来源：武田晴人『日本経済の発展と財閥本社：持株会社と内部資本市場』，東京大学出版会 2020 年，182 頁。

战后财界组织的原型：统制会　战后日本政府和企业关系的特征，即"半处于统制，半仍处于自由"的状态，在战时就已形成。而能够形成这一状况的关键要素，是统制会的出现。

1938 年 5 月，曾担任三井财阀要职的池田成彬出任大藏相兼商工相后，日本政府和财界围绕经济统制的矛盾一时趋于缓和。但是，"二战"的爆发对日本经济构成了强烈冲击。1940 年后，日本外贸急剧缩小，日本经济开始呈现停滞状态。随着建立"经济新体制"和企业改革的展开，"自主统制论"的声音日渐微弱。1940 年 8 月，以钢铁、煤炭、海运等 5 个行业的首脑为中心的"重要产业团体恳谈会"（简称"重产恳"）宣告成立，由日本制铁社长平生釟三郎出任第一任会长。"重产恳"的成立，同时宣告了有别于财界主流派的、被称为"财界修正派"的诞生。此后，原财界"主流派"被称为"保守派"，与"修正派"相对。

财界保守派和修正派虽然在承认追求利润是企业目的、排除政府对企业人事与经营的干预，反对"一业一社主义"等方面，立场基本一致。但二者也在以下三个方面存在分歧：一是对"私益"和"公益"的关系理解不同。比之保守派，修正派更主张公益优先，如重要产业协议会（简称"重产协"）事务局长帆足计反复强调"灭私奉公"。二是相对而言，由重工业专门经营者构成的修正派，在"所有"和"经营"的关系方面更主张"革新"，即主张经营者独立于股东，以便更好地服从国家利益。三是对统制团体的重构，修正派比保守派显示出更大的关心和积极态度。

正是在上述背景下，"扮演了使政府宏观层面上的计划化和企业微观层面上的利润动机有机结合"的"二战"后财界组织的原型，开始形成。

"二战"爆发后，日本对外经济关系缩小、物资供求关系失衡的状况日

第二章 ● 企业和政府的关系：从"政商"到"政府引导"

盛一日,各企业未最后加工完成的半成品不断堆积。在作为装配产业的机械行业,这种倾向尤其显著。面对这一情况,军部、企划院不得不再次探讨如何重构统制团体,以建立顺应战时经济运作的经济组织这一问题。因为,在日本当局看来,这种组织是"经济新体制"的重要构成要素。本来,供需失衡系因"二战"爆发后输入减少,以及因煤炭、电力不足引起能源危机,进而导致生产停滞,供给减少引起。但是,日本当局认为,库存原料和半成品不断积压的原因,是以卡特尔为母胎的统制团体施行平均主义配给、配给统制机构的多元性,以及企业"囤积"原料和资源引起的。这些问题有望通过实施统制,将物资、能源的配给,从"平均主义"转变为"重点主义"而获得解决。

1940年7月第二届近卫内阁组成,它以构建"经济新体制"为目标,开始推行强有力的经济统制。但是,围绕对民间经济活动的具体统制方法,官僚集团和财界产生了明显的意见分歧。为此,商工省在1940年11月制定了《钢铁统制会组织纲要》,开始尝试通过统制会实施间接统制,钢铁统制会因此成为实施"经济统制"的一块"试验田"。之所以在钢铁产业进行"试验",按参议员和新日铁"相谈役"(顾问)的藤井丙午的说法："钢铁能否增产直接影响国家的军事实力,所以钢铁增产是来自军方的至高无上的命令。"

钢铁统制会作为各类统制会的"样板",是在"二战"期间构建的。但严格地说,这一显示日本政企关系的组织,在时间轴上并非钢铁统制的起点。

早在1934年,日本当局已经对官营和民营的钢铁企业进行整合,建立了规模庞大的半官半民企业"日本制铁"株式会社。这一举措,实际上是日本对钢铁实施统制的最初步骤。

1937年,即在"事业法"先后问世阶段,日本当局颁布了《制铁事业法》。尽管这一立法"兼有对钢铁业实施统制和奖励两方面",但并未对钢铁产业实施严格的"统一管制"。

1940年,以近卫内阁构筑"新经济体制"为背景,日本当局制定了《钢铁供需统制规则》,通过了《钢铁统制会组织纲要》。钢铁统制会宣告成立,日本制铁社长平生钊三郎辞去社长职务,出任首任会长。永野重雄(日本商工会议所会头)、稻山加宽(新日铁会长)、槙田久生(日本钢管社长)等钢铁业的重要人物群集统制会,对包括中国日占区和朝鲜在内的钢铁生产和销售进行统制。

1941年8月,日本当局继《国家总动员法》颁布后,发布了《重要产业团体令》,基于必须将财界完全置于管理控制之下的意识,以钢铁统制会为"范本",在各行业相继设立了借以对企业实施"一元化领导"的统制会,将各部门并存的各种统制组织,全部归并入统制会。

1941年10月,企业数量较少、产品有类似性的煤炭、矿山、水泥、机械(一般机械、电器机械、精密机械)、机车、汽车、金属工业、贸易、造船等9个行业的12个统制会相继建立。这些统制会均属1941年10月"第一批指定"的统制会。

1942年8月和1943年初,化学、金属、纤维、油脂、机械等行业共10个统制会宣告成立。其中企业数量众多、产品种类繁多的机械行业统制会的成立虽然遭遇了一些困难,但是也最终位列"第二批指定"的统制会之中。

最终,22个主要产业部门均建立了统制会。担任各统制会长的有浅野财阀创建者原"浅野水泥"社长浅野总一郎、原"安川电机制作所"社长安川第五郎、原"三菱重工"会长斯波孝四郎、原"日产化学"社长石川一郎等财界元老。之所以在其头衔前均有"原"字,是因为提议在重要产业建立统制会构想的笠信太郎和企划院官僚认为,统制会解决当前问题的最主要途径,就是通过统制会会长专任化并给予其"官方"资格,在材料、资源等分配方面推行合理的"重点主义",他们的建议得到采纳。因此,政府、企划院坚持认为,作为体现指导者原理的统制会会长,应从企业利益的束缚中超脱出来,不能同时兼任企业社长或会长。他们同时规定,统制会的组织理念是"摒弃多数决定主义,以传达和贯彻国家的指导意志为宗旨"。

了解统制会的功能,有助于了解该组织如何"传达和贯彻国家的指导意志":统制会不是真正的民间团体,它被赋予了强大的权力,尤其是在分配物资、规定产量、指定销售对象和价格等方面享有决定权,另外在利润分配、一般员工和高层管理人员的奖金分配方面享有建议权。同时,日本政府对统制会进行管辖并实施监控,对高层管理人员安排等重大事项进行干预,禁止企业擅自采取行动。先期设立的钢铁、煤炭、矿山的统制会在收集信息、分配物资资源等实务方面,发挥了重要作用。[①] 政府通过

[①] 这方面研究成果主要有:長島修:『日本戦時鉄鋼統制成立史』,法律文化社1986年;岡崎哲二:『戦時計画経済と価格統制』,近代日本研究会編:『年報・近代日本研究・9・戦時経済』,山川出版社1988年;三輪方朗:『政府の能力』,有斐閣1998年;橋本寿朗:『現代日本経済史』,岩波書店2000年。

第二章 ● 企业和政府的关系：从"政商"到"政府引导"

统制会获取有关企业的详细信息,通过统制会推行各项政策,而统制会则在充当政府和企业"中介机构"的同时,具备了由企业派遣的代表构成的事务组织的性质。这种架构,形式上虽然仍然是民间的自我规范和约束,实质上却作为政府的下属机构,代表政府对所属企业实施监督。也就是说,由此形成的"新经济体制",按照冈崎哲二在《战时计划经济和价格统制》中的说法,就是"日本政府试图以此构建政府—统制会—企业三层统制组织"。当时任重要产业团体统制协议会书记长的帆足计,对这一体制有如下评语:"如果将产业全部纳入国家管理范畴,无疑将降低效率。因此,这是一个大体上让民间人士承担责任,使之在发挥创意的同时,自主地为贯彻国策给予配合的精心设计的体制。"[1]

值得关注的是,统制会不仅扮演上述角色,而且在推行日本当局的物资动员计划和生产力扩充计划时,与政府保持着紧密关系,承担着按照政府意图使生产分配、原料分配重点化,使效率低下的企业"关、停、并、转"的实际任务。不过,按照柴垣和夫的观点,在当时,统制会"理念的调门虽然很高,实际的表演却并不精彩"。因为官厅间的明争暗斗,选拔高层管理者时各方的妥协和人才的匮乏,导致统制会难以贯彻"强有力的指导原理",从而使"经济一半处在统制状态,另一半仍处在自由状态"。值得关注的是,正是这种"半统制、半自由"状态,呈现了战后以"政、官、财"相结合为特征的"株式会社日本"的基本特征。

"行政指导体制的原型" 野口悠纪雄认为:"自太平洋战争爆发,战后政府和业界团体双向关系,或者说行政指导体制的原型开始出现。"[2]因此,了解和认识战后日本政企关系,必须继续回顾这段历史。

日本企业当然不希望政府对其颐指气使,指手画脚。"产业界对统制之厌恶根深蒂固。虽然产业界人士不得不顺从政府实施的配给制度和价格统制,但他们并不想积极投身于统制会这一'承包'政府任务的机构。在前一年开始的'新体制运动'——由枢密院议长近卫文麿领衔的、试图建立举国一致政治体制的运动中,我们可以感受到不吉的前兆。"[3]虽然所谓"举国一致"作为一场政治运动以流产告终,但其在经济政策方面还

---

[1] 久保田晃、桐村英一郎:『昭和経済 60 年』,朝日新聞社 1987 年,88—89 頁。
[2] 岡崎哲二、奥野正寛編:『現代日本経済システムの源流』,日本経済新聞社 1995 年,153 頁。
[3] 久保田晃、桐村英一郎:『昭和経済 60 年』,朝日新聞社 1987 年,89 頁。

是采取了一些具体措施。例如,汇集了革新官僚的企划院当时提出了一个方案,建议:"由政府任命企业经营者,使资本和经营分离,限制企业利润。"由于财界出身的商工相小林一三和日本经济联盟会会长乡诚之助认为这一方案"否定自由经济",表示强烈反对,因此之后作为内阁决议的《经济新体制纲要》仅采用了一些抽象的措辞,没有完全采纳这一建议。但这种"坚持自由经济"的思想,显然在统制会成立时即得到继承。有这么一段插曲,统制会是否会完全按照日本政府和军队的旨意行事,答案似很容易寻找。

日本当局的"低价政策"和"扩充生产力"的矛盾,也阻碍了其预定目标的实现。自1939年10月《价格等统制令》颁布后,日本当局放弃了由企业自主决定价格的做法,开始实施严格的价格统制。政府的价格统制,成为决定企业在价格方面的利润期待的唯一因素。至1941年,日本当局采取了严格的低价政策,这一政策成为刺激企业增产的重要障碍,同时也使"扩充生产力"和"低物价"的矛盾日趋深刻。

1942年上半年,按照日本当局制定的《经济新体制确立纲要》,企业必须以"公益优先,职责奉公"为原则,受"利润驱动"而增产的正当合理性被完全否定。换言之,日本当局建立作为"经济新体制"一环的统制会并依其实施经济统制的重要目的,是使企业不是为企业利益,而是完全为实现国家目标而服务。但是在具体运作中,日本当局所面对的,是这样一种现实:企业因脱离价值规律销售产品而造成累积亏损,缺乏确保生产增长的动力。1942年上半年,《物资动员计划》的预定目标未能完成,就是对这一现实最好的注解。如统制会向企划院提交的报告所述,"统制体制"将"经济利益"逐出企业的不现实做法,是造成这种结果的重要原因。

为了解决这一问题,自1942年下半年,日本当局引入了利润机制,对"天真幼稚的指令性计划经济模式进行了重大修正",开始探索比较现实的计划与利润并存的道路。日本当局认识到,为了提高生产力,必须建立政府、统制会、企业三者彼此交换确切信息,制定并推行具有较高实效性的计划和机制。按照《现代日本经济体制的源流》的观点:"可以认为,在这一阶段,战后政府和业界团体的双向关系或曰行政指导体制的原型,已经出现。在这一阶段,工商官僚、统制会成员、一般企业,从统制会体系中学到了'计划化和个别企业利润驱动的共存'。换言之,即'以私有企业体

第二章 ● 企业和政府的关系：从"政商"到"政府引导"

制为基础的资本主义,和整体性的计划经济的共存'的可能性。"①而另一方面,在1942年8月设立统制会的机械行业,由于物资供应进一步紧张、供需失衡状态进一步扩大,统制会的作用遭到怀疑。因为,以统制会为媒介,将企业重要信息上报日本当局,再将当局的决定下达给企业这一以统制会为中心的体制,效率不高,难以适应瞬息万变的战局。特别是在机械装配行业,这一问题变得日益深刻。因此,有人提出在物资分配方面应重新考虑统制会的"统制"方式,应对确保"机动"的必要性进行探讨。同时,战局的恶化也使日本当局不得不经常变更《物资动员计划》,因此建立能够灵活机动地呼应这种变化的组织,成为重新探讨的要点。

1943年10月颁布的《军需会社法》,就是通过将已经形成自主、垂直关系的大企业置于政府的直接统制、监控之下,对经济物质资源的分配进行控制,使原有的"统制方式"获得调整的法律。就这个意义而言,《军需会社法》是一部具有"路标"意义的法律。《军需会社法》的颁布,使股东对企业的实际支配受到了法律制约。《军需会社法》的核心,就是确立企业的生产责任制(第3条),即必须将履行政府命令作为义务。就其实效性而言,即根据《商法》的特例规定,赋予生产责任者独立于股东的自主权(第4条、第14条)。因此,若获得政府认可,生产责任者可无视股东大会决议和拒绝公开信息。但是另一方面,《军需会社法》赋予了政府对经营者的解聘权(第4条、第5条)。与之相应,股东若无政府许可,不得解聘经营者。换言之,作为一种替代,军需经营者可以不接受股东监控,但是必须接受政府监控。政府因此取得了对企业的支配权。

毋庸置疑,《军需会社法》对各产业部门的不同企业,具有不同影响。具体而言,就是对财阀系大企业和非财阀系统的中小企业的影响,有显著差异。就前者而言,《军需会社法》进一步强化了企业经营者的自主性,因而有利于企业的发展。就后者而言,由于有关当局对企业经营和人事安排等享有干预权,使企业进一步被置于政府的直接统制之下,必然受到掣肘。更重要的是,自此以后,在物资和资源分配方面,日本经济体制形成了一种二元结构：一方面,政府—统制会—企业这一"三层结构"继续存在；另一方面,以军需会社为中心的垂直的组织,在资源分配方面发挥了

---

① 岡崎哲二、奥野正寛编：『現代日本経済システムの源流』,日本経済新聞社1995年,193—194頁。

重要作用。这一时期亟须增产的船舶制造、飞机制造、机械行业,主要由政府直接控制管理,因而也获得了更多支持。1943年11月,随着将商工省和企划院"合二为一"的军需省的设立,重要的涉军需产品的企业均被定为军需会社,由军需省直接统辖。以飞机制造业为例,当时有关当局建立了航空工业会,对飞机制造业的行政实施一元化管理。总之,在军需会社体制下,"重点主义"得以进一步推进,产业组织形式发生明显变化。

需要强调的是,不可低估战时以统制会为象征的产业组织在日本社会的作用,特别是其对经济的影响。在原子弹爆炸的蘑菇云刚刚散尽时,受政府委托,美国战略调查团对日本战时经济进行了详细分析。该调查团在给美国政府的报告中称:"虽然在法制上统制会不能不从属于各分管大臣,但这些大臣对统制会的控制是不充分的。在生产方面,统制会往往根据财界领导者的安排行事。"[1]山之内靖等指出,在战时作为维系政府和企业纽带的统制会,虽经历了战后民主化改革,但依然存在,并扮演了和战时类似的角色。1945年停战后,驻日盟军总部采取了废除日本战时体制和统制经济的方针,统制会的活动也被全面停止。但稍后不久,战时22个统制会仍通过"改头换面",在战后全部得以重生。[2] 米仓诚一郎也指出:"日本的业界团体,扮演了使政府宏观层面上的计划化和企业微观层面上的利润动机有机结合,使两者的信息得以沟通的角色。这一角色,由战时统制自上而下的强制手段构成原型。"[3]

第五节 "二战"后政企关系的演变

战时体制的延续 美国斯坦福大学教授查尔曼·约翰森(Chalmers Johnson)认为,相对于欧美各国政府注重为市场经济制定"游戏规则",日本政府更注重产业振兴。他以日本产业结构的巨大变化作为他这一论点的论据:20世纪50年代前半期至60年代前半期,在日本全部出口产品中,纤维制品占比从30%下降到8%,机械类占比从14%上升至39%。

---

[1] 久保田晃、桐村英一郎:『昭和経済60年』,朝日新聞社1987年,90頁。
[2] 山之内靖、成田龍一、J.ヴィクター コシュマン:『総力戦と現代化』,柏書房2000年,272頁。
[3] 岡崎哲二、奥野正寛編:『現代日本経済システムの源流』,日本経済新聞社1995年,199頁、207頁。

第二章 ● 企业和政府的关系:从"政商"到"政府引导"

他认为,这一变化是日本政府推行的产业政策的成果。按照查尔曼·约翰森的观点,60年代至70年代初日本经济的高速增长,不能仅仅用经济、制度、文化因素进行说明,而必须充分重视政府产业政策的引领作用。他指出:"日本经济高速增长,是政府产业政策引导人们向在经济中具有重要战略意义的产业部门投资所产生的结果。"①按照他的观点,这种"日本政府模式"有12项要素构成:一是拥有稳定的官僚机构特别是通产省和大藏省;二是重点扶持为经济增长做出贡献的特定产业;三是积极促进外贸输出;四是对企业及其行为进行广泛的"指导"和采取许可制进行"规制";五是有选择地保护国内市场;六是限制外国企业的直接投资;七是舒缓地运用反垄断法;八是使不景气产业合理化;九是使卡特尔合法化;十是对金融市场实施规制、削弱股东的"企业管治"(corporate governance);十一是推行由政府主导的共同研究开发计划;十二是推行坚实的宏观经济政策。

日本战败投降后的东京黑市交易

---

① Johnson, C., *MITI and the Japanese Miracle: The Growth of Industrial Policy, 1925 – 1975*, Stanford University Press 1982, p. 9, p. 31.

企业国家——一部日本经济史

1970年大阪世博会最受关注的太阳塔
太阳塔也是日本一个时代的符号。

  1970年6月,詹姆斯·阿贝格伦出版了《探讨日本式经营——株式会社日本》一书。他在书中写道,有三个体制性因素对日本经济的高速增长具有决定性意义:第一,增长资金的供给方式;第二,政府和产业界的协作体制;第三,劳动资源的编制类型。他认为,或许将日本称为"株式会社"比较合适。也就是说,整个日本就像一个"株式会社"。"株式会社日本"一词由此产生。之后,美国商务部的报告指出,日本资本主义的特性,是日本实现经济高速增长的主要原因,并也将这种特性称为"株式会社日本",其含义是:在日本的经济发展中,存在着政府引导和政府与企业"相互作用"或曰"官民协调"的体制。这种"官民协调",不是一般国家垄断资本主义的国家和企业的"勾结"或"融合"关系。[①]

  必须强调,日本的"官民协调"体制并不是战后形成的。冈崎哲二认为,战时由政府和企业共同推进经济的"计划性",在战后得以延伸。他指出,对战后日本经济恢复产生极大影响的"倾斜生产方式",就是沿用了战

[①] 米商務省編:『株式会社ジャパン』,大原進、吉田豊明訳,シマル出版会1972年,35頁。

第 二 章 ● 企业和政府的关系：从"政商"到"政府引导"

东京赢得 1964 年奥运会举办权的报道（《读卖新闻》1959 年 5 月 27 日）

1964 年 10 月 1 日，东京至大阪的新干线正式投入运营

时通过资源配置统制经济的做法。不仅如此，对战后日本经济恢复和高速增长具有重要影响的一系列计划，也主要由统制经济的亲历者制订，如 1957 年岸信介内阁制订的《新长期经济计划》、1960 年池田勇人内阁制订的《国民收入倍增计划》。①

日本的经济发展模式被认为是"东亚模式"的典型。尽管对如何定义"东亚模式"，学术界仁智互见，提出了各种不同的定义，但"政府导向"作为"东亚模式"的主要特征，得到一致认同。确实，政府和产业界团体相互依存，构成封闭的"政府和企业的关系"，是"企业国家日本"的一个主要特征。对此，木村隆俊有较清晰的表述："一般认为，现代日本资本主义的成长机制，是由政、官、财一体的经济运营体制支撑的，即在市场经济条件下，支配经济实体方面的企业和金融机构，以及对市场的不完善和有限性进行补充和纠正的政府有机的一体化。这种一体化也是日本经济被称为混合经济的原因。作为这种一体化构成要素的宏观经济活动，是企业之间的系列化即有机的组织化；以中央银行出色的金融调整能力和管理能力为前提、以高储蓄率为背景，通过以间接金融为中心的金融市场有效地为产业发展提供资金，以及政府整顿完善产业基础，对总需求进行管理、调整，并进行行政指导。"②

---

① 山之内靖、成田龍一、J. ヴィクター コシュマン：『総力戦と現代化』，柏書房 2000 年，274—281 頁。
② 木村隆俊：『1920 年代の日本の産業分析』，日本経済評論社 1995 年，6 頁。

冈崎哲二、奥野正宽等日、美学者的共同研究成果《现代日本经济体制的源流》也提出,在战时作为维系政府和企业纽带的"统制会",在战后虽经过"改革",但依然得以存在,并扮演了和战时类似的角色。日本的财界团体"由战时统制自上而下的强制手段构成原型",而通商产业省(简称"通产省")的原型,则是商工省和军需省。[①] 中谷严指出:"日本'业界团体'的历史,可以追溯到'二战'时各主要产业建立的'统制会'。'统制会'虽然是在国民总动员体制中,为了使企业配合战争,以主要产业为单位建立的组织,但是在战争结束后,逐渐作为'业界团体'而改头换面。例如,'钢铁统制会'的衣钵就为'日本钢铁联盟'所继承。"[②]

上述学者的研究和论述不无道理。因为,日本战时体制并没有像德国战时体制那样被彻底摧毁,而是在很大程度上仍得以保留,主要表现在:第一,盟军对日本采取了间接占领的方式,除内务省之外,日本官僚机构几乎原封不动得以保留。财阀虽然被解散,但是转变为系列企业集团后,其主体结构依然存在并不断发展壮大。第二,战时形成的、以承包为纽带的企业间"协力体制",在战后依然存在。通过互相持股而形成的企业的封闭性,依然是日本企业间关系的特征。第三,由主银行持股相关企业的银行和企业的关系、以大银行为中心的金融体制,在战后仍得以延续。

上述第二、第三项内容将在本书后两章论述。本节仅论述第一项内容。

1945 年 9 月 2 日,即日本在"密苏里号"签署投降书的当天下午,盟总副参谋长理查德·马歇尔(Richard Marshall)告知终战联络委员会(简称"终联")委员长铃木九万:"请在明天上午 10 点,将这三条布告交给日本政府,并准备公示手续"。这三条公告均以"告日本国民"开头,主要内容:第一,对日本实施军管,盟军总司令拥有立法、行政、司法权;第二,违反命令者由美军事法庭审判;第三,美军军票为通用货币。日本政府对此感到非常不满。因为,实施军管意味着剥夺了日本政府一切权力。日本内阁经过反复研究,决定派外务省终战联络事务局长官冈崎胜男前往横

---

① 冈崎哲二、奥野正宽编:『現代日本経済システムの源流』,日本经济新闻社 1995 年,199 页、207 页。

② 中谷巌:『日本経済の歴史的転換』,東洋経済新報社 1996 年,140 页。

第二章 ● 企业和政府的关系：从"政商"到"政府引导"

滨,和盟军总司令部(简称"盟总",英语缩写 GHQ)进行交涉。但是,盟总参谋长萨瑟兰仅同意延迟发布公告。第二天凌晨 5 点,冈崎胜男回到东京,将盟总的决定向外相重光葵作了汇报。听完汇报,重光葵立即和冈崎胜男一起赶往横滨面见麦克阿瑟。对当时的情况,重光葵这样写道："《波茨坦公告》明确以日本政府存在为前提,没有让美军取代日本政府实施军管……如果阁下打算真正履行《波茨坦公告》,我认为让日本政府实施占领政策是明智选择。如果占领军实施军管,直接进行行政管理,采取《波茨坦公告》内容之外的举动,可能引发混乱。"听重光葵这么说,麦克阿瑟当即表态："我明白日本方面的立场。我认为,可以取消公告中有关我的权限的内容。"①

麦克阿瑟之所以当即满足重光葵的要求,主要有两个方面原因。第一,《波茨坦公告》没有对日本进行军管的内容。重光葵代表天皇和日本政府签署的投降书规定："日本政府为了诚实履行《波茨坦公告》,遵守盟军最高司令提出的所有要求。"也就是说,《波茨坦公告》和日本投降书均没有剥夺日本政府的行政权。狡猾的重光葵抓住了这个"把柄"。第二,重光葵所说的"采取《波茨坦公告》内容之外的举动,可能引发混乱"这句话,击中了麦克阿瑟的软肋。因为,这恰是麦克阿瑟最担心的。于是,麦克阿瑟表示,期待日本方面忠实履行各项义务,"政府和国民的行动一致"。他同意包括这三个文告在内,盟总的政策均以向日本政府发出"指令",由日本政府将其转化为"法令"或"政令"的形式予以贯彻。

与上述史实相关,日本战时的军需省、商工省,恰是战后"行政指导体制的原型"。按照野口悠纪雄的观点："通过'战后改革',日本经济结构确实发生了很大变化。但是,官僚制度,特别是经济官厅的机构,虽然由占领军进行了'大改革',但几乎未遭破坏地得以保留。这种战时和战后的连续性,迄今仍对日本经济有着重要影响。"②

据日本方面统计,商工省真正遭到"整肃"的官员只有 42 人;据盟军方面统计,被调查的商工省官员为 69 人,真正遭到"整肃"的仅 10 人。日本一桥大学教授米仓诚一郎详细考察了商工省、军需省、通产省一些主要官僚的职位变化,指出战后产业政策的主要制定和执行者,正是战时统制

---

① 重光葵：『昭和の動乱』,中央公論社 1952 年,97 頁。
② 野口悠紀雄：『1940 年体制——さらば、戦時経済』,東洋経済新報社 2002 年,78 頁。

经济制定、修订和执行者,并就此制作了一个详细的表格进行对比,指出了如下事实:岸信介 1942 年任商工大臣,1957 年后连任两届首相;椎名悦三郎 1942 年任商工省事务次官,1943 年 11 月商工省改军需省后继续任事务次官,1961 年任通产大臣;山本高行 1945 年任军需省总动员局总务课长,1949 年任通产省事务次官;石原武夫 1945 年任军需省企业局长,1956 年任通产省事务次官。他指出,正是这批官僚,将战时"统制经济"的一些措施和经验沿用至战后。①

表 2-10 战前商工省主要官僚在战后通产省的任职情况

1942 年	首相	商工大臣	政务次官	事务次官
	东条英机	岸信介	—	椎名悦三郎
1945 年	首相	军需大臣	政务次官	事务次官
	铃木贯太郎	中岛知久平	岸信介	椎名悦三郎
1949 年	首相	通产大臣	政务次官	事务次官
	吉田茂	池田勇人	宫幡靖	山本高行
1956 年	首相	通产大臣	政务次官	事务次官
	鸠山一郎 岸信介接任	石桥湛山	川也芳满	石原武夫
1961 年	首相	通产大臣	政务次官	事务次官
	池田勇人	椎名悦三郎	始关伊平	砂原格

资料来源:冈崎哲二、奥野正宽编『现代日本経済システムの源流』,日本経済新闻社 1995 年,196—197 页。

东京大学教授中村隆英也指出:"不可否认,通产省和运输省对产业界拥有强有力的行政指导力。这种指导力同时也含有战时商工省和军需省的统制经验在战后延续的因素。另外,由 1942 年建立的全国金融统制

---

① 冈崎哲二、奥野正宽编:『现代日本経済システムの源流』,日本経済新闻社 1995 年,196—197 页。商工省 1943 年改为军需省,1949 年军需省改为通商产业省。

第二章 ● 企业和政府的关系：从"政商"到"政府引导"

会实施的统制,以及构成其实质性中心的日本银行的统制经验,也在战后得以继承。"①

财界团体的重组 如前章所述,财阀在明治年代已经出现。20世纪30年代初,"财阀"一词开始被广泛使用。在战前的日本,财阀是指一族所有的企业集团,是康采恩的一种形态。作为战后经济民主化重要内容的"解散财阀",是在驻日盟总的指导下实施的。

1945年11月盟总发布的《株式会社解体指令》,是解散财阀的正式开端。但是,何为"财阀",当时并没有严格的定义,而是由"持股会社整理委员会"指定三井、三菱、住友、安田、日产、大仓、古河、浅野、中岛、野村计10个集团(又被称为"十大财阀")的56人为"财阀",并剥夺他们在会社的高级管理职位。之后,"持股会社整理委员会"又将上述56人的家族定义为"财阀家族"。②

尽管"财阀"一词概念模糊不清,但盟总的举措是明确的。在"解散财阀"过程中,被指令解散的"财阀"范围逐渐扩大,并大致分为四类：第一类是以通常被称为"四大财阀"的三井本社、三菱本社、住友本社、安田保善社,之后扩大至与"四大财阀"并称"十大财阀"的鲇川(日产)、浅野、古河、大仓、中岛、野村"六大财阀"。第二类是以产业部门为核心、具有控股会社功能的会社,这一类会社占绝大部分,包括三井化学工业、三菱重工业、日立制作所、东京芝浦电气(简称"东芝")、松下电器产业、王子造纸等。第三类是三井物产和三菱商事两大商社。第四类是被指定移交国家管理的国际电气电信和日本电信电话公司两家株式会社。③ 解散财阀的举措也不仅仅是解散其组织,而是发展到禁止垄断。1947年4月颁布的《禁止垄断法》以及同年12月颁布的《排除经济力过度集中法》(简称"集排法"),就是"解散财阀"举措的集中体现。前者主要为了"防"垄断组织的形成,后者则是为了"治"(分割)已经形成的垄断组织。但是,以美国对日政策的改变为背景,翌年3月,美国国务院通知麦克阿瑟,撤回"FEC230号决议",即停止支持远东委员会《排除日本经济力过度集中计划》。5月,美国排除集中审查委员会到达日本,将要分割的企业限定于日本制

---

① 中村隆英：『日本経済：その成長と構造』,東京大学出版会1993年,137頁。
② 須江国雄：「財閥研究に関する考察」,『佐野女子短期大学研究紀要』創刊号,1991年。
③ 三和良一：『財閥解散と独禁政策』,有斐閣1977年,36頁。

铁、三井矿山、三菱重工等11家企业。1949年《禁止垄断法》被大幅度修改,一系列新法令得以实施。1950年1月,根据"集排法"解散的仅18家公司,实际上被分割的企业仅11家。① 也就是说,财阀并没有全部被解散。实际上,只有十大财阀(三井、三菱、住友、安田、日产、大仓、古河、浅野、中岛、野村)被解散,其他财阀虽然由于控股公司的解散,向心力被弱化,但免于被实际解散。

　　战败前的日本产业社会,财阀作为生产力的中枢扮演着关键角色。正因为财阀对日本的军国主义化有着无法推脱的责任,因此解散财阀和农地改革、劳动改革一起,构成了"战后经济民主化的三根支柱"。但是,解散财阀并不是关闭财阀所属企业。这些企业在战后经历的变化,以及新的企业经营者对这些企业的管理和运营,无疑构成了"日本式经营"的重要内容。实际上,几乎与财阀被解散同时,财界团体在重组。1945年9月3日,即日本在"密苏里号"战舰上签署投降书的第二天,商工大臣中岛知久平(战时曾任军需大臣)将日本经济联盟会(简称"联盟")会长井阪孝、重要产业协议会会长松本健次郎、日本商工会会长藤山爱一郎、商工组合中央会长武堂卓雄召至其官邸,向他们咨询如何重建日本经济。四名会长表示:"在战后经济的处理方面,民间主要经济团体应成立能汇集经济界多数意见、动员各方达成共识的财界共同委员会。四团体今后将不采取单独行动。"②

　　四名会长的共识,构成了战后财界团体重组的契机。1945年9月18日,以上述四个团体为成员的"经济团体联合委员会"宣告成立,由日本经济联盟会长井阪孝出任委员长。不久,井阪孝被任命为枢密顾问官,改由重要产业协议会会长松本健次郎担任委员长。不久,以帝国银行社长万代顺四郎为会长的全国银行协会联合会,也加入了该委员会。但是,由于经济团体联合委员会主要成员"重产协",在战时曾为军需工厂筹措钢铁、煤等原料,是服务于军需工业的统制团体,因此在1946年2月27日被责令解散。经济团体联合委员会的另一主要成员日本经济联盟会,因三井、三菱、住友、安田等财阀系统的大企业是其主要成员,在战时曾积极配合日本当局推进战争,也难逃与重要产业协议会同样的命运。盟总认为,如

---

① 三和良一:『概説日本経済史・近現代』,東京大学出版会2003年,158頁。
② 松本明男:『財界司令塔の興亡』,東洋経済新報社1995年,68頁。

第二章 ● 企业和政府的关系：从"政商"到"政府引导"

果允许经济联盟会继续存在，将有碍于解散财阀和经济民主化，并为其烙上了"反对对日经济民主化政策"的印记，于是在1946年5月29日责令其解散。"重产协"和"联盟"被相继解散，使经济团体联合委员会有名无实，活动趋于停止。

几乎与此同时，1946年1月4日，盟总发出了《剥夺公职令》，开始了一场被称为"无血革命"的"整肃"。《剥夺公职令》由两个文件构成：一是《关于剥夺不适合从事公务者的公职的文件》，二是《关于废止政党、政治结社、协会及其他团体的文件》。至同年2月底，被剥夺公职者共1 067人，包括5名当时的阁僚和高级官吏及贵族院、众议院议员。

面对这种情况，财界要员认识到，为了改变财界的无序状态，必须筹划建立新的中央经济团体。于是，由日本银行总裁一万田尚登、全国矿山会会长菅礼之助、日本产业协议会会长石川一郎、全国银行协会联合会会长万代顺四郎、三菱银行社长高木健吉、日本贸易振兴会会长小笠原三九郎、日本证券交易所总裁德田昂平、生命保险协会会长成濑达等发起，1946年8月16日，"经济团体联合会"（简称"经团联"）在位于东京丸之内的日本工业俱乐部宣告成立。成立之初，"经团联"为了体现"民主"未设会长，由石川一郎任代表理事，植村甲午郎任事务局长。延续至今、被称为"日本财界总理府"或"司令塔"的经团联，自此起航。"经团联章程"第一条明确宣布，成立该组织的目的，是"通过密切各种经济团体相互间的联系，研究经济界的各种问题，振奋经济人的企业心和创意；为了重建产业和金融组织，确保经济的安定，培养同心协力精神，并依此在民主主义原理的基础上期待国民经济的健全"。对"经团联"的成立，盟总在提出四项条件后给予了认可。这四项条件是：不得成为保存财阀势力、作为财阀代言人的机构；不得成为集权性的统制组织；应根据民主的原理进行运作，特别是关注并充分反映中小工商业者的意志；在高层干部中不得混有属于剥夺公职对象的人员。

1947年1月4日，盟总又发出了第二次《剥夺公职令》，涉及战时财界的主要人士。资本金1亿日元以上的250家大企业、主要经济团体的高级管理人员共2 200人被剥夺了"公职"，引起财界极大的震撼。战时财界的主要人物也被包括其中。"经团联"事务局长植村甲午郎等29名常任理事中，有10名成为被"剥夺公职"的对象。为此，经团联在1948年3月16日举行了第二次全体大会，推选石川一郎和全国银行协会联合会会长、帝国银行社长佐藤喜一郎为正副会长,建立了新的领导体制。

1949年3月,占领军财政顾问、美国底特律银行总裁约瑟夫·道奇(Joseph Dodge),根据盟总稳定日本经济的要求,提出了旨在平衡财政预算、抑制通货膨胀的举措,史称"道奇计划"。日本的企业、银行、贸易商社,随之建立了一体化的体制。当年,企业之间不得持有股票的禁令被废止,企业在重建过程中购入了相关企业公开发行的股票,之后又为了增强资本和在该企业的话语权而增持其股份,最终形成了企业与企业互相持股。不过,这和以往母公司持有子公司股票即实施控股,并不等同。

1951年9月盟军结束了对日占领。之后,四大财阀的企业形成了系列企业集团。系列企业集团有两种不同类型:一种是垂直系列,由一个主要企业和承包企业群构成;另一种是水平系列,由几个平行的大企业构成。两种类型不仅都有制造业工厂,而且都包括一家大银行、一家综合贸易商社。银行在企业扩张的资金供给上起决定作用,而贸易商社则是原料进口和产品外销的主要渠道。在银行和商社背后,则是作为产业发展调控机构的通产省。

财阀和系列企业集团存在明显差异。和处于本社支配下的财阀相比,属于系列企业集团的企业拥有明确的独立性。因为,企业集团不是由某家族支配的,也没有能够对其他企业行使权力的控股公司。

自1951年,系列企业集团先后建立了名称各异的社长会。1951年住友建立了"白水会"。1954年三菱建立了"金曜会"。1961年和1966年,三井和富士银行(原安田系)先后建立了"二木会"和"芙蓉会"。这些社长每月举行会议,就共同关心的问题进行非正式恳谈。20世纪50年代初,在这些企业集团逐渐形成之际,三井和三菱又先后建立了商社。商社和企业集团内的大多数企业都保持着紧密的贸易关系。系列企业集团和系列内的银行有密切的金融业务关系。财阀系银行在占领期并没有被分割,并在战后企业重建过程中发挥了重要作用。非财阀系银行也和关联企业建立了社长会,如1967年组成的三和银行的"三水会"。另一方面,1952年,即占领期结束、日本恢复行使主权后,禁止使用财阀名称、商标、标识的法律被废止,不少原财阀企业重新采用了以前的名称,甚至有些新成立的企业也改用以往财阀的名称。例如,"日本建设"是战后创建的,也改名"住友建设"。

"1952年体制"的建立　　在"经团联"建立的同时,一些年轻的经济界进步人士也跃跃欲试,他们在重新拉开战后财界历史帷幕的进程中,开始

第二章 ● 企业和政府的关系：从"政商"到"政府引导"

崭露头角。"经济同友会"(简称"同友会")就是因此而创立的。

同友会的主要创建者是诸井贵一和乡司浩平。"战后应该建立一个怎样的经济组织？"带着这个问题，他们咨询了盟总一位对美国经济界比较熟悉的干部。那位干部对他们说："可以参考美国的'青年会议所'或'全美制造业者协会'。"但是，青年会议所是以地区活动为重点的青年企业家团体，全美制造业者协会则是中小企业主组织，和他们想要建立的组织迥异其趣。于是，他们又去工业俱乐部"火曜会"呼吁，因为那里汇聚了同族企业第二代"当主"，并逐一进行说服动员："如果企业界这种松散的状态持续下去，日本经济将难以振兴，经营者将失去自信，企业将成为工会的天下。我们认为，年轻的经营者应该团结起来，以毅然决然的姿态投入新日本的建设，使我们的知识和经验在国家政策中得到反映。为了实现这个目标，务请加入我们的组织。"诸井贵一说："站在仿佛依然在冒烟的日本经济的荒野上，我想无论如何应该使日本经济和产业得到重建。因此，年轻人应该挺身而出，建起一座工棚，对这片荒野进行清理，恳切希望各位协助。"[①]

1946 年 4 月 30 日，同友会在东京丸之内日本工业俱乐部 3 楼举行了成立大会，并在成立宣言中豪迈地宣称："我们将奋起成为新日本的栋梁。"同友会成员都是一流企业的中坚力量，包括日本电子工业常务鹿内信隆(34 岁)、昭和电工常务铃木治雄(33 岁)、岩井产业社长岩井雄二郎(42 岁)、日本特殊钢管社长大冢万丈(49 岁)、山一证券社长小池厚之助(47 岁)、日清纺织社长樱田武(42 岁)、钢铁协议会事务局长藤井丙午(40 岁)、住友银行东京支店长堀田庄三(47 岁)、三和银行常务渡边忠雄(47 岁)、日本制铁董事营业部长永野重雄(45 岁)。最年长的"秩父水泥"常务诸井贵一(50 岁)担任代表干事，曾任重要产业协议会事务局次长的乡司浩平(45 岁)担任事务局长。创立总会上，作为代表发言的藤井丙午说："政府和财界的领导者表面上显得拥护民主，实际上依然保留了陈旧的资本主义。我们应该消灭陈旧的资本主义。我们经济界的中坚力量，必须奋起建立适应新时代的新的经济体制。"由藤井丙午的发言所代表的革新思想，使同友会被称为"财界左派""财界的前卫集团"。

担任理事的日本特殊钢管社长大冢万丈，东大毕业后先后任职于"朝

[①] 松本明男：『財界司令塔の興亡』，東洋経済新報社 1995 年，72 頁。

鲜银行"、野村银行,后离开金融界,进入大河内正敏主宰的理化学研究所,再后进入日本制铁,担任董事兼总务局长,战后转任日本制铁子公司日本钢管社长。他坚持企业"所有权和经营权分离"的主张,提出了被认为是"修正资本主义的构想",是同友会创建时期革新经营思想的核心人物。他表示,不应该允许资本家按照自己的意愿,将社会生产的场所当作追求利润的场所。他认为,经济民主化的真谛是禁止经济上的强者压迫经济上的弱者。他同时提出了企业民主化的具体对策:一是企业应该成为由经营、资本、劳动三方构成的共同体;二是应该建立由经营者代表、股东代表、劳动者代表组成的作为企业最高决策机构的"企业总会";三是对于企业利润的分配,经营、劳动、资本三方应该有对等的权利。这种对策在罢工频发、生产活动停滞,失业者充满街巷的时代,获得了广泛赞同。媒体就此发表评论称:"这是促使资本主义进行修正,推动财界改革的呼声。"此后,"修正资本主义"成为同友会的标志,风靡一时。但是,财界保守势力认为,这是对资本主义的否定,是以经济民主化之名行社会主义之实,予以强烈抨击。同友会本身也有些人对此存有异议,认为这么做过于激进。他们认为,为了重建日本经济,资本的蓄积是必要的,这么做对股东权宜进行了过分的限制,而且会使工会权力过于扩大。后成为东京电力社长的青木均一认为,"修正资本主义"的想法过于幼稚,会使企业的权力被工会和社会掌握。但是,青木均一的观点也遭到反对。反对者认为:"资本家压榨剥削的时代应该终结,拥有经营职能和经营技术者应该参与企业的民主化经营。"但是,一些同友会成员表示,"不愿待在这样的赤色团体里",纷纷退出。同友会成立仅一年半便面临分裂危机。为了避免最终分裂,日本制铁董事营业部部长永野重雄和日本金属产业社长今里广记等人进行了不懈努力,使大冢万丈的意见最终没有成为经济同友会决议,并被束之高阁。

在此之后,经济同友会没有深入探究企业民主化构想,转而寻求克服日本经济危机的对策,并设立了特别委员会,进行危机管理政策的研究。1947年4月,社会党片山哲内阁取代吉田茂内阁执掌政权后,该委员会向片山哲内阁提出了如下建议:(1)制定综合经济政策;(2)重新探讨统制经济;(3)实现财政均衡;(4)重构物价体系;(5)立即制定应对失业政策;(6)整顿生产体制;(7)制定金融通货政策;(8)展开国民运动。同时,委员会主张将物资和资金重点投入电力、煤炭、钢铁、运输等重要产业

第二章 ● 企业和政府的关系：从"政商"到"政府引导"

部门,实现"倾斜生产方式"。

1947年7月,同友会成员组建了由第二任代表干事大冢万丈任委员长的经济民主化研究会,拟定了企业民主化提案。同时,应片山哲内阁经济安定本部长官和田博雄等邀请,经济同友会的干事成了经济安定本部官员：永野重雄任生产担当副长官,野田信夫任总务局长,大原总一郎任物价厅次长。经济同友会也因此成为财界和政府之间的沟通管道,成为"在政府有话语权","研究和实线经济政策的同友会"。

经济同友会建立后,日本商工会议所(简称"日商")进行了改组。日商的前身是商法会议所,1878年在"日本近代资本主义之父"、大实业家涩泽荣一推动下建立,战时被纳入作为国策协力团体的"日本商工经济会协议会"。战后,作为战时国策协力机构的日本商工经济会协议会被解散。1946年12月7日,来自全日本58个地区性商工会议所的代表聚集一堂,将原先的团体改组成了奉行民主主义、自由主义的中小工商业者的经济组织日本商工会议所,并选举作为日商中枢机构的东京商工会议所"会头"、大日本麦酒会会长高桥龙太郎担任全国性的日商会头。

1948年4月12日,"日本经营者团体联盟"(简称"日经联")宣告成立。日经联整合了1946年成立的"关东经营者协会"等地域性团体和钢铁、化学等业界维护经营权的联络组织,是一个名副其实的"联盟"。同友会首任代表干事诸井贯一被选为代表常任理事。其余参与创办"日经联"的主要成员,如樱田武、永野重雄、今里广记、青木均一等,均是同友会创立时期的中心人物。

上述四个团体各有不同特征：经团联被称为"财界总理府",是财界的中心枢纽;同友会以"经济的民主化"和"企业家的自我革新"为标榜;日商强调"本所的目标是密切地区内工商业者及其团体的联系,代表工商业各界的公正舆论,追求工商业的整体改善,为我国经济的民主主义发展做出贡献";日经联被称为"财界的劳务对策本部"。日经联之所以有此"独特功能",和其成立时的社会背景有关：战后,劳资争议频发,特别以"劳动三法"的制定为杠杆,有些工会甚至试图夺取经营权。面对劳工的强劲攻势,不少经营者陷入困境。为了给经营者"撑腰打气",维护"总资本"(经营者)利益,应对劳工运动出谋划策,财界一些重要人物筹划建立了这一组织。

冷战结构形成后,美国认为实施"压制"日本的政策,有碍于在日本建立理想的自由企业经济体制,不利于构筑民主社会,因此开始转变对日政策。曾对重建日本财界的动向附以严格条件的盟总,仅时隔两年便转而表示支持。

1951年9月盟军结束占领后,日本财界重建经济团体的氛围日渐浓厚,经团联和日商围绕财界主导权的争夺也日趋"白热"。1952年2月21日,日商会头藤山爱一郎会晤了经团联会长石川一郎,建议进行财界改革,重构日本经济团体结构。藤山爱一郎认为,为了强化日本财界,以大企业和重工业、化学工业企业为基础的经团联,同以中小企业及地方经济为基础的日商应该联手。对藤山爱一郎的提议,经团联进行了深入研究,最终确立了下列改革基本路线:(1)日本中小企业团体联盟应脱离经团联;(2)经团联应成为以产业为核心的大企业联合体;(3)要强化日商以地方企业为核心的中小企业联合。

在上述基本路线确立后,如何真正建立"以产业为核心的大企业联合体",成为经团联必须解决的问题。因为,当时除经团联外,以产业为核心的联合体还有"日本产业协议会"(简称"日产协")。1948年3月,经团联和日产协设立了共同事务局,欲进行统一运作,甚至一度呈合并态势。对此动向,不时有人提出异议,称"同居可以,结婚不行"。最终,经团联以"如此两个团体并存,不利于形成合力"为由,确定了吸收合并日产协,与日商互不统属、各自为政的方针。

1952年8月29日,经团联会长石川一郎和日商会头藤山爱一郎联合发表了《关于重建经济团体的共同声明》。这项声明以藤山爱一郎对财界进行改革、重建的构想为蓝本,宣布由经团联合并日产协,形成大企业的联合体。日商作为地方中小企业联合体,与经团联"并驾齐驱"。至此,以经团联、日商、日经联、同友会为基轴的财界"1952年体制",正式形成。按照松本明男的说法,战后的日本,"在政界,实现了保守大联合,建立了1955年体制。在财界,经团联、日商、同友会、日经联竞争共存的1952年体制延续至今"。[①]

所谓"1952年体制",主要具有以下特征:战后日本经济取得了令人瞩目的复兴,并且实现了经济高速增长,成为世界经济大国。在日本成为经济大国之前及以后,财界一直是四个团体并驾齐驱。其中经团联作为

---

① 松本明男:『財界司令塔の興亡』,東洋経済新報社1995年,103頁。

第二章 ● 企业和政府的关系：从"政商"到"政府引导"

大企业团体，稳固占有财界大本营的地位，其会长作为"财界总理"，在政、官、财三角关系中有重要影响。日商作为日本最大的地方企业团体，有遍布全国的500多个地方性会议所和约100万会员，虽则主要成员是中小企业，但亦有大企业，并始终保持着与经团联相对的独立性。日经联作为财界的"劳资对策本部"，在"株式会社日本"中发挥着独特的劳资协调作用，"在劳资关系的稳定和正常化方面不辱使命"。以进步的年轻的经济人同志聚合起步的"同友会"，作为财界的"前卫集团"，在纠正与解决因高度经济增长引起的弊端、公害和环境问题，强化企业的社会责任等方面积极出谋划策，提出革新建议，始终走在时代前列，宣示了自身的存在价值。

两个"总理府"的互动 行政方面的宏观调控和指导，是日本政府干预经济的重要手段。日本政府各经济职能部门，是设立在社会化大流通基础上的政府宏观调控体系的重要组成部分，在国家经济生活中扮演着重要角色。日本政府以市场为中心，按照行政组织法，划分各部门统辖范围、层次职责、纵横关系。在宏观的指导经济的舞台上，通产省作为"行政指导"枢纽，承担着调整产业结构、巩固生产和流通基础、促进日本经济发展的重任。通产省和其他政府机构，特别是大藏省密切配合，为实现"四个一体化"，即商工管理一体化、内外贸易管理一体化、产业资源资金配置一体化、纵向技能和横向技能一体化发挥了重要作用。但必须强调的是，日本民间企业的经营活动和政府的产业政策，经历了长期的磨合。在某种产业需要加以保护和扶植，面对经济不景气需要采取对策，为了应对外来竞争而改善竞争秩序或避免贸易摩擦等情况下，产业政策都不能缺位，且必须获得民间企业的理解和配合。长期的磨合使双方都认识到，政府应该采取较为柔和而不是强势介入的方式推出产业政策，否则效果适得其反。1964年，日本政府提出《特定产业振兴临时措施法案》（简称《特振法》），试图按照通产省的构想对产业进行重组。《特振法》的核心内容是，日本境内无论哪个行业，只要是自身没有独立技术的中小企业，都必须并入行业前三的龙头企业。然而企业界认为，这是政府对经济过分的干预，同时该法案与《反垄断法》的理念相矛盾。最终，该法案被废止。

日本财界团体是政府和企业间的桥梁，在政府制定政策时反馈企业方面的意见或要求；在政策推行时向企业传播政策和相关信息。换言之，在战后日本产业政策推进过程中，财界团体的基本功能，就是避免发生政府和企业间信息的不对称，提高政策的实效性和企业的执行力。

毋庸赘言，业界团体并不仅仅存在于日本，欧美也有作为行业协会（trade association）的业界团体。但是日本的业界团体在协助政府推行产业政策方面扮演着独特的角色。例如，日本和美国的行业协会在目的、组织、行动等方面基本上具有同一形态。但是，其内容、理念以及业界团体之间的关系，日美的情况截然不同。按照理查德·塞缪尔斯（Richard Samuels）的说法："专业能力和人员有限的国会及自民党的委员会，在信息收集和分析方面既极大地依赖官僚机构，同时也极大地依赖与日本的官僚机构具有密切关系的业界团体和个别企业。"①

在美国和英国，业界团体往往是部分企业利益的代言人，并且和政府难以维持长期的协作关系。但是，战后日本的业界团体则以基于自由意志的企业体制为前提，在政府制定、实行培植或扶持产业的政策、计划方面，扮演着和欧美的业界团体迥然不同的角色。日本业界团体作为一个通道，使政府和企业的信息双向流通，从而超越了将政府的政策单向下达的信息处理模式，形成了由政府、业界团体、企业三者共同构建的信息通道。这是有"株式会社日本"，但绝无"株式会社美国"或"株式会社英国"之说的根本原因。

不过，日本财界内部也时有矛盾发生。随着经团联"财界总理府"地位的稳固，重构经济团体，建立以东京日本工业俱乐部为大本营，实现以经团联为核心，以同友会为"政策局"、日经联为"劳动局"，将三团体合为一体的构想也被提出，并得到了时任自民党副总裁的绪方竹虎和政调会长池田勇人的支持。但是，这一构想首先遭到同友会的反对。后成为日本银行总裁的同友会代表干事、日本进出口银行总裁山际正道认为："将我们招入经团联麾下，以后岂不是必须唯经团联马首是瞻？"他对经团联副会长植村甲午郎直言不讳地表示："关于经济团体的联合，经团联当然可以有自己的考虑，但我们同友会仍将一如既往地行事。"日经联也通过决议，表示将继续走独立路线，"履行安定日本劳资关系的使命"，对大联合明确表示反对。在石坂泰三出任经团联会长后，实现财界三组织大联合的方案被束之高阁。

对石坂泰三有必要特书一笔。在战后初期担任经团联第一任会长的

---

① 冈崎哲二、奥野正宽编：『現代日本経済システムの源流』，日本経済新聞社 1995 年，183—184 页。

第二章 ● 企业和政府的关系：从"政商"到"政府引导"

是日产化学社长石川一郎。当时的经团联会长被认为是"轻量级会长"，作用有限。1956年石川一郎引退后，候选继任者有开发银行总裁小林中、原日本银行总裁和大藏大臣涩泽敬三、三井银行会长佐藤喜一郎、原东京电力会长菅礼之助、经团联副会长植村甲午郎，等等。由于担任经团联会长有几项不成文的要求：从事制造业界挑选；出身大企业；有人格魅力和国际眼光。最终，经财界大老协商，由东芝社长石坂泰三出任经团联第二任会长。

石坂泰三毕业于东京帝国大学法学部，初入递信省，后辞职加盟刚刚创立的"第一生命保险"。石坂泰三的亲友对他的这一选择感到不解，石坂泰三说："保险在日本方兴未艾，以后必有大的发展。"1938年，石坂泰三出任第一保险社长。他和第一生命保险创始人矢野恒太经过20多年的苦心经营，使公司保险额从1920年的1亿日元，发展到1944年的100亿日元。1949年4月，石坂泰三又应邀出任东京芝浦电机社长。当时的东芝亏损严重，企业生产营销几近瘫痪。临危受命的石坂泰三为了改变局面，对东芝的人事和经营管理方式进行了大刀阔斧的改革，同时利用因朝鲜战争而出现的特需景气扩大生产，上任第二年即消灭了赤字，并在1952年上半年使销售额突破了100亿日元。原先紧张的劳资关系，也因石坂泰三的努力而得到缓解。

1956年2月，石坂泰三被推举为经团联会长。至1968年5月离任，石坂泰三担任经团联会长长达6届12年，从经团联第一代会长石川一郎到第八代会长丰田章一郎（丰田汽车公司董事长），石坂泰三是任职时间最长的会长，为日本经济发展做出了重要贡献。作为"财界总理"，石坂泰三正视日本国情，充满自信，称"日本经济不是一辆失去控制的破自行车"。他反对政府对经济的过度干预，认为发展经济主要应依靠民营企业，民营企业是发展经济的中坚力量，政府对经济的干预越少越好。石坂泰三注重制造业，强调"金融是产业的仆人而不是主人"。他主张向国外企业扩大开放，实现产业自由化。由于石坂泰三等人的努力，1960年日本政府制定了《外汇贸易自由化大纲》，使之成为"贸易自由化"的突破口。1964年4月，日本先后全面加入了国际货币基金组织（IMF）和经济合作与发展组织（OECD），向外汇自由化迈出了重要一步。在石坂泰三任会长期间，经济的持续繁荣也使政治资金丰富和多元，经团联因此在斡旋、沟通等方面扮演了愈发重要的角色，对政治的影响力也日益增强。经团联会长被称为"财界总理",也始于石坂泰三在任时期。

日本通产省的产业政策对经济有重要影响。20世纪50年代日本"出口导向型"经济增长,首先应归功于产业政策。但是,财界的作用也毋庸置疑。1964年《特定产业振兴临时措置法案》成为废案,就是因为遭到财界的反对。日本财界对政府政策和人事安排也有强大影响力。战后,最初扮演财界首领角色的,是以日清纺织会长、日本工业俱乐部理事长宫岛清次郎为首的"根津集团"。"根津"是指原东武铁道社长根津嘉一郎。1940年根津嘉一郎去世后,宫岛清次郎取代了他的地位。他汇聚一些未被"清洗"的财界人士,形成一股重要势力。宫岛清次郎是首相吉田茂东京帝国大学法学部同窗,也是吉田茂的"金主",为吉田茂提供了大量政治资金,对吉田茂自然有较大影响力。继宫岛担任"根津集团"首领的是日本开发银行第一任总裁小林中。"根津集团"也因此被改称"小林中集团"。小林中集团有朝日麦酒社长山本为三郎、日本精工社长今里广记、日东化学社长东海林武雄、日本放送社长鹿内信隆等一批财界实力人物。小林中则和富士制铁会长永野重雄、日清纺织社长樱田武、国策纸浆会长水野成夫并称为"财界四天王"。"财界四天王"和继承了吉田茂"保守本流"政治路线的历任首相,保持着密切关系,对政府的内政外交路线,乃至对重要人事安排,都拥有话语权。池田勇人得以上台执政,和他们的支持密切相关。"财界四天王"不时和池田勇人在东京一家叫"荣屋"的料亭聚会,池田勇人的政治口号"宽容和忍耐"和政策目标"国民所得倍增",都是在"荣屋"谈论的话题。按照小林中的说法:"那家伙一直这么说,我们对此也深表赞同。我们也忠告首相,应该丰富国民生活,将人们的关注点从导致社会分裂的安保问题,转向经济问题。在池田勇人执政后,安保骚动很快沉寂,日本经济大步跨入了池田时代。因此,池田内阁在财界和国民中都有较好的口碑。"①

1964年9月9日,池田勇人因罹患喉癌住进了东京的国立癌症中心。为了避免引起政治动荡,日本政府对外隐瞒了实情,但不得不考虑"后事"。当时,首相候任人选主要有国务相河野一郎和北海道开发厅长官佐藤荣作。财界首领倾向于由佐藤荣作接班,但池田勇人毫不掩饰他对政敌佐藤荣作的厌恶,明确表示支持河野一郎。小林中在回忆录里,记

---

① 松本明男:『財界司令塔の興亡』,東洋経済新報社1995年,91頁。

第二章 ● 企业和政府的关系：从"政商"到"政府引导"

述了他在医院和池田勇人的一段对话：

　　（小林中说）应该让佐藤荣作出任下一任首相，不能将政权交给河野。但是，池田勇人对佐藤荣作相当反感，表示他支持曾经作为自己后援的河野。于是我对他说："你只是在总裁选举中和佐藤荣作较量过，所以讨厌佐藤，喜欢河野。但不能以感情代替政治。作为总理大臣，应该冷静地从大局出发考虑问题。"池田勇人说："你对河野有误解吧？他哪里不好？"我再次说道："河野会向财界收取钱财。如果河野掌握政权，日本将再次出现如同江户时代田沼意次政权那样的政府。"听到这里，池田勇人当即惊讶地说："你是说河野索贿？这我还真不知道。"我对池田说："选什么样的首相，关系到国家的命运。如果选错了接班人，你池田勇人将在历史上留下骂名。"

　　过了几天，小林中又去探望了池田勇人。这次，池田勇人明确表示，"我支持佐藤荣作接我的班"。① 小林中之所以力阻河野一郎成为首相，除因为河野一郎与北海道煤矿社长萩原吉太郎、大映社长永田雅一等财界非主流派关系密切，从他们那里获取政治捐款外，还与一件往事有关。1956年7月，财界四团体向鸠山内阁提交了《反对日苏国交正常化交涉意见书》，但未获重视。当年9月，四团体"要求鸠山首相尽早辞职"。鸠山一郎的心腹——农相河野一郎对此怒喝道："财界劝告首相辞职是越权行为！"他还怒斥财界四团体发表共同声明的"急先锋"——日本开发银行总裁小林中和道路公团总裁岸道三，称"两位担任公职的人参加倒阁运动，实在不像话，应该被剥夺职位"。

　　1966年1月，日本战后首次实施赤字国债，财界出现了"日本株式会社出现破绽"的危机感。以木川田一隆、中山素平、延佐凯实"三剑客"为首的财界改革派，对作为"财界总理"的经团联会长石坂泰三的主张表示了强烈质疑。因为，石坂泰三崇尚"自由放任主义"，认为市场应由受经济规律控制的"无形的手"进行调节。而木川田一隆等则认为，"自由放任主义"这种传统观点难以克服日本面临的危机，日本财界应该以自己的意志进行自我革新和调整，如果不这么做，那么政府官僚必然会介入经营，实施统制，若果真如此，将动摇自由主义经济的基础。

　　当时，被称为"通产省先生"的通产省企业局长、"铁腕官僚"佐桥滋提

---

① 松本明男：『財界司令塔の興亡』，東洋経済新報社1995年，92—93頁。

出,在面临贸易和资本自由化之际,强化汽车、石油化工、电子计算机等国际竞争力非常必要。因此,有必要推动相关企业的合并,提携优势企业,促进产业结构调整。按照这一思路,他领衔起草了《特定产业振兴临时措置法案》,由内阁提交国会讨论。这一法案被经团联和同友会联手阻遏,三次在国会表决时均未获通过。但是,佐桥滋的"特振构想"刺激了有关产业秩序的路线争论,使自由放任、官僚统制、官商协调、民间自主调整的对立更趋尖锐。

1966年3月,日本商工会议所所长永野重雄等成立了"产业问题研究会"(简称"产研")。成立该会的宗旨是从宏观的角度,对国民经济进行广泛研究,对相关产业进行自主调整,建立产业新秩序。"产研"设立了由今里广记为委员长的"政治资金和议会政治现代化委员会"。委员会被称为遏制政界和财界"勾结"的"别动队"。石坂泰三会长、佐藤喜一郎副会长(三井银行会长)认为,这是"对经团联的叛逆",非常愤怒。但是石坂泰三很清楚,由产业界实力人物组成的"产研"的实力不可小觑。他认为所谓"通过自主调整建立产业新秩序",是试图从经团联手中夺取财界主导权的"财界无血革命",有悖于"大义名分",并有走向"官民协调"即形成"混合经济体制"的危险,予以坚决反对。当年年底,土光敏夫(东芝社长)、今里广记(精工社长)、凑手笃(日兴证券社长)、长谷川周重(住友化学社长)、河野文彦(三菱重工社长)、田实涉(三菱银行行长)、藤野忠次郎(三菱商事社长)、水上达三(三井物产社长)、小林宏治(日本电气社长)、谷口丰三郎(东洋纺织社长)等也加入了"产研",使"产研"一时成为在日本财界举足轻重的实力团体,大有与经团联分庭抗礼之势。但是,如后文所述,由于产研势力很快式微,这一局面并未出现。

1965年11月至1970年6月是日本经济史称"伊奘诺景气"的繁荣时期。在这一时期,日本财界寻求的是国际化和自由化的契合,这正是石坂泰三一贯的主张。石坂泰三表示,"使日本产业获得更大发展,需要的不是眼前对产业的保护和规制,而是面向今后20年、30年的开放政策",并提出"应尽快实现贸易、资本的自由化"。[①] 以汽车和计算机产业为先导的产业界人士,对此表示反对。他们认为"时候尚早","如果那么做,日本将被外资席卷"。但是,石坂泰三坚持己见,最终被称为"市场开放政策

[①] 松本明男:『財界司令塔の興亡』,東洋経済新報社 1995 年,99 頁。

第二章 ● 企业和政府的关系：从"政商"到"政府引导"

的元祖"。按照原经团联副会长兼事务局长花村仁八郎的说法："使贸易、资本实现自由化的,不是政府,而是石坂泰三强大的领导力。"经团联也因此进一步确立了"财界总理府"的地位。

"1952年体制"的演变　1970年后,驹井健一郎(日立制作所社长)、日向方齐(住友金属社长、关西经济联合会会长)加入了"产研",曾经强烈抵触"产研"的经团联会长植村甲午郎、日经联会长樱田武,也加入了产研。1974年至1975年,小山五郎(三井银行社长)、铃木治雄(昭和电工社长)、桧山广(丸红商事社长)、佐佐木直(经济同友会代表干事)等纷纷加入"产研",使"产研"进一步成为拥有众多经济界大腕的实力团体。

经团联、日商、日经联、同友会、日本关西经济联合会(简称"关经联")五大财界团体的代表,以及三井、三菱、住友、芙蓉等企业集团的重要人物参加的"产研",对日本财界具有重要影响,使日本财界迎来了"产研的时代"。但是,囊括了五大财界团体首领的"产研",虽然有利于形成协调体制,但也因有悖于财界既定的指导理念而不断遭到反对。1977年,"产研"核心人物木川田一隆去世后,"产研"逐渐式微。一度被视为"战后日本财界史上最强的实力团体"的"产研",在历时十年后日趋沉寂。1982年木川田一隆的继任者河野文彦去世后,"产研"更是名存实亡。

20世纪70年代后,日本产业结构和经济地图迅速发生变化。除了钢铁、电力、化学、造船等传统行业,日本在家用电器、石油化工、汽车制造、精密机械等领域的国际竞争力也不断强化,相关企业不断壮大,日本财界在政坛的话语权也因此增强。同时,被解体的三井、三菱、住友等旧财阀系企业不仅"起死回生",并强化了自身的联合,而且在经济四团体中占据了重要席位,使"1952年体制"有了新的内涵。

按照美国哈佛大学教授亚历山大·格什克隆(Alexander Gerschenkron)的观点,在发展中的国家,政府为实现经济"赶超"而扮演的角色是非常重要的。他指出,在一国的经济发展尚不成熟阶段,甚至在资本积累、运输体制、财政金融制度、教育、一定程度的技术普及等经济"起飞"的必备前提条件尚未得到满足时,由于政府能够采取政策措施满足这些条件,因此和先进国家相比,后发国家往往能耗费较少的时间走完前者曾经走完的路,取得经济的迅速增长。一般而言,在赶超阶段"正确制定"的规则和产业政策,大都能获得相应成效。因为先进国家为处在赶超阶段的发展中国家,树立了明确的、使之能遵循前行的"路标"。有了这些"路标",在各条"路径"即各产业领域中,日本政府能够通过自己创办官营工厂、为民间企业引进技术提供便利、对国内企业采取保护措施使之避免与外国企业竞争等政策,使国民的能量(劳力和资本)集中于为实现国家发展目标服务。按照他的这一观点,一国的社会经济体制,特别是"官"和"民"的关系,同经济发展阶段,存在一定的必然联系。①

上述被称为"格什克隆假说"的观点,在国际上有不少拥趸。他们认为,在明治时代,日本政府成功地创建了中央集权政府,推行了"自上而下"的改革。在大正、昭和的各个时期,政府也扮演了重要角色。政府的产业政策是使日本在明治以后取得经济发展的原动力。1982年,美国斯坦福大学教授查尔曼·约翰森(Chalmers Johnson)发表了《通产省和日本的奇迹》一书。他在书中详细论述了战后通产省的产业政策在日本经济发展中的重要作用。他认为,日本的经济体制属于计划性市场体制,即对现实情况做出策略性反应,把握住有"比较利益"的产业加以发展。这种计划同市场并不矛盾,而是在产业政策指导下更好地发挥市场的作用。约翰森将这种体制的特点概括为四个方面:(1)政府在制定政策时以国家全民利益为准则;(2)有一个像通产省那样的领航机构;(3)对教育大量投资,重视知识,实行财富较平均的分配;(4)政府尊重市场,相信市场价格的作用。②

但是,有不少日本学者持有异议。他们指出,日本自明治维新以后,以赶超欧美先进国家作为民族目标,使经济快速发展。但是,明治以后日本实现"赶超"的过程绝非一蹴而就,而是错综复杂。例如,明治政府为了尽快拥有能和欧美列强抗衡的经济实力,积极推进纤维、造船、钢铁等产业。在大正、昭和初期、太平洋战争前后,日本也实施了各种产业政策,但是,未必可以认为所有那些产业政策均取得了成效。若仔细考察日本产业政策的历史不难发现,政府试图提高目标产业效率的举措,有很多并不成功。甚至有学者认为,就整体而言,不成功的例子居多。更极端地说,与这些说法恰恰相反,政府的介入往往成为产业发展的阻力。因此,认识日本政府在经济发展中的作用是非常困难的。也有学者指出:"研究分析

---

① Gerschenkron, A., *Economic Backwardness in Historical Perspective*, Cambridge, Massachusetts, Harvard University Press, 1962.
② Chalmers Johnson, *MITI and the Japanese Miracle*, Stanford, Stanford University Press, 1982.

第二章 ● 企业和政府的关系：从"政商"到"政府引导"

产业政策的诸多实例显示，就日本而言，为了直接扶持特定产业，将资本和劳力等经营资源向这些产业集中的产业政策，并没有取得很大成效。事实上，日本诸多产业采取了另一种发展模式，即民间企业对官方政策未能奏效之处进行弥补，甚至采取与官方政策抵牾的举措。正是在这样的过程中，日本各产业逐渐取得了发展。换言之，是官和民的互动，才使产业政策取得成效。"①

1993年，世界银行发表了一份报告，题为《东亚的奇迹——经济增长和政府的作用》。这份报告引起广泛关注和议论。按照其中提出的观点，日本政府的介入是一种制度性安排，并因此创造了一种激励机制，形成"创造竞争"。该报告提出了由三项内容构成的"创造竞争"：②

第一，报酬。战后日本，在相当长的时间里，资金不足和外汇不足是经济发展的桎梏。因此，政府对配合产业政策并取得一定成效的企业，给予信贷和优先外汇供应。这对为此而苦恼的企业而言，无疑是极具魅力的"报酬"。

第二，规则，即对何为业绩显著和如何才能优先获取信贷、外汇制定标准。这一做法对成功赚取外汇、节约外汇起了积极作用。日本经济自明治维新至1967年，除"一战"时期外，对外贸易始终处在赤字状态。由于经济景气时输入便增加，外汇储备相应会大幅减少，日本政府因此在经济运作中不得不始终关注国际收支，因而也就理所当然地非常关注企业在"赚取外汇"和"节约外汇"方面的贡献，这种关注也容易获得国民的赞同。

第三，审查员。审查员即政府官员，其职责是对企业在贯彻政策时是否配合、在"赚取外汇"和"节约外汇"时是否厉行节约、是否为从政府机构"降临"企业的"空降兵"（日语为"天下り"）确保"着陆点"进行审查。③

值得注意的是，20世纪70年代前曾发挥有效作用的官民关系，自进入80年代后急速转变为追求部分利益的"互相勾结"（日语为"癒着"）。按照内桥克人的观点，战后日本政、官、财"互相勾结"，是类似于黑社会

---

① 中谷巌：『日本経済の歴史的転換』，東洋経済新報社1996年，130页。
② The World Bank, *The East Asian Miracle: Economic Growth and Public policy*, *A World Bank Policy Research Report*, New York: Oxford University Press, 1993.
③ 政府官员因各种原因、通过各种方式"降临"企业，被称为"从天而降"（天下り），此类官员被称为"空降兵"。

(mafia)的资本主义。他指出,这种资本主义具有如下特征:(1)"老板型"政治家具有很大影响力;(2)企业、财界通过政治捐款,企业、家族"纽带或裙带式选举",成为特定政治家和政权政党的敛财、拉票机构;(3)介入大众媒体;(4)干扰产业发展,使产业开拓无法顺利进行,引起市场阻塞、封闭;(5)投票培养"黑社会"资本主义。他警告道:"必须认识到,政、官、财复合体的互相勾结和腐败,存在着资本主义黑社会化的危险。"[1]

对此,中谷严的观点相对比较客观:"一个国家经济体制的合理性,是由该国家经济发展的阶段性需求决定的。基于这种认识,以历史的眼光进行考察,政府作用的合理性就是在一定的经济发展阶段,建立与之相应的经济体制,制定相应的经济政策。因此,日本在结束赶超欧美先进国家、进入与之并驾齐驱的阶段以后,是不能'穿新鞋、走老路'的,是不能依靠原有的经济体制实现新的目标的,必须对原有的经济体制进行变革。……在日本的体制中,最近特别显示出黔驴之技征象的,是官和民的关系。公正、优秀的官僚和勤奋向上的企业人的协调所成功创造的经济奇迹,曾足以令世人惊叹。但是,现在官和民的关系已成为反市场经济、反民主主义的代名词。"[2]

纵观历史不难发现,"二战"后,无论日本还是欧洲的德国、英国、法国,都通过政府的产业政策推动经济发展。但是,很多产业政策达不到预期效果,失败案例比比皆是。因此,自20世纪80年代,减少产业政策,不再明确大力扶持某些产业的发展,强调促进市场竞争,是决定经济走向的关键。这方面,英国的"撒切尔主义"及其所取得的效果,具有典型意义。而日本,在这方面留下的则是惨痛的历史教训。

---

[1] 長島誠一:『戦後の日本資本主義』,桜井書店2001年,270頁。
[2] 中谷巌:『日本経済の歴史的転換』,東洋経済新報社1996年,126—127頁。

第三章 企业和金融业的关系：
间接金融形成经纬

被称为"20世纪最有辨识力的经济史学家"卡尔·波兰尼(Karl Polanyi)认为,对货币应如此定义：支付手段、交换媒介、价值标准、储藏手段。后人补充道,货币须在私人、集体、国家三重经济圈中都具备上述所有功能。按照这一标准,日本在7世纪已经出现货币。但是,有货币不等于有货币

石油危机一瞥
1973年石油危机爆发后,日本民众抢购卫生纸。

经济。至 12 世纪中叶,日本作为一般等价物用以交换的,不是货币,而是绢和米。从 12 世纪后半叶到 13 世纪,货币经济逐渐形成。至江户时代(1603—1868),日本形成了金银铜并存的"三货(币)制"。除了"硬通货",各藩还发行俗称"藩札"的纸币"国札"。江户时代,包括信用体系在内的日本金融体系已经比较发达,但也因此给明治政府留下了历史难题:币制不统一。明治政府为了摆脱财政困境,大量印发纸币,一度造成财政混乱。

1871 年,明治政府颁布法律,决定实行金本位制,但此后实行的则是"金名银实"的"复本位制"。直到甲午战争后,日本才真正建立金本位制和现代金融体制。但是,战后以"间接金融"为主的日本金融体制,则历经曲折才得以确立。战后金融体制是不是战时金融体制的延续?如何评价这种金融体制的利弊?本章试图解答上述问题。

第一节 "三货制"和"两替商"

日本货币经济的起源　至晚到 7 世纪,日本已开始使用金属货币。1991 年初夏,在位于奈良的飞鸟寺东南方一个丘陵北侧的"飞鸟池"遗址的底部,考古学者发现了 7 世纪后半期至 8 世纪初的工场遗址。遗址中有约 200 个按金、银、铜、铁等不同金属进行分类的冶炼炉,其中包括铸造"富本钱"的冶炼炉。"富本钱"是一种外圆内方形铜钱,方孔的上下有"富本"二字,左右有"七曜文"即七个点。当时在飞鸟池出土了约 300 枚"富本钱",而且多数"富本钱"周边一圈留有脱离于铸模的边痕,另外还有铸模出土。专家一致认为,"富本钱"是日本最早的铜钱。另据《日本书纪》记载,天皇诏令:"自今以后,必用铜钱,莫用银钱。"[①]考古发掘也出土了 100 多枚当时的银钱。这些银钱被称为"无纹银钱",即圆形没有花纹图案的平板银币。

708 年,朝廷迁都平城京即奈良,日本自此进入奈良时代。同一年,大和朝廷还做出了一个重要决定:铸造"本朝十二钱之嚆矢"——和同

[①] 舍人亲王:《日本书纪》,四川人民出版社 2019 年版,第 440 页。

第三章 ● 企业和金融业的关系：间接金融形成经纬

开珎。①

"和同"的原意是人们能彼此信赖地行为处世，将此二字熔入货币，是祈望人们能够公平交易，通过货币使商品交易更趋活跃。"珎"和"珍"通解，"和同开珎"是以唐朝"开元通宝"为蓝本铸造的"四字正统货币"。和同开珎也具有法律和政治意义。因为，"'和同开珎'和'平城京'是律令国家的象征。"②709年3月，朝廷规定交给官府的赋税，四文以上用银钱，三文以下用铜钱。

和同开珎

不过，当时货币只是在京城附近流通，全国远没有形成货币经济。10世纪以后，日本不再铸造货币。至12世纪中叶，承担一般等价物功能的，不是货币，而是绢和米。从12世纪后半期到13世纪，货币经济逐步形成。当时，武士受领的俸禄(稻米)会交由专人负责管理、经营，而这些人大都是从事金融业的人。从明法博士(大学寮的官员)在1136年联署的文书可知，日吉神社中被称为"大津神人"的，就是镰仓时期至室町中期，承办身份高的人向身份低的人借钱事务的金融业者，他们被称为"借上"。所以，虽然在制度上叫"国守的请负"(由国守承包)。但是，负责实际运作的却是管理仓库的"金融业者"。这些"金融业者"建立了一个组织，叫"日吉大津神人"。国守把下达给各郡司的文书"厅宣""国符"和征税令书"切符"等交给"神人"。官人也会把"切下文"(借税令书)交给"神人"。"神人"带着国司和官司的征税令书(被视为担保)前往各令制国，从当地的仓库中取出稻米等物。"值得注意的是……'切符''切下文'等国司和官厅

---

① "本朝十二钱"按首次发行年份依次为：(1) 和铜元年(708年)的和同开珎；(2) 天平宝字四年(760年)的万年通宝；(3) 天平神护元年(765年)的神功通宝；(4) 延历十五年(796年)的隆平永宝；(5) 弘仁九年(818年)的富寿神宝；(6) 承和二年(835年)的承和昌宝；(7) 嘉祥元年(848年)的长年大宝；(8) 贞观元年(859年)的饶益神宝；(9) 贞观十二年(870年)的贞观永宝；(10) 宽平二年(890年)的宽平大宝；(11) 延喜七年(907年)的延喜通宝；(12) 天德二年(958年)的乾元大宝。
② 吉田孝：『8世紀の日本』，岩波講座『日本通史』第4巻『古代史』(3)，岩波書店1994年，36頁。

所发出的征税令书，或是国司的'请取'（表示受领的文书）、'返抄'（收据），都是在金融业者之间流动的。所以，可以说这些文书是最原始的'手形'（票据）。"①

然而，当时普罗大众对货币的认识却相当奇葩。一旦有疾病流传，认为其成因是"钱的病"流言便甚嚣尘上。到13世纪前半期，根据松岩康隆在《钱和货币的观念》所述，货币开始逐渐取代绢成为支付手段。从13世纪后半期到14世纪，土地买卖也不再用米，而是用钱支付。

进入江户时代以后，由于幕府鼓励开垦荒地和农业技术的进步，稻米产量明显增长，但江户时代的人口却相对比较稳定，多出的稻米无法长期储存。但货币可以长期持有，基于流通的需求和财富累积的需要，货币经济因此日益发达。江户中期的儒学家荻生徂徕（1666—1728）在《政谈》中写道，至元禄年间，货币总算到达了农村。也就是说，17世纪末货币在全国范围内得以通用。具有一般等价物这一本质属性的货币的形成，经历了一个漫长的过程。江户时代的武士阶层实行的俸禄制是"石高制"，即领取以"石"为单位的稻米。幕府发给"旗本"和"御家人"②的是从关东和东北的"天领"（将军直辖领地）征收的贡米。这些贡米储藏于隅田川沿岸的"浅草御藏"（粮库）。"旗本"和"御家人"在指定日子领取稻米后，运到米屋换钱。为他们提供从领取到换钱"一条龙服务"的商人，叫"札差"。

江户时代的官方金融机构是金座、银座、钱座。金座是江户时代的金币铸造所，分"大判"金座和"小判"金座。1601年，后藤光次（本姓山崎，通称庄三郎）获德川家康信任，始创金座于江户常盘桥门外，开始铸造"大判"，亦称"板金"或"判金"。那是一种大的椭圆形金币，重量约相当于10两砂金，故两面漆有黑色"拾两"字样。"大判"多用于将军赏赐、大名进献或武士上流社会之间的赠答，不是社会流通的货币。

"小判"是薄圆形的通用金币，一枚为一两。1595年，德川家康征得

---

① 网野善彦：《重新解读日本历史》，尧嘉宁译，联经出版公司2014年版，第281页。
② 除了大名，江户幕府的武士主要分为两种："旗本"和"御家人"。"旗本"最早指的是在总大将的军旗下担任护卫的武士。江户幕府的"旗本"就是效忠将军的近臣。"御家人"的"御"指的是幕府将军，"家人"即家臣。"旗本"和"御家人"的区别主要有："旗本"的地位高于"御家人"，有资格觐见将军，"御家人"没有资格觐见将军；"旗本"一般是护卫江户城的骑士，也有担任"奉行"等官职，"御家人"则大多是负责江户城护卫的步兵；"旗本"的俸禄在100石到9 000石，俸禄高者能像大名一样拥有领地自治权，"御家人"的俸禄一般不到100石，即便有领地也由幕府代官管理，没有自治权。

丰臣秀吉许可,聘请后藤光次在江户和骏河开始铸造"小判",因铸造地而称"武藏判"和"骏河判"。关原之战翌年即1601年,德川家康建立了新货币制度,"小判"金座成为主要金币铸造所,受勘定奉行直接管辖,内设"御金改役所""金局""金货铸造所"三个部门,包揽除"大判"外的所有金币的铸造、监查事务,1869年废止,其旧址即今天位于东京中央区的日本银行总行所在地。"小判"也是一种椭圆形金币,因其重一两,故也称"一两判"。

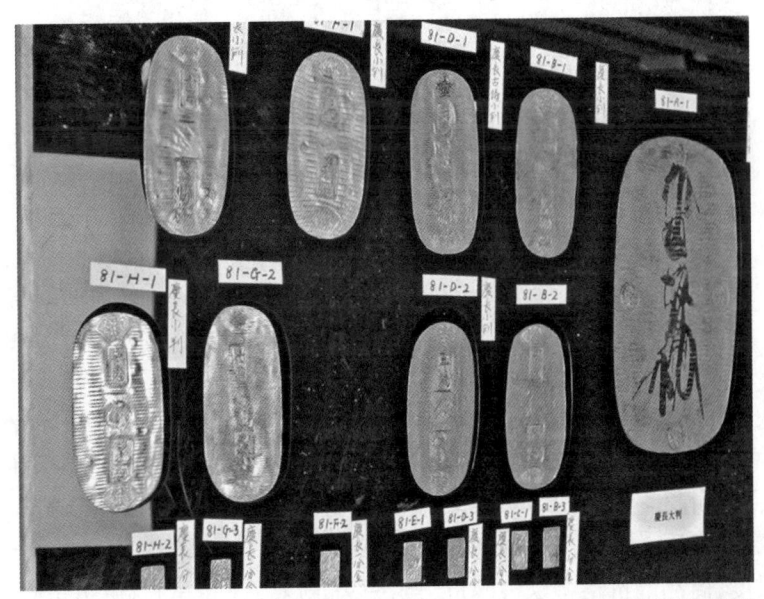

黄金"大判""小判"

银座是江户时期的银币铸造所,最初由德川家康于1601年设立于京都附近的伏见,1608年迁至京都。1606年幕府又在骏府另设银座,于1612年迁至江户。银座在幕府的保护下享有银币生产特权,并向幕府缴纳"运上金"(税金)。银座铸造发行"丁银"(又作"挺银")、"豆板银"(也叫"豆银""小玉银""碎银")。

钱座也叫铸钱座,是江户时期掌管铜钱铸造和发行的机构,只是和金座、银座不同,钱座最初属于非常设机构。1606年,幕府开始发行铜钱"庆长通宝"。1636年,幕府任命银座"年寄"秋田宗古在江户的芝,以及近江的坂本(滋贺县大津市)开设钱座,铸"宽永通宝"。1736年幕府又在

丁银

大坂、长崎增设钱座。各钱座均受金座、银座师傅统辖,不任命专门官吏。

通过上述金融机构,幕府建立了全国性金融体制。1636年后,由于"宽永通宝"的大量铸造,以铜钱流通导致货币流通的统一为契机,在江户时代,货币体制最终得以确立。江户时代货币制度有一个特征:以江户为中心的关东地区盛行"金建"或曰"金遣"(金本位制),即以金为价值尺度,商品价格习惯以两、步、朱表示(1两=4步=16朱)。以大坂为中心的京畿地区(关西地区)盛行"银建"或曰"银遣"(银本位制),即以银为价值尺度,商品的价格多以银的贯、匁、分表示(按:1贯=1 000匁=10 000分)。江户初期,银是称量货币,丁银和豆板银的重量都不确定。但是自

棒铜和铜钱

第三章 ● 企业和金融业的关系：间接金融形成经纬

1765年"明和5匁银"创铸后，2朱银、1朱银、1分银的定额银币得以铸造。这些银币被称为"取代金的通用银"，属计数货币。虽然在定额银币发行之初，"银建"即银本位并未很快占据优势，但是很快趋向流行。在经历了这一过程后，银币日益成为金币的辅助货币，金币相对于银币的王座地位，日益不可撼动。

三货制·两替·藩札 江户时代的货币制度既不是金本位制，也不是银本位制，更不是铜本位制，而是金、银、铜并立的"复本位制"，俗称"三货(币)制度"。这种货币制度呈现两大特点：第一，因金银矿山分布和传统使用习惯使然，即"东部重金，西部好银"，货币流通有明显的地域属性。第二，金币主要使用者是武士阶层，银币主要使用者是工商阶层，钱币主要使用者是农民阶层，即货币流通有明显的社会阶层属性。

"三货制"的实施，使专营换钱的金融业，特别是为拥有金银小判的人互相兑换而设立的店"两替屋"应运而生。因为，与百姓生活息息相关的店铺，大都无法使用金币，必须兑换，且必须支付手续费。金银币兑换价格随市场行情波动，"两替屋"因此可以从中牟利甚至获取巨额利益。当时的"三都"即大坂、京都、江户的"两替业"非常兴旺。

至少在半个世纪内，"三货制"比较稳定。之后主要受幕府财政危机等因素影响，多次改铸导致货币成色降低，其稳定性遭到破坏。在三种货币中，金币是定量货币，有两、分、朱三种计量单位，有10两、5两、1两、2分、1分、2朱、1朱，共7种金币。1两以上为10进位制，1两以下为4进位制，即1两＝4分，1分＝4朱。银币有定量货币，但主要是以匁、文、分、厘为单位的称量货币，采取10进位制。钱币又称"真输""铁钱"，有当百钱、4文钱、1文钱(都是以面值为准的计量货币)。

三种货币的兑换比价受市场比价和流通量影响而有所浮动。按照幕府规定，金、银、铜"三货"的比价，1609年为金1两＝银50匁＝钱4000文(1两合16.5克，1匁合3.759克)。1700年改为金1两＝银60匁＝钱4000文。之后，法定汇率在江户时代不断变动，长期维持着"变动汇率制"。但也正如前面所述，在货币流通领域，日常生活以铜钱流通为主，金银货币一般仅用于礼仪赠答或大宗交易。

除"硬通货"外，作为"三货"的补充，各藩还发行俗称"藩札"的纸币"国札"。一般认为，1661年越前福井藩(福井县)发行的"银札"为最早的藩札，但近年据学者考证，福山藩(广岛县福山市)在更早30多年前的

165

1630年,已发行"银札"。

在各领国即藩发行的藩札是幕府货币的一种补充。在藩札发行之前,各地已有"私札",如伊势(三重县)的"羽书"、大坂的"堀川开削银札"、大阪堺(大阪府堺市)的"木地屋札"(又叫"夕云开札)、大和(神奈川县)的"下市银札"和"今井町银札"、摄津(大阪府)平野庄町的银札等。这些私札发挥了信用货币的功能,并为本藩藩札的发行奠定了基础。①

毋庸置疑,发行藩札的主要原因是随着领国经济的发展,在领国范围内形成了统一的区域性市场,需要通过藩札促进交流,活跃经济。藩札的发行状况和经济发达水平成正比,即经济发展水平较高的近畿地区,发行藩札的领国最多。从以下统计表中,我们不仅可以了解江户时代日本各藩的藩札发行情况,而且可以了解与之相应的各地经济发展水平。

表 3-1　全国各藩藩札发行状况　　　　单位:藩

	奥羽	关东	中部	近畿	中国	四国	九州	合计
初期	2	2	7	12	12	5	6	46
中期	2	3	3	18	5	4	8	43
后期	1	7	9	16	8	1	12	54
小计	5	12	19	46	25	10	26	143

注:资料来源:作道洋太郎『日本货币金融史研究』,未来社1961年,34—35页。初期为庆长至宝永;中期为正德至享和;后期为文化至庆应。

藩札的发行必须经由幕府认可。1707年,幕府曾一度颁布禁止使用藩札的命令。1730年,为了缓和货币不足,幕府解除了上述禁令。以此为契机,藩札的发行制度化,它作为领国货币趋于普及。但是综观整个江户时代,幕府往往根据"石高"确定藩札通用许可年限:20万石以上的藩为25年,20万石以下的藩为15年。随着对藩札发行采取许可制,幕府的领国货币统制政策进一步趋于体系化。至江户时代末期,幕府本身也

---

① 藩札和作为德川幕府"正币"的金币、银币、铜币对应的金札、银札、铜札等,原则上可以和正币兑换。但后来由于各藩财源穷乏滥发藩札,最终使之具有了不可兑换纸币即"不换纸币"的性质。

第三章 ● 企业和金融业的关系：间接金融形成经纬

开始发行纸币。

由于幕府采取了金、银、铜"三货"并用的货币政策，因此进行"三货"之间兑换的"两替"业作为一个必需行业日趋繁荣，并因此使江户时代的信用体系日趋发达。"两替"首先在大坂形成、发展，后延及江户。大坂的"两替"有"本两替""钱两替""南两替"三类。

"本两替"又称"本仲间两替"，通常称"两替屋"，经营类似于今天银行经营的业务。根据规定，在该行业从业年龄在30岁以上者，在履行一定手续后即可开业。在江户时代初期，"本两替"共有约200家，至享保年代达到约340家。"本两替"中最有势力的是"十人两替"，即1661年大坂町奉行石丸定次从"两替商"中选出的10个大"两替商"。"十人两替"统领和监管其他"两替商"，支配金银比价，同时掌管幕府官方资金的出纳和向幕府提供信贷。

"本两替"资力雄厚且多数兼各藩"藏元"（商品交易代理）、"挂屋"（从事包括商品交易所得在内的资金的代理），其上层是幕府的"御用达"（御用金融和商贸承办者）。幕府所在地江户也存在"本两替"和"钱两替"，其中从事黄金业务的有4家，他们主要是从事幕府"御用金"存储运营等的"御用达"。以大坂、江户的"本两替"为代表的"两替商"，兼营以"两替业"为母体的各种商务。当然，在各项商务中，两替业是主要业务。

"钱两替"又称"三乡钱屋仲间"，从事铜（钱）兑换业务。所谓"三乡"的含义是：居民迁移自伏见的80余町，最初称"伏见组"，并以"本町通"（"通"即大道或大街）为界划分，南面的称"南组"，北面的称"北组"。另外，在大川以北的町家称"天满组"。三组合称"大坂三乡"。大多数"钱两替"经营稻米杂物买卖，兼营铜钱兑换业务。

"南两替"又称"南仲间两替"，是大坂南部的"钱两替商"，资力强于"三乡仲间两替商"。根据幕府末期嘉永年间即19世纪50年代初的记录，"三乡钱屋仲间"有617名，"南两替仲间"有544名。

除了"两替商"，江户时代还有一种被称为"无尽"的民间金融组织形式。"无尽"源出佛典，据说从印度、朝鲜半岛传入日本。"无尽"俗称"赖母子讲"，始于镰仓时代，在江户时代最为发达，在明治时代依然盛行。"无尽"不仅是一种民众互帮互助的共济性融资组织形式，还为工商业者提供信贷、为庶民提供贷款，数额从数十两至数百两不等。

另外，在江户时代还有一种"两替"，叫"米方两替"。"米方两替"又名

"遗来两替"("遗来"意为"筹措"),是堂岛米市场的豪商经营的一项业务,主要经营方式是通过收受"敷金"(保证金、订金)和为买卖双方订立相关契约、规定等,给稻米买卖双方提供中介服务并收受"步银"(手续费)。

"两替屋"的资金来源和现代银行业一样,是资本金和储蓄。从家产中获得的资本金是"两替商"最大的"元手"(本钱),其数额多少甚至在家族内部也是绝密的。储蓄在幕末已经相当普遍。付给储户利息的资金来源主要是借贷利息,所以"两替商"最关注的,就是存储和借贷的利率差。为此,他们一方面争取储户,根据储蓄量和存储期限增减利息,并设定活期储蓄和各种定期储蓄的不同利率;另一方面则竭力争取和扩大借贷客户,将储户的钱贷出去,通过利率差获取收益。借鉴长期的经验,"两替商"熟知储户支取储蓄的比率和时期,因此能够运营收储资金的75%甚至更多,即可以运作75%以上的资金。这种风险意识,已无异于现代银行通过设定"储蓄准备金比率"规避风险的意识和规定。

江户时代的信用体系 在收储、支付和非现金转移时,"两替商"采用两种"手形"作为凭证。所谓"手形"是期票、汇票的总称,属信用货币,因古文书有按捺手印以加强凭证作用的习惯而得名。"手形"萌芽于镰仓时代,在镰仓末期转用于商业贸易的结算称"为替"。"为替"原称"割符""替钱""替米",最初用于收购年贡米,具体做法是交付人将"替钱"交给"为替人"(经纪人),"为替人"再将此钱定期转付领取人,并将这一过程记入"割符"。经营此种业务者被称为"替钱屋""割符屋""两替众"。室町时代亦采用此法,至江户时代趋于完备和流行,并始称"手形"。

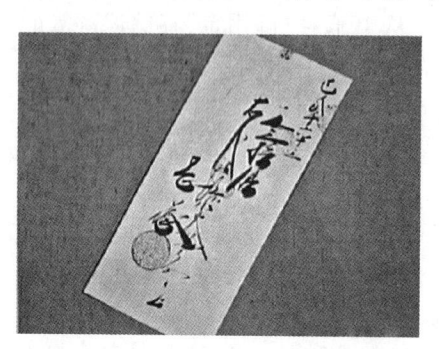

江户时代的"米切手"(兑换稻米的凭证)

以票据为支付手段的"手形"贸易,由大坂天王寺的屋五兵卫首创。除一地内的信用贸易外,在17世纪末的元禄时期,异地交易不用现金而使用汇票的方法趋于普遍,特别是在大坂和以江户为中心的远隔地贸易中,被广泛使用。

当时主要有两种"手形",一种日语名称是"预かり手形",中文译为"收储凭证"或"存款证券",是"两替商"收取储蓄时交给储户的"凭票即付

第三章 ● 企业和金融业的关系：间接金融形成经纬

票据"，类似于今天的"存折"。另一种"手形"日语名称是"振出手形"（又称"大坂手形"），中文译为"发出票据"，是在支取储蓄资金时储户交给两替商的"手形"，相当于今天的"支票"。两种"手形"中最常用的是"振出手形"，即"发出票据"，因为"振出手形"存在两大便利，一是储户可以根据用途支取必要金额，二是如果因为是假票据等遭到拒付，可以在流转过程中"顺藤摸瓜"，找到"振出手形"的原初出具者，进行债权诉求。

当时，两替商可以为客户开具超出储蓄额的"振出手形"，用现代语言表示即"透支"。在幕末，两替商已经形成了网络般的密切关系。财力较弱的"两替商"特别在紧急时刻，往往依赖财力雄厚的"两替商"，两者关系被称为"母子两替商"。一个"母两替商"可以有几个"子两替商"，反之亦然。他们之间经常使用的"振出手形"有两种：一种是彼此之间结算用的"振差纸"；另一种是自身资金不够而紧急融资用的"空手形"。顾名思义，"空手形"的票面数额往往超出原有资本。在极端情况下，"两替商"有时可开出超出所持资本六七倍的"空手形"。"空手形"的流通，一方面表明了"母子两替商"的亲密关系，另一方面表明了由"母两替商"的"金融信用"支撑的信用体系，在当时已相当发达。值得关注的是，不同两替商之间的这种关系，已经具有了现代银行体制中总行和分行关系的雏形。

江户时代，商人之间的交易由如下方式构成：货主—问屋（一级批发商）—中介（二级批发商）—零售商。但是，他们之间货款的支付方式却因商品种类而异。商人之间原则上仍采取现金交易，如鲜鱼、烟草、绢丝等均是现金交易。采取信用交易的商品仅占少数，如舶来品、纸等。在采取"赊账"即信用交易时，时限从3日到1年不等，亦常有分期支付，如每双月的30日为货款支付日。在采取这种支付方式时，一般都先支付"手形"，由"两替商"充当中介，同时也充当信用担保，由购货商向"两替屋"发出"振出手形"。由此可见，原本仅仅作为现金储蓄凭证或信用凭证的"振出手形"，通过商品交易而充当了货币的角色，成为"一般等价物"，还通过"透支"成为借贷手段。如此，不仅加速了商品流通，而且极大地节约了金银货币的使用。因此在幕末，以"振出手形"为基础的"两替商"业务，在各大小城市均频繁展开，非常成熟。而在不同城市之间的交易，则通过"为替手形"进行。幕末两替业的结构和运作方式，特别是在信用体系方面，显然已构成现代银行业的雏形。必须强调的是，日本金融业之发达，在幕末开港后令当时占世界金融界鳌头的英国人也非常惊讶。

1691年,江户幕府创设了用于公款转送的"公金为替"(公款汇票)。由于允许"两替商"在大坂拿到"公金"至送到江户缴纳有60天期限,而这60天是没有利息的,因此"公金为替"又称"60日为替"。这种"公金为替"包括"本手形""置手形""添手形"3个种类。

1723年,用于大名诸侯资金转送的汇票"江户为替"(又称"大名为替")也得以创设。"公金为替"和"江户为替"用于江户和大坂之间的资金转送,如幕府在关西的"天领"即直辖领所获贡米在大坂出售后获得的资金,以及大名诸侯在大坂出售领国的物产所获得的资金、筹措的贷款等转送到江户的汇票。另外,在大坂"问屋"和江户"问屋"之间,还有作为货款的汇票。信用制度的确立加速了商业资本的周转率,促进了商品经济,特别是江户和大坂之间商品流通的发展。

在幕府行将就木时,近代日本银行业的探索者即开始采取行动。1863年6月,最坚决的"尊王攘夷"根据地长州藩,派遣伊藤博文、井上馨等5人赴伦敦留学。1865年4月,萨摩藩也派遣了由殖产兴业的先驱五代友厚率领的15名留学生赴伦敦留学,后成为外务卿的吉田清成是其中一员。虽然当时留学生前往伦敦是学习西方科学理论和技术知识,但在明治政府开始构建近代银行框架时,他们的见识和经验无疑成为很好的材料,如吉田清成就曾建议仿照英国模式建立近代银行。

在开港以后,外国银行也旋即跟随商人进入日本。1863年夏,英国银行首先进入日本,并大都集中于横滨。欧洲各国银行所拥有的资本金,令日本的"两替商"不能望其项背。如按照当时外汇比价换算,巴黎信用银行为9 000万两银,英国东方银行为4 200万两银。

外国银行业务,大致可分为三类:储蓄、借贷、跨国支付。其中最主要的是跨国兑现业务,而这恰好是在金融网络和技术已相当发达、成熟之时,在国际金融界仍纯属"乡巴佬"的"两替商"的软肋。例如,英国的东方银行出售由伦敦、爱尔兰、新西兰、旧金山、纽约、巴黎支行和代理行兑现的支票,向有旅行用款需求的客户出售名为"circular note"的、居于旅行支票和信用票据之间的金融信用凭证。在储蓄和借贷方面,东方银行为储户提供活期、普通、定期3种服务,并有以横滨为支付地的支票和其他票据的兑现服务。在借贷方面也有支票兑现和其他证券的收购,以及用金银和其他商品为担保的借贷。不过,除跨国兑现业务外,在储蓄和借贷业务方面,外国银行虽运营手段和提供的服务先进,却并不占优势,其中很重要的原因是外国银行的业务区域仅限于开港地区,业务对象仅限于三井,只同三井进行金融交易。

首先迫使日本开港的美国,由于自1861年4月后的4年里,国内发生南北战争,因此在1868年即明治维新之前,没有一家银行进入日本。构成当时在日本的外国银行主力的,是英国银行。随着伦敦国际金融市场的扩大,进入日本的英国银行业务也急剧发展。例如,英国印第安商业银行在进入日本的翌年,即兼并了另一家英国海外银行印第安西方银行。1866年夏,英国最大的跨国金融业者、欧沃伦格尼银行的破产引起多米诺骨牌效应,多家英国海外银行破产,东方银行亦受影响,这一影响是导致其最终破产的主要原因。除语言障碍和文化、社会、地理因素外,外国银行在横滨的活动刚刚开始即因"水土不服"而遭受挫折,引起广泛关注。就在外国银行主力英国银行出现经营破绽后,日本政治格局也发生了变化。因此,日本近代银行业主要由其自身建立。

第二节 近代金融体制的形成

金融秩序的整顿 币制的统一是形成全国市场的基础,而以银行为核心的金融制度的确立,则是资本主义发展的重要动力。因此,构建金融体系是近代化建设不可或缺的条件。作为后发资本主义国家的日本,在这方面有着独有的特性。如前面所述,在江户时代幕藩体制下,日本的货币制度是金银铜并立的"三货(币)制度",基本货币单位是两、匁、文。幕府规定的金银钱(铜)兑换比值是:金1两=银50匁=钱4 000文。以江户为中心的关东地区的人们习惯使用金,金的比值是1两=4分=16朱。关西地区的人们习惯使用银,银的比值是银1匁=10分。钱币,关东和关西民间规定是统一的,即钱币1贯=1 000文。尽管有幕府规定的比值,但市场上民间的比值更为流通,另外还有各藩的纸币"藩札"和私人钱庄发行的"私札",甚至还有假币。总之,明治初期的金融秩序很不统一。如何规范金融秩序,实现货币统一,是明治政府面临的一大难题。

佐藤正则指出:"相当于日本金融体制形成期的明治金融机构的构建,大致可划分为两个时期。第一时期是至1890年形成骨骼的金融机关的设立,以《国立银行条例》(1872年)、《银行条例》(1890年)颁布,普通银行业务开始展开,以及日本银行(1882年)和作为贸易金融机构的横滨正金银行(1880年)开业、作为大众储蓄专门机构的储蓄银行的设立(1890年)为标志。在这一时期,金融基础设施得以构建。第二时期则是日清战后经营时期。"[1]也就是说,日本明治时代的金融史,以中日甲午战争为界,分成两个阶段。

1868年6月,明治新政府在最高行政机关太政官之下,设置了财政主管机构"会计官"(翌年8月改称大藏省即今天的财务省)。在新生的明治政府面临的一系列难题中,如何应对严峻的金融形势,获取殖产兴业的资金,是最大的难题。由于江户幕藩自17世纪末滥发货币,因此货币质量差、种类多,金融秩序非常混乱。据大藏省调查,明治初年,包括藩札在内的通货总量达1.865 6亿两,在总流通量中,11种金币占47%,7种银币占37%,6种钱(铜)币占3%,1 313种藩札占13%。为了改变这一状况,明治政府采取了两大措施,一是发行纸币,一是统一硬币。

1868年7月4日,明治政府正式发行了4 800万两"太政官札"、750万两"民部省札"(此后通货的称呼由"两"改为"元")、680万日元"大藏省兑换证券"、250万日元"北海道开拓使证券"共4种纸币,总称"政府纸币"。由于当时纸币印刷技术低劣,防伪性能很差,导致假币横行,于是,明治政府引进德国造币机械印制新币,逐渐以新币取代4种旧币。然而因为政府并不拥有能够将纸币兑换成"正货"(黄金)的黄金储量,因此在进入明治时代后的最初5年里,"政府纸币"在满足财政需求的同时,也埋下了通货膨胀的隐患。

1868年2月,明治政府沿袭江户幕府惯例,在开港地区将墨西哥银币作为正式结算货币。1870年秋,前往美国视察银行制度的大藏少辅伊藤博文从当地致函大藏省,建议仿效美国银行制度并采取金本位制。伊藤博文的信于1871年春抵达大藏省。此前,政府已决定采用银本位制,收到伊藤博文的建议后,于当年4月决定采用金本位制。金本位制就是以黄金规定货币所代表的价值,各国货币按含金量确定彼此间的比价,以黄金储备作为各国货币发行量的保障,国际结算使用黄金,黄金作为支付手段并且可以自由流动即输出或输入,以此保障外汇市场的相对稳定和国际金融市场的统一。

---

[1] 杉山伸也编:『「帝国」日本の学知』第2卷『「帝国」の经济学』,岩波书店2006年,72—73页。

第三章 ● 企业和金融业的关系：间接金融形成经纬

伊藤博文和他的家人(1905年摄)

金本位制肇始于英国。1717年,英国皇家铸币局局长、著名物理学家艾萨克·牛顿(Isaac Newton)规定,1盎司黄金价值为3英镑17先令10.5便士,但这只是金本位的萌芽。1816年,英国议会通过了《金本位制法案》,正式确立了金本位制。1821年,英国正式启用金本位制,规定1英镑＝1/4盎司。1837年,美国国会通过法案,也确立了金本位制,确定1美元＝1/20盎司,即英镑和美元的汇率是1英镑＝5美元。德国以获取1871年普法战争的赔偿为基础,将通货称为"马克",并在1873年施行了金本位制。至19世纪末,金本位制成为世界通用货币制度。

1871年4月,日本"大阪造币寮"举行了落成仪式,硬货统一正式揭幕。6月,大藏省制定了《新货币条例》。根据这一条例,日本通货采用金本位制,规定1日元＝1.5克黄金,将此前的基本货币单位"两"改为"元"(日文写作"円"),通货的比值以元、钱、厘10进位法换算：1元＝100钱＝1 000厘。由于当时亚洲的贸易通行的是银本位制,因此日本政府规定,在开港地允许无限制使用银币,而且《兑换银行券(货币)条例》也采用银兑换制。因此,当时日本所谓的"金本位制"只停留在纸面上,真正施行的是"金名银实制"或"金银复本位制"。实际上,当时世界上也存在着两种本位制:欧美国家的金本位制和亚洲国家的银本位制。

与此同时,明治政府决定对新设立的兑换机构,以及幕府时期遗留下来的金融机构进行统一。1869年4月,由大隈重信主导,明治政府在东京设立了由政府统辖、负责货币兑换的8家"为替会社"。之后,明治政府仿效西方,筹划建立近代金融机构。当时,不少人主张以中央银行拥有唯一货币发行权的英国为蓝本。但是,由于当时日本还没有设立中央银行,所以最终决定以民间的国民银行均可发行纸币的美国为样板。美国国民银行发行的纸币可以向同行兑换成金币。日本政府试图仿效美国建立兑换制度,对此前不可即时兑换的纸币进行清理整顿,并决定新的金融机构采用相当于"bank"的日语名称"银行"。

1871年至1872年,日本政府又发行了3种纸币:大藏省兑换券、开拓使兑换券、明治通宝札,均以元为单位。前两种货币此前实际已经存在,明治通宝札是作为明治政府的统一纸币发行的。日本政府试图以明治通宝札逐渐取代以前的各种藩札、太政官札、民部省札、大藏省兑换券、开拓使兑换券,使之成为统一纸币。至1879年,明治通宝札基本完成了对上述几种纸币的统一。但是1881年2月,明治政府又发行了神功皇后札,和明治通宝札并行流通。神功皇后札有20钱、50钱、1元、5元、10元共5种面值,同明治通宝札一样,也是不可即时兑换纸币。另外,当时还出现了由民间的"国立银行"发行的新纸币"国立银行券",和明治政府发行的纸币在全国并行流通。不过,国立银行券是可即时兑现纸币。明治政府统一纸币的任务,随之中断。

"国立银行券"之所以"横空出世",使政府通过明治通宝札统一全国纸币的进程中断,一是明治政府想利用民间资本弥补政府黄金储备的不足,为殖产兴业提供更多资金,二是明治政府希望以此改变人们对纸币不可兑现的固化认知,增加纸币的信誉,为以后全国统一货币的发行做准备。然而,事实上因受黄金储备的限制,国立银行券发行量很少,而且一些商人在获得国立银行券后即向该银行兑换金币,导致国立银行经营困难。

1872年11月15日,经过参议大隈重信和大藏大丞涩泽荣一具体筹划,明治政府公布了《国立银行条例》,以美国的National Bank(国民银行)为范本,开始建立近代银行。8家"为替会社"除了"横滨为替会社"改

第三章 ● 企业和金融业的关系:间接金融形成经纬

组为"第二国立银行",其余几家均相继关闭。《国立银行条例》由28条161款构成,规定各国立银行由5名以上股东组成,选任包括"头取"(行长)在内的5名以上董事。《国立银行条例》对以后日本银行业的发展有重要影响,概括而言,主要有以下两个方面:

涩泽荣一东京故居　　　　　　　涩泽荣一

第一,规定细致。该条例规定,国立银行的资本金与总行所在地人口需成正比,如人口10万人以上的城市,最低资本金需50万日元以上。该条例同时对储蓄准备金、借贷担保等也做了细致规定。自该条例颁布以后,规定细致始终是日本银行业的特色。

第二,发行比率明确。按照规定,各银行的资本金中,40%必须是可以即时兑换的法定准备金(现金),60%是可以发行但不可即时兑换的"银行券"。

股东所出资金的60%以太政官札、民部省札、明治政府发行的新纸币抵充(此时各种纸币尚未统一),但须将这一数额的纸币交大藏省换取公债,再将这些公债交大藏省押存,作为发行等额纸币的担保金。各国立银行发行的国立银行券规格相同,但须标明所发银行的名称。换言之,各银行的银行券的黄金兑换准备金率为40%。同时规定,必须留存储蓄总额的25%以备储户支取。

国立银行是相对外资银行的名称,并非由代表国家的政府设立。国立银行是"株式"(股份制)有限责任公司。"株式会社"这一概念是政府积极引进的。1873年6月,以三井组和小野组为主要股东的第一国

175

立银行在东京宣告成立,由三井组和小野组各选出"头取"(总裁),由辞去官职的涩泽荣一出任总监。同年8月,"第一国立银行"开始发行"第一国立银行券",这是日本历史上最早的银行券。三井组和小野组作为稳定的金融机构,在江户时代就服务于政府财政业务,之所以率先参与近代银行建设,就是不想失去与政府相关的财政业务。两年后,涩泽荣一出任"头取"。之后,1874年8月,第二国立银行在横滨成立;1874年3月,第四国立银行在新潟成立。1873年12月,第五国立银行在大阪成立(银行名称按筹备时间排序,而非成立时间)。第三国立银行原应在大阪成立,但因发起人意见对立,最终不欢而散,第三国立银行最终流产。由于《国立银行条例》规定的开设门槛较高,所以只开设了4家银行,而且受金币储备的限制,这4家银行的银行券发行量很少,流通也不顺畅。

为了鼓励民间资本开设银行,1876年8月,日本政府修订了《国立银行条例》,颁布了《国立银行改正条例》,放宽了国立银行的开设门槛,不仅规定银行名称可自由使用,将法定准备金率从40%降为20%,而且对原先的规定进行了一项改变银行性质的重大调整:国立银行可发行"不可兑换纸币"。受此鼓动,各种国立银行相继成立。1876年之前,仅有4家国立银行成立,但是至1878年11月,京都第153国立银行也宣告成立,可见发展之迅猛。

《国立银行改正条例》颁布翌年即1877年2月,西南战争爆发。为了"平叛",明治政府增发了2 700万日元明治通宝札,并向第15国立银行借款1 255万日元。也就是说,西南战争导致日本新增了4 200万日元不可兑换纸币。同时,由于日本对外贸易逆差扩大,金银币大量外流,国内金银币流通量持续减少,纸币不断贬值,导致物价飞涨。统计显示,1876年至1879年,国立银行券发行总额从170万日元增加到3 404万日元,增长了近20倍;1876年至1879年,日本年均物价上涨率超过20%。另外,《国立银行条例》第19条明确规定了股东的有限责任。"株式会社"即股份制企业,迅疾成为日本大企业最普遍的组织方式。

开设门槛的降低使国立银行快速大批涌现。如前面所述,至1878年,在短短两三年时间里,获得国立银行经营执照的银行数量达到153家,其中大部分将总部设在东京,东京因此取代大阪成为全国金融中心。此后,政府不再核发国立银行经营执照。有几家银行虽然获得了经营执

第三章 ● 企业和金融业的关系：间接金融形成经纬

照,但并没有正式开业,因此实际开业数量没有那么多。现在的七十七银行(宫城县内)、百五银行(三重县内)等银行的名称,就是当时留存下来的。1879年以后,虽有一些私立银行开张。但是,这些私立银行没有货币发行权,而且大都规模较小,只是经营存储业务,远不具有近代银行的性质。

19世纪70年代后半期至19世纪80年代前半期,日本还设立了一些非银行金融机构,采取了一些金融举措,包括1875年5月仿效英国建立的邮政储蓄制、1879年9月在大阪建立的票据兑换所("手形交换所")、1878年建立的东京海上火灾保险的前身损害保险会社、1881年建立的"明治生命"保险公司的前身"生命保险会社"等。

"双头体制"的形成 在国立银行纷纷建立之际,以三井从第一国立银行分离自立门户为标志,私立银行大批涌现,仅1879年即有9家私立银行成立。1880年和1881年两年,又有80家"加盟"。在全国47个道府县中,私立银行遍布25个府县。以后被称为普通银行或商业银行的私立银行,在19世纪80年代初已正式展露身姿。另外,按数量判断,被称为"银行类似会社"即"准银行"的金融机构的发展,更为迅猛,据日本内阁统计院《日本帝国统计年鉴》提供的数据,在1880年至1881年两年,此类机构从120家跃升至369家,遍及30个道府县。

在国立银行纷纷建立之际,明治政府还着手建立了一些"特殊银行"。所谓特殊银行,就是服从特定目的,按照特定法律或法令设立的银行。政府对此类银行给予多方保护,同时给予严格监管。最先设立的特殊银行,是1880年2月设立的横滨正金银行。

1879年12月,大藏大臣大隈重信向太政大臣三条实美递交了由该省官吏小泉信吉起草的《正金银行案》,该银行案提出了两个构想:

第一,若"正金银行"成立,将成为"正币"交易中心,可通过储蓄等吸纳维新以来被"死藏"于民间、估计达1亿日元的"正币"。可将这些正币中的相当部分投入对外贸易,扭转当时因金银币供给不足招致的贸易周转困难,变"死钱"为"活钱"。因此,大隈重信的这一构想又被称为"起死回生术"。

第二,政府可因此掌握大量"正币",从而可相应扩大纸币发行,使"不可兑换纸币"尽快退市。"正金"即维持本位制的"正币"(金银硬币)。取名"正金"的立意,就是表明"正金银行"是专门为流通提供金银币、促进贸易的银行。

"太政官"(类似于内阁)采纳了大隈重信的建议。1880年2月28日,正金银行正式成立,总部设在横滨(另在神户设有支行),故名"横滨正金银行"(略称"正金银行"),资本金300万日元。虽然横滨正金银行是根据《国立银行改正条例》设立的,但属于无发行银行券权力的银行,是以后"特殊银行"即政府系银行之端绪。设立这一银行的目的是获取此前由外国商人和外国银行所支配的贸易金融主权。为此,日本政府允许横滨正金银行经营包括官方资金存储业务在内的各项业务,并于1887年颁布了《横滨正金银行条例》,将该行定为专门经营国际金融业务的特殊银行。1889年10月又确立了横滨正金银行作为外汇汇兑银行的地位,在日本资本主义的发展中,横滨正金银行扮演了非常重要的角色。

东京日本银行总部

由于"使命"特殊,和其他银行相比,横滨正金银行有三个特点:第一,尽管有时也使用支票代替正币,但主要以"正币"进行营业;第二,为了支持正币专营,政府为正金银行出了占资本金三分之一的正币;第三,横滨正金银行的头取(行长)、董事等高管,均由政府任命,营业由大藏省派

第三章 ● 企业和金融业的关系：间接金融形成经纬

遣的管理官监管。①

横滨正金银行是一家具有半官方性质的外汇专业银行,虽是民营,却受政府的特殊优惠和保护。19世纪80年代,横滨正金银行先后在伦敦、纽约、旧金山、里昂设立了4个支行(其中里昂名为"出张所");19世纪90年代设立了夏威夷、上海、孟买、香港4个支行,为日本开展对外贸易提供强力资金支撑。1889年至1897年,横滨正金银行的总资产从3 200万日元跃升至9 600万日元,增长了2倍。

在横滨正金银行设立两年后,1882年6月,日本政府制定了《日本银行条例》,同年10月设立了中央银行即日本银行,资本金200万日

上海外滩 24 号横滨正金银行上海支行旧址
当时它也是日本对华金融侵略的据点。

元。自此至"一战"结束,日本银行和横滨正金银行并驾齐驱,构成日本银行业的"双头体制"。

之所以设立日本银行,主要是因为19世纪80年代初,松方正义为了摆脱金融困境,采取了"超均衡财政"的手段,即努力增加岁入、减少岁出,强行形成黑字财政,并采取了征税和增税、中央财政转用地方财政、赤字官营企业民营化等措施。按照松方正义的考虑,在采取上述措施蓄积兑换纸币的准备金后设立中央银行,发行兑换银行券(货币),形成现代通货信用体系。基于这一构想,松方正义于1882年3月1日向太政大臣三条实美递交了《创立日本银行之议》《创立趣旨之说明》,以及《日本银行条例案》《日本银行定款案》。根据松方正义的建议,明治政府于同年6月制定了《日本银行条例》,同意以发行股票的方式筹措日本银行资本金,政府和

---

① 1946年横滨正金银行改名"东京银行",1991年与三菱银行合并为"三菱东京银行"。2006年三菱东京银行与"联合银行"合并,组成"三菱东京日联银行"(日文名称"三菱東京 UFJ 銀行")。

179

民间各占一半。1882年10月10日,日本银行在东京日本桥创立。日本银行拥有资本金200万日元,股东580名,由吉原重俊任总裁、富田铁之助任副总裁,有包括高层管理人员在内的行员55名。三井银行的三野村利助和安田银行的安田善次郎,均出任日本银行理事。

1883年,日本政府再次修订《国立银行条例》。该条例第12条规定,各国立银行在20年的营业期后仍可继续经营,但将不再拥有银行券发行权,并必须转为私立银行。另外规定,各国立银行纸币的退市,将在经过日本银行审定后实施。

1884年5月,以通货膨胀得以迅速遏制并趋向缓和为背景,大藏省颁布了《兑换银行券条例》,规定日本银行券为银兑换券,共有1日元至200日元7种面额。日本银行券即纸质货币,其发行权由日本银行独享。该条例还对货币发行的条件和指标做了具体规定,使国立银行不再拥有货币发行权,并必须在规定期限内改组为普通银行。

日本银行成立后,并没有立即开始发行银行券,而是做了一些准备工作:回收流通中过剩的政府纸币和各种国立银行券,和其他各银行机构建立账户联系,积极储备金银币,将其作为日后日本银行券发行的准备金。经过3年多的准备,1885年5月,日本银行开始正式发行统一纸币——日本银行券(即日元,今天的日元纸币上即印有"日本银行券"五个字)。

1885年5月,日本银行首次发行了120万日元的日本银行券,在全国通行。翌年,日本政府开始兑换此前发行的"不可即时兑换纸币",同时收兑旧纸币(明治通宝札、神功皇后札、各种国立银行券)。由于新纸币可即时兑换为银币,而旧纸币均不可即时兑换,更由于纸币的信誉已经恢复,日本银行券自发行之初,就得到了人们的广泛接受和认可。人们拿到新的日本银行券后,并没有去日本银行蜂拥挤兑银币,收兑工作进展顺利。明治初期造成经济状况紊乱的"不可即时兑换纸币"制度,自此被废止。1881年4月,1日元银币=1.8日元纸币,到1885年5月,二者基本等值兑换,纸币回升至法定价值水平。

1888年,日本通货的总流通量为1.72亿日元,其中日本银行券的流通量为6 300万日元,占银行券流通总量的37%,但翌年即为7 400万日元,达到流通总量的42%。另一方面,1885年总额超过8 800万日元的政府纸币,至1890年减至原有数额的39%,1896年减至原有数额的

10%,数值仅相当于总流通量的3%。国立银行纸币总量在1890年减少至原有量的87%,1896年减至原有量的16%,仅占总流通量的6%。至1899年底,旧纸币即"不可即时兑换纸币"完全被日本银行券所取代,"寿终正寝"。1899年12月31日,所有旧纸币正式停止流通。至此,日本的纸币完全统一为"日本银行券"。

在执掌为中央银行主要权柄的银行券发行业务后,日本银行也开始接掌另外两项由中央银行承办的业务:一是运营和储存国库资金,一是发行国债。随着对这两项权柄的执掌,日本银行被称为"银行中的银行"。

但是,横滨正金银行和日本银行的建立,并不意味着"双头体制"就已经形成。特别是国立银行、私立银行、银行类似会社的大量存在,令日本政府感到棘手。据统计,1881年,国立银行、私立银行、银行类似会社合计超过600家。这一数字在19世纪末仅次于美国,居世界第二位。日本银行之所以如此众多,最根本的原因是随着殖产兴业政策的不断推进,社会对资金有极大需求,但是在金融机构迅疾发展、数量众多的同时,面向小资本、小储蓄的资力薄弱企业和阶层的银行数的大量增加,也使日本银行业存在相当脆弱的部分,令以大藏省为首的金融当局劳心费神。

银行数量众多,乱象丛生,最根本的原因是法制尚未完善。在1893年之前,国立银行、私立银行、银行类似会社,因没有法律规定和限制而增长迅猛。自1883年至1896年,私立银行从207家扩增至1 005家,其中包括转为普通银行的旧国立银行。这些银行同期总资本从2 050万日元,增加到8 800万日元,约是原先的4.3倍,约相当于1896年全国银行总资本数额的2/3。银行类似会社也从572家增加至680家,资本金从1 200万日元增加到1 400万日元。私立银行、银行类似会社数量的增加,一方面反映了产业对银行资金的需求,另一方面也如平均资本金递减所显示的,反映了小规模银行的增加。

事实上,早在1890年,日本政府即公布了《银行条例》,但由于关联法迟迟没有制定,故延迟至1893年才推出。《银行条例》总共仅11条,简洁明了,第一条即对"银行"下了定义:同时公开经营贴现、汇兑、储蓄、借贷业务的,不管名称如何,均视该组织为银行;第二条对银行设立程序做了规定:银行的设立必须由地方长官报请大藏大臣许可;第三条对银行的义务做了规定:银行每半年须向大藏大臣呈交营业报告;等等。对上述条款,各方没有争议。但是,在两项规定上,各方意见产生了分歧:一是是否应对银行创办设立门槛即"最低资本金"？二是个人占总资本金的份额是否可超过10%？最后，大藏省放弃了前者，坚持了后者，即放弃设置资本金准入门槛，坚持设置个人所占份额的门槛。这一让步为以后小银行纷至沓来撤除了障碍，也为1896年甲午战争后颁布《银行合并法》留下了伏笔。

随着日本银行的设立，政府决定将国立银行改组为普通银行，并制定相应的法规。1890年8月，明治政府公布了银行条例，并对私立银行经营项目、财务管理、大藏省享有的监督权等做了明确规定。至此，"双头体制"基本确立。

金本位制的确立　1893年5月，日本政府公布了《银行条例实施细则》并于同年7月实施。在颁布《银行条例实施细则》后不久，日本金融业进行了一场影响深远、堪称"划时代"的变革：在经过激烈争辩后决定放弃银本位制，采用金本位制，并对金融业进行了大规模整顿。最终终结这场争辩，使日本政府进行金融体制整顿的根本因素，就是甲午战争。

如前面所述，1871年6月日本制定的新货币条例决定采用金本位制。但此条例显然是一纸空文。因为，事实上当时日本金融采取的是"金银复本位制"或"金名银实制"，即由松方财政按照银本位制的方式统一。之后，如前面所述，"日本银行券"逐渐取代了"政府纸币"和各种"国立银行券"。

日本政府早在1871年即已立法准备施行的金本位制，之所以迟迟未能施行，主要是因为1882年后，日本对外商品贸易收支持续呈现黑字。对此，有两大互为关联的原因：一是日本轻工业发展迅速；二是在国际汇兑市场，银价持续走低，使采取银本位制的日本货币贬值，从而刺激了日本的出口贸易。数据显示，原先大致在1：15.5上下浮动的金银比价，自19世纪70年代欧美各国相继施行金本位制后出现变动，银价大幅度下跌。在1893年6月世界上最大的银本位制国家印度采取金本位制后，1894年金银比价更是跌至1：32.56。同时，日本国内的金银比价在19世纪80年代后半基本维持在1：20的水平。日本金融体制因为银本位制的采用而具有了制度性稳定。

但是，面对国际金融时局的变化，在印度施行金本位制4个月后，日本政府成立了"货币制度调查会"，令其进行通货本位的调查并提供咨询报告。调查会以第一届伊藤内阁农商务相谷干成为会长，由大藏、外务两

第三章 ● 企业和金融业的关系：间接金融形成经纬

省和日本银行、横滨正金银行、三井银行、三菱银行，以及学界、政界、新闻界的"有识者"22人组成。在10月25日举行的全体大会上，成立了以横滨正金银行"头取"园田孝吉为委员长，大藏省主记官阪谷芳郎、书记官添田寿一、帝国大学教授今井延、《东京经济新闻》主干田口卯吉为委员的"特别委员会"，负责撰写提出有关咨询的调查报告。至1895年3月，该委员会在17个月里召开了37次会议。

在是否"弃银从金"问题上，调查会成员意见相左，争辩激烈。以实业界代表涩泽荣一、益田孝等为一方的"保守派"认为，日本国际竞争力较弱，现行银本位制有助于促进日本对外贸易出口，如果放弃银本位制，将使日本货币贬值所具有的优势荡然无存，有造成国际收支逆转的危险，因此必须维持银本位制。以大藏卿松方正义和大藏省主记官阪谷芳郎等为另一方的"改革派"则认为，为了强化军事实力，充实产业基础特别是加强重工业和化学工业，必须从欧美诸国大批输入武器和机械，导入外国资本，所以必须采用金本位制。阪谷芳郎对为何当采用金本位制，有一番耐人寻味的陈述："今日各国或采用金本位制，或采用银本位制，或采用金银双本位制。无奈我国采其任何一制均难免价格波动。因此在确定本位制时，当选最有利于国内通用之便利和对外贸易之便利者。我国自古即有长期通用金之传统，且我国和诸外国交易大多采用金本位，故采用金本位之利毋庸置疑。疑之所存，唯今日能否无有损失地从银本位移转为金本位，以及即便能作此移转，将来能否维持金本位者。"[①]不难发现，虽然阪谷芳郎持"改制论"，但他对"移转"是否遭损表示担忧，对"维持"有无"将来"缺乏信心。

就在激辩正酣时，1894年7月，甲午战争爆发。战争以清朝败北结束。根据翌年4月17日双方签署的《马关条约》，日本不仅获得了总计达2.315亿库平银（相当于3.5598亿日元）的巨额赔偿，而且获得了向中国台湾地区以及朝鲜半岛扩张的机会。

在上述背景下，日本展开了甲午战争后的产业发展政策，即"日清战后经营"。"所谓'日清战后经营'，是指日本在强烈意识到'三国干涉还辽'后的国际形势的前提下所展开的整体性政策运营。"[②]具体而言，就是

---

① 阪谷芳郎：「貨幣制度について」，『東京経済雑誌』第541号，1890年。
② 杉山伸也編：『「帝国」日本の学知』第2巻『「帝国」の経済学』，岩波書店2006年，5頁。

"以军备扩张为主,求'劝业、教育、金融机关之发达,交通运输之进步',同时以公共投资为中心大幅增加财政支出"。① 由于不平等条约《马关条约》的签署使日本获得了约相当于日本年度财政收入3.87倍的2.315亿库平银,日本推行甲午战争后的产业发展政策获得了丰富财源。这项"经营"使日本金融业产生了以下几项重大变化,形成了"持续至20世纪90年代的日本金融业基本结构":

第一,为日本施行金本位制增添了一个决定性砝码。甲午战争后获得巨额赔偿,对"改制派"无疑是极大的利好消息。因此,原先对"改制"表现出一定担忧和缺乏自信的阪谷芳郎,顿时颇具代表性地成了"即行论者",认为越晚施行金本位制,成本将越高。阪谷芳郎表示:"银价之下落和日清战争,使我们看到了使财政计划完全一新之必要和紧迫。""一方面推行金本位,一方面断然施行增税,尽力扩大帝国财政即经济之规模。"② 恰在此时,第二届伊藤博文内阁进行了"阁内人事调整",请1892年辞去首相兼藏相的松方正义"重新出山"担任藏相,从而构成了有利于实施金本位制的人事格局。

松方正义就任藏相两周后,即着手推进"改制"。1895年7月,货币制度调查会最后一次全体会议通过了两点作为向政府提供咨询的决议:其一,有必要改正现行通货本位;其二,新采用的货币本位制,应是金本位制。

1896年9月,松方正义再次拜受"大命"(天皇的任命),组成了第二届松方正义内阁,亲自兼任藏相,并以大藏省书记官添田寿一起草的《金本位制施行方法》为蓝本,将制定货币法的议案提交内阁会议讨论。经内阁决议、帝国议会决议两大程序后,1897年3月,日本政府颁布了决定施行金本位制的《货币法》,宣布将从当年10月起施行金本位制,规定1日元=纯金750毫克,同年10月实施。"向金本位制的转变,是为了脱离亚洲银币圈,安定与欧美主要国家的贸易、金融关系的举措,堪称'脱亚入欧'的经济象征。"③

第二,原国立银行转为私立银行即现在的普通银行(商业银行),也在

---

① 中村隆英:『明治大正期の経済』,東京大学出版会1985年,85頁。
② 故阪谷子爵記念事業編:『阪谷芳郎伝』,同会1951年,203頁。
③ 山本義彦:『近代日本経済史——国家と経済』,ミネルヴァ書房1992年,41頁。

第三章 ● 企业和金融业的关系：间接金融形成经纬

甲午战争后的1896年正式启动。最初转为普通银行的，是历史最悠久，因而也是最早触及"20年营业期限"的第一国立银行。同年，该行更名为"第一银行"。之后，至1899年2月，所有原国立银行全部转为普通银行。在极盛时期曾多达153家的国立银行，此后有122家作为普通银行继续生存，有16家被其他银行吸收、兼并，有9家自行清算，有6家被大藏省强令关闭，并由此形成了政府系银行和民营银行并存的金融体制。

第三，1896年4月，日本政府颁布了《银行合并法》，推进银行合并和兼并。如前面所述，由于1893年实施的《银行条例》撤销了最低资本金限制，因此普通银行数在1893年1年间即实现倍增，达到545家。3年后再次倍增，超过了1 000家。《银行合并法》就是为促进合并、兼并而出台的。但是此法收效甚微。日本"银行多于米铺"的现象，此时已初现端倪。

第四，甲午战争后，日本金融业开始进入"特殊银行时代"。"特殊银行"是民间商业银行被称为普通银行后，人们对政府系银行的俗称。若按照官方定义，特殊银行是指根据特殊法律设立、规定，受国家特别保护并开展相应的"国策金融"业务的银行，其高层管理人员均由政府任命。按此定义，"二战"前日本的"特殊银行"共有以下几家：日本银行、横滨正金银行、日本劝业银行、日本兴业银行、北海道拓殖银行、"台湾银行"、"朝鲜银行"、"朝鲜殖产银行"。但其中日本银行和横滨正金银行设立于甲午战争前，且其"特殊性"与其他以行业或区域为重点的特殊银行不同，因此一般不包括在内。

"特殊银行时代" 执行甲午战争后的产业发展政策期间，一些特殊银行纷纷建立，使日本金融业进入了所谓"特殊银行时代"。各特殊银行设立目的和形成顺序依次是：

第一，"以为工农业的改良、发达提供资金援助为目的"而设立的"劝业银行"（1896年4月）；"为有效运营工农业金融、作为劝业银行之手足机构"设立的"农工银行"（1896年4月）。也就是说，农工银行的功能和劝业银行大致相同，但属于地方性银行，规模较小。劝业银行和农工银行均可发行债券，两者的关系是：劝业银行吸收农工银行发行的债券，农工银行代理劝业银行的贷款业务，两者具有垂直关系。劝业银行和农工银行最初均以振兴农业为主要业务，如发放开垦耕地的资金且主要以不动产作为担保。之后随着城市化进程，其业务范围逐渐向都市不动产延伸。

第二，"以证券流动化和引进外资为目的"而成立的"兴业银行"（1900

年 3 月)。兴业银行主要向工业企业提供贷款,贷款主要以有价证券作为担保。不过,由于当时有价证券业尚不发达,因此兴业银行当时在引进外资方面发挥了重要作用。由兴业银行吸收的一半以上外资,又被投资于亚洲,特别是投资于中国,在日本对华经济侵略方面,兴业银行扮演了重要角色。

第三,"以专门为北海道地区的开发事业提供长期信贷为目的"成立的"北海道拓殖银行"(1899 年 3 月)。

第四,另外三家银行均是日本政府根据甲午战争后的"需求"相继成立的侵略占据区银行:"台湾银行"(1900 年 4 月)、"朝鲜银行"(1911 年 3 月)、"朝鲜殖产银行"(1918 年)。

第五,早已存在的邮政储蓄迅猛发展。在现代银行业最先发达的英国,"saving"和"deposit"是有明显区别的。在日语中,"贮金"对应"saving","预金"对应"deposit"。这一区别在明治初年已经出现。当时,日本银行家和大藏省均将零星储蓄称为"贮蓄"或"贮金"(小额储蓄),以区别于银行"预金"(较大数额储蓄)。1875 年,时属内务省的"驿递寮"(递信所)以东京为中心,设立了 19 家"贮金预所"(储蓄所),受理 10 钱至 100 元的小额储蓄。1880 年,"驿递寮"改为"驿递局"(邮政局),"贮金预所"也随之更名为"驿递局贮金"。1885 年,日本政府将"驿递局"划归当年成立的"通信省"(邮政省)管辖,同时在大藏省设立了"预金局"(储蓄局),作为邮政储蓄的最终收藏所。1887 年,"驿递局"更名为"邮便局"(邮政局),"驿递局贮金"亦因此更名为"邮便局贮金"(邮政储蓄)并延续至今。从"贮金"到"邮便局贮金",邮政储蓄增长迅猛:1875 年为 1.5 万日元;1885 年为 905 万日元;1896 年更是累计为 2 800 万日元,为普通银行储蓄的 20%,约占全国银行储蓄的 12%。

而另一方面,继 1872 年《国立银行条例》制定、采取股份制形式的国立银行成立后,股票买卖开始出现。为顺应这一要求,日本政府于 1878 年 5 月和 7 月先后设立了同样作为股份制企业的东京股票交易所和大阪股票交易所,制定了《股票交易条例》。当时采取的交易形式是,在股票交割后允许在一定时限内延期交付,并可以在这一时限内进行"反向交易",即变买主为卖主,最后结算。最初上市交易的大部分是公债。甲午战争结束后,随着铁道、纺织会社巨额股票的发行,股票市场急剧扩大。但是,大部分交易仍是以赚取差价为目的的投机性交易。因此,日本政府在

第三章 ● 企业和金融业的关系：间接金融形成经纬

1887年颁布了《股票交易所条例》，将股票交易所转为会员制组织，对转卖、折扣交易进行了限制。但是，因遭到股票交易所的强烈反对而作罢。事实上，"根据大藏省调查，在东京股票交易所上市的'株式会社'总资本金的73%，是股东直接投入的资金。与此相比，在1888年至1890年企业创办热时期建立的上市和非上市株式会社，其总资本金实际投入资金仅占29%，而这不到30%的投资金额，也是从银行借贷的，并且作为抵押，这些股份归银行持有。"甲午战争后，以"会社创办热"为背景，大藏省采取了鼓励地方城市建立股票交易所的政策。在此之前的1893年，日本政府已再度根据以往的制度制定了《交易所法》，欲将交易所从营利组织改组为中立的会员组织，试图改变偏向于投机的交易状态，使股票体现公正的价格。但是在经历几度挫折后，仍无法改变以赚取"差价"为目的的交易状态。尽管"至1898年，日本全国有46个股票交易所发挥着功能，大藏当局期待这些股票交易所开展公债和会社股票的上市和交易，但是股票交易未见发展"，"极端地说，可以认为明治末期的证券市场的发展，是通过各银行强烈依存于日本银行信用达成的"。① 由此可见，日本早期资本市场与其说是融资市场，毋宁说是赌场。资本市场在吸纳和蓄集资金方面的作用仍相当有限，日本证券市场尚未成熟，远没有达到大众化程度，企业的资金需求仍依赖银行。也就是说，日本现代金融体制在形成初期，已经呈现出间接金融的特质。所谓"间接金融"，按照《广辞苑》的解释，即"企业通过从外部金融机关借贷筹措资金。个人及其他机构所需资金以金融机构为媒介得到供给"。

承担为产业发展提供长期资金之使命的特殊银行中的兴业银行，有一项很重要的业务——发行社债（公司债券）信托业务，并为之提供担保，即受托为特定、重要产业的社债发行提供担保，以提高社债的信用度。附有担保的社债，自1906年至1911年发行总额为3 716万日元，其中77%由兴业银行发行。这一情况也是在证券市场日本金融体制尚未发达的佐证。

甲午战争以后，日本证券市场取得了切实发展。据统计，1897年至1911年，上市证券品种从121种发展为241种，翻了近一番。发行总额从5.642 5亿日元上升至20.095亿日元，增加了2.56倍。至1911年，证

---

① 玉置纪夫：『日本金融史』，有斐阁1994年，70页、126页、127页。

券的发行总额和全国银行贷出总额基本相同,但是后者在同一时期增长了5.1倍。通过这一比较,可见证券市场的发展还是远远落后于银行业的发展。就上市证券构成比率的变化而言,1897年至1911年,在上市证券总额中,国债从61%降为55%,减少了6个百分点;股票从39%降为38%,减少了1个百分点。这7个百分点由社债填补。1911年,社债在上市证券总额中的占有额有所上升,共占7个百分点。总之,在因特殊银行的设立而得以强化的金融体制中,证券市场仍主要是国债流通市场。另外,随着1891年和1896年东京票据交换所和大阪票据交换所的成立,支票汇兑等金融服务业正式问世。

最后值得关注的是,甲午战争以后,民间俗称"赖母子讲"(资金互助会)、与"质屋"(当铺)一起支撑庶民生活的金融互助共济组织"无尽",自明治以后不仅依然广泛存在,而且自1901年合资的"无尽会社"出现后不断发展。信用组合、信托业等各种金融机构和组织的法制也日趋完备。至19世纪末,日本现代金融体系逐渐形成。1915年,大藏省颁布了《无尽业法》,将民间金融互助共济置于大藏省监管之下。1916年至1919年,"无尽会社"从136家增加至206家(其中136家实行股份制),注册资本从260万日元增加至410万日元。以后成为"互助银行"的"无尽",在"一战"期间及"一战"后初期的"大战景气"时期的金融领域,已占有一席之地。

19世纪末,日本金融机构已形成彼此密切关联的三极结构:一是作为轴心的中央银行即日本银行,二是作为政府金融政策实施机构的特殊银行,三是作为城市金融机构的普通银行和储蓄银行。日本各种各样银行的规模存在极大差异,特别是在1904年日俄战争爆发后,随着金融恐慌的发生,资金不断流向都市大银行,导致都市大银行和地方中小银行的两极分化日趋显著。以财阀系银行为中心的都市银行"吸金"能力不断增强,并呈现垄断性优势,而地方中小银行则因获得日本银行一定程度的金融政策的保护,同时由于要满足地方产业发展资金的需求而历久不衰,形成都市银行和地方银行并立的"二重结构"。这也是日本现代金融体制在萌芽时期就已呈现的一个特质。

当时日本金融体制呈现出的另一个特质,是商业银行化趋势。实际上,明治政府在从西方引进现代普通银行制度时,就是以英国商业银行为样板的,以支票兑付为主要业务,但由于在资本主义初创期商业信用尚未成熟,因此日本最初建立的银行,大都以赚取存贷款的利息差为主。自

第三章 ● 企业和金融业的关系：间接金融形成经纬

1883年7月,由于国库资金的运营集中于日本银行,同时随着产业化发展,企业之间资金往来数额不断扩大,以支票结算日益显得必要,因此银行功能也随之发生转变。

第三节 "一战"：金融体制转变期

金融业的扩张 日本金融体制在"一战"期间发生了明显变化。日本银行作为日本的中央银行,在"一战"期间依然是日本的金融中心。如前面所述,以贸易出超为基础,"一战"期间日本银行券(简称"日银券",即日元纸币)发行数量急剧增加。不断膨胀的"日银券"的需求大户,是横滨正金银行和"台湾银行"。因为,战时对外贸易的急速扩大,自然使结算资金随之增加。从1914年至"大战景气"达到顶点的1918年,即整个"一战"期间,仅横滨正金银行和"台湾银行"两家银行,就占了日本银行每年贷出资金总额的65%、发行总额的22%。"日银券"发行量大增的另一个原因,是陷于"一战"的欧洲国家发行战时公债的需求。自1916年至1918年,英、法、俄向日本银行借贷的公债总额,达到约5.28亿日元。另外,日本银行通过"台湾银行"、"朝鲜银行"、兴业银行对中国的"投资",也占有很大比重。[①]

"日银券"之所以能够巨量发行,主要是因为正币持有量的持续扩大提供了有力支撑,这使日本银行调低银行准备金率成为可能。低准备金率的长期维持,使金融市场趋于繁忙,使各银行的利息竞争之火再次燃起,并导致经济过热,为战后"反动恐慌"埋下了隐患。

特殊银行以"大战景气"为背景,展开了各具特色的业务。1914年至1919年,横滨正金银行扣除债务的总资产,从3.783亿日元扩大至14.656亿日元,增加了近3倍。放贷和储蓄均获得大幅增长的横滨正金银行,也因此首次摆脱了正币不足的烦恼。1919年,横滨正金银行在日本外汇交易中,占了70%的份额,在外贸金融中也占有很大份额,成为举世瞩目的"贸易银行"。

---

① 本节所引数据未注明处,均引自以下资料。日本銀行統計局編：『明治以降本邦主要経済統計』,並木書房1966年;日本銀行百年史編纂委員会編：『日本銀行百年史・資料編』,同行1986年。

以日本国内为据点的另外两类特殊银行,在"一战"期间也发生了明显变化。

一类是劝业银行,以及作为劝业银行"手足"的农工银行、北海道拓殖银行。这3家以产业金融业务为主要经营内容的银行,"一战"期间资金总额及贷出资金均大幅增长。在运营资金中,储蓄所占的比率从19%增至30%。值得一提的是,劝业银行和农工银行直到1910年才获准经营包括储蓄在内的普通银行业务。1911年后,由于政府对借贷的限制趋向缓和,同时由于"大战景气"时期工商企业资金需求旺盛,劝业银行和农工银行实力急剧增强。

另一类是兴业银行。在同一时期,兴业银行的储蓄和债券合计金额约增长4倍,达到2.8亿日元;贷出资金增长了3倍,达到1.7亿日元。尤其需要强调的是,由于正币不足问题的缓解,兴业银行也获准承担外债发行业务并投资海外,1918年获准涉足造船业,业务发展非常迅速。兴业银行的另一项"使命"是充当对华经济侵略的"急先锋"。1917年至1918年,由日本政府担保,兴业银行发行了1亿日元"兴银债券"。意在对中国进行经济侵略的寺内正毅内阁,指使西原龟三进行对华"投资"。于是,兴业银行同"台湾银行"和"朝鲜银行"一起,组成了所谓"借款团",于1917年1月至1918年9月实施了著名的"西原借款","投资"于中国的银行、铁道、电信、采矿。

同属特殊银行,但主要从事占据区经营的"台湾银行"和"朝鲜银行",发展更为迅猛。经过"大战景气","台湾银行"的资本金增长了4倍,达3 750万日元;存入资金增长了5倍,达2.865亿日元;贷出资金增长了7倍,达3.8亿日元。"朝鲜银行"的资本金在这一时期增长了4倍,为4 000万日元,存入资金增长了11倍,达1.89亿日元,贷出资金增长了10倍,达3.23亿日元。

和特殊银行相比,普通银行和储蓄银行在同一时期的情形稍有不同。20世纪的最初10年,这两类银行共计有683家消失。其中因合并而消失的为12%,其余均为破产或自行停业。但是自"一战"爆发后,情况开始发生变化。1915年,大藏省修订了《储蓄银行条例》,严格划定了储蓄银行和普通银行的业务范围,并扩大了这一条例的适用对象。1916年,大藏省修订了《普通银行条例》,并于同年在大藏省内重新恢复了1891年撤销的银行局,强化对普通银行的监管,同时推进普通银行合并运动。以

第三章 ● 企业和金融业的关系：间接金融形成经纬

此为背景，1911年至1919年，普通银行和储蓄银行共有531家消失，其中约占25%的128家银行因合并而不复存在，仅在1917年至1919年因合并而消失的占96家。尽管如此，同一时期普通银行和储蓄银行的金融业务仍有显著发展，各项资金显著扩增。统计显示，两种银行的资本金共增加了3倍，达到9.28亿日元。普通银行的存入资金和贷出资金分别增长了5倍和4倍，为57.44亿日元和56.66亿日元；储蓄银行的存入资金和贷出资金分别增长了6倍和7倍，为17.78亿日元和14.67亿日元。也就是说，在"一战"期间，普通银行和储蓄银行的数量明显减少，但存入和贷出资金的总量却明显扩大。

普通银行中的"五巨头"，即三井、三菱、住友、第一、安田5家银行，也因"大战景气"、大企业资金需求旺盛而有显著增长。20世纪最初10年，在整个普通银行资本金总额中，这5家银行所占的比率平均为7%，但在1911年至1919年，这一比率增长至16%。

按资本金排位，在"五巨头"中，位居首席的是在这一时期资金从2 000万日元增加至6 000万日元的三井银行，其次是资金从100万日元猛增至3 000万日元，即扩大了29倍的三菱银行，第三是从100万日元增加至2 620万日元的住友银行，第四是从1 000万日元增加至2 270万日元的第一银行，第五是从500万日元增加至1 750万日元的安田银行。

和前10年相比，1911年至1919年普通银行的整体增长幅度为2.2倍，而"五巨头"的增长幅度则为4.2倍，其存入资金和贷出资金在整个普通银行中所占的比率，更是分别达到24%和21%，即在总共1 340家普通银行中，这5家银行的存入资金和贷出资金，分别占24%和21%。1916年，住友银行在美国旧金山设立了支行，开了普通银行设立海外分行之先河。其他几家随即紧跟，使日本普通银行进入经营国际业务的金融时代。

"大战景气"也刺激了邮政储蓄、保险、证券三大非银行金融领域的发展。在世纪之交，日本邮政储蓄已相当于全部银行储蓄额的10%。1919年，最终存入大藏省"存款部"的邮政储蓄金额为7.31亿日元，即相当于全部普通银行储蓄额的13%。

1911年至1919年，保险业取得了飞跃发展。保险会社从23家增加至83家，保险费收入增加了近3倍，达1.564亿日元；资产总额也增加了近3倍，达5.567亿日元。这一数额相当于日本全国银行资本金、储蓄、债券发行总额的5%。推动保险业快速增长的动因，无疑是"大战景气"

中急速增长的对外贸易物流的损害保险。保险业作为金融业的一员,自此开始崭露头角。

大正初期,以"一战"为契机,被称为"大正财阀"的新型财阀迅速崛起。由于新兴财阀的资金蓄积难以支撑其不断扩张的发展需求,必须从证券市场筹措资金。这一需求成为使证券市场继续扩张的一大要因。于是,由日本银行的特别融资支撑的证券市场,也在"大战景气"中急速扩张。1911年至1919年,东京证券交易所的上市品种从241种增加至684种,上市证券面值总额急剧增加。证券业之所以急速增长,原因主要有两个:一是上市证券品种的多样化。原先证券交易所的交易品种主要是国债和股票,此时公司债券、地方债券增长迅速,而且有外国的战时国债加入。二是国债和股票所占比率的变化。在"一战"前,国债在上市总额中占55%,股票占38%。但是自进入"大战景气"后,这一比率发生逆转。1919年的上市总额,股票占54%,国债占31%。上市交易的会社股票,从原来的179种增加至498种,面值从7 560万日元增加至30.53亿日元。在"大战景气"进入尾声的1917年至1919年,日本资本市场活跃着10多家"股票中介业者",其中1872年在大阪创业的"野村德七商店",继承江户时代"两替商"的传统,显得尤为活跃。如此前所述,1917年,"野村德七商店"将名字改为"野村商店",并使之转型为株式会社即股份公司,并在翌年设立了大阪野村银行,主要经营普通银行业务。1925年,大阪野村银行的证券部脱离银行,单独成立了"野村证券",直至成为日本证券业"老大"。虽然日本金融业各领域因"大战景气"而扩张迅速,但是,非常态的急剧扩张也埋下隐患,使之在"景气"消退后急剧萎缩。

金融困境和恐慌　　"'一战'景气"的消退,始于战时喧嚣的出口自1919年开始趋向沉寂,并从出超转为入超。1920年底,日本出现了经常收支4 260万日元的贸易赤字。与之相应,正币持有额从1919年的20.45亿日元降至18.3亿日元,约减少了11%。而另一方面,为了抽紧银根,防止经济过热,1919年11月,日本中央银行即日本银行,将此前1年多时间里已经两次调升的银行准备金率,又调升至8.03%。准备金率的提升和市场需求资金的合力,必然抬升银行利率。1920年3月15日,银行短期存款利率升至12.5%,使股市的资金迅速流向银行,导致股价暴跌。始于1920年3月15日的股市暴跌,甚至使东京证券交易所在3月16日和3月17日停业两天。这一史称"反动恐慌"的金融危机,首先

第三章 ● 企业和金融业的关系：间接金融形成经纬

直击短期资金市场和证券市场的汇票中介银行。大阪的藤本大楼中介银行和增田大楼中介银行在4月初首当其冲，先后遭到挤兑。同年4月至7月，挤兑风波蔓延至东京的其他银行。据统计，当时有57家普通银行和储蓄银行总店、102家支店遭到挤兑，其中有21家银行被迫临时歇业。为了使遭到挤兑的银行免于倒闭，日本银行提供了总额为8533万日元的紧急贷款，并采取措施拯救股价暴跌的证券市场。日本大藏省则从法律角度强化银行的抗风险能力。1920年8月，大藏省修订了《银行条例》。1921年8月，日本政府又以新制定的《储蓄银行法》取代30年前制定的《储蓄银行条例》。而制定这两个法律文件的目的，是淡化普通银行和储蓄银行业务差异，推进银行合并，增强银行抗风险能力。1921年至1923年，共有389家普通银行、储蓄银行参与了"合并运动"，其中218家因此"销声匿迹"。大藏当局的"大银行主义"措施，取得了切实的成效。另一方面，财阀系银行也展开了"兼并运动"。其中业绩最显著的是安田银行。该行在副"头取"结成丰太郎的领导下，通过给予新设立的银行"援助"，或给予陷入困境的银行"救助"，与一些银行建立了密切关系，使之成为安田银行的"关联银行"。20世纪20年代初，安田银行的"关联银行"达到了22家。

信托业也在此期间得到整顿。日本信托制度始于20世纪初。1902年日本兴业银行成立后，最先开始从事信托业务。1904年成立的东京信托公司，则是第一家专业信托公司。1907年后，日本各地的信托公司相继成立。至1919年，日本全国已有488家信托公司。这些信托公司大都资本有限，其中不少专事高利贷和其他欺诈勾当，对社会稳定形成威胁。1922年，日本政府同时颁布了《信托法》和《信托业法》，对信托业进行整顿。经过整顿，到1923年12月，获批继续经营的信托公司只剩下了5家。

20世纪20年代"战时景气"逆转后，特殊银行也陷入了困境。由于大幅贸易入超导致经常收支持续赤字，不仅国内"正币"持有额大幅度减少，而且存于横滨正金银行伦敦支店的国外的正币，也在1920年至1923年从10.62亿日元"缩水"为4.44亿日元，减少了一半以上。不仅如此，1919年至1923年，横滨正金银行的总资产也从14.66亿日元减为12.94亿日元。横滨正金银行这一日本银行中的"巨无霸"，因总资产的迅速"缩水"而面临危机。自1907年已经开始的关于劝业银行和农工银行是否应该合并的争论，因农工银行陷入资金困境而以"中央集权论"战胜"地方分权论"宣告结束。1921年4月,日本当局颁布了《劝业银行和农工银行合并法》,将两个银行合并。劝业银行的地位和规模显著提升和扩大,为迅速扩张的重工业和化学工业提供贷款,巩固了作为长期供给产业资金的机关银行的基础。

和劝业银行相比,另一工业金融机构兴业银行的经营,更能反映当时日本经济的窘困状态。1919年至1923年,兴业银行贷出资金从1.69亿日元增加至3.08亿日元,债券发行额从2.33亿日元增至3.08亿日元。与之相比,储蓄金额虽从4 500万日元增至7 000万日元,但相当有限。特别需要强调的是,1920年后救济资金的相继贷出,使兴业银行从产业发展的"发动机",变成了专门"救急"的"消防队"。

1920年3月,日本股价暴跌,东京、大阪证券交易所陷入困境,大藏当局命令兴业银行救市。为此,兴业银行和横滨正金银行、"台湾银行"、"朝鲜银行"、三井银行、三菱银行、第一银行、安田银行等15家银行,筹措了4 000万日元股票交易所救济资金,使停业1个月的证券市场重新开张。除了发放救济资金外,兴业银行还对陷于不景气的整个中小企业、绢业、铜业,以及船舶、造船业融资。总之,兴业银行被"救济融资"缠身,影响了自身的发展。"台湾银行"和"朝鲜银行"也遭受了1920年开始的金融危机的袭击。1919年至1923年,"台湾银行"的存入金额从2.87亿日元减为2.02亿日元,"朝鲜银行"的存入金额从1.89亿日元减为1.63亿日元。

1923年9月1日上午11时58分,以相模湾为震源的关东大地震,使日本经济"雪上加霜",使日本银行业遭受了一场源于大自然的劫难。在震灾发生当天,东京的168家银行总行、374家支行共计542家店铺正在营业,其中约53%即285家遭到破坏。加盟东京银行集会所的84家银行中,仅劝业银行、兴业银行、三菱银行等5家银行总行,以及横滨正金银行、"台湾银行"、住友银行的8家东京支行幸免于难。横滨的42家银行,除了横滨正金银行总行,几乎悉数被毁。为此,日本政府于9月7日颁布了作为紧急敕令的"暂缓支付令"。

由于遭受震灾,各银行存入、贷出金额的记录和贷出担保,很多被烧毁、损毁,所有股票价格暴跌。这些成为日本当局不得不解决的难题。为此,日本银行为"大债主"57个集团62家会社发放了巨额融资,即救济性再贴现(政府补贴)的所谓"震灾汇票"。具体做法是由日本银行向受灾地区银行实施特别融资,融资以震灾汇票的再贴现形式进行,企业凭商业汇

第三章 ● 企业和金融业的关系：间接金融形成经纬

票到普通银行贴现,得到现金,普通银行将购入的汇票到日本银行进行再贴现。在"大债主"的名单上,列在第一位的就是铃木商店,其次是久原商事。但是,"祸不单行",1927年,日本陷入了以渡边银行的倒闭为开端、以盲目投资为根源的空前的"金融恐慌",这场危机使整个日本银行业陷入前所未有的混乱。

20世纪20年代,以铃木商店等的破产为导火索,日本爆发金融危机。虽然铃木商店等的破产倒闭是在昭和初年,但引发这一使日本陷入金融危机与动荡的原因及其过程,却发生在大正时代。

"金融恐慌"
昭和"金融恐慌"爆发后,银行遭储户挤兑。

铃木商店是由铃木岩治郎和他的太太铃木米于1874年以经营砂糖起家的夫妻店,由于经营有方,不久成为神户八大贸易商之一。1894年铃木岩治郎去世后,铃木米委托管家柳田富士松和金子直吉负责商店的经营。甲午战争后,日本迫使清政府签署了不平等条约《马关条约》,强行割占了中国台湾地区。原本就以经销砂糖为主业的铃木商店,便将台湾作为经销重点。巴结权贵,原本就是当时日本商人的特长,金子直吉充分发挥了这一特长,巴结上了时任"台湾总督"的儿玉源太郎和民政长官后藤新平,在1900年获得了经销台湾产樟脑油的特权,在神户设立了樟脑

震后景象
1923年9月1日关东大地震,东京浅草12层的凌云阁最上面4层被"震落"。

工厂。樟脑不仅是底片、合成塑胶的重要原料,而且可以制作无烟火药,是相当重要的军事工业原料。当时全世界的樟脑油,约六成产自台湾。铃木商店也继续经营砂糖,于1903年在北九州大里地区开设了大里制糖所,后又在该地区生产和经销麦酒、酒精、小麦、金属等,并且在岩岛地区开拓了化学、金属、铁道业务。以砂糖和樟脑油两大商品为主,铃木商店不断扩大从台湾的进口生意,使铃木商店进入了快速增长期。1902年,铃木商店又成立了铃木合名会社,即由两个以上成员组成,每个成员对公司债务负有无限责任。铃木商店注册资本金为50万日元,直到1920年增资至5 000万日元之前,铃木商店的资本金一直维持在50万日元。1905年,铃木商店收购了小林制钢所,并将其改名为神户制钢所。

"一战"爆发后,颇具商业敏感的金子直吉认为,战争是钢铁的较量。战事绵延,钢铁必然紧俏,命令属下"Buy Any Steel, Any Quality, Any Quantity, At Any Price!"("收购任何钢铁,不论质量、不论数量、不论价格!"),因此大赚一笔。不仅如此,铃木商店还为协约国特别是英国提供了大量粮食和船舶。当时的英国海军大臣丘吉尔夸张地称铃木商店伦敦支店长高畑诚一为"商界恺撒",而高畑诚一则狂妄地认为:"英国政府不

第三章 ● 企业和金融业的关系：间接金融形成经纬

过只是铃木商店的客户。"1916年铃木商店创办了播磨造船所。①

"一战"前铃木商店的营业总额大约1亿日元,1917年,铃木商店的营业额达到15.4亿日元,超越三菱、三井、住友,占日本国民生产总值的1/10,成为日本首屈一指的财阀。1918年,铃木商店科研人员运用日本本国技术,首次实现了人造绢丝的量产化,创办了今天"帝人集团"的原型"帝国人造绢丝"公司。据统计,铃木商店共创办或参与创办、经营95家企业,其中包括人们耳熟能详的札幌啤酒(中国译"三宝乐"啤酒)、日本制粉、三井化学、商船三井,以及日油、日盐、日轮、东邦金属、昭和壳牌汽油、三菱人造纤维、第65银行、国际汽船、东亚烟草等企业。

然而,大发战争财的铃木商店,也因"一战"结束、大量订单不再而逐渐陷入经营困境。1918年8月始于富山县的,实质上是阶级冲突和民众暴动的"米骚动",迅速在全国蔓延,使铃木商店因遭遇打、砸、抢、烧而损失惨重。城山三郎在他的著作《鼠——铃木商店打砸事件》,对此做了详细描述。所谓"屋漏偏逢连夜雨",1923年关东大地震使铃木商店及很多企业设备受损,生产遭受严重影响,无法及时偿还向银行借贷的资金。日本政府担忧产生"多米诺骨牌效应",不仅下达了"延期偿还令",而且让日本银行发行"震灾汇票",铃木商店和"台湾银行"是最积极利用该救济措施的两家企业。1924年经由"台湾银行"申请贴现的金额为1.1523亿日元,约占总额的1/4;铃木商店在1924年3月末贴现申请金额为7200万日元,约占所有贴现申请额度的1/6。② 占比如此之多是因为,被日本占据的中国台湾地区,不仅没有军工产业,在"一战"中没有切到"蛋糕",而且只能通过"台湾银行"东京分行在日本扩大融资业务。于是,"台湾银行"便和日本各银行展开了融资竞争,试图借机拓展在日本的业务。而铃木商店和"台湾银行"有着传统关系,何况对贷款的高度依赖,恰是铃木商店高速成长的重要因素。据统计,1922年底,铃木商店共向银行贷款3.2642亿日元,其中向"台湾银行"贷款1.7737亿日元,向其他银行贷款1.4905亿日元;至1924年底向"台湾银行"贷款达2.4683亿日元,向

---

① 1960年播磨造船所和石川岛造船所合并为"石川岛播磨重工株式会社",1966年建造了世界第一艘排水量达20万吨级的运油轮"出光丸"。2007年石川岛播磨重工株式会社更名为IHI株式会社。

② 安藤良雄编:『近代日本経済史要覧』,東京大学出版会1979年,113頁。

其他银行贷款为1.493 9亿日元。① 但是,"震灾汇票"是由日本政府担保、由日本银行再贴现的票据,获得救济的企业在业绩恢复后需要偿还。1924年3月,日银共向普通银行发放了4.36亿日元的震灾汇票,大大超出政府关于发放贴现贷款额度的规定。一批被不良债务压得喘不过气来的企业逃脱了破产的命运,震灾贷款变成了救济贷款。日本银行和一些普通银行却由此面临大量呆账坏账。铃木商店在业绩逐渐恢复后,也没有积极偿还,而当时日本国内正掀起"第二次护宪运动",舆论认为,很多企业通过"震灾汇票"即政府救济获利,属于官商勾结。因此,日本政府不得不着手整顿。

金融"二重结构"的并存 关东大地震后,作为赈灾对策,日本政府发行了许多债券,之后两度延期偿付,引起国民不安。而日本占据的台湾之金融中心"台湾银行"贷给铃木商店的巨额资金数亿日元大多成为坏账,使"台湾银行"的经营发生动摇。于是,若槻礼次郎内阁根据明治宪法规定,请枢密院同意天皇颁布紧急敕令,以敕令取代法律进行财政处理。具体而言,就是缓解金融恐慌,将"台湾银行"的债权划归政府。

但是,若槻礼次郎内阁上述举措尚未取得结果,1927年3月14日发生的所谓"片冈藏相失言事件",令日本金融更加捉襟见肘。这一天,藏相片冈直温在回答议员提问时称:"今天中午,渡边银行终于破产了。"然而,事实是渡边银行当天应结算的到期商业票据,出现了33.7万日元的现金缺口,如果下午1时不能筹措到足额现金,将宣告破产并清产抵债。日本银行担忧规模不小的渡边银行如果倒闭,可能产生连锁反应,何况现金缺口不大,因此宽限了渡边银行2个小时结算到期的商业票据,让渡边银行筹资还贷,而渡边银行及时筹措到了所需资金,因此仍得以正常营业,而片冈直温不知道濒临绝境的渡边银行已绝处逢生。他的本意是想以"渡边银行已经破产"这一消息,告诫国会议员尽快通过法案,否则将有更严重事态发生。孰料事与愿违,这一"坏消息"犹如一滴水掉落滚烫的油锅,不仅使渡边银行及其姊妹银行因遭受挤兑而真的破产,而且产生连锁反应,引爆金融危机。在上述法案提交议会之前,"台湾银行"已向日本银行申请追加"赈灾"资金,但遭到拒绝。面对金融恐慌已经导致一些银行纷纷倒闭的情况,"台湾银行"为了自保,便不再为铃木商店提供贷款。对于

---

① 安藤良雄编:『近代日本経済史要覧』,東京大学出版会1979年,113页。

第三章 ● 企业和金融业的关系：间接金融形成经纬

铃木商店而言，"台湾银行"这么做无异于"釜底抽薪"，最终宣告破产。同时，尽管"台湾银行"作为有政府背景的银行没有倒闭，但也被迫进入歇业状态。

1927年3月30日，日本当局公布了《银行法》，开始实施金融整顿。《银行法》主要包括以下条款：(1) 银行必须改成股份公司；(2) 限定最低资本金额(东京、大阪200万日元以上，人口1万以下的地区50万日元以上，其他地区100万日元以上)；(3) 禁止银行兼业；(4) 限制银行董事兼职；(5) 营业所的建立与合并必须获得批准；(6) 加强大藏省的监督权。和原先的"银行条例"相比，《银行法》明显增加了限制性条款，尤其是"银行必须改成股份公司"和"限定最低资本金额"两项，对中小银行更是生死攸关。由于金融危机本身对中小银行的经营已经产生极大的负面影响，因此《银行法》通过上述条款对银行实行裁减和对兼并给予奖励，加剧了银行的分化组合，使日本银行业迅速发生自然淘汰和人为淘汰的变化。数据显示，1926年底，日本有普通银行1 537家，1931年减为683家，1936年减为466家。经过这场淘汰，以三井、三菱、住友、安田、第一劝业"五大银行"为中心的"霸权体制"得以确立。在全国普通银行中，"五大银行"的存款和贷款额所占的比重逐年递增：

表3-2 五大银行在全国普通银行中的存货款比重

年 份	存 款	贷 款
1923年	19.4%	15.5%
1927年	31.2%	24.3%

资料来源：有泽广已主编，《日本的崛起——昭和经济史》，鲍显铭等译，黑龙江人民出版社1987年版，第52页。

但是，《银行法》要1928年方能实施。于是在1927年4月14日，若槻内阁仍要求枢密院对内阁奏请天皇颁布敕令的要求进行审议，孰料这一要求首先遭到枢密院审查委员会委员长平沼骐一郎的反对。同年4月17日，在枢密院全体会议上，该议案被全票否决。据枢密院议长仓富勇三朗在当天日记中的记载，导致议案被否决的根本原因，是枢密院对若槻内阁内外政策不满。① 请求裕仁天皇发布紧急敕令案被否决后,若槻内阁于当天宣布总辞职,陆军大臣田中义一奉命组阁。

　　需要强调的是,"金融恐慌由震灾汇票的处理这一国内原因引发。但是,引起恐慌真正的原因存在于当时日本的金融体制。其中原因之一,就是日本大半的银行成了为产业资本导入资金的机关银行"。② "从明治三十年(1897年)到昭和初年(1926年),把为特定企业集团筹措资金的'机关'式银行,称作'机关银行'。比如说,'三井银行是三井财阀的机关银行'。"③换言之,作为战后日本金融体制重要特征的"主银行制",在当时已现端倪。

　　金融恐慌发生后,为了加强竞争能力,地处关西地区的第30银行、山口银行、鸿池银行经过两年谈判,于1933年合并,取名"三和银行"。自此,原先日本银行业的"五大银行"增添了新的成员,形成了"六大银行"。

　　不过,我们并不能就此认为当时日本金融体制属于"间接金融"。事实上,"直接金融"(通过证券筹措资金)在当时日本金融体制中占有相当大比重。纵观日本金融史,明治时代各企业基本上是依靠股份和企业内部资金储备,不断进行扩大再生产的所谓"内部金融时代"。在明治时代,由于财阀占有矿山开采和对外贸易等高收益产业,拥有充足的资金储备,一般以企业内资金进行再投资,扩大再生产。由于财阀通过财阀家族对经营活动进行严格的监管,因此企业的所有者掌握着很大权限。而另一方面,不受财阀支配的一些产业,如棉纺织业和铁道运输业,则依存以股东的股份担保金支撑的内部金融机构。在这些产业中,大股东在股东大会发挥着主导作用。即便涉及企业兼并等容易引起争议的问题,他们也能最终通过包括说服在内的各种手段,在股东大会形成一致意见,从而使股东大会履行有效控制经营者的职能。构成当时资本家队伍主力的商人和地主,一般也以股份为担保从银行贷取资金,并将通过这种融资方式获取的资金再购买股权。由此可见,当时的资金流转是内向型的,具有直接金融的明显特征。

　　自明治时代末期至大正时代,特别是第一次世界大战以后,日本正式

---

① 『倉富勇三郎日記』同日条、国立国会図書館憲政資料室蔵。1990年《牧野伸显日记》公开后,对于此说仓富勇三郎日记不再是孤证。
② 木村隆俊:『日本経済史論』,学文社1996年,137頁。
③ 有泽广巳主编:《日本的崛起——昭和经济史》,鲍显铭等译,黑龙江人民出版社1987年版,第49页。

第 三 章 ● 企业和金融业的关系：间接金融形成经纬

进入了重工业和化学工业的迅速发展期,然而企业通过内部金融机构筹措资金的做法,日益捉襟见肘。于是,企业通过对外融资获取资金的做法开始被普遍采用。首先,企业通过出卖股权或扩充股东筹措资金。"例如,企业债券发行额在1912年至1914年平均为2 000万日元,但至1919年增至1亿日元,以后逐年递增,至1928年达到12亿日元。之所以形成这种局面,主要原因首先是1927年的金融危机导致银行利息低下,为企业债券的发行营造了一个有利环境。"①考察企业这方面具体情况的变化,对比更加鲜明。例如,自1915年至1934年,"东京电灯"株式会社的股东人数从4 300人扩展到62 300人,与之相应,同时期发行的股份也从100万股增加到8 591 000股;"日本邮船"株式会社的股东人数从4 200人扩展到23 700人,股份从880 000股增加到2 125 000股。② 其次,企业向银行借贷资金趋于普遍,对外债的依存度开始上升。同时,企业本身开始设立银行,企业主兼银行业主或银行股东的趋势得以迅速发展,开始大批涌现"机关银行"。

概括而言,战前日本的金融体系呈现以下特征:其一,虽然各银行订有储蓄利率协定,但并没有得到严格执行,每年有数十家银行设立或倒闭。其二,在许多企业从"机关银行"借贷资金的同时,旧财阀的旁系企业和大正时期的新兴财阀,积极通过股份筹措资金。例如,电力会社通过向国内和海外发行社债筹措资金,而纺织会社则一方面通过其高信用度和高利润率储备内部资金,另一方面以优惠条件在市场上筹措短期资金。其三,在对企业的管制方面,大股东依然掌握着对企业的支配权。他们往往和经营者相互勾结,通过不正当的决算,或通过获取巨额分红,欺诈外部资金提供者(银行和小股东),敛取不义之财。例如,1928年从事电力业的62家会社中,有25家会社将企业利润的10%分配给大股东。另外,大股东还操纵股市,采取使股价上扬后抛售,以套取资金等不正当手段敛财。为此,《东洋经济新闻》著名记者高桥龟吉在1930年撰写了《株式会社亡国论》一书,呼吁遏制和责罚那种颓废和不道德行为。

1927年的金融恐慌所引起的银行挤兑风潮,为邮政储蓄、保险、信托三大非银行金融机构扩充资金量,提供了绝好机会。1931年,邮政储蓄

---

① 野口悠纪雄:『1940年体制——さらば、戦時経済』,東洋経済新報社2002年,69页。
② 岡崎哲二、奥野正寛編:『現代日本経済システムの源流』,日本経済新聞社1995年,69页。

的存款余额为 26.64 亿日元,至 1937 年增至 40.13 亿日元。这两个数值均大致接近同年普通银行存款的 30%。如前面所述,邮政储蓄的存款最终均存入大藏省存款部(日文为"預金部")。在这一期间,大藏省存款部 70% 的资金来自邮政储蓄。保险业的运作资产在这一时期从 19.97 亿日元增至 36.59 亿日元。这两个数值分别相当于普通银行存款的 24% 和 29%。生命保险和损害保险运作资产两者合计,生命保险占 85%。这一比例也反映了当时的经济形势:由于经济不景气,投损害保险者寡,投生命保险者众。在信托业方面,三井、三菱、住友、安田四家银行的关联信托会社,构成了这一行业的中心。虽然与邮政储蓄业和保险业相比,信托业发展速度显得迟缓,但是主要由金融信托构成的总债务,同一时期从 16.42 亿日元增加至 23.97 亿日元,约为普通银行存款额的 20%。

邮政储蓄、保险、信托三大领域不断增加的资金的主要流向,是投资(认购)证券。在这方面,最大的机构投资者是大藏省存款部。该部的证券持有金额从 1931 年的 24.92 亿日元,增加至 1937 年的 46 亿日元,几乎翻了一番,并占这一时期其平均总资产的 79%;保险业机构持有证券的金额从 1931 年的 10.2 亿日元,增加至 1937 年的 23.2 亿日元,翻了超过一番,占平均总资产的 56%;信托业持有证券的金额 1931 年为 5.01 亿日元,1937 年倍增至 11.55 亿日元,占这一时期其平均总资产的 41%。尤其值得一提的是,在这三个部门的总资产中,持有证券的比率与全国银行持有 24% 的比率相比,占压倒性优势。大藏省存款部和保险业的持股比率,超过了全国最大的 6 家银行。总之,至 20 世纪 30 年代,以邮政储蓄、保险、信托三大行业为代表的非银行金融机构,作为证券投资和持有机构登上了历史舞台。同时,"全国银行的贷出金额 1927 年为 118 亿日元。此后持续低迷,在 30 年代中跌破了 100 亿日元,后总算在 1937 年回到 109 亿日元。存入金额 1927 年为 112 亿日元,虽然在 1931 年这一数额一度减少,但之后顺利恢复,在 1937 年达到 159 亿日元。存贷款差额的增大,在很大程度上归因于有价证券持有量的增加"。①

证券市场在 20 世纪 30 年代进一步显著发展。1931 年,东京证券交易所上市的证券总额为 241.55 亿日元。1937 年,这一数字为 373.81 亿日元,增加约 55%。上市的金融产品主要有 5 项,即股票、国债券、地方

---

① 田村茂编:『日本の金融体制と金融市場』,有斐閣 1991 年,44 頁。

第三章 ● 企业和金融业的关系：间接金融形成经纬

债券、金融债券、事业(企业)债券。在这一期间,平均股票占上市证券总额的42%,国债券占32%,地方债券占10%,事业(企业)债券占9%,金融债券占7%。①

根据日本银行调查,1931年至1937年,产业资金纯供给额为151.63亿日元,相当于这7年间国民总收入累计额的15%。正是证券金融切实的增长,为企业融资提供了便利,为企业后续发展、扩大再生产提供了经济支撑。尤其值得注意的是,这一时期由于银行业不景气,此前主要通过向银行借贷资金,维持和扩大生产的重工业和化学工业,为了完成建立准战时体制这一紧迫课题,开始转而较多依靠非银行金融机构,即通过发行股票筹措资金。这一举措使采取直接金融的方式进行融资的手段,成为必需的手段。

综上所述,20年代后"反动恐慌""金融恐慌"的打击,使银行业不振,但却促成了证券业的发展,形成了直接金融和间接金融二者并重的格局,并主要以直接金融为主。主要表现为：第一,当时存在大量作为企业大股东的大资本家,他们是企业资金的主要提供者,并以此为基础构建了对企业的管制体系。第二,银行对企业资金需求,特别是对企业的长期资金需求,并没有发挥多大作用。银行对企业的有效监控体系并未形成。第三,企业员工对企业的依附程度较低,保障他们对企业经营发表意见的制度尚未成熟。总之,"这一时期的一大特征,是在产业资金供给方面,直接金融占很大比重。1931年,在产业资金供给方面,87%是直接金融,这和战后的情况形成了鲜明的对比"。②"战前的企业金融,股东是主角,银行是配角。"③也就是说,日本金融体制出现了"二重结构"的并存。

第四节　间接金融体制的确立

金融体制的转变　"战前,企业投资设备和筹措其他资金,一般通过股东出资和增资,或企业内部留存的资金,这是常识。"④战后,间接金融

---

① 玉置纪夫:『日本金融史』,有斐閣1994年,201頁。
② 野口悠紀雄:『1940年体制——さらば、戦時経済』,東洋経済新報社2002年,33頁。
③ 岡崎哲二、奥野正寛编:『現代日本経済システムの源流』,日本経済新聞社1995年,139頁。
④ 下川浩一:『日本の企業発展史』,講談社1990年,140頁。

愈益占据重要地位。战后日本金融体制基本上属于间接金融体制,即"企业主要不是通过资本市场发行股票和债券,而是通过银行贷款,即通过'间接金融体制'融资,是'日本式经营'有别于欧美国家经营方式的主要特征"。[①] 战前,日本主要企业以本身资本为主,银行借贷为辅。在总资本中,本身资本约占60%,但是经过战后经济恢复和快速发展,由于间接金融的持续发展扩大,大企业本身资本降到了20%—30%。为什么会出现这种变化?值得探究。

战前日本银行是兼营证券业务的。1948年,日本以《美国1933年银行法》为蓝本,规定银行业和证券业必须实施分离(今天不少证券公司就是从银行分离出来的),并以"证券民主化"的名义推动证券市场的大众化,但成效甚微。之所以如此,原因是日本证券市场尚未发达,普通人对"股市有风险"这句话普遍认同,因此不管战后政府采取什么措施,包括进行制度层面的改革,人们也不愿冒投资风险。即便在经济高速增长时期,虽然日本股市出现过几次牛市,但主要也是因为法人投资远超个人投资,而且是因为企业试图通过互相持股增加安全系数。这么说,当然不是否定战后个人投资者的增加和证券金融绝对量的扩大。在战后经济高度增长期,证券金融的发展步伐跟不上企业旺盛的资金需求,这也是重要原因。

战后,不仅银行和证券分离,而且银行本身也进行了长期和短期信用的分工。1948年,战前的特殊银行即日本劝业银行、日本兴业银行、北海道拓殖银行转变为普通银行,其原先的属性趋于消失,但又随着1952年《长期信用银行法》的颁布而再度复活。除了这些长期信用银行,政府还出资设立了作为贸易金融中心的进出口银行、作为设备投资专业银行的日本开发银行,等等。这些政府金融机构提供长期低息贷款。此外,还有经营外汇业务的东京银行、为商业金融提供支持的商工组合中央金库、为中小企业提供支持的中小企业金融公库、为农林金融服务的农林中央金库等专门金融机构。银行的专业化、多样化和长期低息乃至超低息,为间接金融体制提供了重要支撑。

战后形成间接金融体制另一方面深刻的原因,存在于日本的金融发展史。如前面所述,早在江户时代,日本已经形成了以"两替屋"为核心、

---

① 冈崎哲二、奥野正宽编:『現代日本経済システムの源流』,日本経済新聞社1995年,1页。

第三章 ● 企业和金融业的关系：间接金融形成经纬

相对比较完备的金融体制。但是，以银行为枢纽的现代金融体制，是在日本发动对外侵略战争后，作为"总体战体制"的构成部分而确立的。银行并不是"两替屋"历史沿革的产物，两者并没有直接传承关系。

纵观日本金融史，明治时代大部分时期属于"内部金融时代"，即生产和扩大再生产依靠股份和企业内部资金储备。自明治末期即20世纪初，"间接金融时代"霞光初现。但是，直至20世纪30年代，日本的金融体制仍呈现直接金融和间接金融并重的状态，并且主要以直接金融为主，主要表现：第一，当时存在大量作为企业大股东的大资本家，他们是企业资金的主要提供者，并以此为基础，构建了对企业的监管体系。第二，银行并没有在很大程度上满足企业的资金需求，特别是企业的长期资金需求，银行对企业的有效监控体系也未形成。第三，企业员工对企业的依附程度较低，保障他们对企业经营发表意见的制度尚未成熟。总之，"这一时期的一大特征，是在产业资金供给方面，直接金融（通过证券股票等筹措资金）占了很大比重。如前面所述，1931年，在产业资金供给方面，87%是直接金融，这和战后的情况形成鲜明对比"。[1] "战前的企业金融，股东是主角，银行是配角。"[2]

但是以日本侵华战争（中国抗日战争）为界，这一情况开始发生显著变化。正如寺西重郎在他的《日本的经济体制》一书中写道的，"主银行制的源流也存在于日中战争（即日本侵华战争）以后的战时经济化的动向中。首先，随着经济的战时化，在规制资金分配和导入外部资金时，企业监控体制所产生的变化，我们能以1941年7月为界，分成前后两个时期进行探讨"。[3] 这一观点对我们探讨分析战时日本金融体制的变化，特别是金融统制的强化，无疑是有益的启示。

1937年7月日本发动全面侵华战争后，日本开始建立对经济实施全面统制的"总体战体制"。作为"总体战体制"的重要一环，日本当局开始急速强化金融统制，使日本进入了所谓"时局金融"时期。日本直接金融和间接金融并重并以直接金融为主的状态，自此开始发生逆转，间接金融体制开始形成。

---

[1] 野口悠纪雄：『1940年体制——さらば、戦時経済』，東洋経済新報社2002年，33頁。
[2] 岡崎哲二、奥野正寛編：『現代日本経済システムの源流』，日本経済新聞社1995年，139頁。
[3] 寺西重郎：『日本の経済システム』，岩波書店2003年，218頁。

企业国家——一部日本经济史

1937年9月,日本政府为追加侵华战争所需军费,临时召开了第72届帝国议会,提出了总计达20多亿日元的临时军费预算案。日本当局认为,为了满足这一需求,同时为了抑制通货膨胀和维持国际收支平衡,除了对经济施行直接统一管制,别无出路。因此,经日本帝国议会审议通过,日本当局颁布了从资金方面全面统制经济的《临时资金调整法》,从物资方面全面统制经济的《进出口产品等临时措置法》,以及使资金和物资向军需工业倾斜的《适用于中国事变之军需工业动员法》。以上三项法令,即前面已经提及的"统制三法"。其中《临时资金调整法》的内容可概括为以下五个方面:①

第一,以下企业行为均须获得政府认可:由金融机构进行设备投资资金的借贷,证券业者从事有价证券的认购、募集、交易,资本金50万日元以上的会社的设立、增资、合并、经营内容的变更,社债的发行,自行出资10万日元以上的新增或改造设备。

第二,飞机制造、金属工作机械制造等军需相关产业的企业增资、社债发行,可不受商法限制。

第三,扩大日本兴业银行的债券发行限度,由政府为扩大部分的本金偿还和利息支付提供担保。

第四,为了增加储蓄,允许日本劝业银行发行储蓄债券和报国债券。

第五,就资金需求和供给、有价证券、国际收支、事业资金计划等方面问题,听取有关人员意见,由政府掌握监察权。

《临时资金调整法》同时规定,金融机构要按特殊银行、普通银行、储蓄银行、信托银行等不同种类,设立"自治统制机关"。简而言之,《临时资金调整法》为实施资金统制提供了法律支持,日本当局"依法"对资金流向实施严格控制。

在制定《临时资金调整法》的同时,日本当局还对各金融机构进行了组织调整,使之根据上述法律,在资金统制方面发挥更大功能。1939年9月,日本银行设立了由审查、事业、资金三课构成的资金调查局,"确立了日本银行的资金调整事务机构"。其他金融机构也遵循《临时资金调整法》的规定,根据大藏省银行局的《金融机构及证券经营者自治调整大纲》,"自主"进行了组织强化和相应调整,竭力扮演使资金向重点产业集

---

① 大藏省财政史室编:『昭和财政史』第11卷,東洋経済新報社1957年,68—73頁。

第三章 ● 企业和金融业的关系：间接金融形成经纬

中的角色。

而另一方面，以上述法律为基础，日本当局又颁布了《事业资金调整标准》，进一步规定在融资方面优先保障军需产业。1937年10月，日本政府设立了作为"国家总动员中枢机关"的企划院，全面强化包括金融统制在内的经济统制。

值得关注的是，日本发动全面侵华战争后，虽然日本当局当即实施了经济统制，但是多年来，妄想确立"国家总动员体制"和发动"总体战"的军部，以及在"九一八"事变后和军部日益接近的"革新官僚"，却并不满足。一些狂妄的军国主义分子曾夸口对华全面侵略战争将"速战速决"，鼓吹所谓"对支（中国）一击论"，认为只要对中国进行沉重一击，不出3个月，中国就会投降。然而，由于中国军民的顽强抵抗，日本的狂妄企图不仅破灭，而且陷入了战争泥淖。1938年4月，日本当局制定和颁布了《国家总动员法》，使政府获得了不经国会同意即可动员全国人力和资源的权力，使本来就拥有强大行政权——这种行政权显然高于立法权——的日本政府，更加专横跋扈。同时，由于日本明治《宪法》第11条规定，"天皇统帅陆海军"，实行所谓"统帅权独立"，日本军部"拉大旗做虎皮"，谁如果对他们的作为表示反对，便被斥为"干涉和侵犯统帅权"即干涉和侵犯天皇的权力。并且，根据"帷幄上奏权"，陆军参谋总长和海军军令部总长可直接向天皇禀报军情；根据"军部大臣现役武官制"，陆海军大臣是由军队推派的，因此，内阁成员或政府政策若不合军部意愿，军队或不推派陆海军大臣，或陆海军大臣可以通过辞职逼使内阁散架，从而凌驾于政府之上。这也是之所以称日本为"军国主义国家"的原因。

基于日本的国家性质和当时的局势，日本的金融也进一步被政府掌控。更准确地说，是被日本军部特别是好战的陆军掌控，以至于当时人们不无嘲讽地称，"日本不是有陆军的国家，而是有国家的陆军"。

1939年后，作为国家总动员计划的一个环节，日本当局当年制订了资金统制计划，并确定1939年度资金统制计划的重点是在资金分配方面消化公债，完成生产力扩充计划，扩充军需产业，扩充出口产业等。1939年9月，日本当局以大藏省银行局长的名义发出指令，要求对存有疑问的信贷资金进行自查；之后为了掌握资金的流动状况，根据《银行法》《信托业法》《保险业法》等相关法律的规定，要求各金融机构向大藏省提交运转资金信贷报告书。

1940年后,为了进一步加强对金融的统制,日本当局又进行了几项制度性改革,特别是强化对运转资金实施管控的改革。1940年4月,日本政府根据《国家总动员法》,制定了《会社利益分配及资金融通令》,对大型企业的红利分配设定上限,极大地限制了红利分配,从而弱化了通过股票筹措资金的资本市场的功能,即直接金融的功能。由于股东难以获利,因此当时的日本股市持续呈"熊市"状态,通过股市筹措资金的直接金融,逐渐成为"明日黄花"。在这种情况下,通过金融机构特别是银行,即以间接金融的方式,向企业提供原来由发行股票筹措长期资金的必要性显著增强。换言之,建立间接金融体制获得了必要的前提条件。

不过,由于上述"金融统制"的举措仍未能满足战时对金融的要求,日本当局便从"金融统制"向"金融改革"转变。正是所谓的"金融改革",促使间接金融体制的形成。

主银行制的形成　1940年7月,第二届近卫内阁成立。为了建立"新经济体制",近卫内阁立即开展了服务于这一目的的金融改革。这项改革最主要的举措,就是于1940年10月颁布了《银行等资金运用令》,规定银行资金的贷出仅限于重要用途,必须经由临时资金审查委员会进行审查,通常由日本银行处理,将金融统制的范围扩大到银行资金的运用。这项改革的目的,就是实现资金分配向"重要用途"即军需方面倾斜。

1941年7月,日本内阁会议通过了由企划院提出的《财政金融基本方策纲要》,开始正式创建由陆军省、企划院、大藏省、日本银行构想的"金融新体制"。在《财政金融基本方策纲要》成为内阁决议的第二个月,大藏大臣小仓正恒在全国金融协议会干部会议上,要求银行经营者转变经营方针,将信贷重点从原先的"商业金融"转向"事业金融"。他强调:"以往普通银行信贷业务,主要以商业金融为目标。但是时局的进展对银行金融需求的重点,正从商业金融向事业金融转移。时局需要金融业为事业提供支持。银行也必须改变原来的方法,必须通过对事业金融最迅速及时的支持,开展信贷业务。"他要求银行方面需要采取的具体对策,就是扩大共同融资,特别是"有必要研讨如何确定投资和融资方向并展开共同调查。政府也将为这项调查提供充分援助"。创建"金融新体制"由陆军省主导,其意图和性质昭然若揭。

根据创建"金融新体制"的要求,由兴业银行和10家都市银行发起、

第三章 ● 企业和金融业的关系：间接金融形成经纬

各地方银行参加的"共同融资团"不久宣告成立。企业若想获得融资,需向设在兴业银行内的事务所提出申请,由兴业银行会同该企业希望从其获得资助的"干事银行"进行调查,然后制成审议方案、参考资料等,送交由加盟银行营业所所长等组成的联络委员会审议。最后由各加盟银行等代表组成的代表委员会决定是否提供贷款,同时规定贷款的条件、数额、担保等。"这种方式是名副其实的'受权监控'(delegated monitoring),考虑到这种监督同时具有'主要交易银行'的监控器功能,因此可以说这是使主银行制制度化的措施。"①也就是说,由"干事银行"作为各方利益代表,对相关企业实施监控。如后文所述,这一职能就是以后"主银行"被赋予的职能。作为日本间接金融体制重要组成部分的"主银行制"(Main Bank System),已呼之欲出。

在近卫内阁推行的"金融改革"中,兴业银行的强化值得关注。早在1937年2月,兴业银行就公布了积极为军需工业贷款的方针。"卢沟桥事变"爆发后不久,兴业银行总部即向所有分行下达了贷款向军需工业倾斜的命令。兴业银行对日本当局"投之以桃",日本当局自然"报之以李"。根据"统制三法"之一的《临时资金调整法》,兴业银行债券的发行限额,从原先规定的5亿日元增加至1939年4月的10亿日元,且本金和利息的支付由政府提供担保。之后,兴业银行的债券逐年递增:1941年4月为20亿日元,1942年为50亿日元,1945年2月达到100亿日元。另外,1939年前后,银行"自发"建立的一个个"协调融资团"流入日本银行的资金和储蓄资金,也通过兴业银行这一窗口贷给了军需产业。政府通过兴业银行建立的融资体系,使其能够对资金的分配实施有效控制。根据伊牟田敏充的调查研究获得的数据,至1941年底,兴业银行贷出的资金,26%是在执行融资命令,其中57%投向飞机制造业。② 不难发现,随着"总体战体制"的建立,在政府的控制和推动下,企业向银行借贷的间接金融体制开始形成,银行开始从"配角"变成"主角"。

1941年,以日美之间的战争一触即发为背景,日本设立了以兴业银行为中心的"时局共同融资团"。该机构的设立,被认为是在战后日本金

---

① 原朗编:『日本の戦時経済——計画と市場』,東京大学出版会2003年,126頁。
② 有泽广巳主编:《日本的崛起——昭和经济史》,鲍显铭等译,黑龙江人民出版社1987年版,第291页。

融体系中占有显著地位的"主银行制"的发端。

1942年2月,日本当局推出了金融统制的最后一项举措:废除以往的《日本银行条例》,制定《日本银行法》,强化国家对银行的控制。《日本银行法》进一步强化了银行和政府、银行和企业的联系。至此,为开展"总体战"而建立的金融统制体制宣告形成,资本市场的作用愈益减弱。这部《日本银行法》有两点特别值得关注:(1)为"充分发挥整个国家的经济力量",日本银行要依照国家的政策开展业务;(2)日本银行的业务,不仅仅是商业金融,还包括长期的产业金融。也就是说,强调金融须服从侵略战争需要。具体而言,《日本银行法》有两项条款特别值得关注:"第一条,日本银行为使整个国家经济力量得到适当发挥,负有根据国家政策进行通货调节、金融调整和信用制度的维持培育之责任,并致力于实现这一目的。第二条,日本银行应唯以达到国家之目的为使命开展运营。"野口悠纪雄在《1940年体制——别了,战时经济》中,曾就此这样写道:"这不是战时的旧文书,而是处于现代日本经济的中枢部位、决定日本银行存立的《日本银行法》中的条款。1942年制定的这一法律,以1939年制定的纳粹德国的银行法为范本,是战时金融统制的集大成之作,迄今仍是日本金融制度的基本法。"①引文中的"迄今"是指到1997年。也就是说,《日本银行法》沿用到了1997年的"金融大爆炸"。按照野口悠纪雄的观点,战后金融体制,几乎就是战时金融体制的延续。

1942年4月18日,日本当局颁布并施行了《金融统制团体令》。5月16日,日本当局又颁布并施行了《金融事业整顿令》。基于这两项法令,5月23日,全国金融协议会宣告解散,全国金融统制会随即成立,由该组织进行大规模融资。

全国金融统制会成立后,兴业银行承担的协助开展共同融资的职能,转至日本银行。按《日本银行百年史》中的记述,此后"本行深入全国金融统制会内部,事实上成为运作战时金融统制的中心"。② 1942年7月,大藏省发布了《全国金融统制会统制章程》,规定由日本银行行长兼任的全国金融统制会会长,可以就会员的共同融资事宜进行必要的协调。根据这一规定,包括融资机构、金额、利率等内容在内的所有融资方案、协议,

---

① 野口悠紀雄:『1940年体制——さらば、戦時経済』,東洋経済新報社2002年,5頁。
② 日本銀行百年史編纂委員会編:『日本銀行百年史』第4卷,日本銀行1984年,334頁。

第三章 ● 企业和金融业的关系：间接金融形成经纬

均须事先送交全国金融统制会会长审议,由他进行指导和协调。在全国金融统制会的协调下,不仅军需工业受益最多,而且兴业银行和另外 5 家大银行——1943 年 3 月由三井和第一银行合并成立的帝国银行、于同年 4 月兼并了第 100 银行的三菱银行、住友银行、安田银行、三和银行——也积极参与其中,在金融统制中扮演了重要角色。

值得关注的是,全国金融统制会的"业绩",与以"主银行制"为核心的间接金融体制的确立密切相关。在全国金融统制会的协调下,共有 537 家企业获得"共同融资"。其中完全不依存干事银行的企业为 35 家,仅占 6.5％;从一家以上干事银行获取共同融资的企业为 34 家,仅占 6.3％。"这一事实显示,企业在接受共同融资时,具有每次都以同一金融机构为干事的强烈倾向。换言之,干事银行和受融资企业的关系呈稳定状态。"①

同样值得关注的是,与以往融资大都由兴业银行单独担任干事银行的情况不同,全国金融统制会成立后,在以兴业银行为干事银行参与的 382 项融资中,"五大银行"也积极参与,其中帝国银行参与的有 303 项,三菱银行参与的有 269 项,住友银行参与的有 256 项,安田银行参与的有 262 项,三和银行参与的有 275 项。这种现象说明,"监督"是相互的。就主银行制的建立而言,这种相互监督的机制保证了主银行角色的诚实履行。由全国金融统制会协调的共同融资,强化了主银行的审查能力和协调能力,扮演了构建"受权监控"网络的角色。②

战时的金融统制　与"受权监控"机制的构建相对应,各金融机构也强化了自身的审查机制,为间接金融体制的确立提供了银行方面的条件。在三井、第一、三菱、住友、安田、三和"六大银行"中,除新晋的三和银行以外,原先"五大银行"在战前均没有设置独立于营业部门的审查部或审查课。进入战争时期以后,1941 年 7 月,三菱银行首先单独成立了审查部。安田银行紧随其后设置了业务部审查课。1943 年 1 月住友银行设置了审查部。三井和第一银行合并为帝国银行后,于 1943 年 4 月设置了审查一部和审查二部。至此,各大银行均设置了审查机构。

---

① 原朗编:『日本の戦時経済——計画と市場』,東京大学出版会 1995 年,129 頁。
② Sheard P., "Reciprocal Delegated morning in the Japanese Main Bank System", *Journal of the Japanese and International Economics*, 8.

日本银行的作用也随着1942年《日本银行法》的颁布而发生了显著变化。《日本银行条例》禁止日本银行参与股票担保、股票持有等与工商业金融相关的业务。但是《日本银行法》允许日本银行从事为股票、社债提供担保的信贷业务。日本银行调查局日后评价道:"可以认为,这一变化意味着以往作为一项基本前提被恪守的商业金融中心主义已被修正,对产业金融的调整已明确属于中央银行的职责范围。那种语言表述虽然简单,但是其中包含的意义却非常之大。"[1]同时,日本银行考查部升格为考查局,考查局长实际上扮演着全国金融统制会事务局长的角色。与银行强化对企业的监控能力并行,作为中央银行的日本银行对其他银行的监控能力也趋于强化。

1943年10月,日本当局颁布了《军需会社法》。1944年1月,为了使趋向"更新"的金融体制更好地服务于"总体战"的需要,日本当局又制定了《军需会社指定金融机构制度》,为提供军需的企业指定金融机构,并规定其他金融机构、政府、日本银行均为相关银行提供协助,使这些金融机构的资金供给获得保障。中村隆英认为,由于这一措施的实施,"除了三井、三菱等财阀系统的银行,与兴业银行、富士银行、三和银行、第一劝业银行等战后金融体系有关的集团,也在当时开始形成,从而使战后金融体系的要件得以构成"。[2]

经"金融统制""金融体制改革"形成的间接金融体制,随着"军需会社指定金融机构制度"的导入而受到极大影响。该项制度规定,根据贷款实绩和资本关系,原则上由一个金融机构为一个军需会社提供资助,政府则"适时、简易、迅速、恰当地对资金融通进行指导"。必须强调,"军需会社指定金融机构制度",不仅规定"指定金融机构必须根据军需会社要求,为其提供必要资金",而且要求将"共同融资"转变为"单独融资",因此进一步夯实了"主银行制"的基础。

但是,由于上述规定弱化了银行对企业的监控,因此有关当局于1944年7月修订了指定融资要领,规定军需会社必须向指定金融机构提交每月资金预算表,由该金融机构提交给日本银行,再由日本银行提交大藏省银行保险局,使金融机构对军需会社资金流向的监控在程序上进一

---

[1] 日本銀行調查統計局:『日本銀行再編の件』,日本銀行1970年,266頁。
[2] 中村隆英:『日本経済:その成長と構造』,東京大学出版会1993年,197頁。

第三章 ● 企业和金融业的关系：间接金融形成经纬

步制度化。

1945年1月,日本当局制定了《军需金融等特别措置法》。这一法律不仅将"指定金融机构制度"法制化,进一步强化了金融机构对企业的监控,而且对银行和企业的紧密关系制度化发挥了非常重要的影响,而这恰是间接金融体制的关键所在。

综上所述,随着日本全面侵华战争的发动,以直接金融为中心的金融体制无法满足军事需求,而间接金融又存在制度性欠缺。因此,日本当局通过颁布《临时资金调整法》对金融实施统一管制。但时隔不久,这一法律即显示了其作用的有限性,使日本的战时资金需求无法得到满足。于是,日本当局又以建立"金融新体制"为目标,试图通过进行根本性的金融体制改革,达到预定目标。金融体制改革的核心,是通过全国金融统制会和日本银行,对"共同融资"进行协调。随着"共同融资"的发展,广泛而相互的"受权监控"网络开始形成,银行对企业的监控能力、日本银行对其他银行的监控能力同时得以强化,从而使主银行制的本质要求得以满足,基础得以奠定。可以认为,"金融新体制"实现了日本从以直接金融为中心的金融体制向以间接金融为中心的体制的转变。"军需会社指定金融机构制度"及嗣后的《军需会社法》,则在经过一番曲折后,强化了银行和企业的关系。"以这些战时经验为基础,战后重新由日本银行协调进行的共同融资,作为支撑经济复兴的间接金融的制度性基础而发挥了作用。"[1]

通过"金融统制"和"金融改革",日本的产业资金供给状况发生了极大变化。据统计,1936年,日本企业通过股票发行筹措资金,占资金总额的63.8%。但日本发动全面侵华战争后,这一比率逐年下降:1939年占33.6%,至1945年则仅占6.1%。与之形成鲜明对比的是,以向银行借贷取代股票发行的融资比率,则在战时呈显著上升趋势:1936年为40.6%,1945年达到93.2%。不言而喻,至"二战"结束,日本企业已几乎完全将银行借贷作为融资方式。[2] 显而易见,"二战"对日本金融体制的转变具有决定性影响。

---

[1] 岡崎哲二:『戦後経済復興期の金融体制と日銀融資の調和』,『日銀金融研究所委託研究報告』第3冊,175頁。
[2] 日本銀行統計局編:『明治以降本邦主要経済統計』,並木書房1966年,237—265頁。

表3-3 产业资金供给　　　　单位：100万元

年 份	股 票	企业债券	银行贷款	合 计
1931	204	108	49	361
1935	816	26	357	1 199
1940	2 980	609	4 140	7 729
1945	3 082	325	46 998	50 405

资料来源：日本銀行統計局『明治以降本邦主要経済統計』，並木書房，1966年。

　　间接金融体制的形成，对此前日本"股东主权"的古典资本主义企业经营模式产生了决定性影响，"使日本企业在大约30年的时间里完成了从极端的股东主权向极端的从业人员主权180度的转变"。这一转变的历史见证者——曾赴美就职，后任日本电源开发总裁的高碕达之助，在1954年写的《以往的经营者和今天的经营者》一文中，对他1916年和1947年两度回国时获得的不同印象，作了生动描述。对前一次回国时的印象，他这样写道："我首先没有料到的是，第一，在会社从业人员不知情时，会社的股票已经从A大量流向B，而在股票流转时企业的经营首脑已发生更换，经营方针很不稳定。第二，经营首脑主要不是着力巩固会社的基础，而是竭力博取股东的欢心和获取高额红利，以及竭力使股价上扬。"对第二次回国的印象，他却这样写道："股东的权益完全被无视，事业的经营由从业人员执其牛耳，和我1916年第一次回到日本时截然相反。"①

　　可以认为，日本战时和战后的间接金融体制，在很大程度上存在连续性。以劝业银行为例，该银行在战时金融体制中扮演了"主角"。战后，劝业银行从"特殊银行"转变为"普通银行"，而新创建的日本长期信用银行、日本开发银行、日本进出口银行，则在支配资金周转方面取代劝业银行，在事实上具有"特殊银行"的地位。兴业银行在战后经济恢复时期依然扮演着"主角"。例如，20世纪50年代前半期，在设备资金的供给方面，仅兴业银行就占了全部金融机构贷款额的20%—30%，如果加上向其他银

---

① 高碕達之助：「過去の経営者と今日の経営者」，『経団連月報』1954年第3号。

第三章 ● 企业和金融业的关系：间接金融形成经纬

行提供的资金，兴业银行在当时整个设备投资方面所占的份额达到60%左右。在20世纪50年代后半期，这一份额也达到30%—40%。这些资金主要投向战后初期的钢铁、煤炭、船舶、电力等重点产业。据统计，1951—1955年，在金融机构投向上述4个产业的资金中，23.5%是由兴业银行提供的。1955年底，兴业银行设备资金的融资额有58.3%投向上述4个产业。①

植田和男指出："构建战时金融机制的主要目的之一，是使军需融资风险集中于兴业银行。战后构建同样的机制，也是为了使经济复兴和经济高速增长的风险，集中于长期金融机构。""长期金融的风险最终由政府承担的机制，也和战时金融体制相同。"②不管植田和男的观点是否正确，但如前面的数据所显示的，有一点毋庸置疑，即日本战后金融体制中，存在着战时金融体制遗留的明显印记。通过上述史实和数据，我们当不难得出结论："总体战体制"是日本以主银行为核心的间接金融体制的孵化器，是"股东主权主义"的掘墓人和"经营者主权主义"的吹鼓手。同时必须强调，这种印记存在于日本"从思想意识到政治、经济诸制度方面"。它的出现被认为是一种"较为彻底的变革"即"政治经济民主化改革"。

而另一方面，日本银行业的构成在战时和战后的变化非常有限。在战前的1936年，日本有466家银行。1937年日本发动全面侵华战争后，随着"总体战体制"的建立，这些银行进一步分化组合，破产兼并，至战争结束时仅剩下61家。但此后直至20世纪90年代，不仅日本的银行数量几乎没有变化，而且构成也几乎没有变化。按照野口悠纪雄的说法："在前所未有的经济增长中，唯独银行业停留在战时同样的结构，这一事实确实令人惊讶。"③木村隆俊也指出："战时金融体制是以偏离真正购买力的通货为基础形成的体制，是一种有局限性的虚拟的体制。由于战败，这种体制存在意义的丧失，是由其虚拟性所决定的必然的归宿。但是，这并不意味这种体制本身很幼稚、粗陋，处在中小银行林立之过度竞争状态且不具有健全的经营的金融结构能够得以重组，金融政策渗透至终端的金融体制能够得以形成，都是在这一时期实现的。都市银行和事业会社之间

---

① 日本興業銀行：『日本興業銀行75年史』，同行1982年，206—207頁。
② 岡崎哲二、奥野正寛編：『現代日本経済システムの源流』，日本経済新聞社1995年，55頁。
③ 野口悠紀雄：『1940年体制——さらば、戦時経済』，東洋経済新報社2002年，3—4頁。

形成紧密的产业金融关系,也是在这一时期。在有规则的通货管理条件下,在战后经济高速增长的时代,当这种战时形成的有效的资金动员机制的目的,从'战争'转向'经济增长'时,其真正的威力才开始得以发挥。由'护航船队'方式、'株式会社日本'等概念所表达的现代日本特有的金融信用体制,就是这样在现代日本资本主义发展中形成的历史产物。"①

第五节　间接金融的两面性

战时和战后金融的关联　美国哈佛大学教授亚历山大·格什克隆(Alexander Gerschenkron)提出,后发工业国家的金融体制通常是间接金融。② 但是,作为发达国家的日本,却仍长期维持着间接金融体制,原因何在？值得探究。但更值得探究的是,日本金融体制对20世纪60年代后日本经济的高速增长,是否具有推动或保障作用？同理,20世纪90年代日本"泡沫经济"的形成和崩溃,以及随即发生的"失去的三十年",是否也和日本金融体制相关？通过分析我们不难发现,答案是肯定的。日本金融体制独有的特性,曾经是照亮日本经济前程的光亮,但在光亮的后面,也留下了浓重的阴影。

日本战后金融体制是不是战时金融体制的延续？关于这个问题,中日学者存在截然不同的观点。

杨栋梁、江瑞平认为：战后型金融体制的构建主要是在日本政府的主导下实现的。美国占领当局虽然在"破"的方面采取了一定措施,但是并未在"立"的方面采取实质性行动。规定战后型金融体制的有关立法,是集中在50年代前期完成的。③

内藤纯一认为,日本战后金融体制,依然是"20世纪30年代的模式"。他写道："战时制定的《日本银行法》,至1981年没有经过大的修改。战时,根据该银行法规定的银行最低资本金制度和监督权限,金融当局(大藏省)和各府县积极推进了银行合并。至20世纪30年代后半期,当

---

① 木村隆俊：『日本経済史論』,学文社1996年,144—145页。
② A. Gerschenkron, *Economic Backwardness in Historical Perspectives*, Frederick A Praeger, 1965.
③ 杨栋梁、江瑞平等：《近代以来日本经济体制变革研究》,人民出版社2003年版,第189—190页。

第三章 ● 企业和金融业的关系：间接金融形成经纬

局逐渐加强了经济统制。不仅要求金融稳定,而且经济扩量(所谓总体战思想)也成为新的政策目标。对这种新的政策目标的追求,成为战后体制继承的理念。"①内藤纯一强调:"自20世纪80年代,日本金融的20世纪30年代模式随着一系列自由化和缓和规制政策的出台开始变质。由于1997年一系列金融机构特别是大银行和证券会社出现危机乃至倒闭,人们开始感觉到金融统制(体制和理念)正发生质的转变。但是,这些事态或许应被正确理解为20世纪30年代模式终结的开始。我们无法认为1997年和1998年的两次危机,已使20世纪30年代模式宣告终结,但或许我们可以认为,名为'终结'的金融活剧,才刚刚拉开帷幕。"②

野口悠纪雄认为,具有上述特征的日本金融体制,是"1940年体制"的延续。"1940年体制在金融体制中得到了明确显示。"按照他的观点,"二战"爆发前后政府强化对经济的干预和控制,是一股世界性潮流。日本战时体制的建立,只是顺应了这股潮流。事实上,构成"1940年体制"之基础的各项制度,很多是纳粹德国制度的翻版。作为战时金融体制之根本的《日本银行法》即堪称《德国银行法》的翻版。日本的特殊性主要是这一体制在"二战"后依然存在,这和战时体制被彻底摧毁的德国,形成了鲜明的对比。

不过,我们对这个问题不能简单地"定性",即既不能认为战时和战后金融体制没有关联,因为在形态上两者确实存在延续性,如主银行制;也不能认为战后金融体制就是战时金融体制的完全延续,正如我们不能认为系列企业集团就是财阀康采恩的翻版。因为,某些形态的延续只是表象,并非本质。

关于日本战时金融,前文已做了阐述。本节谨对战后日本金融体制的特征做一概括。通过比较,相信读者诸君对二者的关联度可自行做出判断。

一是间接金融占重要地位。企业筹措资金,有接受银行贷款和发行债券从资金黑字部门直接筹措两种方式。前者属于"间接金融",后者属于"直接金融"。另外,作为最终资金需求者的企业发行的负债证书是本

---

① 内藤純一:『戦略的金融システムの創造:「1930年代モデル」の終焉とその後にくるもの』,中央公論新社2004年,133—134頁。
② 内藤純一:『戦略的金融システムの創造:「1930年代モデル」の終焉とその後にくるもの』,中央公論新社2004年,212—214頁。

源证书,而非最终资金需求者、作为金融中介机构发行的负债证书也属于间接证券。在日本,"虽然有直接金融、间接金融两种定义,但不管如何定义,在经济高速增长期,间接金融占支配地位。这意味着对作为资金供给者的黑字主体来说,在资金运用方面,可以动用的资产基本限定于银行储蓄。由国债、社债等债券构成的债券市场和股票市场还未充分成熟"。①

二是人为的低息政策。低息政策几乎以一切金融商品为对象。这种"规制利息体系"的存在,是为了确保各相关金融机构的利润。例如,对银行来说,存款利息和短期贷款利息是重要利息。前者由日本银行在《临时利息调整法》范围内,以设定"指导线"的形式规定上限。后者则由银行业界以"自主规定"的形式,分别对信誉"良好"和"一般"的贷款者设定利息上限。存款利息在20世纪70年代前基本保持着一定的低水准,之后和贷款利息一起,与法定贴现率联动。毋庸赘言,低息政策是把"双刃剑"。一方面,由于低息贷款减少了企业的资金成本,有助于刺激投资,加速经济增长;另一方面则减弱了资金供给欲望,易引发存款总量减少。

三是官方规定加金融机构协调行动。概括而言,日本金融业在经济高速增长期的特征,就是在官方规定、控制的情况下,金融机构采取协调行动。官方的金融规定方式,主要有准入规定、业务范围规定、价格竞争规定、非价格竞争规定等方式。所谓准入规定,就是政府严格限制外部机构进入金融领域特别是银行业、保险业。自1965年证券市场不景气后,政府对进入证券业也做了严格规定。所谓业务范围规定,就是划定各金融机构的经营范围,禁止彼此业务重叠。所谓价格竞争规定,就是推行人为的低息政策和形成利息体系。所谓非价格竞争规定,就是在店铺、营业地区、营业日和营业时间、奖品和赠品、广告等方面做出的灵活规定。由于这些规定限制金融机构的相互竞争,避免金融机构因此而破产,故被称为"护航船队方式"(日语为"护送船团方式")。虽然有些规定因束缚了作为个体的金融机构的行动而遭人诟病,但是就整体而言,"护航船队方式"是受到欢迎的。

四是"主银行制"(Main Bank System)占突出地位。所谓主银行,原来是指在企业的融资比重中占最大份额的银行,故中文有时将其译为"主

---

① 小泉進、本間正明編:『日本型市場体制の解明』,有斐閣1993年,30頁。

第三章 ● 企业和金融业的关系：间接金融形成经纬

力银行"。但是,日本的主银行由于与企业保持着长期、持续的业务关系,因此不是单纯的债权者。实际上,主银行既是企业的重要股东,也向作为债主的企业派遣高层管理人员,并且在企业陷入经营危机时同有关方面进行斡旋,为企业提供援助等。必须强调,主银行制是日本金融体制的一大特征。

日本的主银行制不是以明文规定的契约为基础的,很难做出具有普遍适用性的定义,一般将以下条件作为判断某银行是否为某企业主银行的依据[①]：一是两者是否存在长期、持续的交易关系,该银行是否为该企业最主要的贷款者(通常是融资额居第一位的贷款者)。二是该银行是否持有受贷企业的股份并是其重要股东。三是银行是否通过派遣人员进入企业董事会,即参与企业的经营决策,同时实施经营监督。

之所以难以给"主银行制"下定义,主要是因为融资的持续性,即为企业稳定地提供资金,是主银行制最基本的功能,但事实上,日本的企业在何种程度上同主银行保持持续的交易关系,则因企业规模和时期而异。据统计,在5—10年间,变更主银行的企业约占三成,其他时期也有企业多次变更主银行。因此,有的学者认为,未必可以认为日本主银行制是稳固的体制。但是,也有学者对此提出反驳。他们认为,第一,对主银行制不应仅关注个别银行,而应关注企业和金融机构的集团性关系。按照这种观点,如果企业将最主要的融资银行从三菱银行更换为三菱信托银行,由于两家银行属于同一系列的金融机构,因此主银行关系实际上并没有变更。第二,在考察是否更换主银行时,重要的是考察都市银行和上市企业级别的大企业之间的关系。如果做此限定,那么可以认为更换主银行的企业非常少。例如,在1990年底,主要向都市银行借贷资金(借贷资金额占首位)的上市企业,大约有1 200家,其中1989年至1990年变更为在都市银行融资占首位的企业为42家,即在一年时间里仅有约3.5%的企业变更主银行为都市银行。由此可见,企业和主银行间的关系相当稳定。

间接金融的优势　日本政府的金融政策,是以"窗口指导"和"日本银行信贷调整"两种方式为中心推行的。所谓"窗口指导",就是日本银行对民间银行就如何控制对企业的信贷额进行的指导。具体表现是：随着日

[①] 小泉進、本間正明编:『日本型市場体制の解明』,有斐閣1993年,45—46頁。

本银行信贷额的调整,都市银行也做出相应调整,并进而影响地方银行,即采取协调行动。协调行动不仅存在于金融业内部,企业和银行之间也大都存在保持长期业务关系的现象。另外,作为一种金融联系,企业之间往往互相持股。互相持股与企业管制和系列企业关系密切,是企业经营者之间亲密关系的一种表现,和以获取红利等为目的的投资行为迥然有异。

主银行制在日本金融体制中占有重要地位。但是,"主银行制"能否作为日本金融体制独有的特征,学术界的认识并不统一。有些学者指出,外国也存在主银行。例如,德国也存在银行兼营证券业务的通用银行制。不少银行也持有企业股票,也向相关企业派遣高层管理人员。德国银行的影响力及其同企业的关系,并不逊色于日本。在美国,银行团划定"信用线"(credit line)并进行大额融资时,其主力银行被称为主银行乃至领导银行,发挥着与其他融资银行不同的重要功能。调查显示,就银行和企业特定持续的交易而言,美国和日本并无明显差异。银行为陷入经营困境的企业提供救助也在各国存在,具有一定普遍性,并非日本独有。即便将主银行作为系列银行(如三菱银行、三菱信托银行即属于同一系列),而不是一家银行把握,那么系列化本身也不是日本独有的现象,而是至少在远东地区普遍存在的。但也有学者认为,各国以血缘为纽带和基础形成的系列企业,同日本的系列企业存在本质差异。

笔者认为,仅根据被"模式化"的主银行制概念本身,或仅仅根据形态或表象,难以发现日本主银行制的独特性。例如,美国的系列企业表面上和日本的企业系列颇为相似,但美国系列企业的成员,彼此之间的关系是对等互惠的"横向关系",同植根于历史、具有"纵向关系"的日本企业系列,存在本质差异。忽视这种差异,仅仅关注企业和银行之间交易关系的持续性,并不正确。

由于主银行和系列金融机构在日本金融体制中扮演着重要角色,因此对企业的资本构成和投资行动是否具有决定性影响,才是我们认识问题的关键。事实上,国际学术界在这方面已经取得了很多实证性研究成果。按照多恩的观点,"主银行制虽然在其他国家也同样存在,并非日本所独有。但主银行制作为一种普遍和显著的存在,却几乎为日本所独有,不见于其他国家"。多恩认为,之所以如此,主要有下列几点原因:一是日本人凡事喜欢作长远考虑;二是日本人特别重视人际信赖关系;三是日

第三章 ● 企业和金融业的关系：间接金融形成经纬

本人讨厌战略性交涉，喜欢通过"给予和获取"(give and take)建立"和谐"关系。[①]

认识主银行在日本间接金融体制中的作用，有助于认识间接金融对战后经济高速增长的推动作用，这种推动作用可概括为以下三方面。

第一，由于银行在资金分配方面发挥主要作用，因此使资金分配向重工业和化学工业倾斜成为可能。在直接金融体制下，通过资本市场募集资金，资金往往会向较容易在短期内获取收益的产业汇聚，而不是向重工业和化学工业汇聚，日本的制造业，特别是以重工业和化学工业为中心的产业，或许很难复兴。然而，1946年5月第一届吉田茂内阁成立后，于1946年8月成立了有"经济内阁"之称的经济安定总部（简称"安总"），其第一项工作就是具体实施"倾斜生产方式"。12月10日，东京大学教授有泽广巳发表了《挽救日本经济败局之路》，提出了明确的"倾斜生产方式"构想：增强煤炭生产，拉动钢铁生产，推动工业生产，将国民经济引上良性循环的轨道。12月27日，日本内阁通过了贯彻"倾斜生产方式"的决议，并于翌年1月24日设立了"复兴金融金库"，为"倾斜生产方式"提供资金保障。有不少学者认为，日本之所以能够实现经济高速增长，主要是因为通产省推行了正确的产业政策。但是，如果没有银行资金的强力支持，就难以取得如此成效，毕竟"巧妇难为无米之炊"。

第二，通过间接金融体制，家庭理财资金持续向企业转移。在间接金融体制中，企业以"借贷"的形式筹措资金，家庭理财以"银行存款"的形式保有金融资产。然而，存款和贷款的数额是由名义价值决定的，因此在通货膨胀的条件下，实际价值必然下降。日本战后经济状况即呈现这种状况。具体而言，即债务人（主要是企业）的实际债务价值急速减少，而债权人（主要是家庭理财资金）未能使自己的金融资产随之增值。换言之，大量家庭理财资金从家庭流向企业。这是经济高速增长背后的重要经济机制。

在市场利息自由变动的经济条件下，这种倾向得到某种程度的缓和。因为在实际利息不变时，随着期待通胀率的上升，名义利息也会上升。但是在战后的日本经济中，这一条件未能获得满足，因为日本的名义利息是刚性的，而且定期存款是固定利息。另一方面，企业长期贷款

[①] 小泉進、本間正明編：『日本型市場体制の解明』，有斐閣1993年，52頁、60頁。

的利息也是固定的。因此显而易见,家庭所得资金向企业的转移,数额非常巨大。这种所得转移,在通过直接金融(特别是股票)筹措资金的情况下,是不会发生的,因为股票的实际价值即便在通货膨胀时期也能获得确保。若20世纪30年代前的金融体制在日本能获得保留,那么少数富豪级资产拥有者,不仅能通过控股支配企业,而且能因为经济增长而使持有的股票升值,给资产"锦上添花"。但是在战后日本,企业通过增加工资而使各个家庭分享了经济增长的成果。换言之,享受经济高速增长成果的,不是一部分富裕的资本家,而是工薪阶层。战后日本之所以能够形成所谓"一亿中流"、贫富差距较小的社会,间接金融体制的作用不可忽略。

在日本家庭的金融资产构成比率中,银行存款依然占50%以上,和美国家庭金融资产50%以上是股票和证券,形成了鲜明对比。

表3-4 日美家庭资产构成(2004年3月底数据)　　单位:%

	现金·存款	债券	投资信托	股票·出资	保险·年金	其他
日本	55.2	2.6	2.4	8.2	27.9	3.7
美国	13.0	8.3	12.5	33.1	30.0	3.2

资料来源:日本银行『資金循環の日米比較』,2004年。百分数相加≠100%,是因存在尾数差。全书同。

第三,"会社就是一切"的价值观的形成。战时形成的以终身雇佣、年功序列为轴心的用工环境,强化了各方对会社的认同感。同时由于经营者是在内部晋升的,工会是企业而非行业工会,因此经营者和员工形成了一种观念,即会社是一个如同家族般由血缘纽带形成的稳固的命运共同体。换言之,日本会社不是独立的个人和其他经济个体通过缔结契约形成的,而是个体作为组织的一员而行动的。在日本,"竞争为恶、协调为善"的价值观占支配地位,集体主义得到讴歌。"组织成员为了一个目的齐心协力","为了集体扼杀个性",这种观念作为"会社人"价值观,在战后日本社会深入人心。

主银行制的利弊　日本主银行制何以能长期存在?有学者认为,关键是主银行能够通过定期存款、外汇交易、公司债券发行、增资资金委托

第三章 ● 企业和金融业的关系：间接金融形成经纬

保管等业务获取利益,企业既可以在日常资金供应方面获得持续保障,又可以在急需资金时期待主银行承担相应责任、履行相应义务。这种"双向需求",构成了主银行制的强韧纽带。也有学者认为,主银行是系列企业的核心,在战后日本的资本市场中,股票市场不发达,而且财阀解体后,虽然大量股票被投放市场,但是这些股票未能被个人投资家所吸收,而是大量集中于银行,使银行仍然是企业的大股东。之后,经济高速增长使企业对资金有强烈需求,但由于替代性资金筹措手段非常有限,企业不得不极大地依赖于银行贷款,以主银行为枢纽的系列金融因此不断得到巩固和强化。① 但是,"以20世纪70年代和80年代的制造业为样本的统计分析,没有为稳定的主银行关系有助于改善对应融资企业经营效率提供证据。这一结果否定了认为至80年代前半期,日本的主银行关系有意识提高融资企业的经营效率,以及80年代得以推进的金融自由化破坏了主银行功能的主张"。②

一些学者认为,主银行制的存在是日本金融体制的一种优势。这种优势主要体现在以下几个方面：

第一,市场机制本身存在缺陷,尤其存在银行和企业信息不对称的缺陷。主银行由于和特定企业保持着长期交易关系,能够积累相关信息,因此在企业急需资金时,主银行能够根据市场和企业本身情况,迅速做出决定。

第二,银行是企业的大股东,有权向企业派遣高层管理者(通常也这么做),因而能有效对企业实施监督,避免投资的盲目性和储户利益受损。青木昌彦将银行通过主银行关系对企业进行监督活动,分为三个阶段：先期审核申请信贷的企业的还贷能力、发展前景;中期监督该企业的经营表现及评估其经营业绩;后期收集、分析陷入危机及不履行偿债义务企业的经营状况等信息,研究是否有重建可能。③

第三,在企业陷入经营危机时提供救助。这是经常被列举的日本主银行制的显著功能。许多学者指出,主银行制主要承担两种风险：其一,利率变动风险。由于主银行制被视为在利率变动时,将风险从企业转向

---

① 朝日新聞経済部編：『銀行：その実像と虚像』,講談社1985年,83頁。
② 貝塚啓明編：『再訪日本型経済体制』,有斐閣2002年,138頁。
③ 貝塚啓明編：『再訪日本型経済体制』,有斐閣2002年,107頁。

银行的一种默认的契约,因此有助于企业利润的稳定化。其二,企业陷入经营危机、贷款难以偿还风险。在企业发生经营危机时,主银行还具有保险功能。这同时是社会的期待,被视为"银行的社会责任"。当然,这需要满足两个条件:一是银行作为"最后的依靠"有足够实力且非常稳固;二是在企业陷入经营危机时,各债权方能够一致认可主银行充当最主要的协调、处理者。毋庸赘言,获取股东赞同是主银行动用资金的必要前提,而日本银行的股东构成有个重要特征,即生命保险会社等金融机构占有较大比重,而生命保险会社是作为机构投资者持有股份的,所以即便是大股东也是在董事会而不是在股东大会上行使其权力。同时,由于生命保险会社也是金融机构的一员,在是否为企业提供救助时,其判断很少与银行相左,因此主银行较容易采取救助行动。

第四,在企业陷入经营危机时,银行在和其他债权方就利害关系进行斡旋、处理时,其公正性能获得社会普遍认可。由于主银行不仅在信息积累方面而且在社会地位方面占有优势,因此被普遍期待并认可为"调停"角色。许多学者指出,日本人一般喜欢通过私下交涉解决纠纷,不喜欢诉诸法律,除非万不得已。对日本国民的这一特性,美国《新闻周刊》曾以《没有律师的社会》为题发表过评论。日本的企业也嫌恶通过司法途径解决纠纷。处在这样的社会环境中,由银行出面调停各种矛盾,往往为当事方所偏好。

当然,我们不能就此认为主银行制有利无弊。

第一,并非所有的银行均能够发挥主银行应有的功能。在日本,有"银行晴天借出伞,雨天收回伞"之说。这和主银行救危难企业于水火的印象显然南辕北辙。因此,必须将"雨天收回伞的银行"和"救企业于危难的主银行"进行甄别。这种甄别无论理论还是实践,均存在值得分析的诸多问题。另外,在价值观和经济目的多元化时代,将资金的分配和用途委托银行任意处置,难免令人恐惧和担忧。维持主银行和特定企业之间关系的成本,不仅由从主银行获得利益者负担,也可能由一般储户和没有主银行关系的企业负担。大企业和银行互相勾结,让接受承包的弱小企业承担经济变动风险的情况,普遍存在。

第二,主银行的公正性值得怀疑。在明确考虑主银行制的经济成本的同时,必须考虑主银行的"公正性"。仅仅从银行和企业均可获益的角度,指出主银行制的合理性,不足以回应社会认为主银行制存在不公正的

第三章 ● 企业和金融业的关系：间接金融形成经纬

批评。这和认为"空降"(天下り)对官僚和企业均有利的逻辑,如出一辙。在处理企业经营危机时,主银行的利益和其他债权者的利益未必一致。因此,由主银行牵头处理危机,未必能确保公正。即使主银行为了便于救助而派遣"高管",并得到企业的许可,也应以保护债权为度,但事实上却存在其通过人事介入侵犯企业经营自主权,以"指导"的名义干预企业经营的现象。为企业经营危机提供救助,表面上是为了使企业能够继续生存,实际上是为了使银行本身免遭风险,免受损失。所以,这种介入和干预,未必始终是合理的。

第三,在企业陷入经营危机时,主银行能否发挥人们所期待的功能,实际上是不确定的。有些学者重视主银行制具有收集、发放企业信息这一功能,认为主银行的救助是为了维护其作为代表性监督者的"名声",因而必然会有所作为;也有学者重视主银行和企业存在"默认契约",指出可以将主银行的救助解释为履行默认的保险契约,但维护"名声"、"默认契约"完全依赖于银行一方的判断,未必客观和稳定。

第四,银行对相关企业实施"监督",经常产生负面效应。正如前日本经济学会会长贝塚启明所指出的,"银行和作为融资对象的企业互相持股,一方面可能有助于提高银行监督企业经营的效率,另一方面也可能使银行和企业经营者因此掌握范围广泛的裁量权,从而存在构建'帝国大厦'(empire building)的危险"。[①] 另外一些学者按照以自由竞争为理想的新古典派经济学观点指出,以存在长期交易关系、派遣高层管理人员、互相持股为特征的主银行制,是阻碍市场机制有效发挥作用的不合理体制,是应该根据禁止垄断法予以排除的、介于企业和银行之间的托拉斯。

有学者认为,在经济高速增长期以后,主银行制的作用已呈日趋减弱之势。以交易关系为基础的金融中介,正在由资本市场的金融中介功能所取代。因此,随着20世纪90年代后半期"日本版超大规模银行"的相继问世和正式资本市场的导入,日本主银行制的地位进一步下降。随着资金的借贷关系的多样化,银行的重要性相对降低,甚至有学者认为,在新的经济金融环境中,主银行制原有的地位应该被弱化。

---

① 贝塚启明编：『再訪日本型経済体制』,有斐閣 2002 年,121 页。

也有学者认为,金融的多样化,同时意味着信息价值的增加和信息生产成本的增加。因此,能有效进行信息生产的主银行制,会相应得到强化。在新的金融环境中,作为一种经营战略,银行会超越单纯为客户融资,转而与客户着力建立可提供多种服务的关系。很多企业则为了获得多种服务而愿意接受银行的监督,以换取比较稳定的金融服务。这种趋向使主银行制的优势明确显现。另一方面,虽然有些大企业日渐"脱离银行",但是对于一些中小企业乃至个人来说,为了享受资金筹措手段的多样化和国际化的利益,银行融资的重要性反而有增强的可能,难以就此认为在企业金融的一切领域,以交易关系为基础的银行作为金融中介的价值,正逐渐丧失。对中小企业而言,主银行关系今后仍将继续发挥传统功能。

主银行制如何在资助有较高投资风险的事业、推动前沿产业发展方面发挥积极作用,也受到广泛关注。F. 艾伦(F. Allen)指出,在投资风险事业时,许多人认为,重视交易关系的金融机构,在信息不对称情况下处在较有利的地位。但是,这个问题其实不值得关注。值得关注的是,如何构建具有收集多种信息并进行比较、能够广泛提供分散风险机会的机制。在这方面,股票市场比作为融资机构的银行更敏感,效率也更高。[①] B. S. 布莱克(B. S. Black)和 R. J. 盖尔森(R. J. Gilson)则认为,一种资助风险事业的金融机制,最重要的功能之一,是将"哺育功能",即资助处在创业过程中的"幼小企业"的功能,同监护、咨询等功能融为一体。主银行制,在这方面可以发挥作用。[②]

长期以来,以主银行制为核心的日本间接金融体制之所以长期存在,同日本政府的"护航船队方式"有直接关联。数据显示,"二战"前,银行破产倒闭是一种寻常现象:由于经营危机而倒闭的银行,1902年至1919年的18年间年均24.6家。1920年至1932年的13年间年均43.5家。1933年至1945年的13年间年均7.8家。但是战后至20世纪70年代,没有一家银行因此倒闭。[③] 因此,对日本政府"护航船队方式"的称赞不

[①] Allen, F., "Stock markets and resource allocation", in C. Mayer and X. Views(eds), *Capital markets and Financial Intermediation*, Cambridge University Press, 1999.

[②] Black, B.S. and R.J. Gilson, "Venture capital and the structure of capital markets: Banks versus stock markets", *Journal of Financial Economics*, 47.

[③] 寺西重郎:『日本の経済発展と金融』,岩波書店1982年,299頁。

绝于耳。但是近年,有不少学者对"护航船队方式"提出批评。他们认为:"'二战'后日本政府在金融体制中长期推行的'护航船队方式',扼杀了银行对企业的监督、刺激,酿成了日本银行业潜在的脆弱性。这种脆弱性在作为银行主要融资对象的企业,从处在激烈的国际竞争环境的制造业向不动产业、金融业、服务业转移的过程中,日渐显露。另外,以交易关系为基础的金融中介机制,酿成了与融资企业的'质'相关的不透明性,使银行无法迅速摆脱被不良债权纠缠的问题。"[1]"在金融体制未成熟的年代,使金融机构的营业保持稳定,是一项基本原则,至关重要。因为,信用稳定同金融机构的使用者即客户的利益安全休戚相关。但现在金融体制已经完善,储户可获得广泛信息,可以做出多种选择。在这种情况下,以护航船队方式对所有的金融机构实施保护,反而有损客户的利益。"[2]"20世纪80年代,行政指导(护航船队方式)作为日本经济体制的优点而在世界上得到宣传。但是,由于泡沫经济的崩溃,这种行政指导露出了破绽。财界抱着通过行政指导获得救助的心理而等待观望,而官厅则没有认识到经济危机的深刻性,没有提出根本性的解决措施。"[3]

从表面上看,当今日本金融体制确实发生了很大变化:《日本银行法》在1998年被翻新;《证券交易法》被大幅度修订,证券业从原来的"审批"制改为"登记"制。另外,作为企业筹措资金重要渠道的银行信贷也发生了显著变化,特别是大企业近几年向银行的贷款额显著减少。就这个意义而言,间接金融的地位确实大不如前。但数据显示,21世纪初,虽然以银行为中心的金融体制发生了重大变化,但是间接金融占支配地位的格局并没有改变。此外,虽然企业在筹措资金时减少了向银行借贷,但是在企业融资比率中,向银行贷款额约是通过股票和证券融资额的10倍。而且对企业的生存而言,银行依然不可或缺。大量事实证明,使陷入经营危机的企业"寿终正寝"还是"起死回生",大都取决于银行是"伸出援手",还是"见死不救"。

"泡沫经济"的祸根　　1989年是日本平成元年,也是战后日本经济从连续景气走向停滞的分水岭。

---

[1] 貝塚啓明編:『再訪日本型経済体制』,有斐閣2002年,138頁。
[2] 本間正明:『新・日本型経済体制への提言』,TBS株式会社1994年,116頁。
[3] 長島誠一:『戦後の日本資本主義』,桜井書店2001年,271頁。

表 3-5　非金融部门资金筹措（年度末余额）　单位：亿日元

资 金 用 途	1995 年度	2000 年度	2003 年度
贷出	10 115 050	10 042 227	9 326 187
股票以外的证券	498 217	556 646	830 396
股票·投资	902 125	1 070 336	1 092 925

资料来源：日本银行『资金循环决算』，2004 年。

在被称为"大纳会"的股市休市前最后一天即 12 月 29 日，日经平均股价走出了 38 915.87 日元的大阳线，这也是"二战"后日本平均股价的顶峰。但是，从翌年被称为"大发会"的开市第一天起，日本股价便开始下泄，10 月 1 日一度跌破 20 000 日元大关。从 1989 年 12 月到 1992 年 7 月，日经 225 指数连跌两年半，市值损失 56%，日均成交金额下跌 89%。1992 年土地价格由升转跌，当年下跌 15%。1993 年底，日本股票市值仅相当于 1989 年的 59%，成为泡沫经济崩溃的导火索。[①]

1929 年至 1933 年世界经济危机，本质上就是泡沫经济崩溃引发的。1925 年后，美国东南部佛罗里达州的地价之所以出现惊人的升幅，原因就是人们对房地产上涨的投机性预期。于是，人们纷纷向银行贷款买房。银行大量赚到利差。然而，当投机房地产的收益低于银行利率时，呆账、坏账便接连发生，银行大量贷款就得不到偿还，只能倒闭。实体经济得不到必要的流转和扩大再生产资金的支持，股票也就必然下跌。于是，股价普遍下跌和恐慌性抛盘形成乘数效应，经济危机爆发。

日本泡沫经济崩溃也具有类似特征，但经历了至少 20 年的累积过程。很多人认为，1985 年 9 月 22 日"G5"财长和银行行长在纽约签署的"广场协议"，是日本泡沫经济的祸根。因为一般的说法是，广场协议之后的日元飞涨，到最后给日本带来了一次巨大的泡沫经济浪潮，泡沫经济的破灭把日本带入了一条长长的看不见出口的隧道。[②] 日本前首相宫泽喜一在回忆录中写道，日本"二战"后有两大转折点：一是 20 世纪 60 年代的安保纷争。这场纷争引发了战前价值观向战后价值观的大转变，开启

[①] 岩田规久男：『「景気」とは何だろうか』，筑摩書房 2008 年，117 頁。
[②] 俞天任：《大泡沫：一切从广场协议开始》，语文出版社 2012 年版，第 3 页。

第三章 ● 企业和金融业的关系：间接金融形成经纬

了高速增长。二是1985年的"广场协议"。这一协议给经济高速增长画上了休止符。也有不少人不赞同这种看法。伊藤隆敏和星岳雄在他们合撰的《繁荣与停滞：日本经济发展和转型》一书中提出，1992—2012年确实是日本"失去的20年"。因为这20年日本实际经济增速低于潜在增速。他们从供给与需求这一最基本的经济学分析框架入手指出，日本同时出现了减速和通缩，需求不足是导致经济增长乏力的主要原因。"广场协议"签署的目的是使日元升值。这一目标确实实现了，因为此后日元名义汇率、名义有效汇率、实际有效汇率均有升值。按照经济学原理，日元升值会导致日本出口下降、经济减速。但实际上1985年之后，日本出口并没有下降，经济也没有减速。因此很难说"广场协议"导致了日本经济疲软和泡沫破灭。他们认为，日本不合理的货币财政政策、不健全的金融监管体系导致了泡沫，并且在泡沫破灭后没有很好地加以应对，这是导致需求不足的主要原因。[①] 欧美主流经济学家如伯南克、克鲁格曼，也将"失去的20年"主要归因为需求不足。

如果对日本泡沫经济的形成过程进行理性分析，当不难得出结论：日本泡沫经济的产生，主要原因并非"广场协议"，而是与日本金融体制和政策相关。按照经济学理论，泡沫经济的形成需要两项条件：第一，宏观经济环境宽松，有投机炒作的资金来源；第二，对资金的使用及可能引发的风险缺乏约束机制。"自20世纪80年代后，日本金融的20世纪30年代模式"之所以变质并引发泡沫经济，就是因为具备了这两项条件。

"二战"前，日本企业也可以通过资本市场融资。但是"二战"期间，这条通道被关闭。直到1972年，日本企业才重新获准按照市场价格发行股票，即直接金融的大门被重新打开，从而使日本企业获得了银行外的融资渠道。在日本经济增长时期，尤其对于优良企业来说，其股票的市场价格不仅普遍高于票面价格，而且能够升值，因此一经面世即大受欢迎。但是，资本市场真正繁荣兴旺，是在进入20世纪80年代以后。1981年，日本金融开始出现渐进式的自由化趋向，特别是金融机构开发金融产品和金融衍生产品，开始享有较为充分的自主裁量权，"理财"这一概念开始在民间普及。在此之前，有钱存入银行获取利息，这是人们的基本观念，几

[①] 伊藤隆敏、星岳雄：《繁荣与停滞：日本经济发展和转型》，郭金兴译，中信出版集团2022年版，第14章。

乎没有普通市民进行"理财"或"金融投资",那属于"梦想不劳而获"而不被考虑的方式。

在同一年,企业获准发行"附认股权证公司债券",即购买者拥有按照约定价格认购该公司股票的权利,只是将债券转为股票时需要支付一定资金。如果股票价格看涨,明显高于购买债券时的价格,那么即便支付一定资金,在股市出售也可以获利,甚至获利不菲。这对企业而言,能以较低利率融资,对购买者而言,能以钱生钱,因而一经推出便大受欢迎。另外还有一种债券叫"可转换债券",即债券可以直接转换为股票。例如,按面值购买的100日元债券,可以作为面值100日元股票出售。当公司股价上涨50%时,售价是150日元。如果公司股价下跌,可以继续持有,到期赎回,公司还本付息。这对公司而言,不仅可以低利率向银行贷款,能因此融资,而且获得的资金能够以大额定期存款的方式存入银行赚取利差,在当时利率已经自由化的金融市场,信用好的企业往往能获得高额利息,对于购买者而言,则稳赚不赔,双方皆大欢喜。主管日本金融的大藏省显然不可能预料到,正是从那时候开始,日本经济的"泡沫"开始形成了。必须强调,这些都发生在"广场协议"签署之前。

除了上述匪夷所思的资本操作方式,20世纪80年代的日本金融市场,还有一些堪称荒诞离奇的做法。在此试举两例。

第一例:当时,日本政府为"特定信托基金"(简称"特金")和"信托基金"推出新型金融产品,发放了许可证。企业以低利率融资后,用所获资金购买高利率的"特金"和"信托基金"的金融产品,赚取利差。"特金"和"信托基金"因此迅速膨胀。据统计,这两个基金在1985年尚不足9万亿日元,到1989年底却已扩增至43万亿日元。

第二例:1987年,日本政府允许企业发放"短期融资券",用以短期融资。虽然企业也要向购买者支付利息,但它远低于银行的大额存款利息。因此,企业只需将发放"短期融资券"获得的资金放进银行,就能"以钱生钱"。于是,很多企业不再关注如何改革技术,改善经营,扩大市场,而是处心积虑于如何"空手套白狼"。有些艺人也纷纷"下海"。当时,日本出现了很多梦想"一夜暴富"的"贷款王",虽然不是行骗,但也大都是在钻"缓和财政金融政策"的空子。日本电视台还专门做了名为《贷款王》的节目,日本著名歌手《北国之春》的原唱者千昌夫,就登上过这个节目。千昌夫资产最多时有办公大楼50栋,在美国、澳洲、西班牙和中国的香港地

第三章 ● 企业和金融业的关系：间接金融形成经纬

区都有酒店和度假别墅，有私人飞机和无数豪车。最后，泡沫经济崩溃时，千昌夫负债逾千亿日元，从"唱歌的不动产王"变身为"唱歌的负债王"。

更重要的是，由于从银行等金融机构贷款如此轻而易举，不仅呆账、坏账的产生很难避免，而且给一些骗子提供了机会。在进入平成年代后，日本接连发生三起金融丑闻，一是"尾上缝事件"，二是"伊藤万事件"，三是"富士银行非法融资事件"。通过这些事件，我们能够"管中窥豹"地看到日本当时的金融乱象。日本大阪有个"料亭"(高级酒馆)女老板叫尾上缝，她从金融机构借了很多钱炒股。1988年，她从各金融机构借到的钱总计达数千亿日元。她抵押了什么资产能借到这么多钱呢？一个字：骗。日本有一种区域性的主要为中小企业服务的金融机构，叫"信用金库"。尾上缝勾结东洋信用金库的一名支店长，伪造了在这个支店的存款证明作为"担保"，从包括兴业银行在内的12个金融机构诈骗了3 420亿日元。1991年，尾上缝因涉嫌诈骗被捕。她在拘留所履行破产手续时，负债总额为4 300亿日元。最后，尾上缝被判处12年有期徒刑，东洋信用金库因此破产。受此牵连，日本兴业银行最后被富士银行合并，成为今天的瑞穗实业银行。"伊藤万事件"萌发于20世纪80年代后半期。当时，在首都圈拥有116家分行的"平和相互银行"陷入了经营危机，兴业银行、第一劝业银行、住友银行等都想并购它，最后被住友银行揽入。因为，住友银行会长矶田一郎通过集团核心贸易公司伊藤万社长河村良彦的牵线搭桥，认识了一个叫佐藤茂的男子，获得了"平和相互银行"的大量股票。而佐藤茂与"住吉会""稻川会"等黑社会组织有深厚关系，他因此得以深入住友银行内部，为其所参与的各种非法融资提供便利，住友银行因此被掏空约3 000亿日元。河村良彦等最后均被逮捕。"富士银行非法融资事件"是该行职员伪造存款证明，以此作为担保从非银行金融机构获得巨额贷款，并通过黑社会投资不动产，牟取暴利，令很多金融机构蒙受巨额亏损。

1986年前后，"房屋拆迁"和"土地转卖"这两个以往与平头百姓几乎无关的名词，开始流行。所谓"拆迁"就是将旧房"拆"除，让旧房居民"迁"往别处并提供经济补偿。之后将旧房夷为平地，再造新的高楼。由于"拆迁"是个费时费力的活，因此大型房地产企业往往将这活分包，于是很多"拆迁公司"便应运而生。"土地转卖"就是将买到的土地转手倒卖。通过房屋拆迁获得的土地,一是可以用作抵押,从银行获取贷款,然后通过"理财"牟利,如购买股票债券等赚取利差。二是可以通过土地转卖牟利,在"房产热"的时代,这是牟取暴利的捷径。三是可以开发房地产牟利。当时出现了一个新名词——"铅笔楼",即占地面积不大,楼层很高,像铅笔一样的高楼。一块地皮可以有以上三种用途,令很多企业纷纷投入其中,使地皮"热得发烫"。根据1987年1月政府公布的土地标准价格,东京周边的地价同比上涨23.8%,1988年再同比上涨65.3%。然而,日本政府对已经"发烫"的地皮所蕴含的危险,完全缺乏足够重视。1988年,日本国土厅公布的《国土利用白皮书》称:"以东京附近为中心的土地价格上涨,是由实际需求引起的。"[①]官方为"地皮炒作热"背书,后果可想而知。受供需关系这一"经济铁律"影响,"地产热"必然导致房屋价格上涨,进而影响人们消费和日常生活。1991年,东京市区的公寓价格已超出工薪阶层平均年薪的20倍。东京周边地区的公寓价格,也超出工薪阶层平均年薪的10倍。

房地产是上游产业,至少与钢材、水泥、油漆等56个下游产业相关,房地产热必然引起相关产业热。于是,股市也跟着热起来。1983年,东京证券交易所日经股票平均价格是8 000日元左右,1987年涨至26 646日元。在土地热起来时,连称为"挂在墙上的土地"的名画,也成了炒作对象。宏观经济中的"泡沫",就是这样在各方面的用力鼓吹下,迅速膨胀和破灭的。

必须强调,日本泡沫经济崩溃始于房地产泡沫崩溃,进而引发金融机构接连倒闭。当三重野康执掌日本银行,连续提高贴现率,决意抑制房产价格上涨的信号出现后,原本几乎涨上天际的房地产价格不断下跌,导致不动产投资难以收回,出现大量呆账、坏账,使一些金融机构难以为继。其中有一种相当特殊的金融机构,叫"住宅金融专门公司"(简称"住专")。"住专"包括"住宅贷款服务公司""日本住宅金融公司"等8家公司,属于大藏省直辖金融机构。其资金一是来源于其"母体银行",包括三菱、住友、富士等都市银行;二是来源于农林系统金融机构,包括"农林中央金库"和地方"信用农业协同组合联合会"(简称"信联")。最初,"住专"主要经营私人住宅建设贷款业务,随着泡沫经济的出现,"住专"也大量涉足不

[①] 野口悠纪雄:《战后日本经济史》,张玲译,民主与建设出版社2018年版,第195页。

第三章 ● 企业和金融业的关系：间接金融形成经纬

泡沫经济崩溃后
1990年，股价急跌，东京证券交易所股民抛售股票。

动产投资，不动产融资额在1989年达到75.9%。

按照詹姆斯·阿贝格伦在1970年出版的《探讨日本式经营——株式会社日本》一书中提出的观点，"增长资金的供给方式"作为体制性因素，对日本经济的高速增长具有决定性意义。可以认为，这一观点在当时是成立的。但我们必须明确，在历史的长河中，这一"因素"并非始终具有积极意义。毋庸置疑，这种"因素"对泡沫经济的产生及其以后日本经济的长期停滞，酿成"失去的三十年"，也具有决定性意义。

第四章 企业与企业的关系：
承包制和互相持股

作为战后"日本式经营"中的企业间关系的特征，主要是企业间的承包和互相持股。理解这一特征是理解日本"企业间关系"的关键。虽然这一特征在江户时代并不存在，但形成"企业间关系"的土壤，却是在历史中不断堆积并在江户时代开始形成，经过战时的"协力体制"，在战后最终定型的。

日本古代已有企业问世。专事神社佛寺建造和修葺的"金刚组"，是世界上历史最悠久的企业，成立于578年。在江户时代以前，日本社会虽然属于自给自足的自然经济社会，但是农业技术的进步、商品经济的发展、具有现代城市雏形的城下町的出现和町人阶层的壮大，为企业的创建提供了土壤，也为企业间关系的问世创造了条件。

明治时代，日本曾经历两次"企业勃兴"。各种类型的株式会社的纷纷问世，构成了企业互相持股的基础。另一方面，财阀广泛开展多种经营，涉足各产业领域，形成康采恩。大企业和中小企业存在各方面差异的"二重结构"，则构成企业间承包和再承包(转包)的基础。"二战"前后，日本当局为构建"总体战体制"而强行推动的企业"协力体制"和财阀企业互相持股的增加，则确立了战后作为日本企业间关系的两方面特征。战后，财阀被"系列企业"或"企业集团"取代。财阀和企业集团存在何种关联性？两者是否存在质的差异？本章试图对上述问题做出解答。

第四章 企业与企业的关系：承包制和互相持股

第一节 企业间关系的土壤

农业生产的进步 自大和政权建立后"部民制"得以施行，到江户时代"小农自立"，日本的生产组织和生产资料占有形式经历了几次嬗变。公元5世纪左右，大和政权确立了使各豪族获得新身份、作为大和政治体制核心的氏姓制，以及作为生产组织形式的部民制。"部"最初也有称"伴"，后来统一称"部"。如从事耕作的田部，从事纺织的服部，从事兵器制造的弓削部，制作马鞍的鞍作部，等等。部民主要来源于三种人：一是被征服的部落或部落联盟，主要从事农业生产；二是来自中国和朝鲜半岛的"渡来人"（移民），他们中有相当一部分人拥有技能，因此主要从事手工业生产；三是因违背统治者意志或作奸犯科而被贬为部民的平民（自由民）。

646年年初（大化年间），孝德天皇公布《改新诏书》，正式宣布实行作为"大化改新"内容之一的"班田收授法"。自此，部民制被班田制取代。班田制以中国唐朝的均田制为蓝本，每六年进行一次，土地不准买卖。但是，随着时间的推移，民众的租佣调负担日益沉重，土地兼并日趋严重。随着庄园制的兴起，班田制逐渐被取代。

8世纪至10世纪是班田制向庄园制过渡期。8世纪中，政府颁布《垦田永世私有法》，鼓励开垦荒田。一些寺社和豪强组织大规模垦荒，形成庄园。庄园由庄园主委派庄官管理，此前的班田农民，有的成为庄民。他们须缴纳实物地租和负担各种杂役，未经领主许可不能迁徙和改变职业。庄园主则通过进献土地等，依附于权势较大的贵族和寺社，奉其为领主。一些领主再将庄园进献给权势更大的中央贵族，奉其为本家。至12世纪末即镰仓时代初期，庄园已遍布全国各地，成为私人领地。

私有庄园的大量出现使政府的权益遭到威胁，于是朝廷开始实行"田堵制"（又称"田刀制"），即对庄园土地推行承包经营（即"散田请作"）。被承包的土地称"名田"。"田堵制"下的农户对土地只有承包权，没有所有权。政府则按照登记的土地面积征税。农户每年承包一定的土地耕种，须缴纳租税，他们只是耕种的田地（名田）名义上的主人，即"名主"。名田可以转让和继承，名主可以通过买卖等各种方式获得更多的土地。这就是"大名"和"小名"的由来。

企业国家——一部日本经济史

  12世纪末,镰仓幕府建立,武士阶层迅速兴起。武士使用包括武力抢夺在内的各种手段,从庄园主手中获得庄园的所有权。领主须为武士提供生活保障,武士则须为领主效命。"御家人制"和"庄园制",因此成为镰仓幕府的"两大支柱"。

  1467年应仁之乱后,日本进入了战国时代。按照"京都学派"创建者内藤湖南的考证,应仁之乱以后,日本开始形成作为家族共同体的"家"。"家"将祭祀祖先和家族的延续繁荣,作为最高价值规范。民众为了维护永续的"家"而建立的非常强固的共同体,在农村是被称为"惣村"和"乡村"的村,在城市则是町。① 应仁之乱后,日本开始由武士占主导地位的"守护领国制"转变为"大名领国制",庄园制趋于解体。

  16世纪末,在使日本大致重新统一后,丰臣秀吉推行了重新检测并分配土地的政策。由于"检地"发生于丰臣秀吉"禅让"关白担任太阁的同一年,因此史称"太阁检地"。"检地"就是通过土地测量等,建立统一的全国土地制度,具体措施是测量土地、统一计量单位,将土地分为不同等级并规定相应的标准产量,以此作为缴纳年贡的基准,政府按标准产量的2/3收取年贡。同时贯彻"一地一作人"原则,即每块耕地规定一个"作人"。"作人"是纳贡义务承担者即承包者。"太阁检地"为江户时代实施兵农分离制奠定了重要基础,而兵农分离制则是形成"日本式经营"不可忽略的前提条件。

  自战国时代末期,日本农村社会开始出现史称"小农自立"的变化。"小农自立"及其与市场经济的关联,不仅对日本经济体制具有异乎寻常的意义,而且是形成"企业间关系"的重要土壤。因为没有"小农自立"就不会有工人,更不会有企业,遑论企业间关系。

  关于"小农自立"的成因,日本著名经济史学家速水融和大石慎三郎的意见既有分歧,又有共识。

  一方面,速水融认为,"小农自立"主要是顺应自然趋势。他认为"小农自立"是由市场经济关系渗入农村产生的。大石慎三郎则认为,"小农自立"主要是因为政府的推动。他认为,由自上而下推进的"小农自立",同所谓"既不使之存活,也不将其泯灭"的"剥夺全部剩余劳动体制"的形成具有密切关联。按照他的观点,新的市场经济的展开,是在以农业为基

---

① 朝尾直弘ら編:『日本通史』第10卷,岩波书店1994年,3页。

第 四 章 ● 企业与企业的关系：承包制和互相持股

础的幕藩统治的动摇过程中实现的。

另一方面,"速水融和大石慎三郎均认为,和中世社会即镰仓时代、室町时代不同,近世江户时代的农村社会体制,是允许经济性的人存在的体制。速水融所谓'经济社会的形成',是指一种市场经济占据社会中枢的状态。同时随着经济社会的形成,农民的行为方式也发生相应变化。大石慎三郎所说的'向经济型的劳动人的质变',也表达了同样的意思。这种看法在很大程度上要求改变对传统的德川社会形象的认识。因为按照传统的认识,德川社会是封建性的'稻米经济'和农民生活仅维持在生存线上的社会。但是,战后诸多学者的实证性经济史研究,特别是20世纪70年代以后,一些学者采用计量史分析方法进行研究的结果显示,德川中期以后,在农业的分化,多种非农业生产的展开,就业结构的分化,市场机构的功能,幕府、诸藩的政策运营等方面,速水融等人提出的观点是正确的"。[①] 换言之,按照速水融和大石慎三郎的观点,在江户时代初期,在各种因素的合力推动下,农业经济逐渐分化。

农业经济的分化使幕藩体制的经济结构随之发生演变。一般认为,幕藩体制的结构确定,是在17世纪中后期即庆安年间(1648—1652)至宽文、延宝年间(1661—1681)。在幕藩体制结构确定后,许多藩从"地方知行制"即"领地授受制",转变为"俸禄制"。在元禄时期(1688—1704),维持"地方知行制"的藩仅为"御三家"3藩、"家门"3藩、"谱代"6藩、"外样"30藩。谱代大名总数为116藩,其中仅6藩施行"地方知行制",可见所占比率之少。就整体而言,依然维持"地方知行制"的藩仅为总数的17％。同时,幕府对大名的"转封""改易"也趋向稳定和缓和,以往因时常迁移而被戏称为"盆景植物"的大名,开始在封地"扎根"。1664年,德川幕府颁发了"宽文朱印状",确定了诸大名的"石高"和"领地"。另一方面,在江户时代初期,领主基本上剥夺了农民的全部剩余劳动。特别是1649年,江户幕府颁布的检地条例和劝农条例《庆安御触书》,更是对农民的各项"义务"做了明确规定,被称为"集约束农民的法令之大成"。但是自17世纪末以后,幕府政治逐渐从"武断主义"向"文治主义"转化,对庶民从基于战国政治理念的行使武力方针,转为具有文治色彩的道德教化方针,幕府统治方针的转变,无疑有助于促进农业生产发展。江户时代日本农业

---

① 速水融、宫本又郎编：『經濟社會的成立：17—18世紀』,岩波书店1997年,176页。

生产的发展状况,可以从全国总"石高"的变化中获得了解。统计数据显示,日本的总"石高",1598 年为 1 850 万石,1704 年为 2 578 万石,1834 年为 3 043 万石,1871 年为 3 163 万石。

商品经济的发展　农业的发展是商品经济发展、经济结构发生演变的基础。因为"自给有余"是产品成为商品的必备前提。进一步考察,我们可以发现"石高"的增加、经济结构的变化,主要归因于下列要素。

第一,土地不断开拓、新耕地不断增加。据统计,日本的耕地面积在 1598 年约为 163 万町步,1630 年代增加至约 297 万町步。[1] 在江户时代初期,新田开发是在幕府和领主的直接干预下推进的。但是之后,为了增征年贡,统治当局亦利用"町人"的财力,由他们承包开拓新的耕地。另据网野善彦、石井进等学者研究发现,当时整个社会参与交通和流通业的人和手工业者,在人口中占有较大比率。与之相应,货币也在相当大的程度上得以使用。[2] 也就是说,江户时代的经济结构不断向"非农"方向转变。

第二,与农具和肥料等农业方面的改良和进步有直接关联。例如,自 17 世纪末,竹制的"千齿耙"被用于脱粒,"抢走"了原先从事这项家庭副业的老幼妇女的饭碗,并因此使千齿耙被称为"后院失火"。18 世纪初,铁制"千齿耙"的出现进一步提高了脱粒效能。此外,锹、锄等农具也被改良成适于开垦和深耕,极大减轻了没有耕牛的农民的劳动量。之后,如大藏永常在《农具便利论》(1822 年刊)一书中写到的,适应不同土质和用途的各种农具纷纷出现。农家使用的肥料也从主要使用绿肥、厩肥等"自给肥",转变为大量使用沙丁鱼干、油粕等"购入肥"。总之,新田开垦、农具改良、"购入肥"使用的相辅相成,使农业生产率不断提高,产量大幅增加。

第三,幕藩当局耕作限制的缓和。在江户前期,为了维持以稻米为中心的农业生产,幕藩政府对土地使用有明确要求,对当时具有代表性的商品经济作物"四木",即桑、楮、茶、漆,以及"三草",即麻、蓝、红花,有严格限制。对作为衣服原料的棉花以及作为灯油原料的油菜籽的栽种也有明确规定。但是,在新垦田地上,限制相对没有那么严格。因此,农民为了增收,往往致力于商品经济作物的栽种,尤其致力于栽种棉花和油菜籽,

---

[1]　正田健一郎、作道洋太郎编:『概说日本経済史』,有斐閣 1978 年,72 頁。
[2]　網野善彦:『モンゴル襲来』,小学館 1974 年;石井進:『中世武士団』,小学館 1974 年;井上鋭夫:『山の民・川の民』,平凡社 1981 年;大山喬平:『日本中世農村史研究』,岩波書店 1978 年;神木哲男:『日本中世商品流通史論』,有斐閣 1980 年。

第四章 ● 企业与企业的关系：承包制和互相持股

在都市周边,农民也大量栽种蔬菜,使商业属性在农业中的比重不断增加。

在经济作物中,最具有代表性的是棉花,主要产地是摄津(今大阪府摄津市)、河内(今大阪府东北部)、尾张(今爱知县西部)、三河(今爱知县东部)等。江户初期,畿内的棉花栽种发展得益于技术水准较高、市场条件良好(在今集散市场大阪等地)、与棉花加工业联系紧密等因素。以后随着交通的发达,全国各地的棉花生产和加工水准不断接近,畿内原先独享的有利条件逐渐不复存在,不得不进行农作物结构调整。尽管如此,在江户时代末期,河内总耕作面积中30%乃至40%仍是棉花产地。由此可见,畿内的棉花栽种虽受到后发地区"挤压",但仍占有很大比重,而明治维新后日本最先发展起来的就是纺织业。根据史料记载,在17世纪30年代即江户时代初期,作为日常生活用品的商品生产已遍及全国。

历经一个世纪的经济发展,至1736年,日本商品生产分布状况发生了较明显的变化。这些变化可概括为以下几点：

第一,稻米、杂粮、烟草、苎、木材、蜡、纸、水产品、铜等产地已遍布全国。一个世纪前不生产纸的近畿地区,此时有5个领国向大坂市场供应纸。

第二,绢类商品产地仍如一个世纪之前,集中于日本东部特别是关东地区。但是,棉织品输出地区却发生了很大变化。一个世纪前,棉制品输出主要集中于近畿以东地区,但此时却相反,主要集中于近畿以西地区。原先非棉制品输出地区的山阳、四国地区,此时已成为重要出产地,特别是濑户内海沿岸,更是成为棉制品重要输出地区。

第三,阿波(德岛)成为蓝的产地。[①] 不过,需要强调的是,历经一个世纪,日本全国商品生产布局虽有所改变,但并没有根本性改变。之所以如此,主要就是因为商品流通的发达使生产分工成为可能。

第四,人口的迁移性变化。17世纪初至18世纪初,人口特别是都市人口急速增长。据统计,自1650年至1750年,江户、大坂、京都三大中心都市的人口增加了1倍,同期名古屋、仙台、金泽、福冈等8个地方城市的人口增长了约60%。[②] 自17世纪末和18世纪初,这一态势开始逆转。

[①] 大石慎三郎:『日本近世社会の市場構造』,岩波書店1975年,143—167頁。
[②] 斉藤誠治:「江戸時代の都市人口」,『地域開発』240号,1984年9月。

18世纪30年代至幕府末期,日本全国人口增长基本处于停滞状态。人口增长的低迷和农业生产力的提高,也促进了非谷物类,特别是以工业原料为中心的商品作物的栽培,对工业生产的发展产生了积极影响。

第四,需要强调的是,"兵农分离"具有关键意义。幕藩体制的"兵农分离",实际也是"商农分离"。领主正是通过将家臣团和工商业者分离、聚居,构建了日本近世都市的典型和领国经济的中枢——城下町。江户时代大部分城下町都是在1580年至1610年之间建成的。西方学者约翰·霍尔认为,在世界历史上,城市建设如此之快的时代,似绝无仅有。

城下町的形成 至晚到11世纪,不论是本州、四国,还是九州,日本列岛各中心地区或交通要冲,已形成了一些城市。甚至作为陆奥的府中即令制国国府所在地的秋田、多贺城等,都已可算作城市。源赖朝在关东建立镰仓幕府之前,镰仓已经初具城市的形态,成为东国的中心即"东国之都"。与镰仓相连接的港口城市霞之浦和北浦,以及鹿岛的大船津等,也都基本具有了城市的形态。北陆地区的敦贺、小滨,琵琶湖的大津、坂本、海津,面向濑户内海的仓敷、尾道,北九州的博多、宗像,南九州的坊津,当时也均已具有城市的骨骼。因此,这个时期的统治阶层在制定统治体制时,不得不考虑与城市相关的商业和流通问题。自11世纪后半叶,无论天皇家、摄关家等大家,还是东大寺、兴福寺、延历寺等大寺院,以及上贺茂和下贺茂、伊势、日吉、春日、石清水八幡等大神社,都要确保各自拥有的庄园和知行国(领国)的正常运营。为了筹募各种祭典法会和民俗节日等的费用,寺庙神社也开始从特定的田地、庄园或公领收取年贡和举行民俗庆典的租税,各城市也因此繁荣。但是,随着城下町的形成和兴起,以前那些城市在政治、经济、文化中的地位日益被城下町取代。总之,日本全国城市经济的真正发展,是在城下町形成和繁荣以后。

要了解城下町的形成,首先必须了解城的种类。日本的城大致分为山城、平山城、平城三类。山城即利用险峻的山而修筑的城,多数是为了防御而建造。城主平时在山麓处同家臣、住民同住,一旦遇袭则立即进入山城进行防守。战国时代以前修建的城大都属于山城。岛根县的富田城、兵库县的竹田城均是典型的山城。平山城即在平原上依靠小山、丘陵等修筑起来的城池。大都修建于战国时代,特别是战国时代末期。姬路城、仙台城、熊本城等都属于平山城。当今被选定的日本100座名城,共有51座属于平山城。平城即坐落于平原地区的城。具有代表性的平城

第四章 ● 企业与企业的关系：承包制和互相持股

有名古屋城、骏府城、二条城、广岛城。江户城和大坂城究竟属于平山城还是平城，存在争议。除了以上三类，还有完全被河流包围的水城，尽管数量很少。高松城、今治城、中津城，是日本"三大水城"。

世界历史遗产"日本第一名城"姬路城

江户城模型 　　　　　　　　江户城下町景观

古代日本的版图远比现在的狭窄。本州岛东北部、北海道（虾夷）和九州岛南部（熊袭）均未被纳入大和政权版图，因此当时的城基本都建于九州北部至濑户内海沿岸以及北方，主要为了抵御骚扰，以后才铺展至全国。

虽然日本城的修建仿效当时中国的城市,甚至可以说几乎完全照搬了这种筑城方式,但由于日本城的修建主要基于军事目的,因此大都规模较小,其建筑物一般包括作为制高点的天守阁、作为城中心的本丸和防卫本丸的二丸,以及城门和城墙、护城河或壕沟等,极少有例外。

"町"原是区划单位,最初见于平安时代。城下町,最初是以城为中心形成的商业集群。中世的镰仓时代和室町时代,领主居住的城周边逐渐形成的市集等,被称为堀之内、根小屋、山下。战国时代后通常被称为城下町。城和城下町也是互为依存的关系,如果说城是政治中心,那么城下町则是工商业和交通中心。领主居住在城中,离城最近的地方由老臣或同宗居住,稍远处由俸禄较高的武士居住,其外侧是普通的武士,再外侧是町人的居住地。

16世纪,战国大名为了增强领国的军事和经济实力,在推行"兵农分离"政策的同时,将直属武士团以及拥有技术的手工业者和各种商人,集中到自己城郭的周边,形成城下町。城下町也因此逐渐成为领国的经济和交通中心。例如,今川氏的骏府、大内氏的山口、武田氏的甲府、织田氏的安土以及丰臣氏的大坂,均曾是著名的城下町所在地。在群雄纷争的战国时代,维持强大的军事实力无疑是首要任务。同时,建立一元化的集中的权力,阻止基层势力的发展,排除其自立的可能以避免尾大不掉,也是稳定封建统治的重要任务。因此,提供武士团生活和军用必需品至关重要。而当时解决这种需求最切实可行的做法,就是将工商业者汇集和吸引到城郭周边。领主在建设城下町时,为了便于管控和繁荣社会经济,大都下令将原先分散于领国各地的商人和手工业者集中于城下町。例如,宇喜多秀家下令商人和手工业者均须集中到冈山,并规定其他地方不得经营造酒业;前田利家将木舟、守山、富山等地的600多名工商业者集中到高冈城下町;今治藩规定商人可以到农村经商,但禁止在农村投宿。另一方面,领主还颁布各种政策法令,对本领国的城下町工商业进行保护。例如,会津藩对在乡町(乡村集镇)的开市时间有明确规定,信州的城下町上田,禁止外地商人入町行商,冈山对外来商人入町行商的时间和经营内容有明确规定,等等。这就是城下町形成并繁荣的主要历史背景。同时,封建领主对商业和手工业的利用和控制,不可避免地使后者对他们具有依附和御用性,特别是豪商与封建领主具有较强的互相依存关系,因此也参与对城下町的管理,发挥武士阶层难以替代的重要职能。在城下町,武士人口占有很大比重,有的甚至超过一半。由于兵农、兵商的分离,武士只是消费者而不是生产者。武士的集中,必然促成工商业者的集聚。武士越多,需求越多。这是城下町不断繁荣的重要原因。

织田信长和丰臣秀吉作为"天下人"的安土桃山时代,城下町在全国各地迅速铺展。丰臣秀吉及其亲信在伏见、郡山、八幡,德川家康在江户,毛利辉元在广岛,前田利家在金泽,蒲生氏乡在伊势松坂和会津若松,都建立了影响深远的城下町。

京都市上京区阿弥陀寺内的织田信长墓

1616年闰6月13日,幕府以将军和大老共同署名的文件即"联署奉书"形式,向各大名颁布了《一国一城令》,即使大名是两国或多国守护,拥有多个城,也只能保留一个城用以居住和办公,其余的城必须全部拆除,家臣则集中至大名的城。居城之外若仍留有城的残垣断壁,当予清除,不得重建。法令颁布后,当初大都出于军事目的而建的3 000多座城池被拆除,只保留170座,成功削弱了大名的军事力量。因为大名及其亲属、家臣生活的需要,商人和工匠等均向所保留的城周围聚集,各城的城下町因此迅速发展,成为藩域经济的中心。

城下町的形成,受封建专制权力推动。封建统治者之所以要实行这样的政策,之所以要设立城下町,是由新的封建体制所面临的客观环境和它所依靠的基础决定的。毋庸赘言,城下町的形成和发展过程都深深地渗透了领主的支配权力,城下町的武士、工商业者、寺院神社是依靠领主的政治权力才联结为一个整体的。城下町商业的繁盛,是领主大名强力集中各地商业的结果。

封建专制权力的影响,还可以通过对城下町的形成时期、规模和地区分布加以认识,因为城下町的产生不是与商品经济发达的程度成正比,而是与封建威权的强化相一致的。在武士阶层发达,地方封建势力较为强大的中部、九州等地,尽管社会经济发展水平比较落后,但封建统治较早强化,地域封建体制率先形成,因此这些地域城下町规模较大,发展也较早。

随着城下町的普遍形成和发展，其他城市和市场或没落，或向城下町过渡，或被城下町吸收，城下町因此成为全国城市演变的主流，在数量、规模、作用上均占统治地位，其他类型的城市仅保持零星的存在。例如，宇喜多氏经营冈山城下町时，将福冈港町和大寺门前的町人迁到城下，丰臣秀吉经营大坂时，也将堺的町人强制移往大坂，造成堺的衰落。据不完全统计，15世纪城下町仅有8个，16世纪有64个，增加7倍，特别是在1596年至1614年的庆长年间，城下町的发展形成高潮，江户时代主要的城下町均在这一时期形成。在日本中世纪，大多数城市的人口都只有两三千人到万人，而在城下町中，除百万人口的江户以外，四五万人口以上的不少，许多大藩的城下町都是两三万人。随着城下町化的推进，一度兴盛的自治城市也受到压制甚至最终消失。在全国建立起来的以交换为中心的商品流通体系，形成了一个个市场，出现了许多新兴的商业城市。除了城下町，还有由港口发展起来的港町，由寺社门前发展起来的门前町，由驿站旁的集市发展起来的宿场町，等等，成为推动消费经济逐渐繁荣和近代经济发展的重要源流。

日本学者胁田晴子曾将战国时期的城市分为四类：一是大城市，如京都和奈良；二是中等城市，如港町、驿站町、门前町；三是由集市发展而成的町镇，包括寺内町；四是在武家领主权力主导下建设起来的城下町。她认为这四项既体现了城市类型，也体现了发展序列，前三种类型都逐渐被城下町"兼并"。丰田武则将日本城市分为门前町（在神社、寺院门前及附近形成的街区）、宿场町（有驿站的村镇）、港町（商埠）、城下町等类型。在江户时代的城市中，尤其扮演了重要角色的，是作为领国都市的"城下町"，以及作为中心都市的江户、大坂、京都"三都"。近世大名使其组建的家臣团聚居于城下町，又将大多数工商业者集中于城下町，而工商业者则具有按照职业聚居在特定区域的倾向，并因而形成了一些匠人和商人的分类聚居区，如鱼町、八百屋町（副食品町）、茶屋町、吴服町（出售绸缎的町）、铁炮町（枪械匠町）、大工町（木匠町）、瓦町（泥水匠町）、畳町（生产和销售榻榻米的町）、绀屋町（染房町），等等。而这种聚集极有利于"企业"的形成。

"町人"阶层的壮大　在"城下町"内，除商人和匠人聚居的街区外，还有"武家地""社寺地"。三种区域"泾渭分明"。换言之，"城下町"是有计划构建的城市。另外，也有不少以往"门前町""宿场町""港町"改造成的

第四章 ● 企业与企业的关系：承包制和互相持股

城下町。随着以城下町为中心的领国经济的形成和发展,大坂、京都、江户"三都",逐渐形成了各自不同的特点:大坂作为全国年贡米的贩卖中心,同时作为全国诸藩的"中心市场"即商业核心区域而日趋繁荣。不仅如此,大坂也是一般日常生活用品的手工业生产基地。京都日益成为衣料特别是绢织物、武器、金银精炼、美术工艺品、生产用品、医药品等传统手工业制品的生产、销售基地。而作为生产原料的丝、金、银、铁未必由周边地区供应,因此京都手工业促进的是全国各地,而不是畿内农村的商品生产。江户则随着"参觐交代制"的施行和家臣团的集聚而成为一大消费城市。① 虽然并列为"三都",但是大坂、京都和江户存在一大差别:大坂、京都是工商业城市,江户则是大量武士聚集的消费城市。

　　幕藩制下的商品市场有两类,藩内市场和中央市场。藩内市场以城下町为中心,该市场一方面可以维持农业再生产,另一方面也服务于领主阶层的多方面需求。藩内市场并不能满足领内的全部需求,而作为中央市场的"三都"即江户、大坂、京都,则能满足全部需求。于是,各藩特权商人便将米换成货币,再用货币购买商品。这两个市场的有机结合,构成了江户幕藩体制的商品市场网络。至 18 世纪初,江户约有 100 万人,大坂约有 40 万人,京都约有 30 万人。5 万人左右的城市有金泽、名古屋、广岛、长崎等,万人左右的有 50 多个。② 这些城市的规模毫不逊色于当时欧洲的城市。

江户的藏屋敷(各藩储藏和出售粮食、物产等商品的集散地)

　　江户时代,大坂对日本全国经济的发展具有重要意义。大坂最初是石山本愿寺的"门前町"。在德川氏彻底剿灭丰臣氏势力的"大坂之战"后

---

① 参觐交代制:德川幕府制定的《武家诸法度》规定,全国大名平时须部分留住江户,辅佐将军,部分在自己领地主持藩国政务,以一年为期,期满轮换。大名赴江户时的随行人数根据"石高"不同而各异。"石高"是俸禄及承担军役的基准。
② 高橋幸八郎ら:『日本近代史概論』,東京大学出版会 1980 年,86 頁。

曾一度荒废。德川幕府建立后,由领俸禄5万石的伊势龟山藩主松平忠明,转任俸禄10万石的大坂城主。他耗时4年,使大坂逐渐复兴。不过,大坂得以复兴更重要的原因是幕府当局的政策考虑。在丰臣秀吉时代,大坂已日渐成为全国市场的中枢,开始从作为地区商业中心的城下町,向作为全国商业中心的大都市转化。之所以如此,是因为大名领国经济并不是严格意义上的自给自足经济。武器、衣料、工艺品等畿内产品,均是大名领国的必需品,同时,以"石高制"为基础的各地年贡米的大量贩卖也需要一个中央市场。因此,大坂应运而生地扮演了使土地农业经济的基础和商品货币经济的发展相统一的角色,在促进全国商业流通方面发挥了重要作用。

作为百万人都市的江户,则是幕藩制催生的一大消费城市,其日常生活用品几乎全部靠外部供应,主要供应源就是大坂。但是,随着时间的推移,江户逐渐成为周边地区加工业的原料供应基地。这种趋向必然导致对大坂依存度的降低,尽管直至江户末期,这种趋向才真正明朗。总之,贯穿整个江户时代,大坂和江户之间存在极大的流通路径,两者在经济上存在着强韧的相互依存关系。

与全国性商品生产、流通日趋兴盛和活跃相对应,各地方领国的商品生产、流通也不断扩大和增强。由于兵农分离和农工商分离,武士、商人、工匠等集聚城下町,因此城下町和农村之间的分工日趋明确。在领国内,城下町是食品和农产品消费市场,是农村非自给物品和手工业制品的供应基地,是领国和中心大都市进行商品交换的重要枢纽,同时是领国间流通的结节点。随着领国间流通日趋活跃,各领国的经济分工日益明显,产业经济结构的变化不断被注入催化剂。正是上述诸多因素的"化合反应",使幕藩体制原有的经济结构日趋解体,新的、近代性的经济体制开始在幕藩制社会内不断发酵酝酿。17世纪末以后的很长一段时间,全国人口基本保持在2 600万到2 700万。当时拥有十几石到二十石的中上层农民,可将收获的50%甚至更多的大米作为商品出售。[①] 也就是说,具有了马克思所说的"资本主义萌芽"的利润。

按照幕府规定,武士不得经商,而武士获得的俸禄却是以"石"为单位的稻米。为了售出稻米和购买其他必需品,他们必须委托商人为他们服

[①] 八木哲浩:『近世の商品流通』,塙書房1978年,79頁。

第 四 章 ● 企业与企业的关系：承包制和互相持股

务。这些商人甚至被授予一定官职,得到一定的禄米。从17世纪中叶到18世纪初,各地逐渐出现了许多特权商人。例如,仅大坂一地就有100多个特权商人。他们不仅控制了城市经济,还控制了城市周围的商品生产和流通,控制了大坂周围的棉花和菜种生产。他们与生产者签订合同,强制性地向农民征收农产品。因此,武士和特权商人形成了互相依存的关系,它使武士阶层也完全卷入商品经济的社会大潮。

随着城下町的发展,"町人"作为社会阶层不断壮大。一般认为,"町人"一词产生于镰仓时代初期,即12世纪末至13世纪初。当时经商者有"行商",也有"坐贾"。"町"就是指"坐贾"集聚之地。也就是说,最初的"町人"是指开店铺经商的商人。不过,当时有些町人既经商,也从事手工业,一身二任。据《吾妻镜》1215年7月19日条记载:"上谕:町人以下,于镰仓中,须规定诸商人的数额。"也就是说,"町人"一词至晚在当时已经出现。镰仓时代之后的室町时代,手工业不断发展,手工业者逐渐成为一个独立阶层。一些拥有自己作坊、接受订货的"职人"(工匠)以行业为单位,形成了各种"座"。这个阶层逐渐发展壮大,成为"町人"的重要组成部分。简而言之,"町人"主要由商人和手工业者等构成,并非住在町内就是町人。

早在1467年应仁之乱爆发后,室町幕府的控制力就迅速下降,町人独立自治的倾向就不断增强,包括建立自治组织。虽然町人组织的自治权限主要限于裁决纠纷等,但已经具有作为社会组织的色彩。町人作为一个独立阶层开始正式登上历史舞台,而其"第一推动力"是织田信长。在日本武士抬头并建立武家政权的古代和中世,武士与农业经营者(中小地主、自耕农、农奴)并不存在截然的区分。在镰仓时代,被称为"地侍"的武士一般定居在村落,直接从事农业生产和经营。随着武士阶层势力的强化和武士支配体制的巩固,兵农杂居的状态逐渐崩溃,武士开始向城下町集中,从而开始了"兵农分离"的进程。织田信长是"兵农分离"的真正先驱,同时是这一政策的第一受益者。正是通过"兵农分离",织田信长和其他战国大名形成了鲜明对比,因为织田信长建立了专门的战争组织——军队,从而使他的"天下布武"如风卷残云迅速推进。丰臣秀吉实施的"身份统制",则使武士、町人、农民进一步分化。1591年8月,丰臣政权为了规范奉公人和百姓身份,颁布了由三条内容构成的《身份统制令》：第一条,禁止奉公人的"侍""中间""小者""荒子"(侍奉武士的不同

企业国家——一部日本经济史

等级的仆人)转为町人和农民。第二条,禁止农民放弃耕作从事商贩和租赁等业。既不奉公又不耕作者,须逐出村庄。若有懈怠则唯"给人"是问。町人若收留、隐匿农民,则罚其一乡、一町所有人。第三条,禁止收容未经主人许可而出走之"侍""小者"等。若逃遁者以前的主人提出请求,当将其捕获、引渡。若纵其逃遁,则须砍下三人首级交给前主人。若不执行此令,则对主人问罪。总之,禁止被统治阶层流动,是丰臣政权维护和巩固政权的重要手段。上述法令不仅巩固了丰臣秀吉新生的政权,而且强化了肇始于安土时代的"兵农分离"趋势。德川家康成为"天下人"后,沿袭"兵农分离制",更明确地将整个社会分成职业世袭的"士、农、工、商"四个阶层。而工商业者大都是"町人"。按照诺曼的说法,"这个新兴的町人阶层不独在经济上位于最上层,而且他们心胸开阔,发现了知识、兴趣的新天地。他们无论在学问上或艺术上,都想成为全国知识界的领导者"。①城下町不仅汇集了工商业,还凝聚了文化,形成了町人文化,产生了与"日本式经营"不无关联的町人伦理思想。

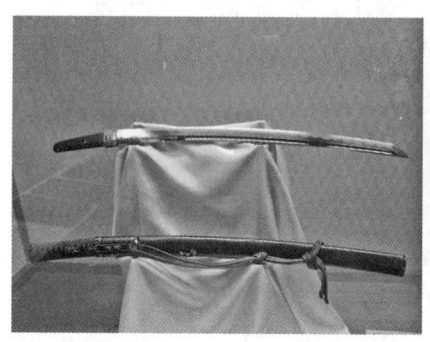

德川家康生前佩刀　　　　　　　德川家康墓地

第二节　企业间关系的初建

殖产兴业和甲午战争后的产业发展政策　如前面所述,"株式会社"是日文汉字。"株"即股票,"株式"即股份制,"会社"即公司,"株式会社"即股份公司。但和中文"股份公司"不同的是,"株式"并非完全按照中国

---

① 诺曼:《日本维新史》,姚会庆译,商务印书馆1962年版,第57页。

第四章 ● 企业与企业的关系：承包制和互相持股

的"股份制"理解。也有学者将"株式会社"译为"树形公司"，即由一个主干和诸多分枝构成。这种译法虽没有被普遍采用，但却颇为形象地显示了"株式会社"彼此关系的一个重要特征：株式会社间相互持股和承包、转包，形成许多支干，而形成这一特征的重要前提是19世纪80年代和19世纪90年代，株式会社的两次创办热潮。

"作为后发资本主义国家，日本现代产业的形成，是在政府各项政策的强力主导和参与下展开的。换言之，战后的'日本株式会社'，是以明治维新后在国家主导下形成的资本主义为历史前提的。"[1]"殖产兴业"是形成株式会社创办热潮的第一推动力。浅田毅卫认为："殖产兴业政策的源头可以在为了避免幕藩体制产生危机的历次改革中找到。那些改革是日本'绝对主义史前史即初期绝对主义'。可以说，那些改革也对应于殖产兴业政策史前史阶段。"[2]确实，殖产兴业在江户时代末期一些藩的藩政改革中已初现端倪，但是藩政改革中显示的殖产兴业政策，是为了重构德川封建体制的局部尝试，并不具有全国性规模，而明治时代的殖产兴业则是在开国以后，以进入世界市场和推进资本主义原始积累为目标的资本主义改革。目标不同，政策措施自然存在明显差别。也就是说，明治时代的殖产兴业并不是以往改革的延续，而是具有相对独立内容的产业近代化。

殖产兴业大致分三个阶段推进：第一阶段自1868年明治新政府成立至1873年"明治六年政变"，指导中心是大藏省和工部省，政策主要制定者是"会计官"（机构）的"知官事"由利公正。第二阶段自1873年"明治六年政变"至1881年"明治十四年政变"，指导中心转向内务省，政策主要制定者是内务卿大久保利通和大藏卿大隈重信。第三阶段自1881年"明治十四年政变"至1889年《大日本帝国宪法》颁布，指导中心是农商务省，政策主要制定者是大藏卿松方正义。

在殖产兴业的第一阶段，明治政府所面临的首要问题是资金问题。为了解决这一问题，政府最初的财政主管由利公正根据他在越前藩（福井县）进行改革的经验，采取了构成"由利财政"核心的两项重大举措：

---

[1] 藤井光南、丸山恵也：『現代日本経営史：日本的経営と企業社会』，ミネルヴァ書房1991年，44頁。
[2] 浅田毅衛：『殖産興業政策の軌跡』，白桃書房1997年，10頁。

一是设置财政主管机构"金谷出纳所",筹集大量资金。二是发行"太政官札"和设立"商法司""商法会所"。但是,由利财政的实施并未如愿,主要原因是:大量太政官札没有被用于殖产兴业,而是被用作财政资金;明治新政府刚刚建立,为纸币提供担保的信用度不足,太政官札13年方可兑换真金白银的期限过长,在用于没有关税自主权的日本对外贸易时更不被认可。

1873年即"明治六年政变"后,明治政府核心人物、参议大久保利通主持设立了内务省,自己兼任内务卿,形成了内务省、大藏省、工部省三位一体的领导体制,大久保利通、伊藤博文、大隈重信分别担任三个省的首脑。殖产兴业的指导中心从工部省和大藏省转至内务省,大久保利通成为殖产兴业的中心人物。大久保利通认为,仅仅依靠移植机械工业和西方先进的金融制度等,并不能达到预期目标。他强调,必须努力实现原有产业的现代化,努力扶植民营企业。因此,他提出的关于殖产兴业的政策思想和理论,是首先实现已有产业现代化,由"民富"达到"国强"。然而,未待大久保利通将自己的思想逐一贯彻落实,1878年5月14日,他就在乘马车途经纪尾井町去上班时,遭石川县士族岛田一郎等6名刺客袭击,当即气绝身亡,成为明治后第一位享受国葬的人。

大久保利通去世后,大藏卿大隈重信作为殖产兴业的主导者,提出了新的经济政策构想和举措。他提出:"欲以强力繁殖我物产,须振兴工商业。"[①]为此,大隈重信决意整顿金融秩序,同时"努力修筑道路海港等,以便利运输,振兴工农商业,增加物产,以图输出"[②]。1880年9月,大隈重信提出了《出让为劝业而设置的工厂之议》并得到实施,大批国企被政府廉价转让给民营资本。

1881年"明治十四年政变"发生,大隈重信去职,松方正义被任命为参议兼大藏卿。从此殖产兴业进入了第三阶段。这一阶段的殖产兴业最根本的内容有两项:一是以"松方财政"著称的整理通货、抽紧银根,完善信用体制政策举措,二是贯彻"官营并举"方针,大力扶植民间资本发展。

日本学者对殖产兴业的认识,大致存在两种倾向:一种倾向是"专门

---

① 早稻田大学社会科学研究所编纂:『大隈文書』第3卷,雄松堂1960年,115頁。
② 早稻田大学社会科学研究所编纂:『大隈文書』第3卷,雄松堂1960年,345頁。

第 四 章 ● 企业与企业的关系：承包制和互相持股

在军事性格方面理解"；另一种倾向则是"作为一般现代资本主义工业化政策理解"。事实上两者并不矛盾，正如永井秀夫所指出的，"殖产兴业和富国强兵，在日本现代化进程中不仅是两个彼此相关的名词，而且是为缩短现代化进程的国家权力的运用，具有实质性意义"。①

上述划分主要依据指导中心、主要内容和基本特征而形成。就本质而言，19世纪80年代初从"官营为主"向"官营民营并举"转变的方针政策，是殖产兴业政策的一个重要分水岭。同时必须指出的是，就产业结构的转变而言，有两个转变值得关注：一是致力于引进新的外来产业，二是注重振兴和发展传统产业。1883年，农商务省次官前田正名组织了全国的产业调查，实施了"农业调查"，翌年编纂了《兴业意见》，建议政府按地域分别制订计划，发展农业和地方传统产业。根据他的建议，农商务省开始致力于农业振兴和发展，专门设立了农业实验所并投入资金，同时改良农产品品种、改良土地和改革农业技术。在19世纪90年代后半期，日本政府还在所有府县设立了农工银行，在中央则设立了中央劝业银行，鼓励创建产业组合。总之，他的《兴业意见》为培育地方产业团体和农田的开拓，提供了重要政策思路，因而留名于明治经济思想史。1890年，前田正名以《农工商调查》为题，再次提出了殖产兴业政策思想，而且为了践行这一思想，他辞去官职，游历各地举办讲演会、恳谈会、召开全国地方企业大会，同时向政府提出了很多政策建议，被誉为"无冕农相""布衣宰相"。1893年，前田正名又撰写了《所见》一书，对前期殖产兴业政策提出批评，并再次提出建议。他写道："现在日本的工业有两种类型，一种是我国传统工业，另一种是机械工业。前者是在旧藩主的保护下发展起来的，如纺织、陶铜漆器、造纸等行业，现在皆粗制滥造，不甚景气。政府一味致力于发展机械工业，犯了顺序上的错误。必须首先发展传统工业。"②按照前田正名的意见，发展工业应该遵循先地方、后都市的顺序。他的建议同样获得政府重视。日本当时的农业和传统产业得到了切实发展，与近代产业几乎并驾齐驱。

日本在甲午战争后采取的产业发展政策，是日本产业结构发生明显

---

① 永井秀夫：「殖産興業政策論：官営事業を中心として」,『北海道大学文学部紀要』(10),1961年。
② 中村隆英：『日本経済：その成長と構造』,東京大学出版会1993年,72頁。

变化的分水岭。1895年8月15日,藏相松方正义向内阁递交了《关于财政前途之计划的提议》。根据这份提议,"岁计约两亿日元的划时代的大预算"在帝国议会获得通过。为此,"政府制订了所谓'日清战后经营'计划,以军备扩张为主,求'劝业、教育、金融机关之发达,交通运输之进步',同时以公共投资为中心大幅增加财政支出"。①

表4-1 甲午战争前后军费开支变化

项 目	战前(1890—1893年)	战后(1897—1900年)
中央·地方财政纯支出	9.8%	17.3%
狭义军费开支	2.1%	5.3%
广义军费开支	3.2%	6.4%

注:狭义军费开支是陆军省、海军省经费。
广义军费开支是常备国防经费+战争开支+军事扶助费+各类津贴+国债利息。
资料来源:『明治大正财政详览』,东洋经济新报社1927年。

为了实现兵器、军舰自给,加强与之密切相关的钢铁自给,加强铁道建设,日本政府制订了《官营制铁所创办计划》,积极推进1896年颁布的《航海奖励法》和《造船奖励法》,翌年开工建造"八幡制铁所",制订《国有铁道扩张计划》。与此密切相关,日本产业结构随之发生明显变化。战前,日本产业以纤维和铁道(非财阀系民间资本),以及矿山(财阀系资本)为中心。战后,"机械、造船、金属、化学、海运、矿山等产业部门(国家资本、财阀资本)开始占据中心地位,这些产业部门和被称为'日清战后经营'的国家政策紧密结合,取得了显著发展"。②

排斥外资和注重"自立" 1858年,日本和美国、英国、法国、荷兰、俄罗斯5国签署了通商友好条约,因1858年是安政年间,故通称"安政五国条约"。条约允许签约国国民在开埠地区从事商业活动等,换言之,非开埠地区的商业活动是被禁止的。这是日本政府未雨绸缪采取的防范措施,即避免外国人在非居留地投资矿山、工厂、铁道、银行,左右乃至控制日本经济或相关产业。

---

① 中村隆英:『明治大正期の経済』,東京大学出版会1985年,85頁。
② 山本義彦:『近代日本経済史——国家と経済』,ミネルヴァ書房1992年,45頁。

第四章 ● 企业与企业的关系：承包制和互相持股

进入明治时代以后,维新政府虽然强调"求知识于世界",以"殖产兴业"为实现工业近代化的方针,但仍尽力避免日本经济被外国人操控。例如,针对原佐贺藩主与荷兰人共同经营高岛煤矿的请求,日本政府紧急下达了《矿山须知事项书》,禁止外国人投资矿山,并于1873年颁布《矿山法》,使外资不得进入日本矿山的规定法制化。1876年《国立银行改正条例》第一条即明确规定:"遵守此条例欲组建银行者,不管何种身份(不包括外国人),但须五人以上。在相关机构履行手续后,向大藏省纸币寮递交创办申请。"1881年日本铁道会社定款第七条、1882年建立的大阪纺织会社创立要旨第六条,均明确规定:"外国人不得成为股东。"①

实际上,究竟应努力引进还是尽力排斥外资,当时无论政府官员还是民间人士,均存在两种彼此对立的意见。媒体也就此展开了激烈争论。一种意见认为,在经济形势窘困的情况下,"挽回形势之办法,唯有引入外国资本为我邦所用"。②"若外国人希望和日本人合资成立公司经营矿业及相关事业,若其遵守日本政府制定的《矿山法》和批准的有关事项,则应予以允许。"③另一种意见则认为,"既然不能妄想通过大量引进欧美各种事业,就能使我国一夜间成为东洋的英国,那么国民当然应该站稳立场,谨防外资的侵入,依靠我国自己的资金逐渐取得进步"。④

最初,明治政府试图依靠自身力量推进产业近代化,但拮据的财政状况使之力不从心,不得不依赖外资。例如,幕末时期最大的近代工厂是法国援建的横须贺造船所。为此,幕府每年向法国借贷60万美元,并邀请法国海军工厂派遣了大批技术人员和熟练工人。造船所于1866年3月开工,但两年后的1868年,明治政府成为日本政治主宰。为了接手尚未完工的横须贺造船所,明治政府须支付156万美元,否则造船所将被法国强行抵押。为了偿债,明治政府不得不以15%的高额利息,向英国东方银行横滨支行借贷了50万美元。再例如,明治政府成立后即收回了江户幕府给予美国人的江户—横滨铁路铺设权,理由是大政奉还后幕府没有签约权。明治政府计划自行铺设铁道,但也苦于囊中羞涩,不得不以9%的年息,向英国东方银行借贷100万英镑。

---

① 明治财政史编纂会:『明治财政史』第13卷『银行编』,明治财政史発行所1905年,149页。
② 『朝野新闻』1878年10月1日社说。
③ 『东京日日新闻』1978年10月8日社说。
④ 『邮便报知新闻』1878年10月23日社说。

但是，归根结底，独立自主地推进殖产兴业，始终是日本政府最初的愿望。因为，开国后关税无法自主和治外法权的存在，使日本政府深切感受到被掣肘的无奈。于是，动员民间资本参与殖产兴业，便成了明治政府的不二选择，而股份制作为招揽和蓄积民间资本的融资方式，在欧美国家早有成功的先例。在资本主义国家中，股份制特别为德国人所青睐，而德国当时在许多方面都是日本的"老师"。

日本最早关注股份制的，是被称为"日本资本主义之父"的涩泽荣一。在他的积极倡导下，1871年，明治政府发行了《立会略则》《会社辨》等"株式会社"解说书。1873年11月，以内务省的设立为标志，日本政府开始致力于推动民族工业的发展。必须强调，促成这一转变的关键因素，是岩仓使节团在参观了"世界工厂"英国以后，认识到必须使民族资本和民间人士也成为产业革命的承担者。

采用股份制不仅是为了融资，而且是为了避险，包括规避外国资本操控日本经济的风险和减弱本国资本家的投资风险。在这方面最好的例子是铁道的铺设。当时，政府计划自己着手建设东海道线，由于资金困难，全部完成至少需要15年。因此，日本政府决定其他干线的建设依靠民间资金，以有限责任的方式建立作为股份有限公司的"株式会社"，聚合股东的资金。这么做，一则可以使地主、都市的商人、大名华族以获取的资金投入近代产业，二则即便他们投资失败，损失也仅限定在所投资金的范畴内，不会向外蔓延。之后，在东京的涩泽荣一，大阪的五代友厚、土居通夫，名古屋的奥田正香等人的推动和指导下，株式会社纷纷建立。1874年，明治政府颁发《股票交易条例》（日文为《株式取引条例》），对建立股份制企业推波助澜。1878年，明治政府废除了上述条例，重新颁布了《股票交易所条例》（日文为《株式取引所条例》）。同年，东京股票交易所和大阪股票交易所分别成立。另一方面，1873年6月，以同样采取股份制的第一银行成立为开端，国立银行不断建立。而"株式会社"和银行制度，被认为是日本资本主义发展进程中的"两大战略装置"，对19世纪80年代开始的产业革命，具有极大影响。

自19世纪70年代后半期，在内务省主导下，制丝和纺织业先行呈现出"初期的企业勃兴"的局面。之所以出现这种局面，和国立银行的设立使蚕丝业获得资金支持有密切关联。表4-2显示了二者的密切关联性。

第四章 ● 企业与企业的关系：承包制和互相持股

表4-2 国立银行和获资金支持的企业

国立银行设立时间	国立银行数量	器械制丝厂设立数量
1873年前	2	35
1874年	2	30
1875年	0	41
1876年	1	72
1877年	21	203
1878年	69	282
1879年	56	不详

资料来源：後藤新一『日本の金融統計』，東洋経済新報社1970年，44頁。石井寛治，『日本蚕糸業史分析』，東京大学出版会1972年，128頁。

殖产兴业在雇佣外国人方面，也显示出尽力"自立"的倾向。1899年，外国人居留地和领事裁判权被取消，原则上解除了对外国人直接投资的限制，但是外国资本的直接投资并不活跃。据村上胜彦调查研究，1913年，外国人在日本企业中所占有的股份为1958万日元，仅占日本企业股份总额的3.1%，外国资本对企业的影响非常有限，更遑论支配。[①] 毋庸赘言，日本推进近代化的举措和很多国家注重引进外资有明显区别。同时，这也证明为了阻止外资的参与、作为"日本式经营"特征之一的"企业间相互持股"，有着一定的历史渊源。

在引进技术方面，日本官方和民间雇用外国教师技师的人数，呈现值得关注的变化，见表4-3。

表4-3 雇佣外国人的人数变化　　　　单位：人

年份	合计 官雇	合计 私雇	学术教师 官雇	学术教师 私雇	技师 官雇	技师 私雇	事务 官雇	事务 私雇	其他 官雇	其他 私雇
1873	507	73	127	43	204	16	72	2	104	12

[①] 石井寛治、原朗、武田晴人编：『日本経済史』第2卷『産業革命期』，東京大学出版会2000年，45頁。

续表

年份	合 计		学术教师		技 师		事 务		其 他	
	官雇	私雇	官雇	私雇	官雇	私雇	官雇	私雇	官雇	私雇
1877	381	457	109	62	146	169	55	32	71	194
1882	157	493	53	44	51	215	43	29	10	205
1887	195	394	81	125	56	231	52	22	6	16
1892	130	572	66	319	18	210	40	33	6	10
1897	92	765	69	315	7	281	16	29	0	140

资料来源：梅溪昇『「外国人雇用」概説』，鹿岛研究所出版会1968年,52—53頁。

如上表所示,19世纪80年代以后,官方雇佣的外国人明显减少,而私人企业、团体雇佣的外国人则有所增多。这主要是因为在明治初年,工部省等雇佣了很多英国和法国的技师,请他们指导铁道、通信、机械工业的建设。后来之所以减少,是因为日本工部省建立了培养日本技师的工学校(工部大学校的前身),致力于本国技术人员的培养。私人企业雇佣外国技师人数的增加,除了和前述日本政府致力于发展民营经济的政策转向有关,更因为有些行业仍大量雇佣外国人,特别是航运业。据《帝国统计年鉴》记载,1897年底,日本有甲种即远洋航海执照的船长、大副、二副中,本国人719名,外国人550名;有远洋航海执照的轮机长、大管轮、二管轮中,本国人1 041名,外国人365名。[1] 总之,"为了引进西方先进技术,日本政府和企业毫不犹豫地高薪雇佣了外国人,同时日本人为了从他们那里学得技术,尽早实现自立做出了不懈努力。特别是在纺织、海运、制铁等日本和国外技术存在明显差距的领域,官方和民间协力,一方面努力学习并掌握欧美技术,另一方面加速培养日本人自己的技术人员以便尽早实现自立"。[2]

"株式会社"创办热潮 19世纪80年代,日本迎来了历史上"第一次企业勃兴"即兴办株式会社热潮。形成这股热潮的主要原因是：随着通

---

[1] 内閣統計局编：『日本帝国統計年鑑』第17卷,東洋書林2001年,820頁。
[2] 石井寛治：『資本主義日本の歴史構造』,東京大学出版会2015年,47頁。

第 四 章 ● 企业与企业的关系：承包制和互相持股

货紧缩,物价下降,按原规定数额支付的地租负担加重。下层农民不堪重压纷纷流入城市,使产业劳动后备军的人数不断增加。同时,随着纸币的不断损耗,纸币和银币的价格差日益缩小,特别是在 1886 年银兑换制确立后,通货趋向稳定,储蓄迅速增加,"货"源充足。随后,日本银行采取低利率政策,民间银行的储蓄利率也因此低位运行。于是,人们纷纷将自己持有的剩余资金用于购买公债作为投资。但是,自当年 5 分利的海军公债发行后,证券市场的热钱又流向红利更加可观的股市,"株"即股票大受青睐。人们对"株"的热情的汇集,自然而然掀起了"株式会社"创办热潮。据《东京经济杂志》1887 年 7 月 9 日报道:"自去年岁末迄今,各种会社开始在全国各地勃兴。某会社一创立,其股票即刻成为世间争购之物。"由于当时银价低落有利于货物出口,因此推动了出口旺盛,国外对日本商品需求量不断增加,而日本银行则为企业信贷提供金融担保,因此这种状况一直持续至 1889 年夏季。据统计,"1885 年至 1890 年,包括株式会社在内的总会社数增加了 3 倍,约 4 300 家。其中在证券交易所上市的,只有 1%"。① 这一情况显示,在明治时期的金融体制中,虽然日本以股份制集资的"直接金融"特征明显,但作为资本市场重要组成部分的证券交易并不活跃。

甲午战争后,铁道、纺织、航运等产业的发展,增加了资本需求。1895 年 6 月,日本银行发表了"充分融通生产必要之资本的方针"。② 以此为契机,日本迎来了第二次"企业勃兴",即兴办株式会社热潮。株式会社数和资本金额逐年增加。

表 4-4　甲午战争前后日本会社、资本金对照表

年　份	会社数（家）	资本金（亿日元）
1894 年	2 104	1 384
1895 年	2 458	1 740

---

① 玉置纪夫:『日本金融史』,有斐閣 1994 年,70 頁。
② 日本銀行調査局編:『日本金融史資料・明治大正編』第 19 卷,大蔵省印刷局 1957 年,201 頁。

续 表

年　　份	会社数(家)	资本金(亿日元)
1896年	4 595	3 975
1897年	6 113	6 113
1898年	7 004	6 217

资料来源：日本銀行統計局『明治以降の本邦主要経済統計』，1966年。

从甲午战争结束的1895年到1899年的近5年间，银行投资额增加非常显著，储蓄增加也非常明显，接近投资额的两倍。在各企业中以铁道为最，占比近40%，其次是水运，占10%，再次是纺织，占8%。下表反映了这三大领域的投资情况。

表4-5　会社资本金动向　　　　单位：千日元

领　域	资本金 1885年底	资本金 1889年底	投资额 1889年底	投资额 1894年底	投资额 1899年底
铁道	*6 948	44 683	17 849	65 973	156 967
航运	14 593	17 553	15 564	13 887	38 684
纺织	905	12 616	7 500	14 338	35 509
缫丝	985	4 865	3 472	2 064	4 547
织物	397	4 967	2 576	3 916	9 124
合计	23 828	84 684	46 961	100 178	244 831

注：*为投资资金。
资料来源：高村直助，『再発見 明治の経済』，塙書房1995年，126頁。

在此期间，铁道运输业发展迅猛。被称为"五大私铁"的日本铁道、九州铁道、山阳铁道、关西铁道、北海道炭矿铁道，就是在这一时期"集合"的。作为官营转让企业的日本铁道和北海道炭矿铁道，前者获得了开业后10至15年期间8分利补贴，后者获得了开业后8年期间5分利补贴，而山阳铁道和九州铁道在奉政府之命大幅度延长原计划线路的同时，还

第四章 ● 企业与企业的关系：承包制和互相持股

获得政府承诺竣工后给予每千米2 000元的一次性奖励。关西铁道虽然没有获得补助金,但是至1889年,其作为"私铁"的营业里程数,已超过以往作为"官铁"的营业里程数。翌年即1890年经济恐慌发生后,由于获得以日本银行—民营银行—股东这一资金流转方式提供的支撑,计划线路的建设进展顺利。另一方面,由于受1892年颁布的《铁道铺设法》刺激,人们投资铁道建设的热情日益高涨。1897年,"私铁"的运营里程为"官铁"的3倍。第二次"企业勃兴"期新建铁道会社多建在地方,以中小企业居多。各铁道公司奉行"红利优先主义",试图以此吸引投资,实现铁道铺设目标。甲午战争结束至1899年底,新增投资额的60%为"五大私铁"所占。包括合并增资,"五大私铁"占了铁路投资额的66%。铁道运力因此大增。

但是,"红利优先主义"是柄"双刃剑"。1887年日本政府制定的《私设铁道条例》第33条规定,企业会计计算,分"资本计算"和"收益计算"。这一规定为1900年制定的《私设铁道株式会社会计准则》所继承,即固定资产维持原价,设备修缮、更新等均由"收益计算"项支出。因此,在资金运作层面,"企业留存"和"红利派发"之间必然存在矛盾。这一矛盾在日本铁道、九州铁道、山阳铁道、关西铁道、北海道炭矿铁道"五大私铁",均不同程度存在,尤以九州铁道为甚。著名的"九(州)铁(道)纷争"即因此而爆发。

九州铁道是在1890年恐慌发生后资金筹措困难时开建的,设备原本就差,又受"红利优先主义"影响,设备维修资金严重不足。1898年4月,九州铁道在幸袋车站发生了"机车发出如万雷齐鸣的响声并破裂"的事故。"由于这辆发生破裂的机车未得到必要维修保养,此前已经发生了五六次轧死负伤等事故……在九州铁道,近来各种事故几乎每天都有发生。"① 如此状态,设备维护更新已迫在眉睫。于是,"九铁"方面准备增加这方面开支。但是在1899年7月,以投机为目的的"株屋"(专以投机股票为职业者)和熊本的银行家等,掀起了要求增发红利的所谓"九铁改革"运动。他们对"近期突然增加营业费,并因此使红利派发暴减"表示强烈不满并进行猛烈攻击。② 由于九州铁道的红利派发率确实跌幅较大,从

---

① 『東京経済雑誌』1898年4月16日,827頁。
② 『東京経済雑誌』1899年7月22日,202頁。

1897年的10%跌至1899年的7%左右,因此股东和会社之间产生了尖锐矛盾,最后由大藏大臣井上馨出面"仲裁"。1900年2月,井上馨提出的"仲裁意见"对"九铁"会社方提出的举措没有表示异议,三菱、三井等大股东也对此表示支持,"九铁纷争"遂宣告平息。

  以19世纪90年代末为界,铁道企业通过增加营业费支出强化设备维护、改善的动向,在"五大私铁"的其他企业均有出现。这种动向之所以能够在一定程度上抑制"红利优先主义",主要与下列因素有关:一是各"铁道"株式会社开业已有10年左右,即便不重视设备维护保养的会社,亦无法对设备和线路的日益老朽熟视无睹,任其"一命呜呼";二是原定计划建设的线路已基本竣工,通过"高红利"增资,为铁道线的延长提供枕木和铺路石的需求不再强烈;三是如在"九铁纷争"中所显示的,掌握实权的会社经营者和具有长期眼光、希望企业稳定发展的大股东之间,在为了维护、改善设备而增加必要的支出方面达成了共识;四是政府管理部门铁道局开始通过规定和引导,推进这种动向,1900年颁布的《私设铁道法》和《铁道建设规程》等相关法规,对线路、设备等提出了明确规定和要求。

  同一时期,纺织业特别是棉纺织业的发展令人瞩目,它是在殖产兴业方针的推动下发展最快最顺利的产业。之所以如此,主要是因为有各种有利条件存在,而且钢铁制造、机械制造等产业在当时需求还不迫切,引进数量非常有限。即便需要,如制造军舰等需求,也可以通过进口解决。

  自1889年夏,虽然在多种因素的作用下,资金需求急剧增加,银根趋紧,"企业热"一度降温,但是在翌年发生"经济恐慌"后,在正式采用新型纺织机、大量雇佣工资低廉的外地女工、采用比中国棉更加廉价的印度棉为原料等因素为"动力",日本在1892年后再度出现兴建纺织厂的热潮。当时,由于大阪纺织引进了规模达10 000纱锭的纺织机和蒸汽机,推行工人白天黑夜轮替的两班制,使用廉价棉,极大地提高了劳动生产率和产量,因此也获得了较此前更高的利润,能够向股东派发高比率红利。特别是在1894年和1896年政府先后免除棉纱出口税和棉花进口税后,棉纱输出大幅增长,至1897年超过了输入。各企业为了在生产率和市场占有率两方面占据优势,均奉行"红利优先主义",以此增加资金实现大规模生产。因此至1899年,整个行业纱锭总数的63%集中于24家拥有超过20 000个纱锭纺织机的企业中,其中拥有超过30 000个纱锭纺织机的11家企业里,又有10家是在第一次兴办企业热之前已经建立并在以后迅速

第四章 ● 企业与企业的关系：承包制和互相持股

扩大的。之所以如此，受"红利优先主义"诱惑的"股东"，显然是一大功臣。因为，资本的本性是逐利的，受利益诱惑，商人阶层纷纷投资纺织业，使纺织厂如雨后春笋般涌现，三重、钟渊、摄津、尼崎等日本纺织业的巨头迅速崛起。

和"九铁纷争"所反映的铁道株式会社面临的难题类似，纺织企业奉行"红利优先主义"，以高额红利作为"诱饵"，确实迅速实现了增资、扩大规模的目标。但是，由此必然产生一个棘手的难题，即如何筹措设备折旧资金。当时，即便纱锭数达 20 000 以上的 17 家会社（1898 年上半年统计），盈余资金也只有 27% 用于投资。因此，设备折旧所需要的经费相当紧张。所幸这一问题因政府的援助和规定而得以缓解：1898 年，即甲午战争后第一次"经济恐慌"时期，日本劝业银行向企业提供了救济贷款，其中总额占 75% 以上的 162.8 万日元资金贷给了 21 家棉纺织企业，条件主要有两个，一是受贷企业以土地、建筑、机械作为担保，二是受贷企业每年必须将相当于机器原价 1.5% 的资金留作折旧基金。以此为契机，留存折旧基金成为纺织企业必须履行的一项义务。

甲午战争以后，航运业也获得了高速发展。数据显示，1896 年至 1900 年，政府产业补助金的 81% 投向了海运。另外，1896 年后因获得"航海奖励金""特定航路助成金"的扶持，"日本邮船"会社开通了至欧洲、北美、澳洲的航线。新建立的"东洋汽船"会社也开通了至北美的航线。受上述因素推动，至 1899 年，日本船舶贸易货物装载率由战前的 10% 增至 30% 以上。

19 世纪 90 年代末既是日本资本主义的确立期，也是共同参股的"株式会社型"企业的扎根期，而判定株式会社是否"扎根"的一个重要指标，是该企业如何筹措企业中长期发展必需的固定资产折旧资金。和纺织业相同，海运业在获取贷款时，同样必须以留存一定折旧基金作为义务。但是自 19 世纪 90 年代末，由于海运"三社"即"日本邮船""大阪商船""东洋汽船"三家会社在和外国海运势力抗衡中所扮演的角色不同，强化自身实力的迫切性不同，因此在解决"自身留存"和"红利派发"这对矛盾时的表现也不同。

"日本邮船"会社由于"身负重任"，因此"自我强化"的要求最为迫切。作为对日本政府提供补助金时所附的"递信大臣命令书"的回应，"日本邮船"会社修改了企业章程，每年将总船价的 5% 作为折旧基金、3% 作为大修基金蓄积,并照此施行。以后,"日本邮船"会社虽然对此数额进行了几次修订,但蓄积基金作为一项原则,始终未变。1901年9月,"日本邮船"会社经营者向股东大会发出提案,建议将部分利润作为"航路扩张和船舶改良资金"积存。社长近藤廉平对何以发出这一提案进行说明时指出,为了维持航路,至1907年,"日本邮船"会社必须新建16艘船舶。如果每年蓄积50万日元资金,那么和折旧基金合在一起,可获得1 000万日元资金,从而满足这一要求。① 虽然部分股东反对积存这笔资金,要求增发红利,但提案最终仍获得通过。至1903年9月,这笔资金的累积已经达到350万日元。由此可以看出,"日本邮船"会社通过强化折旧基金的积存而将更多利润留存企业内部,强化了自身实力。这一举措超出了政府规定的标准。

"大阪商船"会社由于对股东依赖性相对较强,虽然想尽可能将较多的钱存入"小金库"作为折旧维修基金,但最终仍迫于股东压力而不得不妥协。在接受"船舶改良助成金"后,同样作为对"递信大臣命令书"的回应,"大阪商船"会社在1887年修改了企业章程,规定以总船价180万日元为标准,每年至少留存4%的利润作为"船舶折旧基金"。由于其实际船价仅为130万日元,积存资金负担较重,因此1888年至1889年,"大阪商船"会社没有派发红利。早在甲午战争后经营业绩一度恶化的1897年,"大阪商船"会社在企业章程中增加了附加条款:"船舶折旧基金在股东红利不满年利10%时,可按照总船价1%的标准留存。"② 不难发现,"红利优先主义"在"大阪商船"会社仍有强烈影响。

"东洋汽船"会社在1898年12月开通往返旧金山航线运输后,在1898年10月至1899年6月的最初结算时,也留出了"船舶折旧基金"和"船舶大修基金"。1900年1月获得"特定航路助成金"后至翌年下半年,东洋汽船会社"折旧基金"的留存率为全部船舶价格的2.5%,且未见较多矛盾发生。

综上所述,在企业拓展规模、扩大经营方面,"株式"(股份)既是动力,也是阻力。正因为此,重视自身企业发展,重视员工利益甚于股东利益,逐渐成为"日本式经营"的一大特色。

---

① 日本郵船株式会社:『日本郵船百年史資料』,同社1988年,301页。
② 神田外茂夫编:『大阪商船株式会社五十年史』,大阪商船株式会社1934年,619页。

第 四 章 ● 企业与企业的关系：承包制和互相持股

财阀势力的壮大 财阀,特别是三井和三菱两大巨头,发展壮大的历程与上述株式会社存在明显差异。自19世纪80年代后半期,三菱和三井逐渐脱离对特权的依附,虽然和政府仍联系紧密,但拥有雄厚产业基础的财阀的发展,成为日本产业革命的重要组成部分。

三菱和三井为了应对1893年开始施行的《会社法》,采取了合资与合名的企业形态。但是,这里的所谓"合资""合名",并不意味着吸收社会资金。必须强调,在从政商转变为财阀的过程中,在企业经营方面注重多元化经营、在资产拥有方面强调同族所有,是三菱和三井的共同特征。这一在进入"株式会社"阶段依然得以保留的特征,也是"日本式经营"的企业间"相互持股"的显著特征。

1885年,随着"日本邮船"会社的建立,三菱开始逐渐将事业从海上转向陆地。在以后的8年时间里,三菱收益累积达573万多日元,其中煤矿占77%,金属矿山占13%,造船占8%,土地、建筑占3%。[①] 显而易见,以高岛煤矿为首的煤炭收益,占了压倒性多数。另一方面,在此期间,三菱的金融资产收益也达到了478万多日元,其中股票分红占57%,公债利息占37%,存贷利率占4%。股票分红之所以占半数以上,主要是因为三菱在"日本铁道"会社创建时(1881年5月)出资参与股份投资,出资35万日元。

"日本邮船"会社设立时,三菱购买了10万股,每股50日元,除一部分资金派发给属下员工外,岩崎弥次郎的儿子岩崎久弥获60 917股,岩崎弥之助获20 000股。值得关注的是,这些股份他们不是作为资产股持有,而是密切关注股价变化以进行操作。在股市兴旺的1887年4月,"日本邮船"会社股票升至每股89日元,当时岩崎家将所持该股股票的1/3出手,赚得了240万—250万日元。之后,他们又陆续出售了手中的"日本邮船"会社股票,取得了很大收益。三菱将这些收益的一部分用于开展多种经营,收获颇丰。同时,三菱将一直高位运行的"日本邮船"会社股,转换成因受1890年经济恐慌影响而下跌的铁道股。同年,三菱购入了大量"山阳铁道"会社股票,翌年三菱又成了"筑丰兴业铁道"会社的头号大股东,并大量购入了"九州铁道"会社的股票。

1893年12月,为了使三菱社各事业部门法人化,岩崎家成立了"三

---

① 三菱鉱業セメント株式会社:『三菱鉱業社史』,同社1976年,77頁。

菱合资会社"，资本金500万日元由岩崎久弥和岩崎弥之助各出一半。但是推定为价值590万日元的三菱股票和255万日元的三菱公司债券的这部分金融资产，以及资本金为100万日元的第119国立银行仍为岩崎家所有，未归入合资会社。至1900年，三菱合资会社除设立银行部和兼并了第119国立银行外，其他各项事业也显著扩展，总资产增长了3倍以上，其中金属矿山资产的增幅最为显著。以后，三菱也重点在相关产业投资，如1896年以173万日元接受了"官营转让"的大阪制炼所；紧随其后的是造船业，如长崎造船所经过扩充，在1898年建造了日本最初的6 000吨级汽船"常陆丸"。

在此期间，使合资会社及各事业部门超越内部积蓄拓展事业成为可能的，是岩崎家所借贷的资金，此借贷数额呈逐年攀升之势：1895年为200万日元，1896年为700万日元、1897年为900万日元，1900年为1 000万日元。岩崎家之所以有此巨额资金借贷，正是因为岩崎久弥和岩崎弥之助的收益颇为可观。据统计，两人合计所得连年超过100万日元，4年近476万日元，其中股票分红占58%；三菱合资分红占18%，三菱合资借贷利息占9%，公债利息占11%，社债利息占4%，即几乎均由金融资产所得，特别是股票分红占了半数以上。[①] 另外，他俩通过股票操作获得的收益似也相当丰厚。就这个意义而言，三菱多种经营的展开，特别是挺进造船业，同株式会社时代显然有着密切关联。

在三井开展多种经营的过程中，股票和有价证券也扮演了举足轻重的角色。1876年三井银行创立时，"三井大元方"（三井总社）虽然出资100万日元，但是这笔资金是通过向同行借贷而筹措的，可见在明治时代前期，三井在资金运作方面仍显"捉襟见肘"，且这笔借贷至1886年6月才全部还清。之后，三井银行"投桃报李"，不仅在"三井大元方"旗下最有实力，而且为大元方扩充鞍前马后最为卖力：1889年三井收购"官营转让"的三池煤矿时需当场缴付的100万日元，以及1892年创建将各矿山"笼络"在一起的"三井矿山合资"所需要的200万日元，均由三井银行"慷慨解囊"全额借贷。

1893年7月，"三井大元方"将三井物产也编入旗下，成立了合股公司即"三井合名"。之后，"大元方"要求三井银行增资，三井银行以100万

[①] 旗手勲：『日本の財閥と三菱——財閥企業の日本的風土』，楽遊書房1978年，75頁。

第四章 ● 企业与企业的关系：承包制和互相持股

日元准备金,收购了三井员工持有的 50 万日元股票,然后按照 50 万日元的评价额缴纳;"大元方"向三井物产出资 100 万日元,也通过出售原先持有的股票而筹措。"大元方"还通过对手中有价证券的操作,即通过股票、公债红利、利息而使之增值。至 1893 年 6 月,"大元方"持有的有价证券已"脱胎换骨",转变成了第一国立银行、日本银行、日本铁道等金融和企业的股票,总价值约 146 万日元(其中公债约 4 万日元)。而后,以股价上涨为背景,"大元方"让三井银行出资 185 万日元购取了所有这些有价证券,获得了 39 万日元收益,并将这笔收益用于投资三井物产和返还向三井矿山的贷款。如是,"大元方"通过"把玩"有价证券、出售所持股票、接受各社"进贡",于 1894 年 6 月将向三井银行借贷的资金减少至 72 万日元。虽然这一借贷数额后因"大元方"于当年 10 月份设立了地所部、工业部,再次增加至 212 万日元,但至 1896 年却又减为零。之所以会如此,也是因为"大元方"对股票进行了成功操作。据记载,1896 年上半年,三井银行的所有股票价值 600 多万日元,"(大元方)通过收购三井银行经营的各种低价股票,然后卖出,将差价所赚得的收益用于归还向三井银行借贷的资金",如此"账面上的操作"自 3 月后有 5 次之多,差价收益 193 万日元用于还贷。① 通过巧妙利用甲午战争后股票上涨的时机,三井银行让经营的股票"吐出"利益,成功构建了"自身金融"的态势。

　　经过上述过程,三井在强化银行、商社、吴服等领域实力的同时,将事业向矿业、机械工业等领域拓展,开展多种经营。"大元方"的出资从 1886 年的 150 万日元,扩增至 1900 年的 900 万日元,增加了 750 万日元。在资金筹措方面,三井通过两次股市操盘所获得的资金为 378 万日元,占了约一半。然而,由于在扩大旗下事业方面,"大元方"方面的资金供给能力毕竟有限,因此其旗下企业的运作资金和投资资金在很大程度上依赖于三井银行。例如,三井矿山在继 1896 年收购山野煤矿后,于 1900 年出资 160 万日元收购了田川煤矿,并向筑丰煤田扩张,其资金全部由三井银行提供。总之,三井银行在向三井旗下企业提供资金方面发挥了极大作用。同时,按照中上川彦次郎的观点,在明治政府实施"工业化"政策的过程中,三井银行本身作为投资银行的性质亦日益得以强化。1893 年底,该行所有的股票、社债达 656.5 万日元,占其总资产的 27%,

---

① 三井文库:『三井事业史・本编』第 2 卷,三井财团 1997 年,624 页。

(其中有价证券共占 45%),至 1899 年达 1 000 多万日元,占其总资产的 21%(其中有价证券共占 29%)。① 如此巨额的股票通过分红以及作为向日本银行贷款时的资产担保,在进一步强化三井自身资金供应能力方面,扮演了极其重要的角色。

第三节 企业间关系的纽带

"二重结构"的形成 任何国家都存在大企业和中小企业并存的情况,但是日本这方面情况有着自身特点,这一因大企业和中小企业俨然如处在两个世界的被称为"二重结构"的特点,构成了日本企业间关系的一大特征。

"二重结构论"是由经济学家氏原正治郎首先提出的。1957 年的日本经济企划厅发表的《经济白皮书》,专门列了《经济的二重结构》一章,称"相当于一种一个国家中间同时存在发达国家和发展中国家的二重结构"。栗原源太在《日本资本主义的二重结构》一书中,对"二重结构"的特征作了如下论述:②

第一,日本中小企业虽然数量众多,但多数是大企业的承包企业,从属于大企业,并存在以大企业为顶点的层层转包现象。中小企业是大企业的"财源"。大企业不仅从企业内部员工,而且从承包企业的员工身上获取超额利润,即"日本经济二重结构"是一种大企业少投入、多产出的生产结构。

第二,大企业员工一般每周劳动时间是 40 个小时,而 30 人至 99 人规模的中小企业员工每周劳动时间约 45 个小时。之所以如此,一是因为接受承包的中小企业赖以存在的主要条件,就是其员工与大企业员工存在工资差和时间差;二是因为大企业的工会是企业内工会,在协调劳资关系方面发挥了重要作用。日本的工人运动基本没有提出缩短劳动时间的要求,根本原因就是"二重结构"的存在。

第三,日本企业员工的工资差额不仅因企业规模而异。在大企业内部,除公司"正社员"即正式员工外,还有社外工、临时工、派遣工等,他们

---

① 松元宏:『三井财閥の研究』,吉川弘文館 1979 年,531 頁。
② 栗原源太:『日本資本主義の二重構造』,御茶ノ水書房 1989 年,5—6 頁。

第四章 ● 企业与企业的关系：承包制和互相持股

的工资和正社员也不相同,即在企业内部也存在复杂的用工结构。许多劳动者是不稳定的就业者。企业内工会的劳资协调路线,是以这种工资差额结构和承包结构为基础的。

第四,使大企业劳务管理方式如此独特的"日本式经营"的"三种神器",即终身雇佣、年功序列、企业内工会,就是以承包式生产结构为基石的。可以认为,没有承包结构,"日本式经营"将无以立足。

第五,在日本的小农中,同时从事非农业劳动的占压倒性多数。也就是说,日本的农民大都兼营手工业等副业。产生这种现象的主要原因,是以大企业为顶点的承包制生产结构。同样,这种生产结构也是使庞大的小农群体除农业外兼营其他行业工作的主要条件。

栗原源太指出了一个重要事实,即日本企业"二重结构"的形成与承包制的形成具有内在关联,而且两者的形成均和战后日本产业结构的变革密切相关。鉴于承包制是"日本式经营"在企业间关系的一项基本特征,因此必须给予认真、实证的考察。这一考察不仅是本书主题和内在逻辑的需要,也是认识日本的"企业国家"特征和日本经济体制的需要,更是认识日本资本主义的需要。因为,数量庞大的中小企业的出现及其生产和再生产,为日本资本主义奠定了重要基础。正是在这一基础上,以垄断性大企业为顶点的企业间关系的二重结构,即不同企业的工资差额,终身雇佣的正社员和临时工、社外工制度,母企业和子企业互相依赖的承包制,才得以形成并长期存在。由于劳动力市场具有二重结构,大企业是相对封闭的,即中小企业员工难以进入大企业,因此中小企业劳动力得以长期维持,企业也因此得以长期生存。"这是不同规模企业之间工资存在巨大差距的原因之一。"[1]

如前面所述,日本资本主义的确立过程,同时也是日本四大财阀的扩张过程。通过一系列侵略战争,日本获得了海外殖民地,成为亚洲唯一的殖民帝国。日俄战争后,日本迅速向垄断资本主义过渡。但与此同时,日本通过发行公债获取了大量外资,背负了巨额外债,通过发行外债获取的巨额外资,虽然改善了日本的国际收支,但也使其对欧美列强产生了严重依赖。这种状况对日本以后的经济发展产生了重大影响。

1906年,日本颁布了《铁道国有法》,通过发行4.5亿日元公债筹措

---

[1] 氏原正治郎:『日本労働問題研究』,東京大学出版会1966年,454頁。

的资金,收购了私有铁道。日本还在九一八事变侵占中国东北地区后,设立了"南满铁道株式会社"(简称"满铁"),另外还实施了八幡制铁所第一期扩张计划和电话的第二次扩容等,使日本企业勃兴,经济繁荣。但是,翌年欧洲股票暴跌和证券交易所的恐慌性抛售,以及美国纽约近半数银行的贷款被信托投资公司为获取高额回报投在股市和有价证券,引发巨大风险和金融恐慌,使日本对美生丝出口直接遭受影响,贸易收支恶化。同时,陆军扩军和创建海军八八舰队需要 6.1 亿日元经费,约占年度财政三成的公债增发,经营朝鲜和库页岛也需要大量资金,使财阀金融也呈现捉襟见肘的窘境。为此,日本政府给予三菱造船所 4.3 亿日元的订单订购军舰。这份订单不仅成为撬动三菱进一步发展的重要杠杆,而且使三菱和军工业的联系更加紧密。三井财阀的核心产业三井物产,则通过在中国台湾地区开展砂糖、茶叶、樟脑、鸦片、稻米交易,进一步壮大了自身实力。虽然日本经济仍持续不景气,但财阀通过多种经营和占据地经营,仍得到继续发展。

1909 年至 1921 年间,日本各大财阀进行了制度改革,如将本社改为合名会社或合资会社,将旗下的子会社改为株式会社,等等。改革的直接动因是 1905 年日俄战争期间,日本政府施行了非常时期特别税制,增加了个人所得税征缴数额,同时开征遗产税。对营收较多者而言,改为"株式"即股份制可以合理避税,较为有利。同时,合名或合资会社无须公开财产和经营内容,既有利于保全同族财产,也有利于对各企业进行综合管理。当然,这一改革更重要的目的是强化统一管理,更有效发挥资本效能,使之增值。这是各大财阀在"一战"后均形成康采恩的根本原因。

"一战"后,由于战时"特需景气"的采矿和造船业衰退,大财阀顺应日本对外扩张和国内经济发展需求,在国家权力的推动和保护下,开始大举挺进重工业和化学工业领域。1914 年至 1919 年,日本重工业和化学工业产品产量增加了 2.6 倍,约占全部工业品产量的 1/3,超过了纤维工业。特别是金属工业增加了 3.2 倍,机械工业增加了 3.6 倍。这是 20 世纪 20 年代日本进入"重工业和化学工业时代"的重要原因。

大财阀并非重工业和化学工业领域的先驱。1921 年,后成为日本氮肥生产巨头的野口遵,在取得德国的氮氢化钙的制造法特许权后,创办了"日本窒素"(氮肥)株式会社,而三井、三菱、住友迟至 20 世纪 30 年代才建立氮肥生产企业。铃木商店在 1918 年创建"帝国人造纤维",而"日本

第四章 ● 企业与企业的关系：承包制和互相持股

棉花"和野口遵联手创办"旭绢织"（"旭化成"的前身）则是在1922年。三井物产创办"东洋人造纤维"更是迟至1926年。之所以出现这种情况，一是因为大财阀已经在日本经济中占主导乃至支配地位，不愿承担风险，二是因为大财阀需要协调各方利益，难以迅速做出决策。但是，各大财阀后来居上，很快在重工业和化学工业领域确立了自己的地位。具体而言，大财阀创办的株式会社主要有三井的"釜石矿山"，三菱的"三菱电机"、"三菱航空机"、"日本焦油"（后改称"三菱化成"）、"三菱石油"，住友的"住友伸铜钢管"，且都是"株式会社"即采取股份制有限责任公司形式。不难发现，各大财阀在重工业和化学工业领域的经营存在错位，可见其战略和侧重点不尽相同。

欧美的钢铁生产在1922年前后得以恢复，成为欲垄断市场的日本财阀系钢铁企业的强大竞争对手。为了保护本国钢铁产业，日本政府不仅制定了相关政策，而且于1925年成立了钢铁协议会，翌年又成立了"铣铁共同组合"等卡特尔。也就是说，日本的钢铁业在政府的扶持下，以国家力量为后盾，在国家资本和财阀资本利益调整的同时，有意阻止舶来品的冲击，进而形成市场垄断。

占据日本机械工业中心地位的造船业，也是在扩军和战时海运市场兴旺的背景下取得飞速发展的。1916年，三井物产制订了创建造船所的计划，浅野财阀建立了横滨造船所（后改称浅野造船所），铃木商店以50万日元的价格收购了播磨造船所。翌年，三井物产开始在冈山县建设造船所并在三井物产内设立了造船部。同年，三菱创办了资本金5 000万日元的三菱造船所。但是，当时的造船业由于大战结束后海运业务骤减而不景气。1922年2月，日本和美、英、法、意四国在华盛顿签署缩减主力舰吨位的五国海军协定后，"八八舰队计划"难以实施，更是导致日本造船业产能严重过剩。不过，在随后出现的各国建造柴油机船的热潮中，日本实现了柴油机船的国产化。在这一新的领域，三菱、三井等财阀系造船企业，在国内几乎占据了垄断地位。随后，大型造船企业依靠成熟的技术和雄厚的资本进入陆地机械领域，开展多种经营，奠定了作为重工业企业的雄厚基础。三菱以造船和相关产业为基础，进一步向内燃机、汽车、飞机研发和制造领域拓展，并于1921年将电机从造船企业中独立出来，建立了三菱电机株式会社。川崎造船所除了继续研发铁道机车，也开始研发汽车、飞机。石川岛造船所则在同时期开始生产汽车。

企业国家——一部日本经济史

电力方面,日本在"一战"后也突飞猛进。早在1907年,日本即以东京电灯桂川发电所的建设为起点,开始了"电力革命"。"一战"爆发后,由于日本国内电力用量的大幅增加和国外机器输入的大幅减少,电气机械工业取得迅速发展。通过和国际资本的合作和技术引进,以及从财阀系金融机构和特殊银行获得融资,20世纪20年代后半期,财阀系电机产业在国内站稳了脚跟。特别是三井系的芝浦制作所、三菱系的三菱电机,更是将"电力革命"不断推向新的高峰。

由于"一战"期间贸易异常活跃,各大财阀强化了商社建设,有着雄厚历史基础的三井物产更是大发战争财。"一战"期间,三井物产的员工从1676人增加到3728人,海外店铺从35家增加到57家。与之相应,出口业务比战前增加了2.4倍,进口业务比战前增加了3.2倍,国内贸易增加了7.7倍。1918年,三菱掌门人将三菱合资会社的营业部独立出来,成立了资本金1500万日元的三菱商事。

1920年,日本出现了被称为"反动恐慌"的金融恐慌。日本银行为此投放了5000万日元的特别融资。这种以特别融资的方式使金融免于陷入困境的救济政策,使作为中央银行的日本银行成了金融救济机构。这种做法虽然可以一时避免金融秩序的混乱,但却动摇了作为商业银行核心的日本银行原有的根基,弱化了其市场调节功能。1923年9月1日的关东大地震,进一步加剧了日本金融秩序的震荡。特别是东京横滨地区的银行由于遭受震灾,几乎丧失了原有的功能。政府为此提出了延期支付令和其他金融补偿措施,但为了赈灾增发的货币也引发了通货膨胀。日本经济因此陷入慢性不景气。

"反动恐慌"发生后,规模较小的钢铁企业难以为继,生产不断向大型钢铁企业集中,而大型钢铁企业,几乎都是财阀系企业,如三井的日本制钢所、釜石矿山、轮西制铁所,三菱的三菱制铁、东京钢材,住友的住友制钢所、住友伸铜钢管,浅野的小仓制钢,铃木的神户制钢,等等。

新兴财阀虽然也展开了多种经营,力图成为康采恩,但和旧财阀相比毕竟规模小、根底浅、资金弱,和政府的关系也不及旧财阀紧密,在军工产业领域更是无法和旧财阀匹敌。大正时代通过发战争财而起家的新财阀,大都旋起旋灭,成为日本历史舞台上的匆匆过客。

1923年9月1日的关东大地震使日本经济"雪上加霜"。1927年爆发的金融危机,导致很多企业和银行破产。曾经作为财阀支柱产业

第四章 ● 企业与企业的关系：承包制和互相持股

的矿山业和造船业，在"一战"后的十年呈现颓势。采矿业由于海外煤和铜进口量的增加而价格不断下跌，而造船业则由于裁军和海运减少而不景气。在这种局势下，四大财阀和后发的中等规模的财阀，很快分出了"优劣"。

浅野和大仓财阀的商事部门，没有遭受"反动恐慌"的沉重打击，"一战"后取得了不错的业绩。但是大仓财阀由于在采矿业有较多投资，而采矿业是受"一战"后"反动恐慌"影响较大的行业，因此未能抓住快速发展的机会。浅野财阀则由于昼夜银行的失败和"一战"后海运、造船业普遍不景气，也未能取得快速发展。古河、藤田、久原财阀，在"一战"中通过采矿业获取了巨额收益，但战后由于受"反动恐慌"影响，贸易和银行经营不利，加上战后采矿业不景气，经营每况愈下。1928年，藤田被置于日本银行管理之下，久原被鲇川义介兼并。古河财阀虽然遭受古河商事经营危机和采矿业不景气的双重打击，但由于在重工业和化学工业领域取得成功，以后仍作为财阀继续存在和发展。在极大程度上依赖"台湾银行"融资进行贸易和多种经营的铃木商店，不仅在恐慌中一蹶不振就此湮灭，而且引发了波及日本全国的金融危机。

综上所述，各大财阀为日本进入"重工业和化学工业时代"发挥了重要作用。财阀的多种经营为形成同族康采恩奠定了基础，并与诸多中小企业形成鲜明对照。但有些已经跻身财阀行列的企业，也因金融恐慌的重创，或一蹶不振，或"寄人篱下"。或盛或衰，很大程度就反映在股权上，这种反差也是日本企业形成"二重结构"和"互相持股"不可忽略的重要前提。

财阀的组织结构 三井财阀在"一战"中蓄积了雄厚资本，战后展开多种经营，维持了当年财阀"老大"的地位，其中作为直系会社的三井物产加强了对相关企业的控股，因此推行多种经营的主要是三井物产和三井矿山。不过，三井合名会社在向工业领域扩展方面比较消极，这也是战后制约三井集团发展、使之最终被三菱集团超越的重要因素。不过，那是后话。当时，日俄战争期间蓄积的庞大资本，构成了三井财阀较早形成同族康采恩的物质基础，而1905年实施的税制，则为三井财阀提供了形成康采恩的重要契机。1907年6月至11月，三井家同族会专务理事益田孝等赴欧美进行了考察。回国后，三井即根据益田孝一行通过考察获得的启示，决定将三井本社改成作为控股会社的合名会社，将三井旗下各直属企业改为株式会社,重新构建以控股会社为顶点的金字塔结构。

1909年10月,三井财阀将三井同族会事务局,即原先的统辖机构,单独设立;将三井同族11家作为出资社员,设立了资本金5 000万日元的三井合名会社,同时将直辖企业合名会社旗下的三井银行及三井物产,改组为资本金各2 000万日元的股份制企业;将三井矿山改组为三井合名会社矿山部(两年后独立为三井矿山株式会社,资本金数额不变);将三井银行的仓储业分离出来,单独设立资本金200万日元的东神仓库株式会社。上述4家企业,事实上都是三井合名会社全额出资的企业。三井由此形成了涉足银行、物产、矿山、仓储四大领域的康采恩。

三井银行虽然和第一、住友、三菱、安田并称"五大(都市)银行",实际上却宛如"鹤立鸡群"。据1909年底统计,三井银行的存款额和放款额,均占五大(都市)银行总额的36%。而且毋庸赘言,三井银行既是都市大银行,也是财阀机关银行。三井银行作为都市大银行的主要功能,是向下述领域提供资金支持:纺织、制丝、制糖等轻工业领域,制铁、造船、合成纤维等重工业和化学工业领域,商业企业领域。1910年2月,在整个银行系统低利息背景下,三井银行通过代理政府4分利的公债,吸纳了大量资金,进一步强化了在银行业的垄断地位。作为三井财阀的机关银行,三井银行自然成为三井直系和旁系会社、关联会社的融资渠道,并和这些会社形成了互相依存关系。尤其是在第一次世界大战期间,这种关系成为三井物产飞跃式发展的强大动力。

1914年1月,日本《时事新报》报道了德国西门子电机制造公司,长期向日本海军当局行贿的丑闻。随后,三井物产也被揭露为获取建造巡洋舰投标而向海军省高官行贿的丑闻,三井合名会社大掌柜益田孝不得不引咎辞职,团琢磨继任三井合名会社理事长。之后,三井从"商业的三井"转向"工业的三井"。1915年,三井创建了电气化学工业株式会社,翌年又设立了三井物产造船部和船舶部。1918年创办了大正海上火灾保险,1919年以堺市的赛璐珞(为做乒乓球的材料)株式会社为核心,合并了相关中小企业,成立了大日本赛璐珞株式会社。1920年,三井创办了东洋棉花株式会社。1924年,三井收购了田中矿山釜石制铁所,开始将经营触角伸入钢铁行业。两年后,三井又创办了东洋人造丝株式会社。

总之,三井财阀在"一战"期间取得了飞跃发展。1909年三井合名成

第 四 章 企业与企业的关系：承包制和互相持股

立时的资本金是 5 000 万日元,1919 年底资本金达到了 2 亿日元,增长了 3 倍。三井合名的有价证券,从 1913 年的 4 954 万日元,到 1920 年达到 2.653 4 亿日元,增长了 4 倍多,由直系会社上缴的分红为 1.565 亿日元。三井财阀由此构建了当时日本首屈一指的同族康采恩体系。

"一战"期间的 1914 年至 1919 年,三菱合资会社虽然也取得了大发展,但远逊于三井合名会社。数据显示,同一时期,三菱合资会社取得了 1.14 亿日元的收益,而三井物产是 1.187 0 亿日元,三菱合资会社总收益额更是不到三井合名会社的 1/3。三菱合资会社成立时的资本金是 1 500 万日元,至 1918 年达到 3 000 万日元,但三井合名会社的资本金彼时是 6 000 万日元。"一战"期间,三菱合资会社旗下各部门的收益,造船占 35%,煤炭占 21%,营业占 14.7%,矿业占 10.6%,银行占 9.5%,地产占 5.6%,制铁占 3.6%。

三菱财阀的康采恩化也是在"一战"期间,其扩张主要是通过采矿和造船的市场占有率的提升而实现的。作为康采恩,三菱财阀旗下分为直系企业(三菱本社直属企业)、关联会社(三菱拥有相当数量的股份并派遣干部参与企业经营管理的企业)、旁系会社(三菱拥有一半以上股份的直属分系会社)、缘故会社(作为岩崎家族个人企业经营的会社)。不过,同样作为康采恩,三菱财阀和三井财阀存在明显差异。1916 年,岩崎久弥辞去了三菱合资会社社长一职。他的堂弟岩崎小弥太成为三菱合资会社第四代社长。翌年,三菱合资会社各事业部相继成为独立的株式会社,本身实行 100% 控股。各产业会社的分离独立,始于 1917 年 10 月成立、资本金为 5 000 万日元的三菱造船所。资本金为 3 000 万日元的三菱制铁所也几乎同时成立。翌年 3 月,资本金为 1 000 万日元的三菱仓库宣告成立。4 月,资本金为 5 000 万日元的三菱矿业、资本金为 1 500 万日元的三菱商事,也先后宣告成立。1919 年 6 月和 10 月,资本金为 500 万日元的三菱海上火灾保险和资本金为 5 000 万日元的三菱银行,先后成立。通过 7 个分系会社的独立,三菱财阀继三井财阀之后,形成了同族康采恩体系。7 个分系会社虽然独立,但每年仍同三菱合资会社的事业部一样,给予母社分红。1920 年,三菱造船所又分离出了资本金为 500 万日元的三菱内燃机制造所,1921 年又分离出了资本金为 1 500 万日元的三菱电机制作所。必须强调,作为康采恩的核心枢纽,三菱合资会社不仅作为统辖同族企业的中枢而存在,而且是使康采恩不断扩张的主要动力。

住友财阀无论是规模还是形成同族康采恩的时间,均落后于三井和三菱财阀。1909年,住友本店更名为住友总本店,之后通过使各事业部门独立,开始了康采恩化的过程。1912年,资本金为1500万日元的住友银行的成立,是住友财阀康采恩化的起点。1915年,资本金为600万日元的住友铸钢所宣告成立。1919年,资本金为300万日元的吉野川水力电气、资本金3500万日元的大阪北港相继成立。1920年,资本金为1000万日元的住友电线制造株式会社成立。1921年,住友总本店改组为资本金为1.5亿日元的住友合资会社,持有直系会社的股票,进而完成了同族康采恩体系的构建。之后,住友进一步以重工业、化学工业、金融业为主,展开多种经营。1923年,住友财阀成立了资本金为1500万日元的住友仓库株式会社,同年又成立了资本金也是1500万日元的住友建筑株式会社,1925年成立了资本金为300万日元的住友肥料制造所,同年建立了资本金为150万日元、经营人寿和健康保险业务的住友生命株式会社,以及资本金为2000万日元的住友信托株式会社。1926年,住友财阀成立了资本金为1500万日元的住友伸铜钢管株式会社。不难发现,住友财阀欠缺商事和运输方面的企业。因为,住友财阀将大战时期积累的资本主要投向重工业、化学工业和金融业,对贸易领域并不关注。

甲午战争后,安田财阀急速发展。至1904年,安田系企业数量已有21家。由于保善社的人员全都在安田银行兼职,难以在经营金融业务的同时,对其他安田系产业进行处理和监督,因此安田掌门人安田善次郎深感有必要使保善社真正成为安田系产业中枢,于是在1905年对保善社进行了机构改革,新设立了业务组织并配属了专职员工,使保善社作为安田系企业的"司令部"真正发挥控股会社的职能。也就是说,安田财阀比三井财阀和三菱财阀更早开始同族康采恩体系的构建。1911年8月,安田就设立了同族全额出资、资本金为100万日元的株式会社安田银行,翌年1月,株式会社安田银行和资本金为500万日元的合名会社安田银行合并,重新组建资本金为1000万日元的株式会社安田银行。安田商事的改组也大致经历了同样过程。1911年9月,安田财阀设立了资本金为50万日元、由保善社全额出资的安田商事株式会社。翌年1月,同样由保善社全额出资、资本金为50万日元的安田商事合名会社与安田商事株式会社合并,成为2.0版的安田商事株式会社。1912年1月,保善社进一步

第四章 ● 企业与企业的关系：承包制和互相持股

改组成资本金为1000万日元的合名会社。之后，合名会社安田银行、安田商事两大直系会社改组为株式会社，由此形成了安田财阀的同族康采恩体系。至"一战"爆发，保善社已成为俯视并统辖安田旗下银行、工业企业的控股会社。

在形成康采恩后，安田财阀对安田商事旗下非金融事业的硫黄矿山、仓储、肥料制造、机械制造、海运进行整顿，即弱化多种经营的态势，主要依靠强大的金融实力对一些中小银行进行兼并，从而巩固了作为金融财阀的地位。这种发展战略，实际上是回归传统。因为，安田银行自创办时期即一直倾向于兼并陷入困境的银行，不断扩大金融经营基础。

20世纪20年代初，一个突发事件对安田构成了强烈冲击。1921年9月28日，一个叫朝日平吾的大学生自称律师，敲开了安田创始人安田善次郎的家门。在被迎进家门后，朝日平吾在与安田善次郎谈话时突然将其刺杀，随后自杀。朝日平吾和安田善次郎素昧平生，并无个人恩怨，但因交不起学费而先后从早稻田大学和日本大学辍学的经历，使他对现实强烈不满。"日本法西斯主义鼻祖"北一辉的《日本改造法案大纲》，特别是北一辉的"国家社会主义思想"和改造日本必须"对拥有十万日元以上财富者没收一切""大公司由国家经营"的主张，使朝日平吾产生了强烈的思想共鸣。因此，朝日平吾认为，应该采取"征伐奸富"的行动，并将安田善次郎列为刺杀目标。朝日平吾的这一过激行动，获得社会舆论广泛同情，反映出一般民众强烈的仇富心理和对贫富悬殊的强烈不满。

安田善次郎去世后，1923年5月，在专务理事结城丰太郎的主导下，保善社建立了资本金1.5亿日元的保善银行，并在同年11月将安田、第三、明治商业、信浓、京都、第一百三十、日本商业、二十二、肥后、根室、神奈川共11家安田系银行并入保善银行，更名为超大规模的安田银行。至1929年，安田银行的国内店铺增加到了153家，成为名副其实的金融财阀。不过，三井、三菱、住友系财阀的银行，发展势头也非常迅疾。同一时期，三井银行资本金从原先2000万日元增加到1亿日元，同时大力增设海外店铺，强化外汇兑换业务，扩大以电力债为中心的企业债券。三菱银行国内店铺在1929年增加到21家，住友银行国内店铺则从36家增加到77家。

1922年颁布的《信托法》《信托业法》规定,经营信托业必须持有执照,且信托机构最低资本金不得少于100万日元,日本由此展开了对信托机构的清理。四大财阀在这两部法律颁布后,相继进入信托业。继1924年三井信托会社成立后,1925年安田和住友也成立了信托会社;1927年三菱也成立了信托会社。

另外,由于海运业的活跃,各财阀相继建立了海上保险会社。1917年,以住友为大股东、资本金1 000万日元的扶桑海上火灾保险株式会社宣告成立。1918年,以三井物产为大股东、资本金为500万日元的大正海上火灾保险株式会社宣告成立。1919年,三菱合资会社的社会保险课,独立为资本金500万日元的三菱海上火灾保险株式会社。

在商业保险领域,安田和三菱早已有健康人寿保险机构安田生命株式会社和明治生命株式会社。1925年,住友以291万日元的价格,收购了日之出生命株式会社,将其改为住友生命株式会社;1926年,三井收购了高砂生命株式会社,将其改名为三井生命株式会社。不过,就经营状况而言,除了三菱系的明治生命株式会社,其他几家均不太景气。

承包制的渊源和类型　承包制的形成,是以大量中小企业的存在为前提的。诉诸历史,早在明治末期,江户时代就已存在的家庭作坊已经开始动力化和机械化。第一次世界大战以后,这一趋向更加明显,其规模也从家庭作坊发展为中小企业,进而刺激了对其占有支配地位的"问屋"改变经营方式,即促使"问屋"向工业资本转化。在第一次世界大战中,日本的工业取得了飞跃发展。由于欧洲主要国家被卷入战争旋涡,日本的军需品输出激增,同时对东南亚的重工业制品和纤维制品的输出也急剧增加,重工业和化学工业发展极为显著。统计显示,和"一战"爆发的1914年相比,1919年机械、金属、化工行业的职工人数从142 000人增加至3 702 000人,5年间增加了约26倍。① 尽管如此,在1919年整个日本的产业工人中,纺织工业的职工人数依然占据多数,达56%,与之相对,重工业和化学工业的职工人数合计仅占24%,而且在机械、金属、化工行业,占压倒性多数的仍是中小企业。

第一次世界大战催生了许多新的企业,并因此在"企业间关系"方面正式开始形成日本特色,即承包制。因为,"'一战'时期也是中小企业问

---

① 通産省编:『工業統計50年史』,同社1996年,137页。

第四章 ● 企业与企业的关系：承包制和互相持股

题发生时期。由于'一战',进入亚洲地区的欧美制品减少,日本中小企业的制品迅速取而代之,出口急剧增加。1914年至1918年,日本棉制品的出口约增加了8倍,绢织品增加了4.8倍。为维持和支撑这一扩增的出口量,在棉制品业和绢织业,手动机械为力动机械取代,中心企业的比重增加。与这些传统产业并行,日本的自行车、电灯泡等,也向亚洲和非洲地区出口。在机械方面,造船、电器等产业领域,将产品让中小企业建造的承包制,已显露端倪"。[1]

1920年,日本首次举行了"国势调查"(人口普查)。统计数据显示,在从业人口中,业主所占的比率非常高,在整个工业人口中占38%,其中染织工业达到63%,食品工业、化学工业等也达到50%。东京市内因为有东京炮兵工厂和石川岛造船所等现代大企业,因此在机械金属工业领域,业主比率较低。但是,这并不意味着机械、金属工业领域小企业较少,而仅意味着大企业和小企业呈两极分布。同时需要强调的是,很多业主既是经营者,也是劳动者。耐人寻味的是,数量庞大的小企业数量在"一战"后历经"慢性不景气"、"金融恐慌"、"昭和恐慌"、经营艰难后,不仅没有减少,反而呈增多趋势。这种情况即便在拥有众多大企业的东京也不例外,见表4-6。

表4-6 东京小企业增加趋势显示表

企 业 规 模	1920年(百分率)	1930年
从业者总人数	562 034(100%)	621 769(100%)
不满30人企业	419 148(74%)	490 161(78.8%)
不满50人企业	364 425(64.8%)	404 883(65.1%)

资料来源:『東京府工場統計』(1930年)。

表4-7、表4-8,显示了东京府(今东京都)在"一战"前后机械和金属行业新设中小企业的增加和规模的扩大情况。

---

[1] 藤井光南、丸山惠也:『現代日本経営史:日本的経営と企業社会』,ミネルヴァ書房1991年,98頁。

表4-7　东京府新建15人以上工厂数

行　业	—1900年	—1910年	—1920年	—1930年	合　计
机械	50	69	212	202	533
金属	20	34	111	100	265

资料来源：『東京府工場統計』(1930年)。

表4-8　机械、金属工业工厂数(东京府,1930年)

行业	5—15人	15—30人	30—50人	50—100人	100—300人	300—500人	500—1 000人	1 000+人
机械	875	146	63	34	19	3	—	—
金属	1 350	283	100	83	45	10	7	5

资料来源：『東京府工場統計』(1930年)。

以上数据显示,在跨"一战"的1900年至1920年间,新设立的工厂最多。由于个人开设的小商店、小工场的规模一般都小于15人,因此中小企业的激增,主要是因为不少"问屋"商业资本进入了工业领域。商业资本在转化为工业资本的同时,将一些家庭作坊式零星工场用作所谓"制造问屋"。原先属于其序列的家庭作坊,或脱离其支配和制约,或随着规模的扩大而脱离其序列,成为从属于大企业、具有中小规模的"制造问屋",即成为垄断性大企业承包序列的组成部分,而此类"制造问屋",往往又再利用零星工场和家庭作坊作为其承包企业,即再次转包,形成叠床架屋、层层转包的"多重承包体系"。换言之,正是在"一战"后日本资本主义"二重结构"趋于形成的背景下,承包和转包作为"日本式经营"特征之一的"企业间关系"特征,也日趋形成。

概括而言,"承包制"具有三种形态：

一是"区域内承包"(现场或发包企业内承包)。这种承包方式即承包企业为母企业提供劳务,从事土木建筑或轮船制造等工程。这种形式的"承包"实际上是被称为"社外工"的承包企业的员工,为母企业间接雇用,和母企业员工从事同一工程。

二是"问屋制承包"(指定加工式承包)。这是一种母企业通过"问

第四章 ● 企业与企业的关系：承包制和互相持股

屋"、商社等商业资本,同中小企业发生联系的承包方式。这种承包方式没有上述"区域内承包"那种发包方和承包方的有机结合,是一种从流通过程对生产过程进行支配的形式,主要内容是商业资本利用其在商品的信息收集、式样策划、销售流通方面占据的优势,使商品的生产者从属于其策划和流通。这种承包方式形成支配企业和从属企业的基础,是生产的零碎和多样、生产加工过程的分工化,以及流通过程的多样性、产地性。这种承包方式大多存在于纤维行业。

三是"工场制承包"(企业外承包)。这种承包方式主要见于重工业加工型产业,如金属制品、一般机械、电器机械、运输机械、精密机械。"工场制承包"与"区域内承包"的最大差异,是在发包企业生产场域外,对承包项目进行生产或加工;而与"问屋制承包"的最大差异,是发包企业和承包企业没有生产功能方面的紧密结合。按照这种承包方式,生产工程采取分工合作,作为母企业的大企业往往进行产品的最终组装,承包企业即各子企业,则分别进行有关零部件的生产或加工。汽车、家电制造等领域,大多采取这种承包方式。

追溯历史,上述承包制的三种形态,在明治时代已经萌芽。

就第一种形态而言,据高桥卫研究,"在'一战'之前,对现场劳动者的雇用,基本上采取'亲方请负制'(师傅承包制),即由'亲方'(师傅)带领数名至数百名劳动者在各企业流动,承接现场工作"[①]。"区域内承包"和"场所承包制"有类似之处,只是前者是历经两个世纪逐渐发展起来的一项制度。据史料记载,"场所承包制"在江户时代的松前藩已经出现,尽管那种承包方式和现代的"区域内承包"有明显差异,但其运作方式,显然存在共通性。

松前藩是以非农业为主要社会经济基础的一个独特的藩,"场所承包制"是松前藩的经济基础。在江户时代,虾夷地(北海道)的民众不管是和人还是阿伊努人,均和本州进行贸易,松前藩是两者的"中介"。很多高级官吏获得了商业场所的经营权。17世纪后半期至18世纪中叶,商人通过金钱收买,逐渐从官吏手中取得了商业场所承包权。

由于这项权利的获得不是以藩法为依据的法律规定,因此"场所承包制"具有多种形式。初期的场所承包人只要支付"营业税"并"遵守当地的

---

① 高橋衛:『明治から昭和へ——選択の紆余曲折』,御茶ノ水書房2005年版,87頁。

习惯"即可。但是至19世纪,承包人开始具有了作为松前藩代理人的官方职能,不仅要承担为阿伊努人提供粮食的责任,而且必须为巡视虾夷地的藩的官员清理道路、提供驿站和其他生活便利,继而还要负责救助遇难的船员和搜索可疑船只。最重要的是,承包人可向渔民征收相当于捕获量10%至20%的税收,承包期限3年至20年不等,通常为7年。

当然,在江户时代,"场所承包制不是资本主义事业,不具有大规模的特征,也不具有和本州的商家的广泛联系。在场所承包制中,看不到企业家的能量。场所承包制,一开始就是为了使和阿伊努的经济关系秩序化而产生的松前藩制度性附属物"。[①] 但是,作为"日本式经营"企业间关系之特征的"承包制"的史前史,这种承包方式却依然不失为一种历史遗产。

第二种形态"问屋制承包"(指定加工式承包)同样有不短的历史。至明治中期即1900年前后,以织物(绢织棉织)和其他日用品制造为主的日本传统产业的生产结构,是"问屋制"家庭作坊。这一生产结构直接催生了"问屋制承包"的形成。因为,大部分家庭作坊作为农家副业,广泛分布于全国农村。至明治末期,随着动力化的进展,手工织机逐渐为动力织机取代,工场手工业开始产生。同时由于产品地域性的强化,"问屋制"家庭作坊趋向分解,其中相当部分小"问屋"成为大"问屋"的承包工场或作坊。

从家庭作坊发展为工场手工业,必然受资本、劳动力、市场三大因素的影响。作为农家副业在农村得到广泛经营的家庭作坊,还经常受到当地农业生产结构的影响。正是在上述条件影响下,形成了从家庭作坊发展为工场手工业的主要地区,如静冈县的浜(滨)松、爱知县的知多、大阪府的泉州,以及福井县、石川县、山形县等地区。在这些地区,作为传统产业的"问屋制家庭作坊"之所以能发展为手工工场,主要有两大原因:第一,与农业耕作地带的商品发展,即与当地(如静冈的浜(滨)松、爱知县的知多、大阪府的泉州)的农业生产结构相关,第二,与地主投资兴办工场,以及能够以低廉的工资招募农村女工有关,而不是与农业生产结构相关,如石川县、福井县等地即存在这种情况。

由"问屋制家庭作坊"发展而成的中小企业即手工工场,在遭遇"一战"后的"慢性不景气""金融恐慌""昭和恐慌"等几次打击后,被纳入贸易

[①] デイビッド・ハウウェル(David, Howell):『ニシンの近代史—北海道漁業と日本資本主義』,河西英通、河西富美子訳,岩田書院 2007 年,63 頁。

第四章 ● 企业与企业的关系：承包制和互相持股

资本、商业资本体系，成为其承包工场。例如，藤田敬三在《日本产业结构和中小企业》一书中，对爱知县知多棉织品生产和福井县绢织物生产的承包情况，进行过实证性分析。①

一个企业要转化为其他企业的承包企业有多种方式：有都市的商业资本企业看准稳定并日趋扩大的市场，一举导入近代机械，使自身企业转化为产业资本企业；有改造、完善现成的"问屋制企业"并加以利用；有从事批发的"问屋商人"建立工场添置设备，使自身成为兼有产业资本的"制造问屋"；有从小生产者发展而成的"制造问屋"；有承接产品制造或加工的小生产者家庭作坊等通过强化生产、扩大经营而成为承包企业；等等。同时，承包形式因产业不同而呈现出若干差异。如纺织业和机械器具制造业即存在明显差异，尽管就企业间关系而言，这种差异并不是本质差异。

承包制的第三种形态即"工场制承包"（企业外承包），也在明治时期已经萌芽。因为，农村工业在明治时代末期已经获得显著发展，这也推动了承包制的形成和发展。当时，"问屋制承包"采取了和农家副业即家庭作坊相结合的形态。但是，随着动力化的推进，以缫丝业、纺织业，以及食品、制材、窑业（陶瓷）为主的农村工场也不断增加。以此为背景，"工场制承包"开始萌芽、成熟、发展。

"一战"后，日本农村地区的工业取得了显著发展，并随着日本重工业化的进展开始出现金属、机械行业的工厂。这些工厂大都在煤矿、铜矿等矿山地带或都市工业地带附近的农村地区。农村工业中机械工业比重的逐渐增加，主要发生于"昭和恐慌"以后。与之相应，"工场制承包"即"企业外承包"，则主要通过两条路径不断得到发展：一是通过"大河内正敏方式"，②一是通过军需企业承包方式。

所谓"大河内正敏方式"，是"一战"后日趋兴起的实现"生产合理化"的一种方式，主要使机械工业的作业尽可能分解、单一，形成分工制。具体做法是每项作业引进专门机械，使非技术熟练工，甚至农家女子也能参与作业。由于能够雇用工资低廉的农家女子，生产成本自然相应降低。

---

① 藤田敬三：『日本の産業構造と中小企業——下請性工業を中心として』，岩波書店 1965 年，87—147 頁。
② 大河内正敏：『農村の工業』，鉄塔書院 1934 年；大河内正敏：『農村の機械工業』，科学主義工業社 1938 年。

换言之,"大河内正敏方式"就是建立最合理的农村承包工厂。这方面,"柏崎工厂"的做法最为典型。当时,在连接东京和新潟县母企业柏崎工厂的铁道沿线(上越线)农村,建立了许多类似"流水线"上一道道工序、承接母企业发包业务的"子工厂",如群马县小野山的螺帽工厂、长野县浦里的钢钻工厂、测量表工厂,等等。这些工厂均只有10名到30名员工,且多半是女工。例如,浦里钢钻工厂27名员工中,女性员工有24名,男性员工仅有3名,主要业务是接受母企业"柏崎工厂"的来料加工。每天的工资,男性员工为1元,女性员工一般为50钱。这并非特例。当时男性和女性员工的工资相差一倍相当普遍。柏崎工厂往往将农村工厂的经营委托"产业组合"或"农事实行组合"等团体,由柏崎工厂提供机械,该团体提供土地、建筑。当时,希望建立这种工厂的村落非常多,但能否遂愿,最终要经过筛选。另外,在柏崎工厂周围,还建有许多"家庭作业所"或"共同作业所"等规模很小的承接转包业务的作坊。所谓"家庭作业所",即农家将从母企业借来的机械置于房屋一隅,在农田劳作间歇时,对承包产品进行制作或加工。所谓"共同制作所"则是由难以建立"家庭作业所"的农家合伙建立的制作所,业务相同。按照栗原源太的观点:"可以认为,这种以柏崎工厂为母工厂,在周边及铁道沿线的各个村落建立诸多承接下包业务的农村工厂、共同作业所、家庭作业所的生产组织形式,就是'二战'后渗透至农村各个角落的多重承包结构的先驱。"[1]

所谓"军需企业承包方式",就是陆海军军工企业让地方中小机械工厂承包生产业务的方式。这一方式也是当局促进农村工业发展的一种方式,始于1934年高知县政府为了救助县内中小铁工厂,请求吴海军工厂将制作加工业务交给当地中小企业承包。之后,日本军部逐渐予以推动,使之获得发展。军部的主要考虑是使中小企业适应战时工业统制的需要:"通过提高中小企业技术,彻底利用其生产能力,增强战时工业能力","通过平时海军方面给予的技术指导,使之在战时能迅速适应急剧扩大的生产需求","通过对从事统制工业的职工的精神和技术训练,培养在乡职工","通过分散工业,可以在遭受空袭时减轻损害"。于是,根据在地方推行统制工业政策的需要,军工企业着力促进承包制,使地方中小企业成为其制造加工业务的承包企业。另外,商工省也要求地方工商主管部门建

---

[1] 栗原源太:『日本資本主義の二重構造』,御茶ノ水書房1989年,102—103頁。

第 四 章 ● 企业与企业的关系：承包制和互相持股

立接受承包业务的"工业组合"，对有关承包业务的分配、产品缴纳期限和质量管理等事务实施监督，同时在进行材料检查、工程质量检查时，给予承包企业经营指导，并向地方官厅派发补助金。商工省之所以鼓励并积极促成地方企业成为承包企业，主要基于以下考虑："若陆海军、铁道和其他各官厅以及民间大工厂等，向地方中小机械工厂和其他各种中小工厂订购需要物品，则不仅可以在促进地方工业化方面取得诸多实际成效，而且基于国家总动员计划的立场考虑，这样做具有培植地方工业，使之广泛成为国防资源的意义，是一种最恰当而切实的方针和策略。"[1]这种通过军需、官需使地方中小企业成为承包工厂的措施，具有统制地方工业以及强化战时经济体制的考虑和意图。虽然同"大河内正敏方式"相比，两者的目的性存在明显差异，但是在利用农村廉价劳动力以降低生产成本方面，两者殊途同归。

承包制的扩展　日本农村工业的承包普遍化，对日本产业结构的变化，特别是企业"二重结构"的深化，产生了重要影响。虽然以"反动恐慌""金融恐慌""昭和恐慌"为界标，在20世纪20年代至30年代，日本全国经济普遍停滞的状态日趋明显。但是，对不同产业分别加以考察可以发现：一方面，棉纺织工业在这一时期得到了显著发展，各大企业的机械化及合理化得到了不断推进，垄断地位因此日趋强化。重工业和化学工业缓慢发展。另一方面，1930年以后，日本的就业结构发生了显著变化。在此之前，在纤维工业领域的男子就业人数竟然超过了重工业领域（仅关东南部例外），纤维工业俨然占据产业结构的中心地位。但是在1940年，纤维工业在整个产业结构中的比重，以及就业者在全部就业人口中的比重均大幅下降。与之形成明显对比的，是重工业（机械、金属）在产业结构中的比重显著增加，就业人数不仅在都市地区，甚至在农村地区也显著增加。之所以如此，无疑与这些行业领域承包制的发展密切相关。

"一战"后，特别是两次"恐慌"后，承包制的扩展除主要得到上述外部因素的推动外，就企业内部因素而言，则与一些母企业员工出于多种原因另立门户，建立作为母企业的子企业即承包企业，有重要关联。1919年福冈县的一项调查显示，在县内的机械工业领域，中小企业主原先为别的企业的员工者，占压倒性多数。之所以如此，一个重要原因是机械工业领

---

[1]　藤田敬三：「軍需工業の請負制をテーマに」，『社会政策時報』昭和十二年（1937年）9月。

域与其他行业不同,在技术熟练方面要求较高,通过原先的技术熟练工即"亲方"(师傅)创办企业,具有诸多便利。表格就是相关数据。

表4-9 福冈县企业主原为工人的工厂数(1919年)　单位:家

企业规模	不满15人者	15—50人者	50人以上者	合　计
染织工厂	110	6	—	116
机械工厂	342	21	—	363
化学工厂	195	3	—	198
食品工厂	112	34	—	146
杂物工厂	77	1	—	78
合计	836	65	—	901

资料来源:法政大学大原社会问题研究所编『日本勞働年鑑』第1卷,時事通信社1920年,914頁。

"金融恐慌"和"昭和恐慌"后,东京府(东京都)1932年的一项调查同样显示,中小企业主中原先为企业职工者占较大比重,达20%多(表4-10)。

表4-10 东京府(东京都)中小企业业主原先职业调查

单位:人

总业主数	职工	*与前职同	其他企业	会社员	商业	无业	上辈传下	其他
1 073	217	215	34	58	76	100	16	357
100%	20.2%	20.0%	3.1%	5.4%	7.0%	9.3%	1.4%	33.3%

注:*与前职同指原先曾经营工厂,后因工厂或停业或倒闭,有间断时期。
资料来源:東京府学務部職業課『中小工場の経営状況と見習い勞働力状況調査』,1932年。

之所以出现上述情况,有诸多原因。村冈喜六在"二战"前对大隈铁工所进行的个案研究,为我们解答了其中的一个原因。根据他的研究,该铁工所的经营者,大都是退职后独立的原大隈铁工所的从业人员。之所

第四章 ● 企业与企业的关系：承包制和互相持股

以如此,主要是因为铁工所在引进近代技术后,往往让原先的熟练工退职,然后让其独立经营合适的零部件生产加工工厂,由此形成"母子企业",形成承包体系。这种做法,也是将现代化和承包制巧妙结合以提高生产率的做法。① 实际上,这项研究仅仅通过一个实例从一个侧面证明,在承包制序列中存在"母企业"和"子企业"的关系。事实上,在机械工业等对员工有一定技术要求的产业部门,"母企业"的技术工自立门户创建"子企业"的例子,相当普遍。特别是已经成为大企业承包者的中小企业,由于扩展规模、增加产量等遭遇瓶颈,因此往往一方面通过扩大经营规模,提升企业档次克服"瓶颈",另一方面则建议难以晋升的技术熟练工"另立门户",建立"孙企业",并将自己承包的部分业务转包给"孙企业"。"一战"后的"金融恐慌"期至"昭和恐慌"期即20世纪20年代,这种现象相当普遍。

另一个原因,在这一时期,被解雇的员工激增,劳动争议激化,因此在大企业,工会往往成为企业内部的一个部件,被资方用作解雇员工的压制力量。同时,资方在解雇员工时往往采取"怀柔政策",即增加退职金和津贴等,因此劳动争议往往不会激化。但是,中小企业的劳动争议不仅无法以上述方式解决,而且往往由于劳方的争议骨干是技术熟练工,使事态更加复杂。在这种情况下,为了平息事态,弱化或分裂工人群体,资方有时采取下述手法：贷给技术熟练工资金和机械,建议其"另立门户"建立"子企业",成为其原先奉职的企业的承包企业。1930年,日本工业俱乐部曾于当年调查报告号外(6)上,刊登了一份调查报告,题为《最近劳资争议的事例》,列举了东京荏原电器制作所的劳资争议案例。大致情况是：该制作所主要生产手电筒和干电池,出口中国和东南亚,有员工70名,其中男员工40名,女员工30名。面临经济不景气的情况时,出于被解雇的担忧,70名员工中有30多名员工建立了作为"总同盟"支部的工会。担任工会支部长的,是与该制作所的社长同甘共苦18年的一名技术员工。当时,经营者建议让这名"工人领袖"和另一名同样与经营者同甘共苦18年的技术员工"另立门户",承接母企业转包的业务。另一名技术员工同意了经营者的建议,但是,这位"工人领袖"不同意如此安排。经营者认为,这就是该社发生劳资争议的原因。这份报告就此事这样写道：

---

① 村冈喜六：「請負制度」,『工業と経済』第57号,昭和十二年(1937年)。

"简单地将他俩解雇,无论如何也于心不忍。鉴于本社采取分工制度,有12或13人作为本企业的承包方承接业务,其中有的承包方雇用员工达到10余人,而且作为'子企业',他们的收入超过母企业员工,有的存款多达1万至2万日元。于是,本社尽力说服这两位工龄较长的员工另立门户,承接转包业务,并承诺向他们提供资金和设备援助。其中一名技术员工高兴地答应了我们的建议。但另一名技术员工,尽管我们苦口婆心劝告,'让你辞了这里的工作独立经营,是为你将来考虑'。但是,他仍不相信我的话并最终向劳动组合(工会)求助。这就是此次争议的起因。争议发生后,有10多名员工被解雇。此时,那名支部长前来找我,说:'承蒙长期关照,真的非常抱歉。我想马上开始经营……'我说:'要是那样的话,先支给你500日元营业资金。以后购买材料、器械和其他问题,我们再商量。他的问题就此解决了。'"

总之,特别是在机械行业,由于一些技术熟练工另立门户,从"工薪族"转变为"企业主",承包企业的数量不断增加,具有日本特色的承包系列,也随之逐渐确立。

企业间关系的另一种表现方式即企业互相控股,在当时还未正式出现,因为,当时虽然也存在企业间相互控股的情况,但其性质、目的、特征,均与战后不同。需要强调的是,"二战"以前的日本企业,股东的权限很强。具体而言,即投资计划或由股东自行制订,或必须获得股东的认可方能进行投资。就这个意义来说,企业的有效支配权属于股东是战前企业的一个显著特征。同时,在战前规定和限定比较宽松的法制框架下,企业支配形式虽各有不同,但大致可归纳为三种类型:

第一种类型是以开展多种经营的三井、三菱、住友为代表的财阀。在财阀集团,排他性地持有麾下企业股票的控股会社,是企业统治中心。控股会社不仅主宰利益分配、人事管理,而且通过对投资计划的事前审核,严格控制麾下企业的投资活动。

第二种类型是创业者同时是企业经营者的企业家型企业。这一类型的企业比较勇于承担风险,战前积极向化学工业、汽车工业、航空工业拓展的主要就是这类企业。但是,因为这类企业的企业家往往持有半数以上股票,所以对企业经营状况的监督,相对比较欠缺,而且这类企业主要依靠银行支撑投资,资金方面难以"自给自足"。因此在20世纪20年代后半期"金融恐慌"发生后,有不少这类企业陷入经营危机。

第四章 ● 企业与企业的关系：承包制和互相持股

第三种类型是资本家共同建立会社、将经营权委托给专人的企业群。战前作为日本中心产业的纤维、造纸等企业，很多属于这一类型。在这种类型的企业中，组成董事会的大股东对利益分配以及人事调动任免等拥有强大发言权。

这种战前的控股结构，在进入战争时期后开始发生变化。正如冈崎哲二所指出的，日本当局通过对股东主权的限制，将企业经营行为、目的，从追求利润转向扩大军需生产，并使企业实施改革。如后文所述，这一改革对真正体现企业间关系的企业彼此持股，产生了重要影响。

第四节　协力体制和互相持股

协力体制的构建　1937年1月，日本商工省地方工业化委员会拟定了《承包工业企业扶助计划纲要》，将其作为地方工业化政策的重要组成部分。日本当局当时的设想，是通过强化工业组合推动共同承包，形成"协力体制"。但是，以工业组合为枢纽促进承包的政策，并没有取得预期效果。同时，由于《承包工业企业扶助计划纲要》制定不久，日本发动全面侵华战争。因此，日本当局形成"协力体制"的工业政策，迅速从以振兴地方中小工业企业、加速地方工业化进程为目的，转变为以转变中小企业职能、提高战时生产效率为目的。因此，有关推行承包制的政策，与日本当局统制生产和资源配给的政策密切结合。中小企业所处的环境，随之发生重大变化。

为了强化经济统制，使战时工业生产获得飞跃性扩展，建立服从战时经济需要的经济体制，日本当局制定、颁布了一系列法令、政策，试图建立使中小企业成为大企业承包企业的体制，由中小企业承接大企业的来料加工、零部件生产，即调整并形成中小企业和大企业的"协力关系"。这些法令、政策主要涉及三个方面：扩大、振兴承包制生产，应对和解决因此出现的问题，调整、规范承包交易关系。概括而言，这些法令、政策具有两项彼此相关的特征：一是对大企业和中小企业的分工协作进行集中、整合，通过分工协作提高生产效率和活力。二是改变以往受利润驱动的、流动性的承包关系，对与承包有关的企业行为设定新的框架，重构企业体制。具体举措：一是统制范围从材料的配给，扩大至资料的使用，即从流通领域扩大到生产领域；二是划定大企业和中小企业在生产领域的界限，即明确大企业和中小企业"各司其职"的分工协作关系;三是确保承包数量,使中小企业的能量得以充分发挥。

在日本发动全面侵华战争之前,日本当局有关承包制的工业政策,并不以强化经济统制为目的,而是试图通过工业大企业和中小企业承包关系的扩大,振兴中小企业。但是在全面侵华之后,如何确立有效的"协力体制",如何在生产技术方面实现各企业的合理有效配置,成为不可回避的重要问题。特别是在《国家总动员法》颁布并构建"总体战体制"的过程中,如何构建承包制、理顺大企业和中小企业的关系,成为日本当局制定政策时必须直接面对的问题。

日本当局意识到,要构建"协力体制",首先必须着力解决中小企业经营不善的问题,而将其转为军需产业、出口产业、代用品产业,既有益于国家,也有益于企业本身。为了实现这种转化,日本当局采取了一系列举措,主要有:其一,在商工省和地方厅建立相应组织机构;其二,建立促进转化的讲习所和工商咨询所;其三,提供相关补助金;其四,在资金方面进行斡旋;其五,利用工业组合、商业组合等同业协调组织或机构,推进集团性转产,并于1939年修订了工业组合法。

进入20世纪40年代后,日本当局依然推进以转化为中心的举措。1940年3月5日,日本商工省振兴部拟定了《承包工业企业统制纲要案》。该纲要案在"基本宗旨"一项中写道:"政府过去以《承包工业企业扶助计划纲要》为指针,采取了通过官方和民间大企业的发包、订货,在各地分散地培养地方中小工业企业的做法。本次'事变'(即卢沟桥事变)后,为了采取相应对策,今后将把中小工业企业统一纳入战时重组的经济结构,同时将把因物资调整而蒙受损失的企业纳入时局工业体系。是故,将根据下述方针及纲要对中小承包企业进行整顿和统一管制,以促其确立和振兴。"这份文件对如何承包并形成"协力机制",做了具体论述和部署,大致可概括如下:

第一,作为统制对象的承包企业,是指通过工业组合、工业小组合等同业组织机构,接受生产承包的中小企业。民间工厂的专属承包企业,为陆海军等发包机构单独利用的工厂,不仅不属统制对象,而且不可加入工业组合。据分析,该纲要案之所以限定政策适用对象,主要是因为进行统制的目的,是"对错综复杂的承包企业进行整顿"。上述两类工厂的所属关系并不"错综复杂",而且发包机构和企业本身,具有增强和提高这两类

第四章 ● 企业与企业的关系：承包制和互相持股

企业承包能力的义务和责任。

第二，按照日本当局的看法，承包关系的错综复杂，对工业组合成员和非工业组合成员发包量逐渐增加，以及随之产生的中小企业随意建立这些问题，必须着手解决，因此一方面规定必须通过工业组合接受承包以促使非工业组合成员加入组合，同时重视工业组合的功能，将这种功能一方面用于对承包企业进行重组，另一方面通过制定设备限制规则，提高进入小企业行列的门槛。

第三，对工业组合的功能提出了如下要求：一是作为发包企业和承包企业的中转机构，禁止对组合成员直接发包；二是对组合内的承包项目进行分配；三是在组合内促进企业间的分工协作和共同作业。这些功能在20世纪30年代后半期地方工业化政策中已经做了规定，该"统制纲要案"只是在继续这些规定的同时，对其内容进一步予以扩大和强化。但值得关注的是，该纲要案提出，如果必要，可对以往的工业组合进行改组。例如，该纲要案规定非组合成员若要进入承包体系，必须加入工业组合。但若没有可以加入的工业组合，则"通过已有的、以地区为单位的工业组合的扩充，或以地区为单位，为同一种类的企业组建新的工业组合的办法使之加入"。另一方面，由于不少企业加入了"时局机器新业种工业组合联合会"，脱离了原先的工业组合，因此也必须对已有的工业组合进行重构。

第四，对重组承包企业涉及的各种问题采取积极对策。例如，"统制纲要案"较以往增加了对"维持生产经营有困难的企业"的劳动力进行转移；以及为了确保承包的有序，划分了企业作业范围；对企业新增设备进行限制；实施对外订货义务制等。在承包条件方面规定，禁止"仲介（即中介）""问屋"介入，并对承包价格、原材料的供应等做了具体规定。

日本当局制定该纲要案的目的，是通过工业组合，对非专属性承包工厂进行整顿和重组，但这一目的最终未能达成。以与建立"总体战体制"关系极为密切的机械钢铁工业为例，工业民间工厂的承包，实际上是朝着以"专属化"为轴心的方向发展的。之后，随着工业组合的重建，"指定协作工厂"原则上无法加入工业组合。因此，通过工业组合这条路径实施监控，在民间工厂之间建立承包关系的构想，逐渐失去意义。该纲要案使工业组合的作用日趋弱化。它虽然延袭了此前地方工业化政策趋向，试图通过工业组合对非专属的错综复杂的承包工厂进行整顿重组,但这一目标最终未能达成。

1940年8月27日,商工省机械局又拟定了《机械工业局对策案》。该"对策案"提出,为了实现"经营的合理化","为了在增加产量的同时,实现生产力质的充实进步,应在整个机械工业断然实行合理化(包括对中小企业的整顿和整合),同时为了应对将来有可能出现的经济不景气,要充实经营内容"。具体对策是:其一,调整、清理承包制和促进中小企业合并;其二,敦促在生产领域签署协议,力争使产品单一化;其三,使企业抑制利润分配,促进债务清偿,增加企业积累。①

1940年9月13日,日本当局又制定了《经济新体制纲要(草案)》。围绕这份草案,有关各方对维系企业体制改革,特别是对经济体制改革涉及中小企业存废的问题,进行了研讨、争论,焦点是:在战时动员体制中,应如何为中小工业企业定位?应如何重组承包性分工协作体制?《经济新体制纲要(草案)》有几处涉及中小企业:"第二,企业形态的变革"第五项规定"应以提高生产力为目的,从使中小企业与其他企业建立合理、有效联系的角度,重组中小企业形态";"第三,对国民经济组织(国民生产协同体的确立)的经济团体组织形态问题",该"草案"提出,"在组织经济团体时,如下事项应特别注明",其中要求"尽可能使中小企业的生产专门化,使之整合为同一种类的生产,并以使之成为一个企业体为目的";"第四,使承包企业(子工厂)和发包企业(母工厂)形成有机结合,使承包企业被包容于发包企业,成为发包企业的下属经济团体"。

1940年9月20日,日本商工省总务局拟定了《关于制定确立重工业、化学工业及机械工业之方略的文件》,在"企业形态的合理化"一项中写着:"(一)使生产向经营业绩优秀的企业集中,整顿、合并经营差的企业。(二)调整承包制度。"②日本商工省总务局同一天拟定的《重组产业团体纲要试行方案》提出:"为实现国家目标而集中生产,主要着眼于为确保有用的物质资源而增强生产力。为此,应将生产向大企业集中,以实现高效率、专门化,同时对中小企业进行彻底的整顿、合并。"③

---

① 『美濃部洋次文書』,Aa—3—4,雄松堂1988年,東京大学附属総合図書館蔵。
② 『美濃部洋次文書』,Aa—3—3,雄松堂1988年,東京大学附属総合図書館蔵。
③ 『美濃部洋次文書』,G—4—18,雄松堂1988年,東京大学附属総合図書館蔵。

第四章 ● 企业与企业的关系：承包制和互相持股

经过研究和争论,1940年9月26日提出的《经济新体制纲要(草案)》修订版,"重组中小企业形态",被改成了"整顿重组中小企业",即增加了"整顿"二字。同年10月25日和11月8日提出的《经济新体制纲要(草案)》的修订版,有关中小企业的部分仍主要是：其一,以提高生产率为目的,以合理、有效为原则；其二,为了实现中小企业生产的专门化,将对同一种类的中小企业进行整顿、重组；其三,为了使"母企业"和"子企业"形成有机结合,当使后者成为前者的下属经济团体。也就是说,根据《经济新体制纲要(草案)》,日本当局试图通过整顿重组,使大中小企业朝"一体化"方向发展,最终形成服从侵略需要的"协力体制"。

协力体制的转变 1940年10月,日本中央物价统制协力会拟定了《重工业部门团体调整充实纲要参考方案》,提出："以提高生产效率为目标,考虑技术的关联性,将中小企业并入相应大企业,或由工业组合组织实现企业的合理化。""为了使大企业和中小企业根据产品种类建立统一团体,需要在相当广泛的范围内对中小企业进行整顿、合并。""将与大企业有固定承包关系的中小企业并入母企业,将其他中小企业尽可能并入大企业,形成以大企业为中心的生产体系"；"尽可能使效率低下、没有发展前途的中小企业转产"。[①]

不难发现,和《经济新体制纲要(草案)》一样,上述文件均以实现生产的"合理化""高效化""扩充化"为目的,提出对中小企业进行整顿、合并。特别对与机械工业相关的中小企业,上述文件比"纲要"更明确地提出了"整顿、合并"的方针和具体措施。之所以如此,主要有下述几点原因：一是中小机械工业企业和军需生产有更直接的关系。二是为了实现生产力扩充,必须尽快重构工业体制,在资源配置和生产两方面强化统一管制,而当时非急需的中小企业的林立,不利于实现这一目标。事实上,上述文件提出的作为整顿、合并对象的中小企业,均是被认为扰乱统制经济、设备粗陋、技术能力低劣、缺乏稳定性的小规模企业。三是上述文件认为,通过对包括承包企业在内的中小企业进行整合,有可能实现专门化生产。通过将中小企业并入大企业,有可能实现规模化生产,进而形成"协力体制",这比《经济新体制纲要(草案)》的提法更加明确。

1940年10月22日,日本内阁通过了《对中小工商业者的对策》的决

---

① 『美濃部洋次文書』,G—3—11、雄松堂1988年,東京大学附属総合図書館蔵。

议,其核心内容或关键词是"转产",整个文件没有出现"整理""整合"之类的词语。例如,该文件的方针第一项提出,"尽可能避免由官厅采取强制性措施施行转产。应以同业组织的申请为基础,采取自治性措施,由政府给予必要指导";方针第二项提出,对由于转业而蒙受损失者,"应从对劳务实施重组的观点出发,将其重新安排在最紧要的方面,并为其提供充分设备"。同时,《对中小工商业者的对策》强调,本次促进转产之目的和以往不同,"不可和过去那种临时救济性的转产、失业对策同样看待⋯⋯本'对策'的目的和性质,实际上是通过在经济界对这类企业进行重组,使之顺应必须进行的职业转换,同时为了活用劳动力而进行重组"。也就是说,日本当局试图通过所谓的"职业转换和活用劳动力"的重组,作为劳动力动员的组成部分,使之转入战争急需的产业,而不是单纯地使中小工商业者转产或转行。

1940年11月28日,几经修改的《经济新体制纲要(草案)》有关中小企业的部分,较之前几个草案又有明显变化。这一版"草案"提出:"保持扶植中小企业。但是,若有必要使之与其他企业发生关联,则使之自主地进行整顿合并,以提高生产效率。"也就是说,11月28日的"草案"将原先以生产的"合理化""高效化""扩充化"为目的,对中小企业进行"整顿合并",改成"保持扶植"与"整顿合并"并存。有关中小企业生产的专门化、将中小企业并入大企业、使发包的母企业和承包的子企业形成有机结合的内容,则被全部删除。据分析,之所以发生如此改动,主要有下述几点原因:一是作为此前草案基本方针的"变革自由企业体制"的提法,在11月28日的《经济体制纲要(草案)》中被删除,即原先重构企业体制的方向已得到修正;二是对中小企业进行"整顿重组"的方针,遭到产业界的强烈抵制;三是当时有关当局正对与承包制相关的工业政策进行探讨,最终方针尚未确定。

1940年12月1日提出的经过多次修订的《经济新体制纲要(草案)》,有关上述内容的论述又有变化。11月28日的"草案"提出:"保持扶植中小工业企业。但是,若有必要使之与其他企业发生关联,则使之自主地进行整顿合并,以提高生产效率。"12月1日的"草案"中,这一内容被修改为"维持扶植中小工业企业。但若维持存在困难,则使之自主地进行整顿合并,由政府帮助其顺利实现转变"。从"保持、扶植"到"维持、扶植",虽仅一字之差,但使"整顿合并"的调门进一步变低,更加显示了政府

第四章 ● 企业与企业的关系：承包制和互相持股

对民间企业的妥协姿态，而且提出"由政府帮助其顺利实现转变"。这份文件为大中小企业并存、各方面存在明显差异的"日本经济二重结构"的确立，奠定了不可或缺的政策基础。12月7日，该草案在内阁会议获得通过，成为最终定案。

考察分析《经济新体制纲要》从最初的草案到最终的定案的变化过程，有几点值得特别关注：

第一，定案和草案相比，虽然政府作了"妥协"，但是由于最终仍原则上保留了"整顿合并"的内容，因此在此之后仍能够推进中小工业企业的整顿合并，只是必须由企业"自主"进行。不管实际情况如何，至少在"文件"里，中小工业企业的自主性得到了尊重。

第二，这种"整顿合并"，包括对以往劳动力的重组，因此必然使如何"合理""高效""扩充"地组织生产，再次作为一个问题被提出。虽然原先的草案中"以提高生产效率为目的""使之（中小工业企业）与其他企业建立合理、有效的联系"等表述被删除，但是这种考虑本身却在以后中小工业企业整顿合并过程中始终得到重视。

第三，是否应对中小工业企业进行整顿、合并的议论，实际上关联着一个更深层的问题，即为了实现加强军备建设、扩大生产这两个目标，中小工业企业的大量存在究竟是有益还是无益？如前面所述，《重组产业团体纲要试行方案》《重工业部门团体调整充实纲要参考方案》，均提出了将中小企业并入大企业的构想。尽管这一构想并未成为现实，有关当局最终采取的，仍是在承包协作的基础上合理、有效地活用中小企业的方针。但是，这并不意味着原样保持既存的承包体系，而是说明当局认为必须对如何活用承包企业方式本身进行改革。换言之，如何改革承包制，形成"协力体制"，成为日本当局制定工业政策的一项重要课题。

1940年12月21日，为了形成"协力体制"，日本政府颁布了《机械钢铁制品工业企业整顿纲要》。纲要由宗旨、方针、实施办法三部分构成，大致内容如下：

宗旨："在整顿机械钢铁制品工业企业时，当以建设高度国防国家为目标，以提高生产力为重点。当务之急是充分发挥大工厂的生产能量，同时积极推动技术、设备等优良的中小工厂进行重组，使其能力得以活用，综合生产能力得以增强，资源和劳力得以有效利用。目前将按照下述方针划分生产领域，整顿承包制度，实现企业形态的合理化，同时清理效率低下的工厂。"

方针:"(一)在作为时局产业的机械工业企业中划分生产领域";"(二)整顿承包企业""整顿生产国民生活用品和其他用品的机械及钢铁制品工业企业";"(三)整顿中小机械及钢铁制品工厂"。

实施办法:"(一)划定机械工联、各新业种工联企业(民间发包工厂)的生产领域,使这些企业尽量避免生产那些更适合由专门企业、承包企业来生产的零配件产品。(二)在民间发包企业和承包企业之间实施指定制度,使承包企业原则上仅生产承包产品,发包工厂也将需要生产加工的产品发给指定承包企业。(三)促进承包企业的专属化,产品的专门化。(四)发包企业应为承包企业在改善经营、提高技术方面提供指导,在金融方面提供援助,在发包时提供原材料,使其事业得以继续。(五)民间企业当以发包作为义务,确保承包企业能获得生产业务。(六)必要时促进承包企业进行合并或共同经营,提高技术设备能力。(七)推动建立以发包企业为中心的承包企业联合体,以对承包企业进行统制。(八)建立地方承包企业协力会。(九)原则上禁止层层转包,不允许'仲间''问屋'介入。"

《机械钢铁制品工业企业整顿纲要》确定的整顿对象,是民间发包企业和民间承包企业,基本精神是在发包的大企业和承包的中小企业之间建立专属性关系。陆海军与相关企业的关系,则遵从《陆海军及其他承包官方直接委托的承包企业整顿纲要》的规定。这类企业主要是:由陆海军直接委托的承包企业,不包括间接的、两次承包即转包的企业;由两个及以上官方机构共同委托的企业,以及由官方机构单独委托的"专属性"企业。

《机械钢铁制品工业企业整顿纲要》的核心,是"工厂指定制度"。但该项制度刚开始实施便遭遇困难,主要有:(一)"专属化"难以推进。因为在"调整纲要"颁布前,发包和承包企业的关系错综复杂,这种关系在战时统制下进行转换绝非易事。(二)发包和承包企业在申请建立指定关系时颇为踌躇。因为双方一旦建立固定关系,则发包企业需要对承包企业承担相应义务,承包企业一旦和发包企业捆绑在一起,则有可能造成忙闲不均,承担经营风险。例如,该"整顿纲要"提出,应以民间发包企业为中心,重构民间发包企业和承包企业之间的"协力"关系。于是,对在《承包工业企业统制纲要案》中属于"统制对象"的大量非专属、非大企业单独

第四章 ● 企业与企业的关系：承包制和互相持股

利用的民间中小企业，《机械钢铁制品工业企业整顿纲要》提出，当按照"指定制度"，使之朝着专属某大企业的方向发展，使两者形成"协力关系"。与军事相关的企业，则作为"集团利用工厂"，在另一条路径上进行重组。

1941年4月，日本有关当局根据《机械钢铁制品工业企业整顿纲要》要求，制定了《中小机械工业企业整顿案》。这份文件的主要内容是[1]：

（一）在推行指定制度时排斥"严选主义"，存在事实承包关系的承包企业，必须全部进行"指定申请"；（二）道府县厅和中小工业企业的组合，当积极研究推荐之策，以使不属于承包企业的优秀中小工业企业提出"指定申请"；（三）探讨在民间发包工业企业中推行地方统制方式的承包利用；（四）审查、确定优良的经纪人；（五）使承包指定制度的运营具有一定的灵活性；（六）发包企业对即便进行指导、扶持也无发展希望的承包企业，可提出取消指定关系的申请；（七）对承包企业兼营承包以外的生产业务予以认可；（八）对以母企业为中心建立承包企业团体组织的事项，当慎重对待；（九）设立地方承包工业协力会，授予此类协力会对承包整顿进行指导、监督的权力。

承包制："协力体制"的延续　　1941年11月27日，日本当局颁布了《协力工业企业整顿实施纲要》，提出："在《机械钢铁制品工业企业整顿纲要》中所谓的承包企业、承包工厂，有的名不符实。今后承包企业、承包工厂一律改称协力企业、协力工厂。"自此，"协力"取代了"承包"。

必须强调，上述变更不仅涉及名称，更涉及内容。日本商工省官僚在该文件颁布后明确表示："由于以往发包企业和承包企业之间没有确立'母子结合般的关系'，因此大企业一旦经营不景气便舍弃承包企业，而承包企业在业务需求充足时不愿接受承包，并采取生产高利润产品的方针。没有恒常、稳定的发包和承包关系，作为承包企业的子工厂无法专注于自身工作，不断提高技术水平，作为发包企业的母工厂则生产计划可能会产生混乱。因此，为了提高机械工业企业的生产力，使之趋向发达，应使母企业和子企业实现人格的结合，形成一体化机制，维持恒常、有机的关系，使母企业为子企业提供技术指导等方面的帮助，而子企业则因此不得不建立专心配合母企业的体制。就这个意义而言，若将原先使用的承包企

---

[1]　中央物価統制協力会議：『中央物価統制協力会議年報』(2)，1939年。

业、承包工厂改为协力企业、协力工厂,同时建立协力企业、工厂指定制度,则以往仅仅以私的契约为纽带的协力工厂关系,将可以提升为公的机构的高度。"①

被更名为"协力工业政策"的承包工业政策的目标,就是改变此前发包和承包双方追求私的利益的流动性交易关系,使之形成专属的、稳定的交易关系。按照植田浩史的观点:"将以私的契约为基础的不稳定的承包关系,变为基于信赖的固定协力关系的'协力工业政策',是战时承包政策的最大特征。这种工业政策是在承包分工协作体制的基础上,有效利用在设备能力和技术能力方面存在不少问题的大量中小企业、有效提高其生产率的政策。由此构建的协力关系,对战后的承包关系留下了较深刻的影响。"②

必须强调,由此构建的"协力关系",并非原封不动地被保留至今,成为今天日本企业间关系特征之一的"发包、承包和转包"。所谓的"协力工业政策",此后仍经历了调整。

《协力工业企业整顿实施纲要》的主要内容,是将"承包"改为"协力",扩充指定制度,设立地方协力工业协议会。《协力工业企业整顿实施纲要》虽然看似只不过将《机械钢铁制品工业企业整顿纲要》的内容具体化,但是与前者相比,仍存在若干不同之处,主要是:(一)母工厂原则上只能向指定的子工厂发包。不过,由于当时具有相对固定关系的"协力"子工厂较少,因此母工厂若临时提出要求,也可以发包给非指定工厂。(二)虽然日本当局着力将承包制朝"专属"方向推进,但由于现实以"分属"的形式指定的协力工厂较多,因此当局开始扶持"一子多母"的复数型指定协力工厂。(三)取消"指定协力关系",仅限于"虽然由民间发包工厂进行了指导,但仍未能取得充分成果的企业"。同时规定只能由母企业提出申请。(四)如《中小机械工业企业整顿案》所示,日本当局原先计划使地方协力工业协议会具有商工省下属统制机构的功能,但是该"实施纲要"对该"协议会"的定位是调查、审议、向有关官厅提供建议的咨询机构,并不是统辖机构。

1942年6月,日本当局制定了《根据机械钢铁制品工业企业整顿纲

---

① 森誓夫:『機械統制』,商工行政社1943年,330—331頁。
② 原朗编:『日本の戦時経済——計画と市場』,東京大学出版会1995年,221頁。

第四章 ● 企业与企业的关系：承包制和互相持股

要整顿协力工厂企业的文件》。这份名称佶屈聱牙的文件规定,机械钢铁制品工业企业有关指定承包企业(包括母企业和子企业)的业务,由统制会承接。和以往相比,这一阶段对"协力工业企业"的调整有如下特征：

一是比较灵活地解释指定制度。按照规定,发包企业的范围是统制会会员企业和"相当于统制会会员企业的工厂,将来扩大至各品种工联或工业组合旗下的工厂",即尽可能扩大母企业即发包企业的范围。二是将较为复杂的指定制度的构架改得较为简单。此次"文件"规定的申报程序是：希望成为指定工厂的子企业和母企业只需联名向统制会提出申请,由统制会决定可否并报商工省审批即可。三是《协力工业企业整顿实施纲要》规定,"取消指定"只能由母企业提出申请,但这份文件规定,无论母企业还是子企业,均可提出"取消指定关系"的申请。四是向协力(承包)工厂发包的基准由统制会决定。按照"文件"的表述,即"由统制会指导、监督,确保一定的发包量"。①

经上述对协力(承包)制度的修正,"指定工厂"的数量明显增加。以机械工业为例,1943年5月,机械工业协议会《协力工厂名册》登记在册的企业达5 133家,较以往有显著增加。不过,必须强调的是,这并不意味着原先通过指定制度实现专属化的构想得以实现,也不意味着在此基础上建立"母企业"(发包企业)和"子企业"(承包企业)有机联系的构想得以实现。事实上,许多发包工厂随着生产的扩大,作为其承包工厂的数量也相应增加,而许多承包工厂则将承包业务转包给其他工厂,形成"层层转包",使承包关系愈加复杂。同时必须强调的是,具有"指定关系"的厂家数量的增加,并不意味着"指定制度"取得了成功。实际上,对许多厂家来说,即使成为"指定协力工厂",其与别的厂家的业务联系也并未受到影响。在"指定制度"建立当初,无论是发包厂家还是承包厂家,成为"指定工厂"本身,即意味着在交易上会受到诸多规定和制约,因此不少企业对此颇为踌躇。但是在经过政策调整后,"指定制度"本身日渐失去原有的刚性,对企业经营、交易的影响和障碍也日趋减少乃至消失,因此母子企业对成为指定工厂不再踌躇。这也是"指定工厂"数量增加的重要原因。

1943年,以太平洋战争形势日益严峻为背景,日本当局进一步将资

---

① 荒井正雄：「工業企業の整備を請け負う方法、ルート及び問題」,『工業国策』第5卷,第8号,1942年8月。

源和劳力向军需生产集中,对企业强制进行整顿,规定民需产业必须向军需产业转型,否则予以关闭。在这场整顿中,最受打击的是纺织纤维工业。据统计,"在企业整顿前,日本全国共有纺织纤维工厂约 16.7 万家,在整顿中转产或关闭的工厂达 12.7 万家,即 70% 以上的纺织纤维工厂因此消失。其中很多大企业转入航空工业领域,或生产子弹、炮弹、机械零件、化学品。很多中小规模的纺织纤维企业则转为军需企业的承包或再承包的协力工厂"。需要强调的是,"在长野县、群马县等养蚕地带,中小规模的缫丝工厂原先较为集中,但在这一时期几乎悉数湮灭。规模较大的缫丝工厂,有的被用作当时京滨(浜)工业地带军需工厂的金属、机械工厂的疏散工厂。这场整顿同时构成了原先作为养蚕地带的农村在战后机械、金属业的承包工厂广泛铺开的契机"。①

另一方面,这一以增强军需产业的生产力为目的的整顿,促进了以大企业为顶点的企业系列化。在战局日益严峻的形势下,依靠国家权力进行产业重组的趋势急速发展,出现了一种"金字塔形"的产业组织布局:以少数垄断性企业为顶点,在其周边配置系列企业,在系列企业周边再配置大量承包企业和再承包企业作为军需工厂的协力工厂。以当时的航空工业为例,"航空工业的所有构成部分均明显依赖承包企业。飞机机体制造业有约 35% 的工作由承包企业完成。例如,三菱重工约 32%、中岛飞机制造所约 42% 的生产任务,依靠承包企业完成。它们零部件专门生产厂家约 36%、引擎生产厂家约 24%、螺旋桨生产厂家约 16% 的生产任务,交承包企业完成。承包企业和发包企业的关系,从业务关系逐渐变为日益紧密结合的关系"。②

必须强调,在战时经济环境下,一方面财阀势力进一步强化,另一方面"协力体制"在全国范围内广泛展开。两者形成的企业"金字塔"结构一直延续至战后。东京大学社会科学研究所 1954 年 3 月发表的京滨工业地带劳动市场调查结果显示,与日本经济的"二重结构"相对应,日本的劳动市场也存在"二重结构",大工厂劳动市场和小工厂劳动市场之间,逾半数员工被"封锁"在小工厂内,几乎不存在劳动力的自由流动。③以丰田

---

① 栗原源太:『日本資本主義の二重構造』,御茶ノ水書房 1989 年,81 頁。
② J. B. コーエン:『戦時戦後の日本経済』(上),大阪市立大学経済学会 1955 年,320 頁。
③ 篠原三代平:『日本経済の構造と政策』,筑摩書房 1987 年,113 頁。

第四章 ● 企业与企业的关系：承包制和互相持股

汽车株式会社为例。美国学者约翰·道尔经过研究指出，至20世纪60年代末，向丰田汽车供应零部件、作为其子公司的企业，40%以上是在战时通过"协力体制"和丰田公司构筑起这种关系的。[1] 也就是说，"协力体制"和"承包制"具有毋庸置疑的关联性。

互相持股的强化 企业互相持股作为日本"企业间关系"的一个重要方面，也以财阀系企业开始公开售卖股票为标志在战时形成。

进入20世纪30年代后，为了应对产业结构的急速变化，缓和社会反财阀意识所产生的冲击，财阀企业开始改变以往将利润留存于内部的金融机制，公开出售股票。在公开出售财阀家族和会社持有的股票方面，三菱的态度最为积极。继1920年三菱矿业、1929年三菱银行公开发售股票后，自1934年，三菱直系会社和持股会社的股票全部公开发售。比较而言，三井和住友虽然态度谨慎，但也在1933年和1934年间公开发售了直系和旁系3个会社的股票。住友则在1934至1937年间公开发售了3个直系会社的股票。[2]

需要强调的是，上述动向和发生于20世纪30年代初的"血盟团事件"密切相关。"血盟团"是一个帮会组织，由茨城县大洗海岸的护国堂堂主、日莲宗僧侣井上日召创建。井上日召原本是东洋协会专门学校的学生，中途退学后于1909年到中国，在东北地区的"满铁"任职，1920年返回日本后先是潜心坐禅，后皈依日莲宗，在茨城县大洗海岸创办了"立正护国堂"，开展所谓"宗教形式的启蒙活动"，聚集了一批青年。1931年，他建立了恐怖组织"血盟团"，自任盟主。血盟团青年受井上日召个人主义救世思想影响，计划逐一清除社会"恶之源"——政党首领和财阀首脑，并制订了"一人一刀"暗杀计划，准备暗杀20名日本政界要员。1932年3月5日，三井合名理事长团琢磨在三井银行大楼正门前被血盟团成员菱沼五郎枪杀，菱沼五郎随即被捕。3月11日，井上日召畏罪向警方自首并被判无期徒刑。但是，这一事件对财阀冲击非常强烈。久保田晃就此事这样写道："三井合名的团琢磨理事长在1932年因遭右翼恐怖分子袭

---

[1] Dower, John W., *Japan in War and Peace*, New Press, 1993, p. 157.
[2] 三菱公开股票的企业依次是：三菱重工(1934)、三菱电机(1937)、三菱仓库(1937)、三菱商事(1938)、日本化成(1940)、三菱社(1940)、三菱制钢(1943)；三井公开的股票企业依次是：北海道炭矿汽船(1934)、东洋高压(1933)、三池氮(1933)、东洋人造丝(1933)；住友公开股票的企业依次是：住友肥料(化学)(1934)、住友金属(1935)、住友电线(电工)(1937)。

击而身亡。毫无疑问,作为这一恐怖事件背景的反财阀思想,在青年军官中具有强烈共鸣。以这一事件为契机,三菱、住友等即成财团开始了尽可能使家族成员退出经营第一线、公开出售股票的'转向'。"①

总之,以"血盟团事件"为背景,自20世纪30年代初,企业互相持股这一既不弱化集团凝聚力,又增加资本金的方法被广泛采用。1932年以后,三井合名开始大量销售集团股票,购入者为三井生命、三井信托、三井物产,以及大正海上火灾保险等同一集团的金融机构。三菱则通过公开出售股票,使集团内各企业互相持股量显著扩大,同时使股东构成发生了明显变化。住友集团各企业的互相持股始于1933年。当时,住友合名将股票分别出售给了住友银行、住友信托、住友生命,以及扶桑海上火灾保险等同属住友财阀系的金融机构。

表4-11是1930年至1945年财阀集团内互相持股的统计数据。数据显示,在战前,企业互相持股的程度已达到10%—40%。

表4-11　1930—1945年财阀集团互相持股统计　　　单位:%

财　阀	财阀家族及持股会社	同一集团的其他企业	其　他
三井直系(10)	63.4	11.9	24.7
三井旁系(13)	35.9	17.2	46.9
三菱直系(11)	30.3	15.3	54.4
三菱旁系(16)	18.4	40.0	41.6
住友直系(17)	27.9	16.5	55.6
住友旁系(16)	13.2	30.0	56.8
安田直系(20)	27.9	17.8	54.3
安田旁系(12)	17.0	15.3	67.7

资料来源:大蔵省財政史室編『昭和財政史——終戦から講和まで』第2卷別表,東洋経済新報社1981年。

必须强调,企业互相持股在战后经济高速增长期进一步发展,至1970年代达到顶峰。但是如上所述,这种趋向在战时的财阀系统已相当

---

① 久保田晃、桐村英一郎:『昭和経済60年』,朝日新聞社1987年,87頁。

普遍。1932年5月15日发生的"五一五"事件加速了这种趋向。

第五节 承包和互相持股：一柄"双刃剑"

承包的内涵及渊源 日文"下請"中文译为"承包"。论述作为"日本式经营"特征之一的承包和转包，首先必须阐明其语义的演化过程。

"承包"(下請)一词于20世纪30年代在日本被频繁使用。当时，该词一方面作为一般的概念被确定；另一方面，一些承包企业由于在经营上面临困境，往往不得已将自己承包的业务如产品的生产，再转包给其他企业，形成"转包"(又称"分包")。日本权威的国语辞典《广辞苑》对"转包"的释义是"承包者将工作的全部或者部分转给他人。"

法律对"转包"(subcontract)的定义，分为"再承包"说和"非限定"说。"再承包"的定义就是通过契约关系，"(承包者)将业务转给他人"。"非限定"说则不将内容局限在"承包"这一点上，而是将缔结买卖契约等情况也包含在内，因而内容更宽泛地涉及母企业委托的制造加工、修理等。二者间缔结的契约内容也不一定是承包契约的内容。

经济学对"转包"的定义则主要放在母企业与承包企业的关系方面。日本有斐阁出版的《经济辞典》对转包制有如下释义："转包制，subcontracting system——在垄断大企业的支配下，承担有偿加工及人员供给的零星中小企业，作为经济体系中不可缺少的因素，处在从属性地被组织起来的状态。除造船、建设行业中的人员供给型转包之外，高速增长期之后，在急速发展起来的汽车、电机等组装型产业的中坚企业发展过程中，也可以看到这种情况，从而形成系列中坚／中小企业、专属型转包企业、浮动的零星再转包小企业这样的重层结构。"不难发现，这一定义主要着眼于企业关系而非契约关系。

浅沼万里将英语的"subcontracting system"与日语的"下請制"进行了比较。他认为"subcontracting system"一词比日语的"下請制"具有更广泛的含义。英语的"subcontractor"有两重含义：既有承包与发包企业间较为对等的关系，也有从属型关系。为了对两者加以区别，浅沼万里称提供零部件等产品的企业为"供应方(supplier)"，而不称"承包方"(subcontractor)。对发包企业，浅沼万里也不是称之为"母企业"，而是称之为"核心企业"。

作为日本企业间关系重要特征的承包制和转包制,即主承包商和分包商,大致具有以下几种形式。

第一,支配和从属关系。大多数学者认为,无论战时还是战后,日本式承包关系中存在着从属支配关系。所谓发包,就是资本主义中枢性资本支配中小企业的一种形态。

第二,分工协作关系。有些学者认为,"订货"和"承包"都是分工,但二者不仅在生产形态上存在很大差异,而且并不具有相同性质。将所有的"订货"行为都理解为"承包"是不恰当的。只有在供货方和订货方存在明显依存或从属关系时,才能称之为"承包"或"转包"。按照这些学者的观点,承包制是介于"垂直统合"与"社会分工"中间的一种形式,是兼有二者长处的一种"准垂直统合"。这种观点从1980年代后十分流行。

第三,"购入垄断"性承包交易。其含义是,企业间的交易往往是一种"订货和供货交易"。当订货企业相对于供货企业占据优势地位,并能支配供货企业时,这种交易就是"购入垄断"性承包交易。一些日本学者认为,各国的承包制在"购入垄断"这一点上是共通的,但是具体的企业间关系却并不相同。日本式承包制的特征是,原本通过市场确定的订货方和供货方,因受到管理而成为母企业(订货企业)的和其"准内部组织"(承包企业)也就是其下属企业。同时值得关注的是,日本的承包制普遍存在"层层转包",如大企业发包给中企业,中企业将其中部分业务再发包给小企业。

日本的制造业大致存在三种承包形态:

一是行业内转包,以造船行业为典型,其特征是在细分化的各工程的承包中使用合作工和企业外员工;二是问屋制承包,以纤维工业为典型,其特征是在流通过程而不是生产过程中,对纺织品进行有偿加工;三是工厂制承包,以机械工业为典型,其特征是以组装制造厂商为顶点,由零部件制造厂商、关联转包企业等形成金字塔型承包和转包结构。

追溯承包制的历史可以发现,其形态因时代不同而存在差异。

初始形态的承包。"承包制"并不是以一种"制度"的形式诞生的。日语中"下請"的使用早于承包制的出现。早在江户时代,"下請"这个词已在土木建筑业和纤维业中使用。前者,如房屋建造,着眼于为工程集中人手。后者,如和服衣料店,拥有自己专属的染店。初始形态的承包特点是:(1)劳动密集型,即在较简单的工作中集中人力,承包人与发包人是

第四章 ● 企业与企业的关系：承包制和互相持股

同行业者。发包者可能同时也是承包者。(2) 行业型和分工型。这种类型的承包者通常具有特殊技能,因而不像前一种模式那样层层转包。这种模式下的承包者与发包者的交易具有持续性。

经过明治时期的近代化发展,从大正时期直至昭和初期,除了土木建筑业,承包制在造船等劳动集约型产业也开始被普遍实行。与此同时,具有特殊技能的人与具有特殊机械设备的承包企业开始增加。承包制随着日本的工业近代化,扩大了自身发挥效用的范围,尽管承包制在当时只是具备了成形的初始条件,尚未作为一种成熟的制度得以确立。但是,这种发包—承包(或进而再发包—承包)的模式,已经成为企业行为中较普遍的一种做法而得到仿效。自昭和时代初期,日本企业开始受到国家的强力控制。日本发动全面侵华战争后,日本政府颁布了《国家总动员法》,开始全面构建"总体战体制"和进行"战时统制"。发包企业与承包企业间的关系不仅因此得到修正、重组,而且日益成为国家经济组织的一个分支。其中有所不同的是,原先通过承包实施的交易中,由自由契约形成的私人关系,被战争需要取代。

1941年11月,日本商工省的文件提出,以"协力工厂""协力工业"代替"下请"(承包)作为正式用语。此后至"二战"结束,"下请"(承包)一词在日本的官方文件中逐渐消失。然而,正如西口敏宏所指出的,这种"用语的二重性"一直残存至今。在较为正式的场合,人们常用的表述不是"承包企业",而是"协力工厂""协力企业""协力会社"等。1943年后,"企业系列"成为工业政策中承包与合作的关键词。"系列"是作为表示日本企业间关系的一般化用语。"系列"的具体内容,大致可以被分为三种类型。一是具有"系列关系"的企业,如同属三菱集团;二是以相互持股为核心的企业集团,如三菱集团内部互相持股的企业;三是以特定的大企业为中心的康采恩,如丰田集团、松下集团。需要说明的是,在日本中小企业研究中经常被提及的所谓"系列",具有通过承包使中小企业系列化的含义,不是由财阀的康采恩变身或重组的系列企业。

尽管日本企业间的承包制有着悠久的历史,但直至战后的20世纪50年代,发包的母企业与承包的子企业紧密结合在一起的制度,即所谓的"日本式承包制度"仍尚未稳固。二者间的合作关系并非牢不可破,结合与分离并不鲜见。

在20世纪60年代经济高速增长后,日本以制造业为中心的具有代表性的大企业日趋成熟。随着母企业的规模扩大,承包企业亦不断成长,承包制日趋稳固。因为,发包和承包关系是以订货方和供货方长期交易关系为前提的,是一种固定的相互依存关系,而形成这种关系的前提条件就是经济的持续稳定增长。在这一时期,承包制的发展不是迫于国家强制的被动的发包和承包,而是企业基于经济效益考虑、主动通过契约建立的协作关系。也就是说,这一时代是中小企业自主承包化,通过承包提高自身实力的时代。

在承包制建构下,很多母企业对承包企业即子企业进行业务指导,灵活利用其自身的实力。技术水平和生产能力因此获得不断提升的承包企业,也成为母企业生产过程中的重要补充,并反过来刺激母企业自身的技术水平和生产能力的提升。就这个意义而言,发包的母企业与承包的子企业间的关系,与其说是纵向的"上下关系",不如说是横向的协同作业的"分工关系"。这种关系在作为一个整体的组织层面上,不断增强并形成良性循环。因此,高速增长时期成形的日本式承包制度,可以说是一种以母企业为顶点,各承包企业聚集在母企业下的金字塔形结构的日本式承包体制。20世纪80年代后,日本的母企业为降低生产成本,开始积极寻求海外承包企业,国际零部件供给网络形态开始呈现,日本式承包制开始具有了全球化倾向并延续至今。同时,这是日本制造业曾一度"空洞化"、很多企业员工失业的重要原因。

承包制在战后的延续 日本战时的"协力体制"之所以能够在战后以承包制的方式延续,与战后经济复兴的路线方针和朝鲜战争的"特需景气"直接相关。

1946年3月,大来佐五郎等撰写了题为《重建日本经济的基本问题》的报告,提出:"振兴对外经济贸易,乃是重建日本经济的方向。"报告还提出了实现上述目标的两点建议。第一,融入以"布雷顿森林体系"为核心的世界经济;第二,改善产业结构,提高技术水平,参与世界分工。这份报告成为战后日本第一个广义的经济计划。

在确定"贸易立国"的同时,日本政府还确定了两项产业政策,一是"倾斜生产方式",二是"生产合理化"。战后日本经济陷入了"燃料和原料短缺→生产萎缩→通货膨胀"的恶性循环。为了阻遏这种循环,日本政府在战败投降后即制定了《煤炭生产紧急对策》,在劳力、资金、物资等方面优先向煤炭业倾斜。1946年5月第一届吉田茂内阁成立后,继续将煤炭

第四章 ● 企业与企业的关系：承包制和互相持股

生产作为政策重点。同年8月，日本政府成立了有"经济内阁"之称的经济安定总部（简称"安总"），负责在几乎所有经济领域实施有计划的经济统一管制。"安总"成立后，第一项工作就是具体实施"倾斜生产方式"。同年11月，日本政府建立了以东京大学教授有泽广巳为委员长、由16名学者组成的"煤炭小委员会"，专门研究煤炭增产对策。12月10日，有泽广巳发表了《挽救日本经济败局之路》，鉴于煤炭生产和钢铁生产互为因果的关系，提出了使"倾斜生产方式"更为明确的构想，要点是：增强煤炭生产，拉动钢铁生产，推动工业生产，将国民经济引上良性循环的轨道。这一构想获得了吉田茂内阁的采纳。12月27日，日本内阁通过了贯彻"倾斜生产方式"的决议，使"倾斜生产方式"成为日本战后最初实施的产业政策。为了贯彻"倾斜生产方式"，日本政府于翌年1月24日设立了专门为基础工业部门提供资金的"复兴金融金库"（简称"复金"）。"倾斜生产方式"收到了明显效果，1948年，日本经济开始复苏。统计显示，当年煤炭生产完成计划的96.6%，达到3 500万吨；工矿业生产指数达到战前约60%。1949年9月13日，吉田内阁颁布了《关于产业合理化的决议》，提出了涉及产业结构、国际价格、企业环境、技术推广四个方面的开展产业合理化的"四项原则"，从而标志新的产业政策的基本形成。同时，日本当局强制推行了建立新物价体系的物价政策。和战前的1934年至1936年相比，一般物价贵65倍，米价贵45倍，而工资则增加了27至28倍。也就是说，日本当局试图以低工资、低米价剥削工人和农民为"上马石"，使垄断资本和大企业能迅速"策马飞奔"。另一方面，与之形成鲜明对比的是，很多中小企业随着大企业的复活及侵入其"传统势力范围"而纷纷破产。

1949年，日本政府开始全面推行以紧缩财政为核心的"道奇路线"。以此为背景，日本经济陷入了不景气，导致中小企业大批破产，也迫令大企业不得不通过人员调整等进行强制性整顿。因为，战时重工业和化学工业的大企业为了军需不断扩大生产，战争结束后，从业人员明显过剩。其中很多这类企业巧妙地"搭乘"道奇路线紧缩财政的"便车"，强制进行了大幅度的人员调整，使失业的员工数以百万计。

朝鲜战争的爆发使日本重工业和化学工业生产因美国的军事"特需"而急剧扩大，使日本经济呈现"特需景气"。1951年，日本经济迅速恢复至战前水准。在战后10年，日本追随美国，构建了垄断资本在政治、经济方面占支配地位的体制，也构建了重建军备的物质基础。同时，在这10

年里,大企业和中小企业的工资差距进一步扩大,转包制进一步普及。

朝鲜战争对日本产业和企业结构产生了重要影响。战后,大企业和中小企业的工资差距进一步扩大。日本经济企划厅颁布的《1956年经济白皮书》的统计数据显示,在制造业,1 000人以上的大企业和33—99人的中小企业员工平均月薪差距,从战前的100∶77,扩大至战后的100∶69。① 之所以出现这种情况,有两个重要因素值得关注:

第一,除大企业生产率呈上升趋势外,大企业大部分工人均是工会会员也是要素之一。因注重劳资协调而被称为"劳动对策本部"的"日经联",通过和欧美企业进行比较后,在1956年1月发表的《当今的工资问题和课题——对以恒例的增加基本工资斗争的关注》中,一方面指出:"大企业工会的这一斗争使工资差距扩大",另一方面对"总评"的《工资行动纲领》进行了批评,强调工会应抑制涨工资要求,应致力于提高生产率运动。同年12月,"总评"发表了《涨工资的理论根据》对此予以反驳。"总评"的这篇文章指出,日本工人之所以生活水准尚未恢复到战前、工资差距较大,就是因为有如此大的工资差距存在,让日本工人只能在低工资水准的条件下彼此竞争。即便为了提高工资极低的中小企业工人的工资,大企业工人也必须在提出自己要求的同时,为中小企业工人的要求提供声援,与之携手斗争。总之,劳资双方虽然为消灭工资差距所运用的手段不同,但是均强烈意识到了工资差距存在并且呈扩大趋势的基本事实。

第二,与战后大企业迅速累积资本形成鲜明对比的是,中小企业由于经营状况不稳定,对提高员工薪酬待遇心有余而力不足。通产省《工业统计表》的数据显示,战后,不满30人的小企业有很多破产。虽然不满10人的小企业在1950年至1953年的4年间新增了约10万家,但是在1950年至1955年,增加并存活的工厂却不到5万家。由此可见,超出一半的工厂在短短几年内已不复存在。

战后的经济复兴是以倾斜生产方式,即以对有关大企业进行重点投入的方式进行的。朝鲜战争爆发后的"特需"引起的生产急速扩大,也是以大企业为轴心展开的。中小企业之所以纷纷建立,主要不是想在竞争激烈的市场上取得自立,而是希望能蒙荫于大企业,承接其发包业务。

以汽车行业为例,战后不久,承包制在汽车工业广泛形成。汽车工业

---

① 経済企画庁:『昭和三十一年度(1956年度)経済白書』,至誠堂1957年,268頁。

第四章 ● 企业与企业的关系：承包制和互相持股

会的调查数据显示，不满50人的中小工厂，有50%是"协力工厂"（表4-12）。

表4-12 汽车工业的"协力工厂"

人数	<20人	20—49人	50—99人	100—199人	≥200人	合计
工厂数	85	81	47	25	95	333
占比(%)	25.6	24.3	14.1	7.5	28.5	100.0

资料来源：自動車工業会『協力工場利用状況調査』，1950年2月。

需要强调的是，上述协力工厂在承包大企业业务后，有的将业务再转给其他规模更小的企业承包。承包的主要业务，依次是机械加工、冲压、铸造、发条。承包机械加工的企业，一半以上是不满30人的企业。根据这项调查，对"为何将这些业务承包给协力企业"这一问题，做出"让协力工厂承包成本更低"这一回答的，在机械加工方面占90%，在冲压方面占100%。总之，调查显示，让承包工厂"协力"，可降低成本。另外这项调查还显示，承包后再次转包的企业占60%至70%。接受"两次承包"的企业规模更小。①

以地区为例，根据对中小工厂密集的京滨（浜）工业地带的抽样调查（抽样对象为大田区大森9丁目囊括所有机械生产即一般机械、电器机械、输送机械生产总计32家机械工厂的调查），32家工厂中不接受承包的工厂仅有2家。另外，这32家工厂大都创办于日本开始建立总体战体制、军需生产开始增加的1935年以后。此前创办的仅有4家，占12.5%。战后创办的仅8家，占25%。从表4-13中不难推测，京滨（浜）工业地带密集的中小机械工厂，几乎均以某种承包形式存在于"协力工厂"网络中。

表4-13 机械工厂承包关系调查　　　单位：家

—	企业总数	一般机械厂	电器机械厂	输送机械厂
企业规模	32	8	9	15
<10人	8	3	4	1

① 中小企業庁：『自動車工業請負工場実態調査』，1951年12月。

续表

一	企业总数	一般机械厂	电器机械厂	输送机械厂
11—20人	10	1	3	6
21—25人	12	4	2	6
51—200人	2	—	—	2
承包率	32	8	9	15
100%	20	7	4	9
90%—100%	6	—	3	3
70%—90%	2	—	1	1
60%—70%	1	—	—	1
40%—60%	1	—	—	1
无承包	2	1	1	—
母工厂	57	12	15	30
在当地	13	6	3	4
在东京都内	22	4	8	10
在川崎、横滨	14	2	1	11
在其他地区	8	—	3	5

资料来源：松田孝『京浜工業地帯南部調査』第1部，地理学評論，第33卷，第7册。

  转包制是随着生产扩大而展开的，即与母工厂生产的扩大，和子工厂即承包工厂、承包数量的增加呈正比。需要强调的是，这项调查是在日本经济进入高速增长期之前进行的。同样需要强调的是，垄断性大企业在战后，特别是经济高速增长期不断设立子会社、系列会社，迅速扩大生产，使日本经济的二重结构更加凸显、强固。也就是说，日本经济的二重结构和日本经济的高速增长呈正比。汽车、电器两大日本支柱产业的有关数据，显示了两者的必然联系（表4-14）。

第四章 ● 企业与企业的关系：承包制和互相持股

表4-14 1945年以来系列会社（制造业）设立情况

年次	战前	1945—1949年	1950—1954年	1955—1964年	1965—1974年	1975年及以后	合计
汽车A	26	29	15	30	26	1	127
汽车B	8	2	5	1	3	—	19
电器A	39	39	58	59	114	13	322
日立	6	12	3	18	19	1	59
东芝	10	6	12	4	9	1	42
三菱	2	5	8	4	11	1	31
NEC	8	4	10	3	7	2	34
松下	5	4	9	6	4	2	30
其他	8	8	16	24	64	6	126
电器B	14	8	3	4	3	—	32

资料来源：产业动向调查会编『产业别关系企业纵览』第2卷、第3卷。

承包制的"生命力" 1956年至1965年的10年间，日本经济的年均增长率达10%，远远超出欧美各国。这种高增长率一直持续至20世纪70年代。日本经济持续高速增长与"二重结构"存在内在联系。具体而言，主要有如下原因。

在10年经济高速增长时期，前半期（1955年至1961年）和后半期（1961年至1965年），经济高速增长的推动力存在明显差异。统计数据显示，在高速增长的贡献率中，前半期设备投资（固定资本的形成）超过42%，甚至超过了占39%的个人消费支出。如当时"投资唤起投资"这一表述所显示的，企业的设备投资热情非常高。这种热情，主要存在于重工业和化学工业领域以技术革新和生产规模的扩大为目标的巨额设备投资。正是这股热情，构成了上述领域生产力如火箭般飞跃攀升的热能。虽然在经济高速增长的后半期，成长率依然维持高水准，但是设备投资的贡献率跌至23%。这一时期的特征是，输出的显著增加构成了经济高速增长的一大要因。根据上述数据,我们似可得出结论:前半期拉动经济高速增长的,是设备投资和技术革新,即内需的急速扩大。后半期则由于现代化和大规模的生产力极大地开拓了出口市场,使出口导向成为经济高速增长的动力。总之,正是二重结构以及二重结构在战后的重构,为日本经济的高速增长提供了不可或缺的基础。后半期主要靠"外需"拉动的经济高速增长的基础,是在前半期奠定的。

毋庸置疑,重工业和化学工业巨额的设备投资,是经济高速增长直接的原动力。但是飞速增长的生产力及由此生产的大量产品必须成为商品,其价值才能最终获得实现。因此,能否通过国民消费支出的增加,形成具有强大购买力的国内市场,是关乎经济能否实现高速增长的基本问题。只有这一问题获得解决,设备投资的热能才能反复形成。否则,投资过剩将引起生产过剩。

在形成具有强大购买力的国内市场过程中,两大要素具有重要意义:一是农地改革及因此扩大的农村市场;二是消费生活的现代化以及与之密切相关的农民的分化。这两项变化对和转包制密切相关的日本企业二重结构具有重要意义。

第一,农地改革和农村市场的扩大。农地改革使"佃耕农"几乎均变成了"自耕农",收入显著增加。尽管由于通货膨胀、低粮价、纳税负担,农民仍遭受不公,但农地改革提高了农业生产力和农民生活水平,并对扩大农村市场产生了积极影响。由于农村市场的扩大意味着整个国内市场的扩大,也意味着为经济增长提供重要条件,因此农地改革与国内市场的扩大,存在显而易见的内在联系。数据显示,与战前相比,以农业机械为主的农业投资,在战后显著增加。例如,以1935年的农业投资为参照系,1950年的农业投资是其2倍,1955年更是激增至5倍。另一方面,农家消费也呈急剧扩大趋势。例如,农家购入品总计,1935年为2.030亿日元,1950年为6.833亿日元,1955年为14.238亿日元。[①] 显然,农地改革对扩大农村市场和提高农民消费能力,产生了重要影响。

20世纪50年代后半期,日本农村稻米产量急剧增加,达到1 200万吨,而战前稻米的最高产量为900万吨,即增产300万吨。毋庸置疑,稻

---

① 栗原源太:『日本農業の社会決済』,御茶ノ水書房1967年,41頁。

第四章 ● 企业与企业的关系：承包制和互相持股

米大幅度增产与农地改革使大批农民成为自耕农,从而提高了生产积极性有着必然联系。这种积极性使农民致力于土地改良投资,增加化肥、农药投资,改良品种。其中土地改良投资的效果尤其显著。因为,正是由于土地改良,使农业机械的采用变得更加容易,为提高农业生产力提供了重要条件,形成农业良性循环。

第二,消费生活的现代化以及与之密切相关的农民的分化。战后,日本民众生活最显著的变化是电力、煤气、石油取代煤炭、木炭成为新的燃料,以及洗衣机、冰箱、电视机等家用电器的迅速普及。至经济高速增长期的后半期,私家车的逐渐普及进一步改变了日本民众的生活方式。不可否认,消费生活现代化的重要背景是就业结构的巨大变化,特别是农村人口大量流入城市和农民的分化。在战前,日本农村实物经济或曰自给自足经济占50%多。但是农地改革后,农村经济商品化显著发展、农村市场不断扩大。农村经济的商品化,构成了农民分化的重要动因,并进而推动了农业的商品化生产。在畜牧养殖、果树种植、蔬菜栽培等商品作物生产急剧上升的背后,是零星规模农家劳动力的迅速流失和兼营的迅速扩大。

人口普查数据显示,日本战前农业从业人数为1 400万人。虽然在战时,由于大量农民应征服役以及应征赴军需工厂做工,低于1 400万的农业人口维持了多年,但总体而言,战后初期的农业人口较之战前没有大的变化。1950年,日本农业就业人数达1 640万人,占就业者总数的45%。因为,战后大批退役士兵,大批工厂特别是军需工厂的失业、半失业者流向农村。战后随着经济复兴的开始,农业人口再次从农村流向城市。1955年日本进入经济高速增长期后,从农村流入城市的劳动力对拉动内需、扩大国内市场产生了显著影响。数据显示,1950年至1960年,日本农林业人口流失了287万,非农林业人口则增加了1 100万。[①] 必须强调,大量流出的农业人口主要进入中小企业,他们既为劳动市场提供了廉价劳动力,也为二重结构的重构输送了大批重要角色,对二重结构的恒常化产生了重要影响。表4-15、表4-16的数据为此提供了佐证。

[①] 総理府統計局：昭和二十五年(1950年)、昭和三十五年(1960年)『国勢調査最終報告書』,统计资料馆藏。

企业国家——一部日本经济史

表4-15 重工业中小企业从业者规模统计① 单位：家

年份	1950	1955	1960	1965	1970	1975	1980
总工厂数	56 057	65 247	86 449	116 294	166 127	209 499	220 914
<10人厂	40 842	43 770	49 390	73 206	109 783	152 825	160 778
10—29人厂	10 386	14 734	23 066	26 347	35 333	36 700	40 044
30—99人厂	3 606	5 141	10 406	12 180	14 783	14 327	14 199
100—199人厂	617	906	2 003	2 450	3 342	2 966	3 166
200—299人厂	—	242	590	771	1 005	943	992
300—499人厂	—	197	455	607	793	739	725
500—999人厂	606	135	271	383	593	543	589
≥1 000人厂	—	122	268	350	495	456	421

资料来源：通商産業省大臣官房調查統計部『工業統計表』。

表4-16 重工业企业从业者规模及占比统计 单位：家/％

年份	1950	1955	1960	1965	1970	1975	1980
企业总数	1 005	1 284	2 535	3 264	4 485	4 357	4 445
<10人企业	139	156	186	311	474	609	643
10—29人企业	170	241	388	447	593	611	692
30—99人企业	175	256	528	626	772	742	754
100—199人企业	85	124	274	336	458	409	437
200—299人企业	—	59	143	188	244	229	241
300—499人企业	—	74	172	234	303	283	278

① 这里的"重工业"包括金属制品、一般机械、电器机械、输送机械、精密机械行业。

第四章 ● 企业与企业的关系：承包制和互相持股

续 表

500—999 人企业	436	96	188	265	411	373	407
≥1 000 人企业	—	279	656	858	1 231	1 101	993
<10 人企业占比	13.8	12.2	7.3	9.5	10.6	13.9	14.5
10—29 人企业占比	16.9	18.7	15.3	13.7	13.3	14.0	15.5
30—99 人企业占比	17.3	19.9	20.8	19.1	17.2	17.0	17.0
100—199 人企业占比	8.5	9.6	10.8	10.3	10.2	9.4	9.8
200—299 人企业占比	—	4.6	5.7	5.8	5.4	5.2	5.4
300—499 人企业占比	—	5.7	6.6	7.2	6.8	6.5	6.3
500—999 人企业占比	43.4	7.5	7.4	8.1	9.2	8.6	9.2
≥1 000 人企业占比	—	21.7	25.9	26.3	27.4	25.3	22.3

资料来源：通商産業省大臣官房調査統計部『工業統計表』。百分数相加≠100%，是因存在尾数差。全书同。

与上述数据密切关联，在此期间日本劳动市场也发生了显著变化。在1955年至1970年的15年时间里，重工业新增就业人数约为320万人，其中1 000人以上的工厂新增就业人数为94万人，约占30%，加上300人以上的企业的新增就业人数，这一比率达到50%。但是20世纪70年代进入经济低速增长期后，大企业从业人数开始大幅度减少。统计显示，1970年1 000人以上的大企业从业人员为123万人，1975年减为110万人，1980年减少至100万人以下，其在全部就业人员中所占的比率，也从1970年的27%降至1975年的25%、1980年的22%。与此形成鲜明对比的是，不满30人的小企业的从业人数则呈显著增长趋势。自20世纪60年代后半期，小企业人数呈增长趋势。1965年，这一数字为76万人，20世纪70年达107万人，在重工业全部从业人员中所占的比率也从23%上升至24%。20世纪70年代进入经济低速增长期后，这一趋势继续发展。1975年，这一数字为122万人，1980年为134万人，所占比率也上升至30%。这一变化，从侧面证明了二重结构与经济发展的关联，同时与承包制密切相关。事实上,日本许多制造业企业将集团外部的中小企业群作为长期、经常性接受承包业务的对象即自己的"子企业",纳入自己业务经营的范畴。这种企业有的朝"水平方向"延伸,如三菱集团拥有 190 家成员企业;有的朝"垂直方向"发展,如丰田汽车拥有 175 个初级供应厂商和 4 000 多个二级供应厂商。

承包制的利和弊 二重结构的长期存在,和承包制互为因果。按照藤井光南、丸山惠也编著的《现代日本经营史——日本式经营和企业社会》中的说法:"关于企业承包制的争论,几乎是与我国中小企业问题的研究同时开始的,经历了若干阶段。如今,在世界资本主义正面临危机的喧嚣声中,承包制与日本式经营一样,受到国际社会广泛关注。"[1]不难理解,这里所谓的"广泛关注",不含褒义。

1962 年,川口弘、筱原三代平、长州一二、宫泽健一、伊东光晴在作为"日本经济的现状和课题"系列丛书之一的《日本经济的基础结构》中,对有关"二重结构"的争论做了很好的概括。按照他们的概括,在战后经济高速增长时期,围绕承包制的争论,主要按照"问屋制家内工业 → 承包 → 企业系列"这一发展顺序,关注其历史延续和存在的问题。有关承包制的研究,主要集中在母企业对子企业的影响和支配,以及子企业对母企业的从属和依赖。有学者认为,承包制由于实行分工协作,降低了生产成本,有积极意义。也有学者认为,承包制造成了承包企业经营不安定、劳动条件差等问题,是一种应该予以改变的后进制度。总体而言,这一时期对承包制的评价基本围绕大企业的掠夺、小企业与大企业的从属关系,及其与日本现代化的落后性展开,积极评价甚少。争论的核心是"问题性与合理性",即对承包制的评价是强调生产的效率还是存在的问题。[2]

中村隆英出版的《日本经济:其成长和结构》一书,主要关注承包制存在的问题[3]:

> 由于中小企业的劳动者同大企业的劳动者存在工资差异,因此即使拥有同样的经验、同样的能力,其生活水准也相对较低,并且在企业破产和整顿时存在失业危机。中小企业的常用劳动者对蒙惠于

---

[1] 藤井光南、丸山惠也:『現代日本経営史:日本的経営と企業社会』,ミネルヴァ書房 1991 年,259 頁。
[2] 川口弘、篠原三代平:『日本経済の基礎構造』,春秋社 1962 年,135 頁。
[3] 中村隆英:『日本経済:その成長と構造』,東京大学出版会 1993 年,311—312 頁。

第四章 ● 企业与企业的关系：承包制和互相持股

终身雇佣和年功工资的大企业劳动者甚为嫉妒和羡慕,他们很多人宁愿舍弃作为常用劳动者的地位,去大企业当临时工。虽然一时收入减少、雇佣条件也不稳定,但是他们想把握能够升格为大企业常用劳动者的机会。而且在农村,存在大量希望到城市寻求就业机会的劳动后备军,因此中小企业的劳动力是源源不断的。"二重结构论"基于上述认识,认为这种等级差已经在日本经济中"安营扎寨",极难消除。工资差别的存在,引起了一连串连锁反应：劳动市场成为大企业的买方市场,享有比其他企业优先挑选刚刚走出校门的"新社会人"的权利,使临时工和日雇工被迫处在不利的劳动条件下工作。但是,最大的问题是,大企业让中小企业承包的问题。承包制本身是始于昭和初期的制度。战时,为了军需生产而被广泛推行。战后,承包关系仍得以延续。在大企业看来,由于工资差别的存在并呈扩大趋势,因此与其自己生产,毋宁通过承包,间接利用中小企业廉价劳动力更为划算。这种看法构成了承包制得以普及的重要原因之一。

另一方面,中村隆英也看到了承包制的优点,即他并没有无视承包制的生产效率：

20世纪50年代承包制的普及,当然有着除"利用廉价劳动力"以外的原因。其中"节约资本"和"转嫁风险负担"是其中的两大原因,特别是后者。也就是说,母企业在经济不景气时切除承包,滞纳加工费。在经济景气时则增加承包,追求合理化,低价购买。因此,认为承包制是"不对等的外发加工和订货",不是没有道理的。但是另一方面,其之所以能够畅行,是因为中小企业尽管接受了诸多对其不利的因素,但需要并确实获得母企业的关照。例如,在20世纪50年代,银行在资金富裕的金融缓和期积极为中小企业提供贷款,一旦进入金融窘迫期即急于收回贷款。于是,很多子企业在资金方面获得母企业的惠顾,在技术上获得母企业的指导。

20世纪80年代后,对转包制的评价开始向"效率性评价论"倾斜。一些学者不断发问：为何日本企业拥有强大竞争力？为何日本企业能够实现高效率？以此为背景,作为日本企业间关系主要构成部分的"承包"或"系列"关系,得到普遍关注。认为这种关系的存在是支撑日本国际竞争力的重要基石的观点,逐渐成为强音。承包制从日本式经营存在的"问题"转变为使日本企业获得成功、使特定产业部门竞争力得以强化的"优势"。《日本中小企业研究(1990—1999)》列举了"效率性评价"的五种代表性理论：(1) 非承包专门加工企业论；(2) 问题性还原论；(3) 支配从属-准垂直统合论；(4) 独自承包关系论；(5) 阶层分工结构论。所有这些观点均以"承包·系列关系"为何成为带来效率的要因为主轴展开。不过，这一时期对"承包效率论"的批判声也不绝于耳，主要观点是："承包效率论"仅关注成因，轻视乃至忽视了母企业掠夺子企业所产生的负面影响。也就是说，"承包效率论"认识问题的狭隘性，遭到严厉批评。

20世纪90年代以后，随着泡沫经济的崩溃，对承包制的评价再度发生转变。与以往的赞美形成鲜明对比的是，这一时期日本式经济体制、日本式经营遭到了严厉批判。以此为背景，在评价"承包制"时，"市场原理主义"被不少学者奉为指南。这些学者指出，日本式经营适应于总供给和总需求同时放大的经济高速增长时期。如今，这样的经济增长已经不复存在，日本式经营也不再具备经济合理性，必须得到变革。在经济全球化时期，封闭的日本式"发包-承包"系列关系，应该向全球性的供应体系转变。这么做也有利于提高中小企业的地位及其员工的薪酬水平，改善他们的生活质量。

统计数据显示，1991年，在日本85.7万家制造业企业中，从业者为1—29人的为77.7万家，占90.7%；30—99人的为6.1家，占7.1%；100—299人的为1.4万家，占1.6%；300人及以上的为5000家，占0.6%。[①] 也就是说，尽管长期遭受批评，承包制在日本企业间仍长期得以维持。应该看到，战后日本经济的发展和产业结构的变化、技术革新的发生，虽然主要以大企业为主，但并非仅由大企业完成。中小企业在这方面发挥的作用不容忽略。正如下川浩一所指出的："大企业虽然在产业发展中占据中心地位，但是忽视富有活力和革新创造的中小企业，产业发展将无从谈起。战后的经济增长和日本企业的发展，离不开中小企业的担当。大量新的事业的创造，同大企业与中小企业的分工协作直接相关。在这方面，中小企业扮演了重要角色。"[②]

除了以上所述原因，承包制之所以能够长期存在，还有三方面不可忽略的原因：

---

① 総務庁統計局：『事業所統計調査報告：速報』，平成三年(1991年)，国立国会図書館蔵。
② 下川浩一：『日本の企業発展史』，講談社1990年，199頁。

第四章 ● 企业与企业的关系：承包制和互相持股

经济和技术。根据经济学和经营学学者的研究，从技术构造方面来看，支撑这种日本独有的承包制度，一则可以带来整体经济收益增加和技术发展进步；二则由于劳动人口相对过剩，企业规模不同，存在工资差距，因而大企业能利用小企业低工资的成本优势；三则小企业有生产技术单一的特性，根据日本《中小企业白皮书》统计，母企业采取发包、订货的最主要理由是"承包企业具有专门的技术"；四则日本社会特有的"纵向结构"，使发包和承包企业自然形成"亲子"关系。

政治因素。在战时，为了战争需要，日本政府对企业实行统制，颁布了各种强化统制的政策，强行使规模不同的企业建立起了"协力关系"。这种关系在战后不仅没有解体和松弛，反而因为能降低成本而得到维系和强化。

社会文化因素。强调"日本特殊论"的日本国内外学者认为，"日本式经营"是在日本独特的历史文化环境中孕育成熟的。按照西方学者提出的"善意与仁(Goodwill and Benevolence)"理论，日本文化要素是推动日本式承包制维系和普及的重要因素。例如，提出"善意与仁"理论的道尔认为，日本人的"文化癖性"存在四种意义的假说：集团性的风险分担及其长期性优势；忠诚心；友好的态度；非分配性的经济效率。佐藤芳雄将"特殊的日本式要素"概括为六个方面：所谓的"纵向社会"性；集团主义；对异文化的吸收力；教育水准和高普及率；精益求精的"国民性"；国土面积狭小造成工厂集聚。对于从"交易成本""情报交流"等观点出发的强调转包制优势的观点，佐藤芳雄给予较充分的肯定。他认为，"在这样的情况下，无视日本的社会文化要素是不可能的"。然而另一方面，佐藤芳雄也指出，不能认为"特殊的日本式要素"是固定不变的，更不能认为这些要素必然会促成"日本式承包制"的形成。他认为，这种具有"宿命论"色彩的看法容易产生误解。

当然，和大企业相比，中小企业在战后依然普遍资本薄弱、工资低，有着随时可能倒闭的风险。因此，日本经济的"二重结构"并不是值得称赞的褒义词，日本政府显然也认识到这一点。但是，在经济高度增长期，日本政府依然将重点置于大企业和规模化生产，因而使日本经济的"二重结构"没有得到根本改变。1952年，吉田茂内阁通产相池田勇人在国会答辩时表示，"那些违反经济原则进行不法投机的人，就算有几个破产自杀，我们也没办法"。此话一出，引起轩然大波，池田勇人被迫辞职。但这番话,其实反映了日本政府对中小企业的真实态度。

尽管在日本经济"二重结构"中,中小企业被列入"另册",但仍在顽强生存和发展。据统计,日本个人企业和法人企业1950年有384万家,1956年有476万家,在经济高速增长达到顶峰的1974年有620万家。尽管如此,日本政府依然试图改造"二重结构"。安倍经济学的"第三支箭"即结构改革,但据日本信用调查机构帝国数据银行统计,从2018年1月至2022年7月,日本企业"高物价破产"累计558例,其中2022年1月至7月达116例,仅7月单月就出现31例,同比增长82.4%。由此可见,中小企业虽然很多是大企业的承包企业,也是大企业的从属企业,但大企业未必是它们的真正"靠山",可见"安倍经济学"的第三支箭,并未准确射中目标。

互相持股的利和弊 在企业间关系方面,如果说"承包制"主要涉及大企业和中小企业的关系,那么作为企业间关系另一项内容的"互相持股",则主要涉及大企业之间的关系。

互相持股又称交叉持股、交互持股、相互参股,是指两个或两个以上的公司之间,为实现某种特定目的相互持有对方的股权,从而形成彼此互为投资者的一种经济现象。日本企业之间的互相持股在战前已经出现,在战后财阀康采恩变成系列企业即企业集团后,仍得以存在和发展。战后,日本的证券市场发生了显著变化:财阀解散、实施"资本民主化"后,约70%的股票为个人持有。但是,纵观整个昭和时代,个人的持股比率呈下降趋势,金融机构和非金融法人的持股比率呈上升趋势,尤以20世纪60年代最为显著。

1947年4月,日本政府在"盟总"授意下颁布的《禁止垄断法》,严禁一企业拥有其他企业股票,同时对金融机构做出了持有一企业的股票不得超过5%的特别规定。对此,控制企业的自信和日益膨胀的经营者,通过"经团联"等展开了强有力的修改规定运动。1949年6月,有关当局对上述规定做了修改:禁止持有与本企业存在竞争关系的其他企业的股票。1953年9月,有关当局对这一规定再次进行修改,将金融机构的持股限制比率从5%提高到10%。以此为契机,非旧财阀系企业和银行之间开始迅速形成互相持股关系。特别是战时已经有深刻联系的一些银行和企业,通过互相持股,进一步强化了彼此关系。例如,富士银行和原安田系、浅野系、日产系各企业强化了互相持股关系,第一银行和原涩泽系、

第四章 ● 企业与企业的关系：承包制和互相持股

古河系、川崎系各企业强化了互相持股关系,三和银行和原日产系企业强化了互相持股关系。

1952年4月后,关于彼此控股的禁令被取消。之后,原财阀系企业彼此之间互相持股进展显著。而互相持股的形态,住友系主要是各企业互相持股;三菱系主要是银行等金融机构和企业互相持股;三井在这方面的行动比较迟缓,虽同金融机构间有互相持股,但数量相当有限。

20世纪60年代初,日本出现了"股票、信托投资热",但是这股热潮维持没有几年。1965年,日本股市出现"熊市"。以此为契机,日本进行了证券制度改革。1966年,商法被修改。新商法在一定条件下对第三方持股予以认可。

1967年和1969年,日本实施了第一次和第二次资本自由化,即允许外国企业在日本投资的自由化。1970年,日本实施了第三次资本自由化,但仍规定外国企业在日本投资,必须和同业种的日本企业合作。由于日本资本自由化主要迫于美国的压力,因此它被日本称为"第二次黑船来航"。资本自由化使企业间互相持股的比值进一步增加,也使日本企业与金融机构的互相持股趋势进一步强化。因为,"资本自由化"使日本企业担心遭到海外资本操控,而互相持股是"稳定股东"的一项重要措施。数据显示,这一举措使企业间持股比率在短期内急剧上升:1973年达到27.5%。但是,互相持股的发展引起了日本政府对垄断可能"死灰复燃"的担忧。1977年,日本政府修改了《禁止垄断法》,将银行对企业的持股比率再次调低至5%。尽管如此,至20世纪80年代末,企业间互相持股依然维持了25%—26%的水准,和个人股东即"散户"的持股比率基本持平。需要强调的是,以"稳定"为目的、避免使企业旁落外资而持有的股票,当然不会频繁交易。以1980年为例,根据东京证券交易所《证券统计年报》统计,企业上市交易的股票额,仅占全部交易额的7.7%。

1980年以后,在"理财热"的背景下,企业间相互持股的趋势进一步强化。除有关方面为了使股东稳定化,对这种趋势推波助澜这一客观因素外,更多的是将股票作为纯资产的企业方面的考虑,也是将互相持股的比率再次推高的动力。

互相持股和企业集团的形成有密切关系。日本企业之间的关系具有多种形态,就互相持股而言,可分为"市场交易"和"内部交易"两种类型。

"市场交易"由于竞争对手的存在和交易关系随时有中断的可能,因此对交易对象有刚性规定。这种交易往往采取招投标、向几家企业订货等形式。"内部交易"因为以"持续监控"和"信息共享"为依托,除非业务承接者表现太差或外部环境发生变化,一般不会中断。

以"系列"为中心的企业间相互持股,以不同的企业组织存在长期关系为前提,可建立两个分类基轴:第一,以交易关系为主,即具有包括资金、服务、资产在内的长期持续的交易关系;第二,以所有关系为主,即具有包括资本和以资本为基础的人事关系在内的所有关系。在这两根分类基轴下,又可以根据对等和非对等关系分为四种类型。详情见表4-17、表4-18。

表4-17 系列关系分类表

	非对等(从属)关系	对等关系
以资本、人事关系为主	企业集团 (纵向的系列)	企业集团 (横向的系列)
以长期持续的交易关系为主	流通系列	供求系列

资料来源:作者自制。

表4-18 企业集团内的多重关系分类表

	非对等关系	对等关系
以资本、人事关系为主	企业集团	互相持股
以长期持续交易关系为主	主银行制	集团内交易、以商社为中介

资料来源:作者自制。

"系列企业"又称"企业集团",是在财阀解体后作为财阀的"变种"登上日本经济舞台的,但和财阀存在极大差异,最显著的标志是集团内各成员企业在经营决策方面保持着相对独立性。战后日本形成了六大企业集团:三菱、三井、住友、富士(又称芙蓉)、三和、第一劝业。其中前三个企业集团直接继承了"二战"前财阀谱系,大约在20世纪50年代前后形成或者说"完成改造";后三者是在20世纪60年代至70年代初日本经济高速增长期,以主银行为中心形成的。六大企业集团年获经济利润占日本

第四章 ◉ 企业与企业的关系：承包制和互相持股

除金融保险外全产业的11.88%、销售额占14.35%、资本金占15%。六大财团发展势头迅猛，20世纪50年代中期，世界百强企业没有一家是日本企业。但是在2019年财富世界500强榜单中，日本企业共上榜52家，其中40多家隶属六大财团。六大财团的发展壮大，和日本政府的推动不无关系。战后，日本政府鼓励大垄断企业间通过相互持股、系列贷款、人事互派等纽带结成企业集团，以增强团体对外的竞争力。除了六大财团，还有日立、丰田、新日铁等若干"独立系企业集团"。

必须强调，集团内各企业虽然在做出经营决策时相对独立，但彼此并不完全平等。"纵向企业集团"也是日本大型企业的一个特征。具体而言，即在母公司一元化、垂直领导下活动的企业形成一个群体。日本几乎所有大型企业作为母公司，都拥有大量"关系公司"。所谓关系公司就是母公司持股超过50%的子公司和持股超过20%的关联公司。母公司不仅对关联公司投资，而且还派遣高级管理人员直接参与经营。

这些企业集团主要有如下属性：互相持股、系列融资、集团内交易、高层管理人员的兼任和派遣、共同投资、共同管理商标。其中最本质的属性是互相持股。按照橘川武郎的说法，"企业集团"的定义为："各业界的有力企业通过相互持股形成的集团，并且拥有作为大股东会的社长会。"[1]

在财阀家族和控股会社本社（母公司）消失后，原财阀系直系企业为了稳定股东和避免股权分散，开始尝试互相持股，以此作为企业集团的"向心力"或"黏合剂"。股权的稳定使专门经营者积极开展经营成为可能，从而提高了企业增长率。企业集团的成立，似可以"社长会"的组成作为指标。1951年至1961年，旧财阀系的住友、三菱、三井首先建立了社长会。之后，三和、第一劝业也建立了社长会。这方面的情况，前章已有论述，在此不赘。不过，以是否存在"社长会"作为判断某些企业是否属于企业集团的标准，显然不尽合理。因为，通过以银行为核心的融资系列即主银行制形成的会社群，拥有比社长会更多的成员。同时，战后由于银行没有被解体，银行和特定企业以融资关系为纽带建立的联系，比建立社长会更早，其起源可以追溯到战时。战后，由于银行的资金实力得以保持，在社长会成立之前，系列融资已经形成。同时由于政府采取了发展间接

---

[1] 橘川武郎：『日本の企業集団：財閥との連続と断絶』，有斐閣1996年，21頁。

金融的方针,因此"主银行制"在企业集团中具有重要地位。

在企业集团中,综合商社也具有重要地位。独具特色的商社雏形始于江户末期、明治初期。战后被分解的商社自20世纪50年代中期开始重新聚合。旧财阀系、旧纤维系、旧钢铁系的商社被重组成"综合商社"。综合商社不仅是与集团外企业进行交易的媒介,而且是集团内交易的媒介,其显著特点是:规模庞大、实力雄厚、经营产品多样、涉及行业广泛。虽名为"商社",实际上除从事贸易外,还经营不动产业、运输业、保险业、租赁业、资源能源开发业、情报业,组织投资和承包大型工程。现今日本政府正式认定的综合商社有十八家,这十八家综合商社在国内外拥有2 000多个网点,从业人员逾八万人,全球营业额为100兆日元(折合人民币5兆元)。在营业额构成上,国内占48%、第三国间贸易占22%、进口占16%、出口占15%。以2000年为例,日本出口额约30%、进口额约50%由综合商社完成。十八家综合商社以三菱商事、三井物产、伊藤忠商事、丸红、住友商社最为著名,被称为"五大商社"。除此之外,还有日商岩井、东洋棉花、兼松商江、日棉实业。后四家与前五家被称为九大综合商社。这些商社都是日本六大财团的核心成员或重要成员。综合商社还是企业集团的情报机构,例如三井财团的"三井物产战略研究所"和三菱财团的"三菱综合研究所",同时是日本政府的智库。综合商社也是拓展海外市场的先锋,并在财团内部有巨大协调能力。总之,综合商社与主银行一起成为汇聚企业集团的重要枢纽。

需要强调的是,"在企业集团内,虽然企业之间的关系是多重的。但是最基本的关系,是互相持股。因为通过互相持股可以摆脱资本市场的压力,使战后年轻的企业经营者自由地以加速企业发展作为目标开展经营"。[①] 互相持股最显著和最有代表性的也是"六大企业集团"。

表4-19 六大企业集团平均控股比率　　　单位:%

	三井	三菱	住友	富士(芙蓉)	三和	第一劝业
1975年	17.51	27.84	25.94	13.77	14.14	11.77
1980年	17.38	29.26	26.74	16.26	16.78	14.12

---

① 贝塚启明编:『再訪日本型経済体制』,有斐閣2002年,69页。

第四章 ● 企业与企业的关系：承包制和互相持股

续　表

	三井	三菱	住友	富士(芙蓉)	三和	第一劝业
1985 年	17.87	25.18	25.01	15.79	16.84	13.33
1990 年	16.54	26.89	24.06	15.44	16.40	12.06

资料来源：『企業系列総覧』,週刊東洋経済 1998 年。

企业互相持股和"日本式经营"其他要素密切关联。因此，"日本式经营"任何一项要素的变动，必然会产生连锁反应。值得注意的是，任何资本主义国家，除依靠"上帝之手"即市场规律这一外部因素引导外，还需要借助"凡人之手"即企业间的内部市场进行补充，实现资源的合理分配。但是，两者的权重即重要性，因国家而异。例如，和美国相比，日本明显偏重"内部市场"，即"日本式经营"属于"内部市场指向型"。

作为"内部市场指向型"重要体现的企业互相控股，具有符合经济合理性的几项重要功能：

第一，加速企业互相持股的契机是 1967 年的资本自由化(对内直接投资自由化)。这一契机本身表明，互相持股的主要目的是减少流通股，防止"外部势力"参与乃至操控企业经营。换言之，互相持股具有保护彼此所有者和经营者地位的功能。

第二，许多学者强调，日本企业通过各种方式实行"风险共担"。互相持股无疑也具有这一功能。但是也有学者认为，与其说这是互相持股的功能，毋宁说是以主银行为核心的企业集团的功能。因为，通过互相持股，可以形成使产品市场的风险和金融市场的风险互相吸收的机制。另外，由于日本资本市场长期不够发达，不能让投资家充分分散风险，以及工人在同一企业被长期雇用，因此互相持股实际上是企业代替投资者分散投资风险。

第三，互相持股是融通资金和实施互相监控的有效手段。例如，企业从银行借贷或发行社债，必须首先拥有自己的累积资本，互相持股就是积攒资本的有效手段。另外，互相持股虽然使企业在很大程度上减缓了来自投资者即资本市场的压力，但同时必须承受来自其他企业的压力，即必须对其他持股企业公开信息、接受监控、保持信誉。就这个意义而言，互相持股具有类似于资本市场的调节和考察功能。

第四，通过信息内部化和协调行动，实现共同利益最大化。互相持股给予企业彼此收集信息的激励,促使互相持股的企业采取协调行动。日本企业间信息交换非常频繁、紧密。例如,开发新产品经常以有关企业和部门互通信息的方式推进。在市场相对景气时期,互相持股往往使对方或关联企业的业绩和股价得到提升,同时使自身的业绩和股价得到提升,从而使共同利益趋向最大化。

第五,减少"代理成本"。日本企业经营者大都是在实行终身雇佣和年功序列的同一企业逐级晋升的,他们熟悉企业文化和经营习惯,和客户群保持长期联系。由于经营者、员工、顾客存在较稳定的"三角关系",在企业因被兼并或被收购而要更换经营者时,其所需要花费的"代理成本"较低,从而使企业业绩和价值受到的影响减小。因为互相持股具有保护彼此所有者和经营者地位的功能,所以理论上虽存在一些弊端,如使平庸无能的经营者因为难以遭受投资者的"审判"而长期稳坐"交椅",或使低效乃至无效的经营行为被长期延续(实际上这种情况在日本企业很少发生),但可以减少因经营者和股东之间的信息不对称所产生的"代理成本"。

虽然互相持股具有诸多经济合理性,但另一方面由于这一制度属于"内部市场指向性",所以也存在近乎"宿命"的缺陷,并遭到日本国内外专业人士的批评。日本政府在1990年6月发表的《日美结构协议最终报告》,将改善系列关系单独列为一章。其中写道:"包括互相持股关系在内,对系列关系中业者间的交易,须加强监控,以免阻碍公平竞争交易行为的发生。"该报告还引用日本公正交易委员会就某些案例做出的结论——"限制互相持股、责令转让股票"作为论据。之后,作为促进信息公开化的措施,日本实施了所谓5%的规则,即大量持有股票等有价证券必须公开的制度,这就是对其弊端的纠正。按照本间正明的说法:"这种日本式企业体制的企业管治的弊端,即对企业独断专行缺乏外部抑制力,也是作为安全阀的社会性装置的缺乏。在泡沫经济发生、崩溃过程中,日本式企业体制呈现的无秩序,就是内部市场指向过强的结果。这一结果显示出我国的企业管治存在重大缺陷。"[1]

---

[1] 本间正明:《新·给日本型经济体制的建议》,TBS株式会社1994年版,第148页。

引注文献

日文论著・档案

デイビッド・ハウウェル(David, Howell):『ニシンの近代史—北海道漁業と日本資本主義』,河西英通、河西富美子訳,岩田書院2007年。
J. B. コーエン:『戦時戦後の日本経済』(上),日本経済新聞社1997年。
J. ハーシュマイ、Hirschmeier, Johannes、由井常彦:『日本の経営発展:近代化と企業経営』,東洋経済新報社1977年。
安岡重明:『財閥の経営史:人物像と戦略』,社会思想社1990年。
安岡重明:『近世の商家の経営理念・制度・雇用』,晃洋書房1998年。
安藤良雄編:『近代日本経済史要覧』,東京大学出版会1979年。
八木哲浩:『近世の商品流通』,塙書房1978年。
坂野潤治ら編:『戦後改革と現代社会の形成』,岩波書店1994年。
北島正元:『江戸商業と伊勢店』,吉川弘文館1962年。
貝塚啓明編:『再訪日本型経済体制』,日本経済新報社1975年。
貝塚啓明編:『再訪日本型経済体制』,有斐閣2002年。
本間正明:『新・日本型経済体制への提言』,TBS株式会社1994年。
倉沢資成ら編著:『構造変化と企業行動』,日本評論社1995年。
長島誠一:『戦後の日本資本主義』,桜井書店2001年。
朝日新聞経済部編:『銀行:その実像と虚像』,講談社1985年。
朝尾直弘ら編:『日本通史』第10巻,岩波書店1994年。
池上裕子:『織豊政権と江戸幕府』,講談社2002年。
池田信:『日本の協調主義の形成——社会政策思想史研究』,啓文社1982年。
川口弘、篠原三代平:『日本経済の基礎構造』,春秋社1962年。

大蔵省編:『日本財政経済史料』第6巻,財政経済学会1925年。
大蔵省財政史室編:『明治大正財政史』第11巻,東京財政経済学会1936年。
大蔵省財政史室編:『明治大正財政史』第1巻,経済往来社1955年復刻。
大蔵省財政史室編:『昭和財政史』第11巻,東洋経済新報社1957年。
大蔵省財政史室編:『昭和財政史―終戦から講和まで』第17巻資料(一),東洋経済新報社1981年。
大河内一男編:『労働組合の生成と組織』,東京大学出版会1956年。
大河内一男編:『日本の経営と労働』第1巻,有斐閣1961年。
大河内正敏:『農村の工業』,鉄塔書院1934年。
大河内正敏:『農村の機械工業』,科学主義工業社1938年。
大石嘉一郎編:『日本産業革命の研究』(上),東京大学出版会1975年。
大石慎三郎:『日本近世社会の市場構造』,岩波書店1975年。
島田晴雄:『日本の雇用』,筑摩書房1994年。
多田好問編:『岩倉公実記』(下),原書房1979年。
岡本秀昭:『日本の経営、その展開と特質』,日本経営学校1960年。
岡崎哲二、奥野正寛編:『現代日本経済システムの源流』,日本経済新聞社1995年版。
高村直助:『企業勃興―日本資本主義の形成』,ミネルヴァ書房1992年。
高橋幸八郎ら:『日本近代史概論』,東京大学出版会1980年。
宮本憲一:『現代資本主義国家』,岩波書店1981年。
宮本又次:『近世商業経営の研究』,大八洲出版株式会社1948年。
宮本又次:『住友家の家訓と金融史の研究』,同文館1988年。
宮島英昭:『産業政策と企業統治の経済史―日本経済発展のミクロ分析』,有斐閣2004年。
宮島英昭:「戦時統制経済への転換と産業の組織化」,近代日本研究会編:『年報近代日本研究』(9)『戦時経済』,山川出版社1987年。
故阪谷子爵記念事業会編:『阪谷芳郎伝』,同会1951年。
横山源之助:『日本の下層社会』,岩波書店1995年。
吉田和男:『日本型経営体制の功罪』,東洋経済新報社1993年。

● 引 注 文 献

吉田豊：『商家の家訓』,德間書店 1973 年。
吉田孝：『8 世紀の日本』,岩波講座『日本通史』第 4 巻『古代史』(3),岩波書店 1994 年。
楫西光速：『政商』,筑摩書房 1963 年。
経済企画庁：『昭和 31 年度(1956 年度)経済白書』,至誠堂 1957 年。
経済審議会編：『国民所得倍増計画』,大蔵省印刷局 1960 年。
経済審議会編：『経済発展における人的能力開発の課題と対策』,大蔵省印刷局 1963 年。
井上準之助論叢編纂会：『井上準之助論叢』第 1 巻,『井上準之助論叢』刊行会 1933 年。
久保田晃、桐村英一郎：『昭和経済 60 年』,朝日新聞社 1987 年。
菊池信輝：『財界とは何か？』,平凡社 2005 年。
橘川武郎：『日本の企業集団：財閥との連続と断絶』,有斐閣 1996 年。
労働運動史料刊行委員会編：『日本労働運動史料』第 1 巻,東京大学出版会 1959 年。
老川慶喜、仁木良和、渡辺恵一：『日本経済史——太閤検地から戦後復興まで』,税務経理協会 2002 年。
栗原源太：『日本資本主義の二重構造』,御茶ノ水書房 1989 年。
笠松宏至校注：『日本思想大系』第 21 巻『中世政治思想』(上),岩波書店 1972 年。
梅村又次：『賃金・雇用・農業』,大明堂 1961 年。
『美濃部洋次文書』,雄松堂 1988 年,東京大学附属総合図書館蔵。
米商務省編：『株式会社ジャパン』,大原進、吉田豊明訳,シマル出版会 1972 年。
明治財政史編纂会：『明治財政史』第 13 巻『銀行編』,明治財政史発行所 1905 年。
木村隆俊：『1920 年代の日本の産業分析』,日本経済評論社 1995 年。
木村隆俊：『日本経済史論』,学文社 1996 年。
牧英正：『雇用の歴史』,弘文堂 1977 年。
内閣統計局編：『日本帝国統計年鑑』第 17 巻,東洋書林 2001 年。
内閣統計局：『日本帝国統計年鑑』,東洋書林 1999 年。
内藤純一：『戦略的金融システムの創造：「1930 年代モデル」の終焉と

その後にくるもの』,中央公論新社 2004 年。
旗手勲:『日本の財閥と三菱——財閥企業の日本的風土』,楽遊書房 1978 年。
浅田毅衛編著:『殖産興業政策の軌跡』,白桃書房 1997 年。
『日本労働年鑑』,法政大学大原社会問題研究所 1922 年。
日本興業銀行:『日本興業銀行 75 年史』,同行 1982 年。
日本銀行百年史編纂委員会編:『日本銀行百年史』第 4 巻,同行 1984 年。
日本銀行百年史編纂委員会編:『日本銀行百年史・資料編』,同行 1986 年。
日本銀行調査局編:『日本金融史資料・明治大正編』第 19 巻,大蔵省印刷局 1957 年。
日本銀行調査統計局:『日本銀行再編の件』,同局 1970 年。
日本銀行統計局編:『明治以降本邦主要経済統計』並木書房 1966 年。
日本郵船株式会社:『日本郵船百年史資料』,同社 1988 年。
三好豊太郎:『新労務管理』,森山書店 1938 年。
三和良一:『財閥解散と独禁政策』,有斐閣 1977 年。
三和良一:『概説日本経済史・近現代』,東京大学出版会 2003 年。
三井文庫編:『三井事業史』本編第 1 巻,同社 1973 年。
三井文庫:『三井事業史・本編』第 2 巻,三井財団 1997 年。
三菱鉱業セメント株式会社:『三菱鉱業社史』,同社 1976 年。
森川英正:『日本財閥史』,教育社 1978 年。
森誓夫:『機械統制』,商工行政社 1943 年。
森喜一:『日本労働者階級状態史』,三一書房 1974 年。
山本義彦:『近代日本経済史——国家と経済』,ミネルヴァ書房 1992 年。
山路愛山:『現代金権史』,ダイヤモンド社 1908 年,雄松堂 1978 年復刻。
山田盛太郎:『日本資本主義分析』,岩波書店 1977 年。
山沢逸平、山本有造:『長期経済統計』(14)『貿易と国際収支』,東洋経済新報社 1979 年。
山之内靖、成田龍一、J. ヴィクター コシュマン:『総力戦と現代化』,柏

● 引 注 文 献

書房 1995 年。
杉山伸也編：『「帝国」日本の学知』第 2 巻『「帝国」の経済学』, 岩波書店 2006 年。
杉原四郎ら編：『日本の経済思想四百年』, 日本経済評論社 1990 年。
神谷荘一：『三菱造船所の賃上げ制度について』, 日本経営者団体連合事務局 1958 年。
神林龍：『正規の世界・非正規の世界』, 慶應義塾大学出版会 2017 年。
石井寛治：『日本経済史』, 東京大学出版会 1991 年。
石井寛治、原朗、武田晴人編：『日本経済史』第 2 巻『産業革命期』, 東京大学出版会 2000 年。
石井寛治：『資本主義日本の歴史構造』, 東京大学出版会 2015 年。
氏原正治郎：『日本労働問題研究』, 東京大学出版会 1966 年。
司法省：『徳川禁制考』第 5 巻、第 6 巻, 創文社 1981 年。
寺内正毅関係文書研究会編：『寺内正毅関係文書』第 1 巻に収録, 東京大学出版会 2019 年。
寺西重郎：『日本の経済発展と金融』, 岩波書店 1982 年。
寺西重郎：『日本の経済システム』, 岩波書店 2003 年。
松本明男：『財界司令塔の興亡』, 東洋経済新報社 1995 年。
松元宏：『三井財閥の研究』, 吉川弘文館 1979 年。
速水融、宮本又郎編：『經濟社會的成立：17—18 世紀』, 岩波書店 1997 年。
藤井光南、丸山恵也：『現代日本経営史：日本的経営と企業社会』, ミネルヴァ書房 1991 年。
藤田敬三：『日本の産業構造と中小企業——下請性工業を中心として』, 岩波書店 1965 年。
田村茂編：『日本の金融体制と金融市場』, 有斐閣 1991 年。
通産省編：『工業統計 50 年史』, 同社 1996 年。
尾高煌之助編：『旧三菱重工業の労働統計：明治十七年—昭和三十八年』, 一橋大学経済研究所 1964 年。
尾高煌之助：『労働市場分析——二重構造の日本的展開』, 岩波書店 1984 年。
吾妻光俊：『注釈労働基準法』, 青林書院 1960 年。

『武藤山治全集』第 2 巻，新樹社 1963 年。

武藤山治：『私の身の上話』，国民会館 1988 年。

西成田豊：『近代日本労使関係史研究』，東京大学出版会 1988 年。

西田長寿編：『明治前期の都市下層社会』，光生館 1970 年。

下川浩一：『日本の企業発展史』，講談社 1990 年。

下谷政弘、長島修編著：『戦時日本経済の研究』，晃洋書房 1992 年。

小池和男：『職場の労働組合と参加——労資関係の日米比較』，東洋経済新報社，1977 年。

小宮隆太郎、奥野正寛編：『日本経済——21 世紀に向けた課題』，東洋経済新報社 1998 年。

小林英夫：『帝国日本と総力戦体制』，吉川弘文館 2004 年。

小泉進、本間正明編：『日本型市場体制の解明』，有斐閣 1993 年。

小松隆二：『企業内労働組合の形成—日本労働組合運動史』，御茶ノ水書房 1971 年。

小野旭：『日本の労働市場』，東洋経済新聞社 1981 年。

篠原三代平：『日本経済の構造と政策』，筑摩書房 1987 年。

岩田規久男：『景気ってなんだろう』，筑摩書房 2008 年。

野村兼太郎：『日本経済史』，有斐閣 1954 年。

野村実：『歴史の中の日本海軍』，原書房 1980 年。

野口悠紀雄：『1940 年体制—さらば、戦時経済』，東洋経済新報社 2002 年。

桜林誠：『産業報国会の組織と機能』，御茶ノ水書房 1985 年。

玉置紀夫：『日本金融史』，有斐閣 1994 年。

原朗編：『日本の戦時経済—計画と市場』，東京大学出版会 2003 年。

原田三喜雄：『第一次大戦期通商・産業政策資料集』第 2 巻、第 3 巻，柏書房 1987 年。

原田三喜雄：『近代日本と経済発展政策』，東洋経済新報社 2000 年。

遠藤元男：『日本職人史序説』，雄山閣 1985 年。

運営委員会：『現代日本社会』第 1 巻，東京大学出版会 1991 年。

早稲田大学社会科学研究所編：『大隈文書』第 1、第 3 巻，同所 1958 年。

早稲田大学社会科学研究所編纂：『大隈文書』第 3 巻，雄松堂 1960 年。

正田健一郎、作道洋太郎：『概説日本経済史』，有斐閣 1978 年。

植松忠博:『武藤山治の思想と実践』,国民会館 1994 年。
中川敬一郎、森川英正、由井常彦編:『近代日本経営史基礎知識』(増補版),有斐閣 1979 年。
中村隆英:『明治大正期の経済』,東京大学出版会 1985 年。
中村隆英:『日本経済:その成長と構造』,東京大学出版会 1993 年。
中谷巌:『日本経済の歴史的転換』,東洋経済新報社 1996 年。
中西洋:『日本近代化の基礎過程—長崎造船所とその労使関係(1855—1903 年)』(下),東京大学出版会 2003 年。
中央物価統制協力会議:『中央物価統制協力会議年報』(2)1939 年,東京大学経済学図書館・経済学部資料室蔵。
重光葵:『昭和の動乱』,中央公論社 1952 年。
猪木武徳、樋口美雄編:『日本の雇用体制と労働市場』,日本経済新聞社 1995 年。
総理府統計局:昭和 25 年(1950 年)、昭和 35 年(1960 年)『国勢調査最終報告書』,統計資料館蔵。
総務庁統計局:『事業所統計調査報告:速報』,平成三年(1991 年),国立国会図書館蔵。
足立正男:『老舗と家訓』,日本写真印刷株式会社 1970 年。
足立正男:「老舗と家業経営」,広池学園事業部 1974 年。
作道洋太郎:『江戸時代の上方町人』,教育社 1978 年。

日文论文

阪谷芳郎:「貨幣制度について」、『東京経済雑誌』第 541 号,1890 年。
池田信:「日本協調主義の形成——社会政策思想史研究」,『社会政策学会年報』第 27 巻。
村岡喜六:「請負制度」,『工業と経済』第 57 号,1937 年。
大河内一男:「『産業報国会』の前後」,載長幸男等編:『近代日本経済思想史』,有斐閣,1971 年。
都留康、林大樹:「労働組合の組織率低下の決定的要因」,『日本労働研究機構調査報告書』第 43 巻,1993 年。
高碕達之助:「過去の経営者と今日の経営者」,『経団連月報』1954 年第 3 号。

荒井正雄：「工業企業の整備を請け負う方法、ルート及び問題」，『工業国策』第5巻第8号，1942年8月。

堀川三夫：「日本の賃金体系の特質：今後の賃金体系方法論の検討」，『労務研究』1960年1月号。

斉藤誠治：「江戸時代の都市人口」，『地域開発』第240号，1984年9月。

浅田毅衛：「明治前期海軍工廠労働者統合原理の変遷」，『大元社研雑誌』第360号，1988年。

若林喜三郎：「輪島漆器の生産組織」，『金沢大学教育学部紀要』1952年第1期。

杉岡碩夫：『「日本型経営」を讃える時代は終わった』，載日本効率研究会編：『日本型経営の進む道』，同会，1983年。

松元宏：「日本帝国主義成立期における財閥資本の形成」，歴史学研究別冊：『歴史における民族と民族主義』，1973年11月。

藤田敬三：「軍需工業の請負制をテーマに」，『社会政策時報』昭和十二年(1937年)9月。

畠山秀樹：「住友別子銅山の近代化過程」，『大阪大学経済学』第26巻，第1号。

武田晴人：「重工業及び化学工業化経済政策」，『日本近現代史』第3巻，岩波書店1993年。

須江国雄：「財閥研究に関する考察」，『佐野女子短期大学研究紀要』創刊号，1991年。

永井秀夫：「殖産興業政策論：官営事業を中心として」，『北海道大学文学部紀要』(10)1961年。

中馬宏之：『「日本的」雇用慣行の経済的合理性論再検討』，『経済研究』第38巻第4号，1987年10月。

庄田平五郎：「工場法制定のこと」，『明治文化資料叢書』第1巻，風間書房1961年。

中文文献

埃兹拉·F.傅高义：《日本名列第一：给美国的教训》，谷英等译，世界知识出版社1980年版。

艾德温·赖肖尔、马里厄斯·詹森：《当今日本人——变化及其连续性》，孟胜德等译，上海译文出版社 1998 年版。

横井小楠：《国是三论》，汤重南校译，中国物资出版社 2000 年版。

楫西光速等：《日本资本主义的发展》，阎静先译，商务印书馆 1963 年版。

李炯才：《日本：神话与现实》，张卫、傅光明译，海南出版社 1999 年版。

马克思：《资本论》第 1 卷，人民出版社 1975 年版。

诺曼：《日本维新史》，姚会庆译，商务印书馆 1962 年版。

《日本的经济发展与劳动问题——复旦大学日本研究中心第八届国际学术研讨会论文集》，上海财经大学出版社 1999 年版。

网野善彦：《重新解读日本历史》，尧嘉宁译，联经出版公司 2014 年版。

武田晴人：《财阀的时代》，王广涛译，社会科学文献出版社 2021 年版。

杨栋梁、江瑞平等：《近代以来日本经济体制变革研究》，人民出版社 2003 年版。

野口悠纪雄：《战后日本经济史》，张玲译，民主与建设出版社 2018 年版。

伊藤隆敏、星岳雄：《繁荣与停滞：日本经济发展和转型》，郭金兴译，中信出版集团 2022 年版。

有泽广巳主编：《日本的崛起——昭和经济史》，鲍显铭等译，黑龙江人民出版社 1987 年版。

俞天任：《大泡沫：一切从广场协议开始》，语文出版社 2012 年版。

英文文献

A. Gerschenkron, *Economic Backwardness in Historical Perspectives*, Frederick A Praeger, 1965.

Allen, F., "*Stock markets and resource allocation*", in C. Mayer and X. Views(eds), *Capital markets and Financial Intermediation*, Aoki M., *Information, Incentives, and Bargaining in the Japanese Economy*, Cambridge: Cambridge University Press, 1988, p. 79.

Black, B. S. and R. J. Gilson, "Venture capital and the structure of capital markets: Banks versus stock markets", *Journal of Financial Economics*, 47.

Cambridge: Cambridge University Press, 1999.

Chalmers Johnson, *MITI and the Japanese Miracle*, Stanford,

Stanford University Press, 1982.

Dower, John W. , *Japan in War and Peace*, New Press, 1993.

Gerschenkron, A. , *Economic Backwardness in Historical Perspective*, Cambridge, Massachusetts, Harvard University Press, 1962.

Henry Rosovsky, *Capital Formation in Japan*, 1868 –1940, Stanford University Press, 1961.

Johnson, C. , *MITI and the Japanese Miracle: The Growth of Industrial Policy*, 1925 –1975, Stanford University Press, 1982.

Sheard P. , "Reciprocal Delegated morning in the Japanese Main Bank System", *Journal of the Japanese and International Economics*, 8.

The World Bank, *The East Asian Miracle: Economic Growth and Public policy*, *A World Bank Policy Research Report*, New York: Oxford University Press, 1993.

后　记

　　1991年,经济合作与发展组织在研究报告《转换到市场经济》中提出,美国、英国的消费者导向型市场经济体制和日本、法国的行政管理导向型市场经济体制,以及德国、北欧一些国家的社会市场经济体制,是市场经济的三种模式。一个国家的所谓"经济模式",具有历史发展的曲折过程、较为稳定的理念和行为方式,就这个意义而言,似可以将"日本式经营"和"日本经济模式"视为同义语,尽管笔者并不欣赏"模式"一词。

　　无论是"日本式经营""株式会社日本",还是"企业国家日本",核心或枢纽都是企业。美国经济学家、新制度学派创建者罗纳德·H.科斯(Ronald H. Coase)在他《企业的性质》一文中提出,企业的出现,是管理协调代替市场协调并降低成本的必然结果。企业组织生产的交易费用低于市场组织的交易费用,是形成企业的根本原因。市场和企业是配置资源的两种可相互替代的手段。在市场上,资源的配置由价格机制调节,而在企业内则通过管理协调完成。罗纳德·H.科斯这篇论文奠定了现代企业理论基础,他也因这篇论文和另一篇论文《社会成本问题》,于1991年获得诺贝尔经济学奖。

　　日本是"二战"后以行政管理导向型市场经济体制实现经济高速增长的国家。日本曾经的成功被誉为"奇迹"和"神话","日本式经营"曾被人们津津乐道。"日本为什么成功?"这个问题也一度引起日本国内外学术界广泛关注和研究。1982年,日本著名数量经济学家和社会学家森岛通夫,以《日本为什么成功——西方的技术和日本的民族精神》一书,回答了这个问题,尽管"西方的技术和日本的民族精神",似乎只是为佐久间象山首倡的"和魂洋才"论加以诠释。但是,自20世纪90年代初"泡沫经济"崩溃后,日本经济不仅长期增长乏力,陷入了长达数十年的"通货紧缩",

而且政府"寅吃卯粮",债台高筑,经历了所谓"失去的三十年"。发生这种变化的根本原因是什么? 是否与日本企业如何"组织生产",如何处理以企业为枢纽的各种关系相关? 同理,其后,日本经济的长期停滞,是否与此密切相关? 答案是肯定的。因此,拙著以经济学和历史学的眼光和方法,通过对构成日本经济发展基本要素,即与企业相关的四方面关系的分析,以"企业国家"为题,努力回答这一问题。

中、日两国是一衣带水的近邻,彼此是重要贸易伙伴,了解日本这个企业国家,了解"日本式经营",既有助于我们和日本交往,也有助于我们从日本的经济发展历史中汲取教训,避免重蹈覆辙。

在撰述过程中,笔者秉持的是尽可能多地提供信息,少发表个人主观评判的原则。这是因为虽然笔者所述皆为史实,但笔者对自己能否依此提出准确论断缺乏足够自信。更重要的是,笔者相信这样或许更能实现自己的写作意愿:尽可能为读者采集"原油",让读者自行完成"精炼"。多年的写作实践及获得的反馈使笔者深刻感受到,读者欣赏这样的作品。

冯玮

谨识于 2024 年 2 月 24 日

图书在版编目(CIP)数据

企业国家 ：一部日本经济史 / 冯玮著. -- 上海 ：上海社会科学院出版社，2025. -- ISBN 978-7-5520-4719-6

Ⅰ. F131.39

中国国家版本馆 CIP 数据核字第 2025JQ2604 号

企业国家——一部日本经济史

著　　者：冯　玮
责任编辑：王　勤
封面设计：陆红强
出版发行：上海社会科学院出版社
　　　　　上海顺昌路 622 号　邮编 200025
　　　　　电话总机 021－63315947　销售热线 021－53063735
　　　　　https://cbs.sass.org.cn　E-mail:sassp@sassp.cn
排　　版：南京展望文化发展有限公司
印　　刷：上海颛辉印刷厂有限公司
开　　本：720 毫米×1000 毫米　1/16
印　　张：22
字　　数：356 千
版　　次：2025 年 7 月第 1 版　2025 年 7 月第 1 次印刷

ISBN 978－7－5520－4719－6/F・817　　　定价：128.00 元

版权所有　翻印必究